2012ANTIQUES

CHINESE ARTS AUCTION RECORDS

拍卖年鉴 全彩版

2011.1.1 ~ 2011.12.31

图书在版编目(CIP)数据

2012古董拍卖年鉴·瓷器 / 欣弘编.—长沙：湖南美术出版社，2012.1
ISBN 978-7-5356-5093-1

I. ①2… II. ①欣… III. ①历史文物－拍卖－价格－中国－2012－年鉴②瓷器（考古）－拍卖－价格－中国－2012－年鉴 IV. ①F724.787-54

中国版本图书馆CIP数据核字(2012)第006522号

2012古董拍卖年鉴·瓷器

主　　编：欣　弘
策　　划：易兴宏
责任编辑：李　坚

湖南美术出版社出版发行(长沙市东二环一段622号)
湖南省新华书店经销
深圳雅昌彩色印刷有限公司制版、印刷
(本书采用CTP工艺制版、印刷)
开本：787×1092　1/16　印张：16
2012年2月第1版　2012年2月第1次印刷
ISBN 978-7-5356-5093-1
定价：128.00元

邮购联系：0731-84787105 邮编：410016 网址：http://www.arts-press.com/
电子邮箱：market@arts-press.com
如有倒装、破损、少页等印装质量问题，请与印刷厂联系斢换。

目　　录

凡　例

1.《2012古董拍卖年鉴》分瓷器卷、玉器卷、杂项卷、书画卷共四册。收录了纽约、纳高、伦郭、香港、澳门、台北、北京、上海、广州、昆明、天津、重庆、成都、安徽、云南、南京、西安、济南等城市或地区的几十家拍卖公司上百个专场的2011年度拍卖成交记录与拍品图片。

2.本书内文条目原则上保留上了原拍卖记录，按拍品号、朝代、品名、估价、成交价、尺寸、拍卖公司名称、拍卖日期等排序，部分原内容缺或不详的，即不注明，书画卷内文条目还有作者姓名、作品形式、创作年代、钤印等内容。

3.因境外拍卖公司宿地不同，本书拍品中有多种币种：RMB人民币，USD美元，EUR欧元，GBP英磅，HKD港币，TWD台币。但本书所有拍品估价与成交价均采用按汇率转换成RMB（人民币）币种。

4.需查看更多图片资料，请登陆“www.artron.net”进入“中国艺搜”栏目，输入要查看拍品的完整名称或名称的关键词语点击搜索即可。

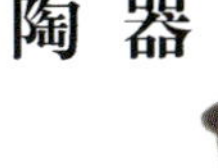

陶 器

96 新石器时期 彩陶罐
成交价：RMB 544,272
高37.5cm 直径13.5cm 澳门中信 2011.11.25

146 60年代作 红灯记雕塑（广东石湾）
估　价：RMB 300,000
成交价：RMB 880,000
57cm×21cm×61cm 远方国拍 2011.09.17

6564 周国桢 孙美王
成交价：RMB 1,092,500
高43cm 北京保利 2011.6.5

94 元 落釉三彩马
估　价：RMB 5,000,000
成交价：RMB 1,219,920
高67cm 宽70cm 深25cm 澳门中信 2011.11.25

青 瓷

越 窑

426 五代 越窑秘色瓷牡丹花纹净水杯
估　价：RMB 3,800,000～5,000,000
成交价：RMB 5,194,000
高17.2cm 上海新华 2011.6.25

4261 越窑鹦鹉纹粉盒
估　价：RMB 100,000~150,000
成交价：RMB 586,500
直径11.5cm 中国嘉德 2011.5.23

3809 宋/金 耀州窑青釉刻花碗
估　价：RMB 60,000~80,000
成交价：RMB 78,469
直径13.9cm 香港佳士得 2011.6.1

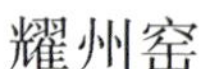

耀州窑

4285 秘色瓷净水瓶
估　价：RMB 1,500,000~1,800,000
成交价：RMB 2,415,000
高26cm 中国嘉德 2011.5.23

1041 宋 耀州窑刻花梅瓶
估　价：RMB 450,000~650,000
成交价：RMB 504,000
高43cm 直径4.2cm 江苏万达 2011.5.28

4294 耀州窑花口交枝牡丹纹大盘
估　价：RMB 1,100,000~1,500,000
成交价：RMB 1,265,000
直径27.5cm 中国嘉德 2011.5.23

101 明早期 耀州窑缠枝牡丹花鸟纹梅瓶
估 价：RMB 5,000,000～6,000,000
成交价：RMB 3,920,000
高51cm 宽26cm 中翰清花 2011.4.10

4277 耀州窑刻花牡丹纹钵（一对）
估 价：RMB 180,000～220,000
成交价：RMB 230,000
直径12cm×2 中国嘉德 2011.5.23

汝 窑

214 宋 汝窑天青釉洗
估 价：RMB 6,800,000～7,800,000
成交价：RMB 8,500,000
高3.8cm 直径11.9cm 红太阳 2011.5.28

82 北宋 汝窑刻莲瓣纹碗
估 价：RMB 16,000,000～26,000,000
成交价：RMB 14,950,000
高7.5cm 宽19cm 中翰清花 2011.09.10

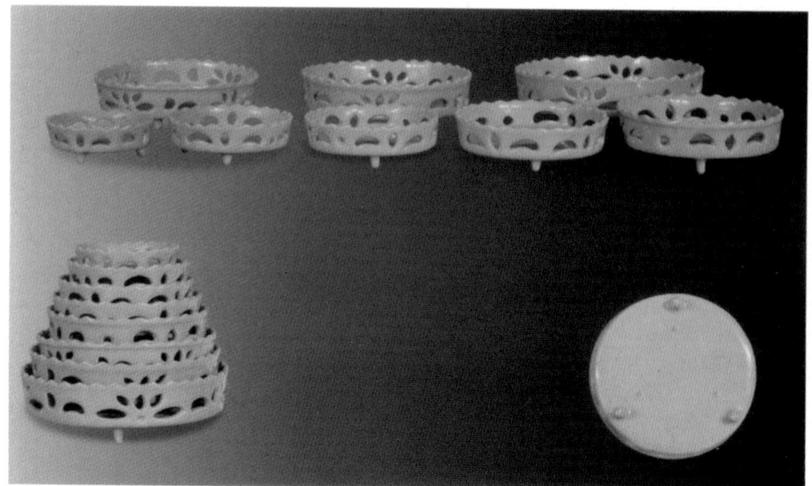

174 北宋 汝窑天青釉镂空莲花式三足洗（一套八件）
估 价：RMB 25,000,000～35,000,000
成交价：RMB 38,000,000
尺寸不一 红太阳 2011.5.28

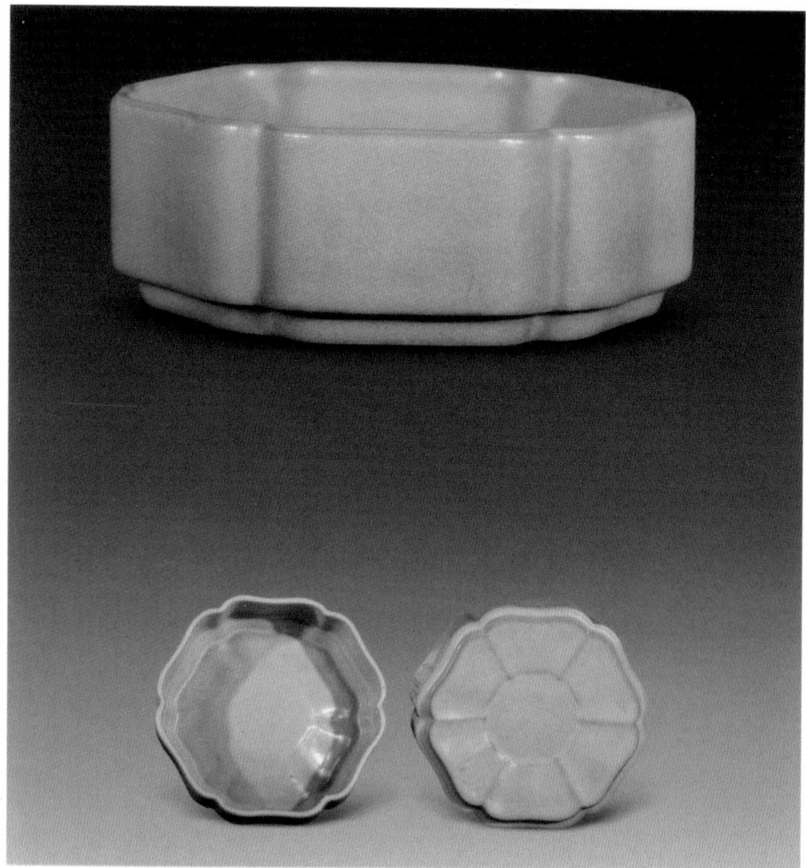

470 北宋 汝窑天青釉倭角深腹洗
估 价：RMB 18,000,000～22,000,000
成交价：RMB 19,000,000
高6cm 直径17cm 红太阳 2011.5.28

221 宋 汝窑天青釉条棱长颈瓶
估 价：RMB 3,800,000～4,600,000
成交价：RMB 5,800,000
高13.8cm 红太阳 2011.5.28

官 窑

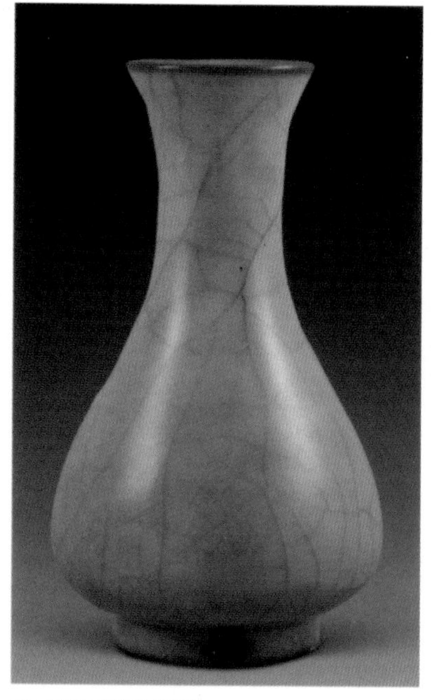

57 南宋 官窑穿带瓶
估 价：RMB 2,000,000～3,000,000
成交价：RMB 2,070,000
高17.9cm 上海崇源 2011.7.6

488 北宋 官窑粉青釉长颈瓶
估　价：RMB 12,000,000～15,000,000
成交价：RMB 16,000,000
高15.5cm 红太阳 2011.5.28

2329 官窑蒜头瓶
估　价：RMB 2,000,000～4,000,000
成交价：RMB 3,450,000
高10cm 北京翰海 2011.11.17

108 南宋 官窑粉青釉琮式瓶
估　价：RMB 11,800,000～13,800,000
成交价：RMB 15,000,000
高25.5cm 红太阳 2011.5.28

455 南宋 官窑粉青釉双耳三足鼎（五件）
估　价：RMB 18,000,000～26,000,000
成交价：RMB 42,000,000
尺寸不一 红太阳 2011.5.28

1040 宋 官窑瓶
估　价：RMB 1,000,000～1,200,000
成交价：RMB 2,800,000
高15.5cm 江苏万达 2011.5.28

7084 元-明初 钧窑玫瑰紫葵花式花盆
"三"字款
估　价：RMB 2,000,000～3,000,000
成交价：RMB 9,430,000
宽21cm 北京保利 2011.6.5

钧 窑

3502 宋 钧窑碗
估　价：RMB 2,500,000～3,000,000
成交价：RMB 5,540,940
直径8.6cm 香港佳士得 2011.6.1

8001 元 钧窑花口龙耳堆塑莲花座瓶
估　价：RMB 1,000,000～1,500,000
成交价：RMB 1,150,000
高41.5cm 北京保利 2011.12.08

哥窑

2328 哥窑胆瓶
估　价：RMB 3,600,000～5,000,000
成交价：RMB 8,050,000
高14.8cm 北京翰海 2011.11.17

3454 元 龙泉窑琮式瓶
估　价：RMB 400,000～600,000
成交价：RMB 805,000
高26.5cm 中国嘉德 2011.11.14

246 宋 哥窑瑕青釉弦纹长颈瓶
估　价：RMB 4,800,000～5,800,000
成交价：RMB 5,500,000
高24cm 红太阳 2011.5.28

龙泉窑

427 南宋 龙泉窑仿官三足鬲式双耳炉
估　价：RMB 2,800,000～3,800,000
成交价：RMB 4,028,000
高10.7cm 上海新华 2011.6.25

3460 元 龙泉窑洗
估　价：RMB 800,000～1,200,000
成交价：RMB 1,207,500
直径14cm 中国嘉德 2011.11.14

3818 元末/明初 龙泉窑青釉八仙图罐
估　价：RMB 380,000～450,000
成交价：RMB 820,260
高27.3cm 香港佳士得 2011.6.1

3010 元 龙泉窑八角梅瓶
估　价：RMB 4,000,000
成交价：RMB 4,912,320
高24.1cm 香港佳士得 2011.11.30

6 元/明14世纪 龙泉窑青瓷葫芦瓶
估　价：RMB 800,000～1,200,000
成交价：RMB 2,378,000
高36.5cm 香港苏富比 2011.10.05

3468 明初 龙泉窑青瓷大盘
估　价：RMB 1,500,000～2,000,000
成交价：RMB 2,300,000
直径65cm 中国嘉德 2011.11.14

3011 明洪武 龙泉青瓷盘
估　价：RMB 3,000,000
成交价：RMB 3,443,520
宽47.4cm 香港佳士得 2011.11.30

46 明永乐 龙泉窑青瓷划缠枝花卉纹梅瓶
估　价：RMB 1,500,000～2,000,000
成交价：RMB 2,643,880
高39cm 香港苏富比 2011.4.7

2722 15世纪～16世纪 龙泉提梁水指
估　价：RMB 400,000～450,000
成交价：RMB 770,500
高20.5cm 北京匡时 2011.12.05

7 明永乐 龙泉瓶青瓷棱口折沿大盘
估 价：RMB 1,800,000～2,500,000
成交价：RMB 3,952,400
香港苏富比 2011.10.05

4260 五代东窑壶
估 价：RMB 660,000～880,000
成交价：RMB 1,150,000
高19cm 中国嘉德 2011.5.23

3024 清乾隆 龙泉窑暗刻云龙纹双耳撇口瓶
"大清乾隆年制"篆书款
估 价：RMB 900,000～1,200,000
成交价：RMB 2,070,000
高35.5cm 北京翰海 2011.5.21

其他窑

7080 北朝 青釉莲花式盖罐
估 价：RMB 350,000～550,000
成交价：RMB 552,000
高24cm 北京保利 2011.6.5

黑 瓷

4281 吉州窑梅花纹梅瓶
估　价：RMB 60,000～80,000
成交价：RMB 368,000
直径20.5cm 中国嘉德 2011.5.23

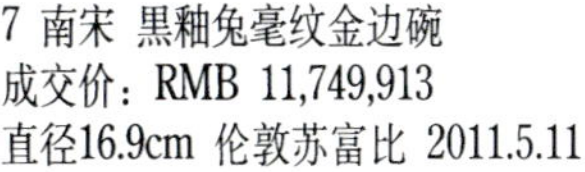

7 南宋 黑釉兔毫纹金边碗
成交价：RMB 11,749,913
直径16.9cm 伦敦苏富比 2011.5.11

4245 磁州窑剔牡丹纹玉壶春瓶
估　价：RMB 250,000～300,000
成交价：RMB 368,000
高28cm 中国嘉德 2011.5.23

白 瓷

磁州窑

2076 13世纪 磁州窑珍珠地双熊橄榄瓶
成交价：RMB 80,500
高42.5cm 上海嘉泰 2011.10.17

耀州窑

7995 元 耀州月白釉炉
估 价：RMB 80,000～120,000
成交价：RMB 92,000
宽12cm 北京保利 2011.12.08

官 窑

143 北宋 官窑碗
估 价：RMB 18,000,000
成交价：RMB 17,222,400
高8cm 直径20cm 底径5.5cm 澳门中信 2011.6.25

定 窑

0016 宋 定窑白釉刻花葫芦瓶
估 价：RMB 88,900
成交价：RMB 96,033
高24cm 台北富博斯 2011.12.18

4240 定窑白瓷刻花盘
估 价：RMB 30,000～45,000
成交价：RMB 299,000
直径18cm 中国嘉德 2011.5.23

140 宋代　定窑白釉刻莲花纹碗
估　价：RMB 800,000
成交价：RMB 574,080
高6.7cm 直径21.6cm 澳门中信 2011.6.25

2287 清　德化窑观音
“何朝宗”款
估　价：RMB 360,000
成交价：RMB 414,000
高22cm 北京翰海 2011.12.18

德化窑

221 明末清初　德化白釉戟耳香炉
“林子信”篆书款
估　价：RMB 300,000~400,000
成交价：RMB 437,000
直径10.8cm 福建拍卖 2011.7.2

234 清18世纪　德化白釉莲花坐如意观音像
“博及渔人”篆书款
估　价：RMB 500,000~700,000
成交价：RMB 897,000
高44.5cm 福建拍卖 2011.7.2

8081 清中期 德化窑和合二仙
估　价：RMB 200,000～300,000
成交价：RMB 345,000
长17.5cm 北京保利 2011.12.8

98 宋代 白釉灵芝孩儿枕
估　价：RMB 8,000,000
成交价：RMB 1,407,600
高17.2cm 枕面长19cm 枕底长14.3cm
澳门中信 2011.11.25

3721 清19世纪/20世纪初 德华白瓷普贤菩萨坐像
估　价：RMB 150,000～200,000
成交价：RMB 156,938
高27cm 香港佳士得 2011.6.1

景德镇窑白釉

3726 南宋 青白釉观音菩萨坐像
估　价：RMB 7,000,000～9,000,000
成交价：RMB 21,176,100
高29.2cm 香港佳士得 2011.6.1

39 元 青白贴花「龙凤纹」狮钮执壶
估　价：RMB 1,200,000～1,500,000
成交价：RMB 3,553,240
高34cm 香港苏富比 2011.4.7

7261 元 青白釉龙纹梅瓶
估　价：RMB 1,800,000～2,800,000
成交价：RMB 2,875,000
高27cm 北京保利 2011.6.5

720 明永乐 白釉执壶
成交价：RMB 8,268,345
高32cm 纽约苏富比　2011.3.23

3727 明宣德 甜白釉暗花刻莲瓣纹莲子碗
“大明宣德年制”楷书款
估　价：RMB 1,000,000～1,500,000
成交价：RMB 1,523,340
直径21cm 香港佳士得 2011.6.1

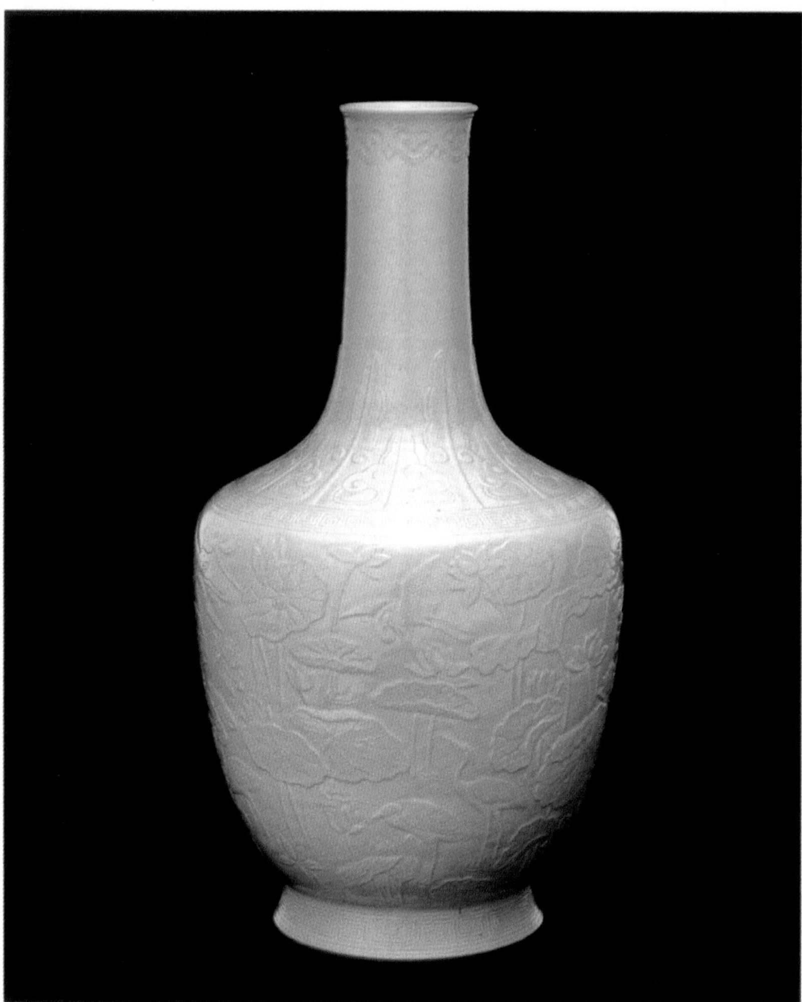

3553 清乾隆 仿定窑河池夏景图瓶
“大清乾隆年制”篆书款
估　价：RMB 1,500,000～2,500,000
成交价：RMB 4,600,000
高29cm 中国嘉德 2011.5.22

3734 清雍正 白釉模印夔龙纹盘（一对）
“大清雍正年制”楷书款
估　价：RMB 600,000～800,000
成交价：RMB 3,029,940
直径20.8cm 香港佳士得 2011.6.1

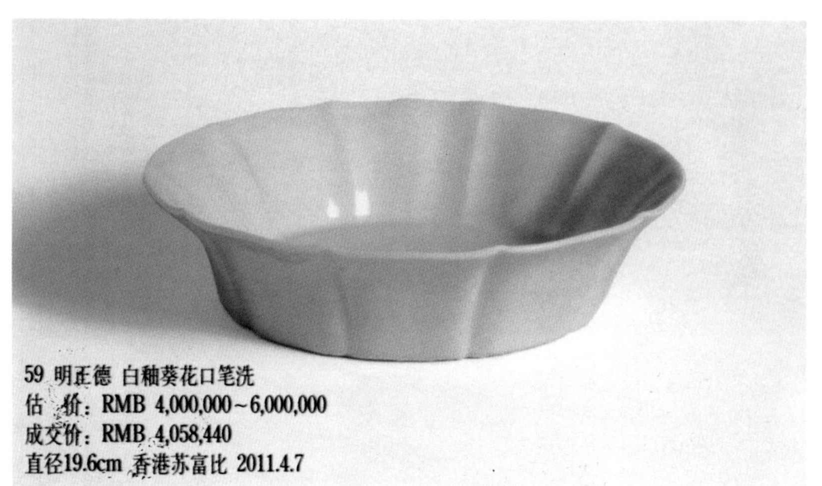

59 明正德 白釉葵花口笔洗
估　价：RMB 4,000,000～6,000,000
成交价：RMB 4,058,440
直径19.6cm 香港苏富比 2011.4.7

49 明永乐 甜白釉划「缠枝花卉」纹玉壶春瓶
估　价：RMB 4,000,000～6,000,000
成交价：RMB 4,058,440
高29cm 香港苏富比 2011.4.7

彩 瓷

褐 彩

601 宋 定窑白釉褐彩乐人俑
估 价：RMB 280,000~330,000
成交价：RMB 420,000
高22.8cm 红太阳 2011.5.28

4252 磁州窑人物纹罐
估 价：RMB 30,000~45,000
成交价：RMB 253,000
高30.5cm 中国嘉德 2011.5.23

青 花

994 元 青花云龙纹大缸
估 价：RMB 5,000,000~8,000,000
成交价：RMB 6,900,000
高40cm 直径27cm 江苏万达 2011.5.28

115 元 青花云龙纹梅瓶
估 价：RMB 58,000,000
成交价：RMB 56,304,000
高43.6cm 足径12.6cm 澳门中信 2011.11.25

63 元 青花狮纹双象耳瓶
估 价：RMB 26,000,000
成交价：RMB 21,049,600
高46.5cm 澳门中信 2011.6.25

61 元 青花双凤纹螭龙耳扁瓶
估 价：RMB 22,000,000
成交价：RMB 19,136,000
高47.2cm 澳门中信 2011.6.25

156 元 青花萧何月下追韩信梅瓶
估 价：RMB 30,000,000
成交价：RMB 685,440,000
高44.8cm 直径5.7cm 底径13.2cm
澳门中信 2011.11.25

3945 元 青花龙纹盘
估 价：RMB 1,000,000～1,200,000
成交价：RMB 3,450,000
直径30.2cm 中国嘉德 2011.5.23

135 元 青花蓝底百花纹盘
估 价：RMB 3,500,000
成交价：RMB 3,061,760
高7.5cm 直径44cm 澳门中信 2011.6.25

1156 明洪武 青花缠枝莲八吉祥纹大罐
估 价：RMB 3,000,000~5,000,000
成交价：RMB 3,967,500
高50.5cm 中拍国际 2011.12.06

3807 元末/明初 青花云龙戏珠纹高足碗
估 价：RMB 500,000~700,000
成交价：RMB 1,021,140
直径10.9cm 香港佳士得 2011.6.1

3554 元 青花缠枝牡丹纹摩羯鱼耳大罐
估 价：RMB 30,000,000~50,000,000
成交价：RMB 36,225,000
高50.4cm 中国嘉德 2011.5.22

157 元 青花花卉纹大罐
估 价：RMB 38,000,000
成交价：RMB 36,358,400
高30.2cm 澳门中信 2011.6.25

11 明永乐 青花如意垂肩折枝花果纹梅瓶
估 价：RMB 80,000,000～120,000,000
成交价：RMB 138,301,200
高36.5cm 香港苏富比 2011.10.05

1387 明永乐 青花折枝花纹簋
估 价：RMB 4,000,000～4,600,000
成交价：RMB 8,960,000
高15.5cm 东方艺都 2011.7.6

69 明永乐 青花穿花龙纹天球瓶
估 价：RMB 15,000,000～20,000,000
成交价：RMB 40,250,000
高46cm 宽36cm 中翰清花 2011.09.10

25 明永乐 青花缠枝莲纹绶带葫芦扁壶
估 价：RMB 6,000,000～8,000,000
成交价：RMB 7,101,200
高30.7cm 香港苏富比 2011.10.05

47 明永乐 青花「岁寒三友」图大盘
估　价：RMB 15,000,000～20,000,000
成交价：RMB 14,701,320
直径34cm 香港苏富比 2011.4.7

7279 明永乐 青花折枝寿桃花果大碗
估　价：RMB 15,000,000～25,000,000
成交价：RMB 25,300,000
直径34cm 北京保利 2011.6.5

1918 明永乐 青花缠枝花卉开光式「葡萄寿桃」纹执壶
估　价：RMB 3,000,000～4,000,000
成交价：RMB 3,755,600
高26.5cm 香港苏富比 2011.10.05

2922 明永乐 甜白釉高足碗
估　价：RMB 3,000,000
成交价：RMB 3,443,520
直径15.1cm 香港佳士得 2011.11.30

26 明永乐 青花折枝月季纹折沿大盘
估　价：RMB 3,000,000～5,000,000
成交价：RMB 5,920,400
直径37.5cm 香港苏富比 2011.10.05

973 明宣德 青花海水白龙纹扁瓶
明宣德款
成交价：RMB 224,000,000
高45.8cm 江苏万达 2011.5.28

112 明宣德 青花折枝茶花双如意耳扁瓶
估　价：RMB 13,000,000
成交价：RMB 14,076,000
高25.2cm 澳门中信 2011.11.25

116 明宣德 青花海水白龙纹扁壶
估　价：RMB 80,000,000
成交价：RMB 35,659,200
高46cm 澳门中信 2011.11.25

2976 明宣德 青花高足杯
估　价：RMB 5,000,000
成交价：RMB 5,891,520
高7.5cm 香港佳士得 2011.11.30

13 明宣德 青花折枝花果纹碗
“大明宣德年制”款
估 价：RMB 9,000,000～15,000,000
成交价：RMB 8,806,800
直径29.5cm 香港苏富比 2011.10.05

4908 明宣德 青花折枝花卉笠式碗
“大明宣德年制”款
估 价：RMB 5,000,000～8,000,000
成交价：RMB 6,670,000
直径17.8cm 北京保利 2011.12.06

37 明永乐 青花海水龙纹山形爵托
估 价：RMB 10,000,000～15,000,000
成交价：RMB 23,501,200
直径21.3cm 香港苏富比 2011.10.05

3505 明宣德 青花花卉纹碗
估 价：RMB 3,000,000～5,000,000
成交价：RMB 8,520,660
直径20.6cm 香港佳士得 2011.6.1

3546 明宣德 青花折枝花卉八方烛台
估 价：RMB 10,000,000～20,000,000
成交价：RMB 19,550,000
高28cm 中国嘉德 2011.5.22

4909 明宣德 青花暗花双凤穿花纹盘
“大明宣德年制”款
估 价：RMB 7,000,000～9,000,000
成交价：RMB 11,500,000
直径20cm 北京保利 2011.12.06

3068 明宣德 青花花果大碗
“大明宣德年制”楷书款
估 价：RMB 2,800,000～3,500,000
成交价：RMB 3,220,000
直径30.9cm 北京翰海 2011.5.21

54 明宣德 青花「鱼藻纹」棱口洗
“大明宣德年制”款
估　价：RMB 40,000,000～60,000,000
成交价：RMB 42,992,520
直径18cm 香港苏富比 2011.4.7

124 明宣德 青花海水云龙纹大缸
估　价：RMB 12,000,000
成交价：RMB 3,002,880
高25.8cm 直径44.6cm 底径32.8cm
澳门中信 2011.11.25

27 明宣德 青花缠枝花卉纹豆
“大明宣德年制”款
估　价：RMB 3,000,000～5,000,000
成交价：RMB 4,739,600
高10.5cm 香港苏富比 2011.10.05

53 明宣德 青花缠枝花卉纹花浇
“大明宣德年制”款
估　价：RMB 6,000,000～8,000,000
成交价：RMB 6,079,240
口径13.1cm 香港苏富比 2011.4.7

71 明正统 青花道教三清八仙图大罐
估　价：RMB 500,000～600,000
成交价：RMB 920,000
高37cm 北京保利 2011.10.22

4925 明成化 青花缠枝莲瓜棱甘露瓶
估　价：RMB 12,000,000～22,000,000
成交价：RMB 17,250,000
高28cm 北京保利 2011.12.06

3199 明成化 青花缠枝莲花纹兽面环耳供瓶
估　价：RMB 18,000,000～25,000,000
成交价：RMB 19,416,520
高39cm 香港苏富比 2011.4.8

128 明成化 青花团夔龙纹杯
“大明成化年制”款
估　价：RMB 2,800,000
成交价：RMB 2,709,120
直径8.3cm 澳门中信 2011.11.25

4926 明成化 青花内梵文海石榴纹卧足碗
“大明成化年制”款
估 价：RMB 25,000,000~35,000,000
成交价：RMB 51,175,000
直径13cm 北京保利 2011.12.06

859 明成化-弘治 青花财神赵公明图瓷板
估 价：RMB 350,000~400,000
成交价：RMB 575,000
直径26.5cm 北京诚轩 2011.11.12

2978 明成化 青花高足碗
估 价：RMB 4,000,000
成交价：RMB 3,149,760
高17.7cm 香港佳士得 2011.11.30

24 明弘治 青花花卉海波纹船形水注
估 价：RMB 80,000~100,000
成交价：RMB 195,500
长20.5cm 北京永乐 2011.11.15

7262 明弘治 青花龙纹盘
“大明弘治年制”款
估 价：RMB 3,000,000~5,000,000
成交价：RMB 5,980,000
直径21.8cm 北京保利 2011.6.5

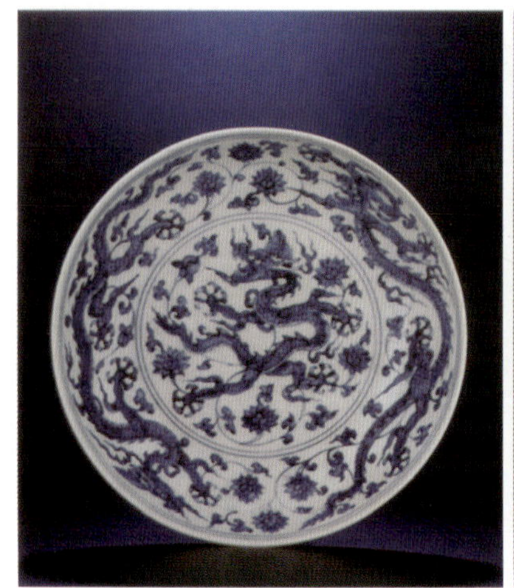

2979 明正德 青花龙纹大腕
估　价：RMB 2,200,000
成交价：RMB 2,366,400
直径21.3cm 香港佳士得 2011.11.30

835 明正德 青花花鸟狮球纹绣墩
估　价：RMB 600,000～800,000
成交价：RMB 784,000
高35.5cm 云南典藏 2011.5.14

3825 明正德 青花灵芝纹开光阿拉伯文罐
“大明正德年制”楷书款
估　价：RMB 3,500,000～5,000,000
成交价：RMB 8,801,892
高36.5cm 香港佳士得 2011.6.1

7091 明嘉靖 青花“福寿齐天”婴戏大葫芦瓶
估　价：RMB 800,000～1,200,000
成交价：RMB 1,380,000
高62cm 北京保利 2011.6.5

955 明隆庆 青花追龙纹三足洗
估　价：RMB 800,000
成交价：RMB 1,008,000
口径22.2cm 高8.5cm 江苏万达 2011.5.28

41 明万历 青花“四爱图”连盖大梅瓶
估　价：RMB 3,000,000～5,000,000
成交价：RMB 4,444,400
高72cm 香港苏富比 2011.10.05

3591 明万历 青花龙凤穿花纹蒜头瓶
“大明万历年制”楷书横款
估　价：RMB 7,000,000～9,000,000
成交价：RMB 10,020,564
高55.2cm 香港佳士得 2011.6.1

981 明嘉靖 青花赶珠云龙纹（江山万代）图盖罐
估　价：RMB 6,000,000～9,000,000
成交价：RMB 10,350,000
高66.5cm 荣宝斋（上海）2011.11.25

512 明嘉靖 青花双龙戏珠纹串铃盒
"大明嘉靖年製"款
估 价：RMB 2,800,000～3,200,000
成交价：RMB 4,025,000
直径40cm 北京东正 2011.6.5

814 明万历 青花花卉大花觚
"大明万历年制"款
估 价：RMB 200,000～300,000
成交价：RMB 828,000
高83cm 北京保利 2011.4.17

72 明万历 青花「人物图」折沿八棱盆
"大明万历年制"款
估 价：RMB 2,200,000～2,800,000
成交价：RMB 6,079,240
直径38cm 香港苏富比 2011.4.7

67 明万历 青花「婴戏图」圆蓋盒
"大明万历年制"款
估 价：RMB 1,200,000～1,800,000
成交价：RMB 3,048,040
直径22.6cm 香港苏富比 2011.4.7

3507 明万历 青花牡丹纹高足碗
估　价：RMB 1,000,000～1,500,000
成交价：RMB 5,038,740
直径15.3cm 香港佳士得 2011.6.1

71 明万历 青花「海水飞兽」图高足杯
“大明万历年制”款
估　价：RMB 2,000,000～3,000,000
成交价：RMB 4,260,520
直径10cm 香港苏富比 2011.4.7

3590 明万历 青花莲池鱼藻纹大缸
“大明万历年制”楷书横款
估　价：RMB 1,500,000～2,000,000
成交价：RMB 2,226,420
直径56.5cm 香港佳士得 2011.6.1

30 明万历 青花锦地开光四爱图笔插
估　价：RMB 500,000～550,000
成交价：RMB 575,000
直径15cm 北京永乐 2011.11.15

55 明天启 青花折枝花卉碗
“天启年勹园制”款
估　价：RMB 800,000～1,200,000
成交价：RMB 1,725,000
直径14cm 北京保利 2011.4.16

1572 明崇祯 青花人物纹大莲子盖罐
“大明嘉靖年制”款
估　价：RMB 500,000～800,000
成交价：RMB 560,000
高27cm 北京荣宝 2011.3.18

190 明崇祯 青花龙王拜观音纹净水碗
估　价：RMB 1,000,000～1,500,000
成交价：RMB 1,380,000
直径21.3cm 高7.5cm 中拍国际 2011.7.17

518 明崇祯 青花人物故事诗文笔筒
估　价：RMB 450,000～500,000
成交价：RMB 690,000
高22cm 北京东正 2011.6.5

132 明 黄地青花婴戏纹盘
“大明成化年制”款
成交价：RMB 2,870,400
高7.8cm 直径48cm 澳门中信 2011.6.25

2228 清初 青花人物故事纹象腿瓶
估 价：RMB 150,000～250,000
成交价：RMB 172,500
高43cm 中贸圣佳 2011.11.06

1575 清顺治 青花“尉迟恭单骑救主”纹盖罐
估 价：RMB 120,000～180,000
成交价：RMB 134,400
高26cm 北京荣宝 2011.3.18

8033 明晚期 青花人物提梁壶
估 价：RMB 160,000～260,000
成交价：RMB 184,000
高28cm 北京保利 2011.12.08

32 清康熙 青花夔凤纹摇铃瓶
“大清康熙年制”款
估 价：RMB 2,000,000～3,000,000
成交价：RMB 1,984,400
高24cm 香港苏富比 2011.10.05

1049 清康熙 青花郭子仪祝寿大棒槌瓶
估 价：RMB 600,000～800,000
成交价：RMB 1,437,500
高78cm 北京保利 2011.10.23

3133 清康熙 青花缠枝牡丹纹执壶
估 价：RMB 300,000～500,000
成交价：RMB 575,000
高29.2cm 中国嘉德 2011.6.18

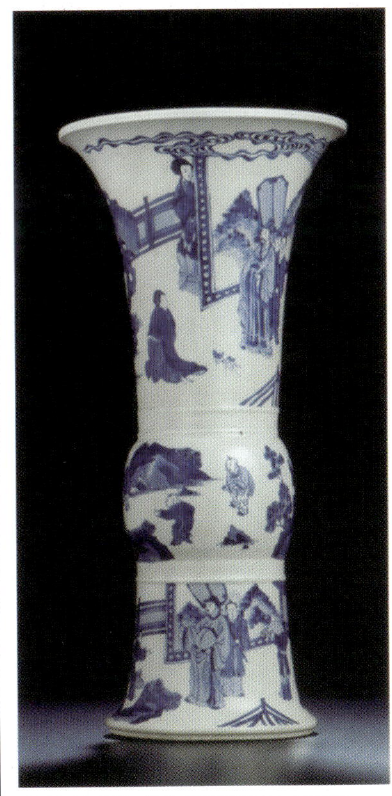

3912 清康熙 青花「翻羹不恚」图花觚
"大清康熙年制"楷书款
估 价：RMB 250,000～350,000
成交价：RMB 719,820
高43.4cm 香港佳士得 2011.6.1

3105 清康熙 青花“海水云龙”图观音瓶
估　价：RMB 500,000～700,000
成交价：RMB 825,160
高45.5cm 香港苏富比 2011.4.8

1241 清康熙 青花花卉山水图特大将军罐
“福禄寿”吉语款
估　价：RMB 300,000～500,000
成交价：RMB 963,200
高71cm 北京荣宝 2011.08.13

900 清康熙 青花兽面纹小罐
“大清康熙年制”楷书款
估　价：RMB 1,800,000～2,200,000
成交价：RMB 2,016,000
高13cm 北京永乐 2011.5.24

850 清康熙 青花云龙纹洗
估　价：RMB 300,000～400,000
成交价：RMB 402,500
直径13.9cm 北京诚轩 2011.11.12

46 清康熙 青花梅画图花神杯
“大清康熙年制”楷书款
估 价：RMB 600,000~650,000
成交价：RMB 1,265,000
直径6.9cm 北京永乐 2011.11.15

7241 清康熙 青花饮中八仙杯
“大清康熙年制”款
估 价：RMB 800,000~1,200,000
成交价：RMB 1,322,500
直径6.1cm 北京保利 2011.6.5

7243 清康熙 青花团凤瑞兔叠盒
“大清康熙年制”款
估 价：RMB 2,500,000~4,500,000
成交价：RMB 4,600,000
高18cm 北京保利 2011.6.5

2819 清康熙 青花留白云龙碗
估　价：RMB 320,000～350,000
成交价：RMB 1,035,000
直径10.5cm×2 北京匡时 2011.6.8

848 清康熙 青花十八学士琴棋书画图笔筒
“大明成化年制”楷书款
估　价：RMB 700,000～800,000
成交价：RMB 805,000
高18.4cm 北京诚轩 2011.11.12

2055 清康熙 青花「戏珠云龙」图直口盘
“大清康熙年制”款
估　价：RMB 80,000～100,000
成交价：RMB 389,500
直径13.8cm 香港苏富比 2011.10.05

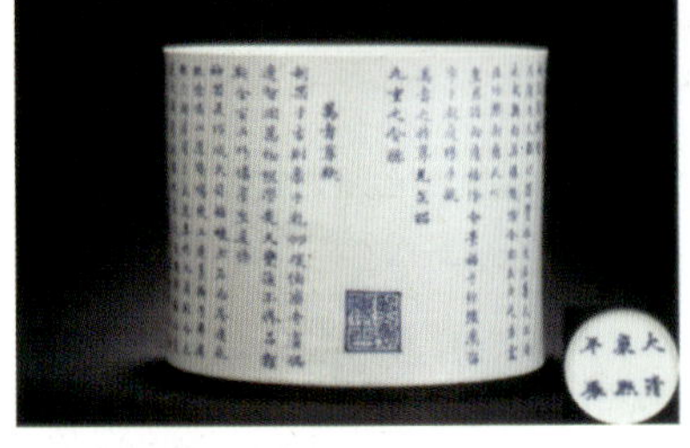

9220 清康熙 青花万寿尊赋笔筒
“大清康熙年制”款
估　价：RMB 600,000～800,000
成交价：RMB 690,000
直径18.5cm 北京保利 2011.6.7

550 清雍正 青花火珠龙纹瓶
估　价：RMB 150,000
成交价：RMB 3,920,000
高51cm 天津文物 2011.5.13

2938 清雍正 青花蒜头瓶
估　价：RMB 1,800,000
成交价：RMB 2,464,320
高10.5cm 香港佳士得 2011.11.30

633 清雍正/乾隆 青花夔龙纹出脊方鼎（一对）
估　价：RMB 1,000,000～1,200,000
成交价：RMB 2,070,000
高20cm 北京诚轩 2011.5.22

3117 清雍正 青花缠枝花卉纹莲瓣口双铺兽首长颈瓶
估　价：RMB 20,000,000～30,000,000
成交价：RMB 19,416,520
高34.7cm 香港苏富比 2011.4.8

966 清雍正 青花缠枝莲纹双龙耳瓶
成交价：RMB 123,200,000
高32cm 江苏万达 2011.5.28

7281 清雍正 青花仙人纳福尊
“大清雍正年制”款
成交价：RMB 15,525,000
高22cm 北京保利 2011.6.5

3544 清雍正 黄地青花花卉纹倭角兽耳瓶
“大清雍正年制”楷书款
估 价：RMB 4,000,000～6,000,000
成交价：RMB 21,850,000
高16.8cm 中国嘉德 2011.5.22

409 清雍正 青花折枝三多果浮雕莲瓣纹橄榄尊
“大清雍正年制”款
估 价：RMB 22,000,000～25,000,000
成交价：RMB 34,500,000
高41.7cm 北京东正 2011.6.5

294 清雍正 黄地青花抱耳瓶
估 价：RMB 20,000,000～25,000,000
成交价：RMB 21,558,720
高48.2cm 香港佳士得 2011.11.30

7282 清雍正 青花缠枝花卉铺首尊
（一对） “大清雍正年制”款
估 价：RMB 9,000,000～15,000,000
成交价：RMB 10,350,000
高24.5cm 北京保利 2011.6.5

3065 清雍正 黄地青花三果尊
“大清雍正年制”楷书款
估 价：RMB 12,000,000～18,000,000
成交价：RMB 26,450,000
高20.8cm 北京翰海 2011.5.21

9237 清雍正 青花花卉小罐
“大清雍正年制”款
估 价：RMB 1,600,000～2,600,000
成交价：RMB 2,990,000
高13.8cm 北京保利 2011.6.7

30 清雍正 仿明青花牵牛花纹折方瓶
“大清雍正年制”款
估 价：RMB 6,000,000～8,000,000
成交价：RMB 10,184,400
高17.3cm 香港苏富比 2011.10.05

5231 清雍正 青花折枝繁花瑞果纹缸
估 价：RMB 500,000～800,000
成交价：RMB 1,058,000
直径31cm 北京保利 2011.12.06

3569 清雍正 青花荔枝纹如意耳扁壶
估　价：RMB 3,000,000～4,000,000
成交价：RMB 5,540,940
高26.5cm 香港佳士得 2011.6.1

3124 清雍正 青花“缠枝花卉”图执壶
估　价：RMB 250,000～300,000
成交价：RMB 926,200
口径9cm 香港苏富比 2011.4.8

723 清雍正 青花一把莲花盘
“大清雍正年制”款
估　价：RMB 800,000～1,000,000
成交价：RMB 2,464,000
直径35cm 长风拍卖 2011.1.20

3108 清雍正 青花“荷塘鸳鸯”图卧足盘（一对）
估　价：RMB 250,000～350,000
成交价：RMB 875,680
直径11.4cm 香港苏富比 2011.4.8

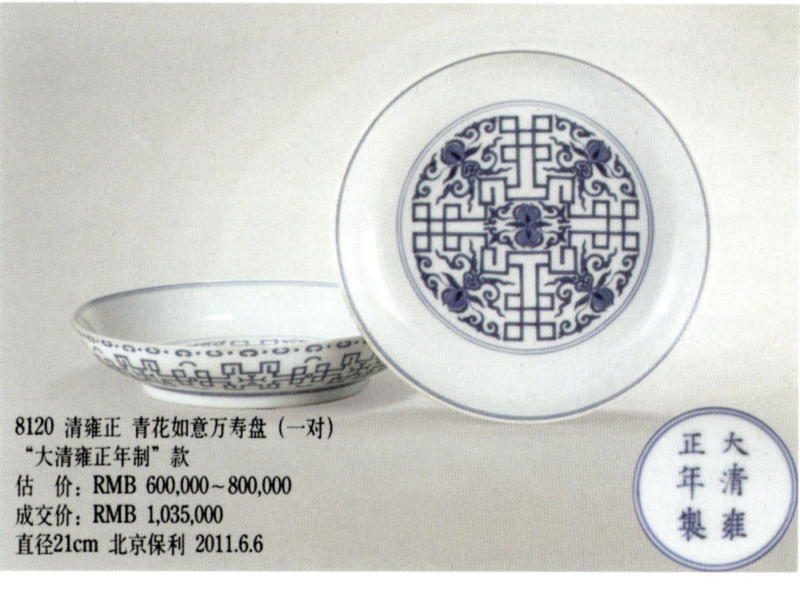

8120 清雍正 青花如意万寿盘（一对）
“大清雍正年制”款
估　价：RMB 600,000～800,000
成交价：RMB 1,035,000
直径21cm 北京保利 2011.6.6

7271 清雍正 粉青釉青花堆白螭龙纹折沿大盘
“大清雍正年制”款
估　价：RMB 2,000,000～3,000,000
成交价：RMB 2,300,000
直径50cm 北京保利 2011.6.5

1916 清雍正 青花缠枝莲纹大盘
“大清雍正年制”楷书款
估　价：RMB 2,800,000～4,000,000
成交价：RMB 3,220,000
直径39.8cm 中贸圣佳 2011.11.06

1612 清雍正 青花忍冬纹小杯（一对）
“大清雍正年制”款
估　价：RMB 300,000～500,000
成交价：RMB 896,000
直径7cm×2 北京荣宝 2011.11.11

74 清雍正 黄地青花「一把莲」纹盘
“大清雍正年制”款
估　价：RMB 3,000,000～5,000,000
成交价：RMB 6,584,440
直径40cm 香港苏富比 2011.4.7

360 清雍正 青花岁寒三友纹碗（一对）
“大清雍正年制”款
估　价：RMB 1,500,000～1,800,000
成交价：RMB 2,990,000
直径13.2cm 北京东正 2011.11.17

1318 清雍正 青花灌套纹碗（一对）
估　价：RMB 800,000～1,500,000
成交价：RMB 1,232,000
直径10cm 云南典藏 2011.10.31

3136 清雍正 青花“赶珠云龙”图盘口碗
估　价：RMB 350,000～450,000
成交价：RMB 1,027,240
直径17cm 香港苏富比 2011.4.8

43 清雍正 青花菊花八方形碗（一对）
“大清雍正年制”款
估　价：RMB 400,000～600,000
成交价：RMB 977,500
直径11cm 北京保利 2011.10.22

5232 清雍正 青花缠枝花卉大碗
“大清雍正年制”款
估　价：RMB 1,000,000～1,500,000
成交价：RMB 2,127,500
直径23.5cm 北京保利 2011.12.06

2942 清乾隆 青花梅瓶
估　价：RMB 15,000,000
成交价：RMB 19,730,880
高32cm 香港佳士得 2011.11.30

2336 清乾隆 青花折枝花果纹梅瓶
"大清乾隆年制"篆书款
估 价：RMB 8,000,000～12,000,000
成交价：RMB 23,000,000
高32cm 北京翰海 2011.5.19

7285 清乾隆 青花折枝花卉六方大瓶
"大清乾隆年制"款
估 价：RMB 4,000,000～6,000,000
成交价：RMB 16,100,000
高66cm 北京保利 2011.6.5

3176 清乾隆 青花折枝花果纹六方瓶
"大清乾隆年制"篆书款
估 价：RMB 7,000,000～12,000,000
成交价：RMB 13,800,000
高66.5cm 中国嘉德 2011.11.13

217 清乾隆 青花龙纹瓶
成交价：RMB 12,107,114
高38cm 伦敦苏富比 2011.5.11

7283 清乾隆 青花并蒂莲纹蒜头瓶
“大清乾隆年制”款
估　价：RMB 8,000,000～12,000,000
成交价：RMB 13,225,000
高29cm 北京保利 2011.6.5

5236 清乾隆 青花蝠桃纹缠枝扁瓶
“大清乾隆年制”款
估　价：RMB 3,800,000～5,800,000
成交价：RMB 4,370,000
高24.5cm 北京保利 2011.12.06

2322 清乾隆 青花八吉祥纹抱月瓶
“大清乾隆年制”篆书款
估　价：RMB 10,000,000～15,000,000
成交价：RMB 17,250,000
高34.5cm 北京翰海 2011.11.17

2334 清乾隆 青花缠枝莲纹盘口尊
“大清乾隆年制”篆书款
估 价：RMB 12,000,000～15,000,000
成交价：RMB 26,450,000
高38.1cm 北京翰海 2011.5.19

3167 清乾隆 青花缠枝莲贯耳尊
“大清乾隆年制”篆书款
估 价：RMB 5,000,000～8,000,000
成交价：RMB 9,430,000
高52.5cm 中国嘉德 2011.11.13

3106 清乾隆 青花“穿花游龙”图长颈胆瓶
估 价：RMB 20,000,000～30,000,000
成交价：RMB 25,074,760
高46cm 香港苏富比 2011.4.8

3175 清乾隆 青花瑞果纹梅瓶
“大清乾隆年制”篆书款
估　价：RMB 8,000,000~12,000,000
成交价：RMB 13,800,000
高32cm 中国嘉德 2011.11.13

3964 清乾隆 青花缠枝莲花卉纹盘口尊
“大清乾隆年制”篆书款
估　价：RMB 2,000,000~3,000,000
成交价：RMB 8,625,000
高54cm 中国嘉德 2011.5.23

1919 清乾隆 青花缠枝花卉纹天球瓶
“大清乾隆年制”款
估　价：RMB 20,000,000~25,000,000
成交价：RMB 25,338,000
54.6cm 香港苏富比 2011.10.05

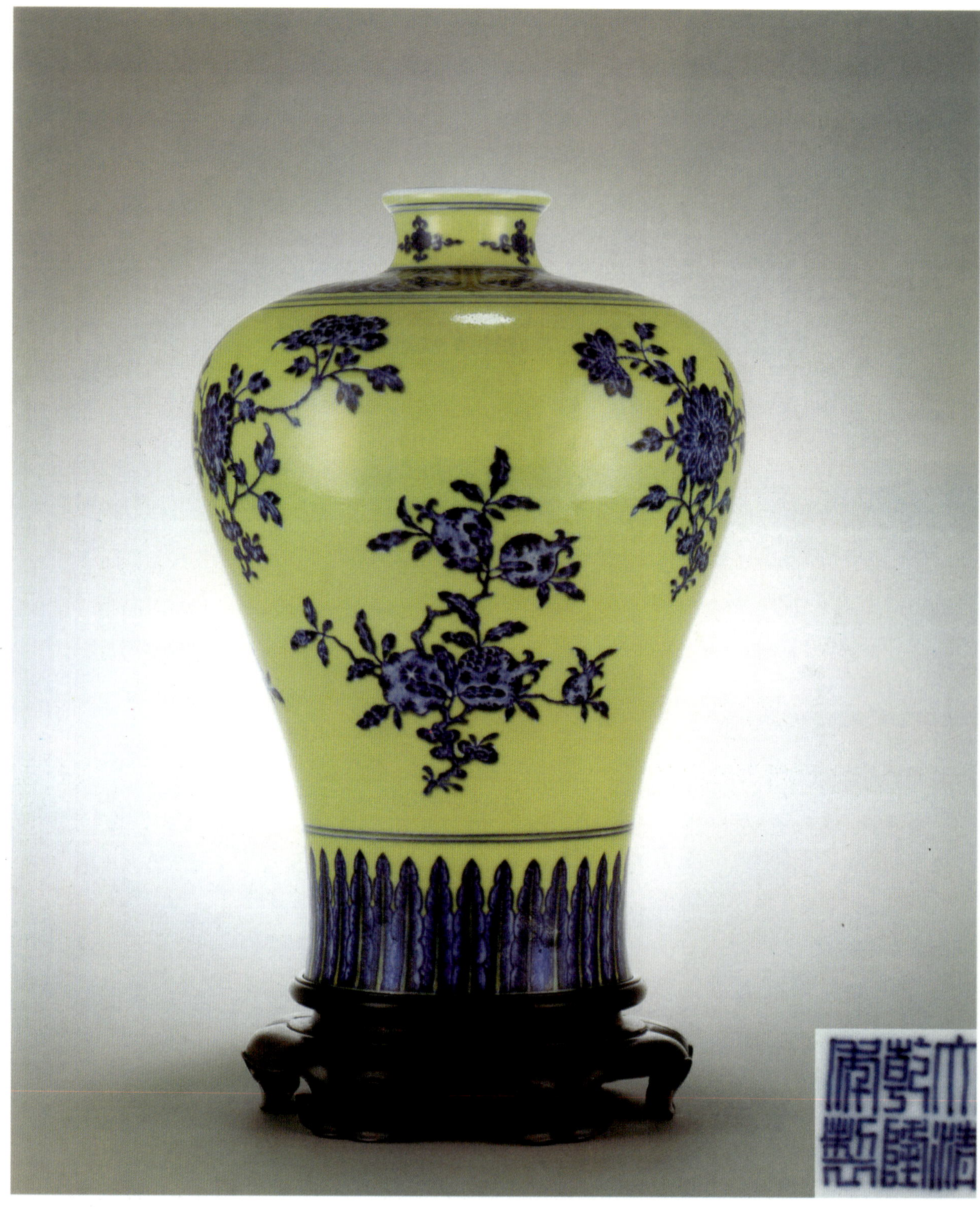

7103 清乾隆 黄地青花折枝花卉梅瓶
“大清乾隆年制”款
估 价：RMB 30,000,000~50,000,000
成交价：RMB 59,800,000
高33cm 北京保利 2011.6.5

87 清乾隆 黄地青花博古花卉纹铺首耳尊
估　价：RMB 15,000,000～20,000,000
成交价：RMB 23,230,000
高44cm 宽23cms中翰清花 2011.09.10

4070 清乾隆 青花开光三多纹执壶
“大清乾隆年制”篆书款
估　价：RMB 600,000～800,000
成交价：RMB 828,000
高26.2cm 北京翰海 2011.11.19

3567 清乾隆 青花云龙纹小缸
“大清乾隆年制”篆书款
估　价：RMB 2,000,000～3,000,000
成交价：RMB 2,300,000
直径21cm 中国嘉德 2011.11.14

3123 清乾隆 青花开光式“八吉祥”图双灵芝大扁壶
估　价：RMB 10,000,000～15,000,000
成交价：RMB 14,701,320
高49.5cm 香港苏富比 2011.4.8

3311 清乾隆 青花缠枝莲托八宝纹盉
“大清乾隆年制”篆书款
估　价：RMB 2,800,000～3,800,000
成交价：RMB 3,136,000
中贸圣佳 2011.4.29

7184 清乾隆 青花御题诗烛台
“乾隆年制”款
估　价：RMB 2,800,000～3,800,000
成交价：RMB 4,025,000
高25.5cm 北京保利 2011.6.5

1104 清乾隆 青花正面龙纹隔盒
估　价：RMB 1,000,000～1,600,000
成交价：RMB 1,725,000
直径34cm 中拍国际 2011.12.06

3545 清乾隆 青花缠枝莲纹烛台（一对）
“乾隆年制”篆书款
估　价：RMB 800,000～1,200,000
成交价：RMB 3,450,000
高15cm 中国嘉德 2011.5.22

5233 清乾隆 青花缠枝莲八吉祥大碗
“大清乾隆年制”款
估　价：RMB 1,000,000～1,500,000
成交价：RMB 1,150,000
直径25.8cm 北京保利 2011.12.06

3484 清乾隆 青花龙纹折腰碗（一对）
“大清乾隆年制”篆书款
估　价：RMB 350,000～550,000
成交价：RMB 552,000
直径17cm 中国嘉德 2011.11.14

2329 清乾隆 青花折枝九桃盘
“大清乾隆年制”篆书款
估　价：RMB 500,000～700,000
成交价：RMB 1,150,000
直径27cm 北京翰海 2011.5.19

8058 清乾隆 青花荷塘水鸟卧足碗
“大清乾隆年制”款
估　价：RMB 300,000～500,000
成交价：RMB 805,000
直径16.3cm 北京保利 2011.12.08

5235 清乾隆 青花缠枝莲纹书灯（一对）
估　价：RMB 1,800,000～2,800,000
成交价：RMB 2,645,000
高23.5cm 北京保利 2011.12.06

7286 清乾隆 御制古香书屋制青花缠枝莲大洗
估　价：RMB 22,000,000～32,000,000
成交价：RMB 25,300,000
直径68cm 北京保利 2011.6.5

2335 清乾隆 青花海水缠枝花卉云龙纹大盘
“大清乾隆年制”篆书款
估 价：RMB 8,000,000～10,000,000
成交价：RMB 10,350,000
直径51cm 北京翰海 2011.5.19

161 清乾隆 御制青花缠枝莲托八宝纹方鉴（一对）
“大清乾隆年制”青花篆书款
估 价：RMB 3,000,000～4,000,000
成交价：RMB 4,485,000
长32.4cm 高29.5cm
中拍国际 2011.7.17

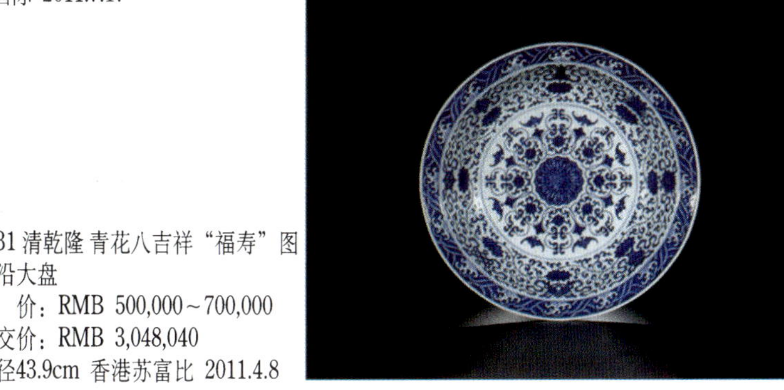

3131 清乾隆 青花八吉祥“福寿”图折沿大盘
估 价：RMB 500,000～700,000
成交价：RMB 3,048,040
直径43.9cm 香港苏富比 2011.4.8

3174 清乾隆 青花缠枝莲纹炉
“大清乾隆年制”篆书款
估 价：RMB 800,000～1,200,000
成交价：RMB 943,000
高27.3cm 中国嘉德 2011.11.13

4150 清嘉庆 青花八仙大碗
“大清嘉庆年制”篆书款
估 价：RMB 200,000～300,000
成交价：RMB 368,000
直径44.5cm 中国嘉德 2011.5.23

1610 清嘉庆 青花御题诗海棠盘（一对）
“大清嘉庆年制”款
估 价：RMB 1,200,000～2,200,000
成交价：RMB 3,136,000
长16cm×2 北京荣宝 2011.11.11

3924 清嘉庆 青花云龙纹折腰碗（一对）
“大清嘉庆年制”楷书款
估 价：RMB 350,000～450,000
成交价：RMB 1,021,140
直径17.2cm 香港佳士得 2011.6.1

3407 清道光 青花折枝花果纹蒜头瓶（一对）
“大清道光年制”篆书款
估 价：RMB 800,000～1,200,000
成交价：RMB 3,450,000
高28.5cm 中国嘉德 2011.5.22

608 清道光 青花花果纹执壶
“大清道光年制”篆书款
估 价：RMB 1,000,000～1,200,000
成交价：RMB 1,725,000
高26.8cm 北京诚轩 2011.5.22

3119 清道光 青花缠枝花卉八宝纹盖盒
“大清道光年制”篆书款
估 价：RMB 500,000～800,000
成交价：RMB 690,000
直径9.2cm 中国嘉德 2011.11.13

2337 清道光 青花福寿花卉如意耳抱月瓶
“大清道光年制”篆书款
估 价：RMB 1,800,000～2,800,000
成交价：RMB 4,485,000
高24.5cm 北京翰海 2011.5.19

3406 清道光 青花缠枝花卉纹铺首尊（一对）
“大清道光年制”篆书款
估　价：RMB 800,000～1,200,000
成交价：RMB 2,300,000
高25.2cm 中国嘉德 2011.5.22

3415 清道光 青花岁寒三友图小天球瓶
“大清道光年制”篆书款
估　价：RMB 800,000～1,200,000
成交价：RMB 2,185,000
高16.7cm 中国嘉德 2011.5.22

3412 清道光 青花云龙纹瓶
“慎德堂制”楷书款
估　价：RMB 800,000～1,200,000
成交价：RMB 3,910,000
高33cm 中国嘉德 2011.5.22

3411 清道光 青花缠枝花卉开光艾叶祥符图茶壶
“大清道光年制”篆书款
估　价：RMB 600,000～800,000
成交价：RMB 1,092,500
宽20.3cm 中国嘉德 2011.5.22

3401 清道光 青花云龙纹碗（一对）
“大清道光年制”篆书款
估 价：RMB 100,000~200,000
成交价：RMB 897,000
直径14.7cm 中国嘉德 2011.5.22

3452 清道光 青花松竹梅纹洗
估 价：RMB 250,000~350,000
成交价：RMB 575,000
宽26cm 中国嘉德 2011.5.22

3451 清道光 青花夔凤纹墨床
估 价：RMB 100,000~150,000
成交价：RMB 253,000
长9.6cm 中国嘉德 2011.5.22

3403 清道光 青花庭院婴戏图碗（一对）
“大清道光年制”篆书款
估 价：RMB 200,000~300,000
成交价：RMB 460,000
直径15.5cm 中国嘉德 2011.5.22

4046 清道光 青花淡描花卉纹碗（一对）
“大清道光年制”篆书款
估 价：RMB 150,000~250,000
成交价：RMB 253,000
直径15cm 北京翰海 2011.11.19

3453 清道光 豆青地青花八吉祥兽足香熏
“大清道光年制”篆书款
估　价：RMB 400,000～600,000
成交价：RMB 2,415,000
41cm×14.5cm×17cm 中国嘉德 2011.5.22

6719 清咸丰 青花竹石芭蕉玉壶春瓶
“大清咸丰年制”款
估　价：RMB 1,000,000～1,500,000
成交价：RMB 1,667,500
高29cm 北京保利 2011.12.07

4073 清同治 青花缠枝花卉纹赏瓶
“大清同治年制”楷书款
估　价：RMB 250,000～350,000
成交价：RMB 805,000
高38.8cm 北京翰海 2011.11.19

3434 清光绪 青花云龙纹折沿盆
“大清光绪年制”楷书款
估　价：RMB 350,000～550,000
成交价：RMB 402,500
直径41.5cm 中国嘉德 2011.11.14

1531 清光绪 青花温锅（一套三件）
“大清光绪年制”款
估　价：RMB 250,000～350,000
成交价：RMB 280,000
直径19cm 北京荣宝 2011.3.18

3134 清 青花海水云龙纹筒式瓶（二件）
估　价：RMB 200,000～250,000
成交价：RMB 782,000
高112.5cm 北京翰海 2011.5.21

3928 清宣统 青花四时佳果纹碗（一对）
“大清宣统年制”楷书款
估　价：RMB 150,000～200,000
成交价：RMB 230,175
直径15.5cm 香港佳士得 2011.6.1

3050 清 青花折枝花卉纹纸锤瓶
估　价：RMB 900,000～950,000
成交价：RMB 1,012,000
高32cm 北京匡时 2011.09.17

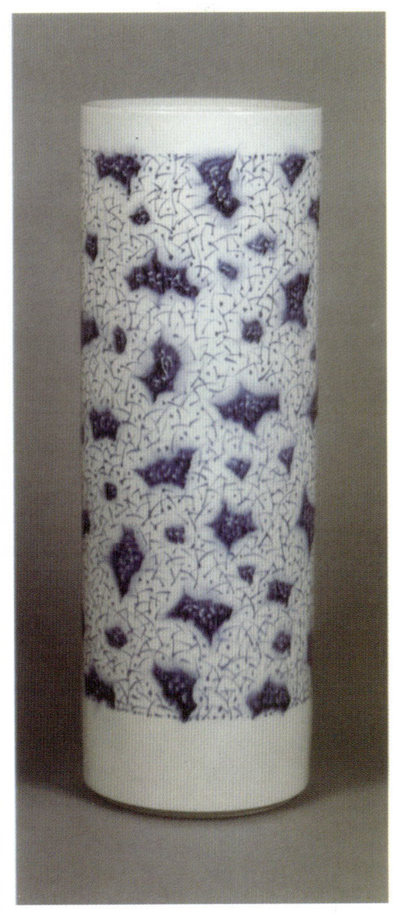

2996 白磊 江南湿地 青花箭筒
题识：三石，2011.3.12。
估　价：RMB 500,000～600,000
成交价：RMB 1,058,000
高97cm 中国嘉德 2011.5.25

1627 清 青花八宝纹禾壶
“大清乾隆年制”款
估 价：RMB 380,000
成交价：RMB 425,600
高21cm 北京翰海 2011.09.18

2982 吕金泉 童趣 青花瓷瓶
钤印：庚寅、金泉
估 价：RMB 320,000~380,000
成交价：RMB 977,500
高51cm 中国嘉德 2011.5.25

5585 王步 青花灵禽春夏秋冬四屏
成交价：RMB 27,025,000
37.5cm×24cm×4 北京保利 2011.12.07

116 王步 1963年 青花《文治武功图》菱形笔筒
“景德镇制”青花篆书款
估 价：RMB 1,200,000~1,600,000
成交价：RMB 3,976,000
高16cm 长风拍卖 2011.1.20

2860 明洪武 釉里红岁寒三友玉壶春瓶连红木原装旧盒
估 价：RMB 12,000,000～15,000,000
成交价：RMB 27,600,000
高33cm 北京匡时 2011.6.8

43 明洪武 釉里红开光式“寿鞠图”棱口折沿大盘
估 价：RMB 25,000,000～35,000,000
成交价：RMB 34,505,160
直径45.5cm 香港苏富比 2011.4.7

980 明洪武 釉里红缠枝莲纹盖罐
估 价：RMB 1,200,000～1,600,000
成交价：RMB 1,840,000
高10.5cm 荣宝斋（上海）2011.11.25

185 明洪武 釉里红缠枝牡丹纹碗
估 价：RMB 3,000,000～5,000,000
成交价：RMB 9,200,000
直径20.2cm 高9.8cm 中拍国际 2011.7.17

7274 清乾隆 釉里红螭龙穿花双系小尊
“大清乾隆年制”款
估　价：RMB 8,000,000～15,000,000
成交价：RMB 17,250,000
高10cm 北京保利 2011.6.5

2936 清康熙 釉里红摇铃尊
估　价：RMB 15,000,000
成交价：RMB 9,677,760
高22.8cm 香港佳士得 2011.11.30

7246 清康熙 釉里红牡丹纹苹果尊（一对）
“大清康熙年制”款
估　价：RMB 16,000,000～26,000,000
成交价：RMB 20,700,000
直径9.5cm 北京保利 2011.6.5

33 清康熙 釉里红图龙纹杯
“大清康熙年制”款
估　价：RMB 1,000,000～1,500,000
成交价：RMB 1,492,400
高14.6cm 香港苏富比 2011.10.05

3917 明永乐 釉里红三鱼纹碗
“大明永乐年制”楷书款
估　价：RMB 180,000～250,000
成交价：RMB 719,820
直径15.2cm 香港佳士得 2011.6.1

7273 清雍正 釉里红九龙杯（一对）
“大清雍正年制”款
估　价：RMB 3,800,000~5,800,000
成交价：RMB 8,050,000
直径6cm 北京保利 2011.6.5

1616 清雍正 釉里红三多纹碗
“大清雍正年制”款
估　价：RMB 500,000~800,000
成交价：RMB 1,456,000
直径19cm 北京荣宝 2011.11.11

7275 清乾隆 釉里红海水云龙梅瓶
“大清乾隆年制”款
估　价：RMB 1,800,000~2,800,000
成交价：RMB 2,070,000
高38cm 北京保利 2011.6.5

3583 清乾隆 釉里红双凤纹象耳方瓶
“大清乾隆年制”篆书款
估　价：RMB 8,000,000~12,000,000
成交价：RMB 10,580,000
高23.2cm 中国嘉德 2011.11.14

3117 清道光 釉里红苍龙教子图笔筒
“大清道光年制”篆书款
估　价：RMB 1,200,000～1,800,000
成交价：RMB 3,105,000
高12.2cm 中国嘉德 2011.11.13

607 清道光 釉里红六龙戏珠纹折肩瓶
“大清道光年制”篆书款
估　价：RMB 500,000～700,000
成交价：RMB 1,955,000
高27cm 北京诚轩 2011.5.22

158 元 青花釉里红堆塑缠枝花卉纹梅瓶
估　价：RMB 2,500,000～3,000,000
成交价：RMB 1,840,000
高29cm 宽27.5cm 中翰清花 2011.09.10

1217 民国 王步 影青暗刻釉里红《虾趣图》盘
估　价：RMB 600,000～800,000
成交价：RMB 1,092,500
直径24.5cm 长风拍卖 2011.12.20

2981 明中期 青花釉里红海水鱼纹高足杯
估　价：RMB 200,000～300,000
成交价：RMB 230,000
直径15cm 中国嘉德 2011.12.17

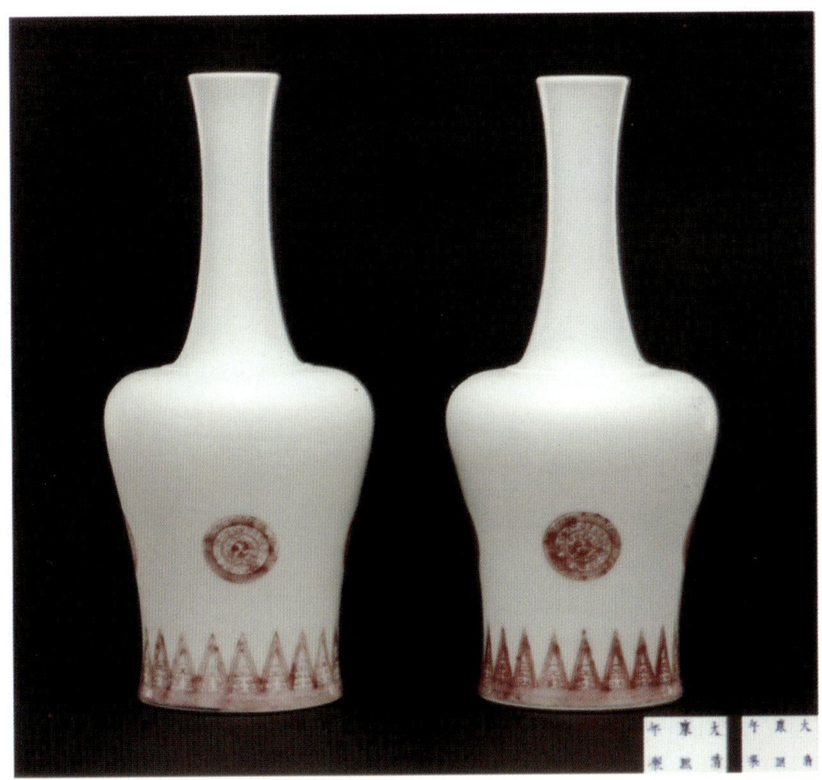

3970 清康熙 青花釉里红团花纹摇铃尊（一对）
“大清康熙年制”楷书款
估　价：RMB 10,000,000～15,000,000
成交价：RMB 24,150,000
高22cm 中国嘉德 2011.5.23

3764 清康熙 青花釉里红牡丹雄鹰鱼缸
估　价：RMB 500,000～800,000
成交价：RMB 575,000
直径51.8cm 中国嘉德 2011.11.14

3112 清雍正 青花釉里红“梅鹊报喜”图梅瓶
估　价：RMB 800,000～1,200,000
成交价：RMB 2,037,640
高22cm 香港苏富比 2011.4.8

1915 清雍正 青花釉里红鹤鹿同春玉壶春瓶
“大清雍正年制”楷书款
估　价：RMB 1,000,000～1,500,000
成交价：RMB 1,150,000
高28.5cm 中贸圣佳 2011.11.06

4149 清雍正 青花釉里红三多纹高足碗
估 价：RMB 180,000~280,000
成交价：RMB 483,000
直径16.5cm 中国嘉德 2011.09.17

3485 清乾隆 青花釉里红八仙人物盖碗（一对）“庆宜堂制”楷书款
估 价：RMB 900,000~1,300,000
成交价：RMB 1,380,000
直径17.4cm 中国嘉德 2011.11.14

3542 清乾隆 青花釉里红串花双凤纹象耳方壶
估 价：RMB 1,500,000~2,500,000
成交价：RMB 5,750,000
高15.5cm 中国嘉德 2011.5.22

2941 清乾隆 青花釉里红梅瓶
估 价：RMB 25,000,000
成交价：RMB 38,009,280
高33cm 香港佳士得 2011.11.30

3217 清乾隆 青花釉里红海水龙纹抱月瓶
“大清乾隆年制”篆书款
估 价：RMB 12,000,000～16,000,000
成交价：RMB 20,700,000
高39cm 中国嘉德 2011.11.13

2954 王锡良 奇峰三十六 青花釉里红瓷瓶
钤印：王
估 价：RMB 200,000～250,000
成交价：RMB 920,000
高34cm 中国嘉德 2011.5.25

5530 周国桢 青花釉里红“雏鸡”天球瓶
钤印：国桢
估 价：RMB 250,000～350,000
成交价：RMB 1,150,000
高56.5cm 北京保利 2011.12.07

青花加彩

8012 明宣德 青花矾红暗云龙纹盉碗
“大明宣德年制”款
估 价：RMB 800,000～1,200,000
成交价：RMB 920,000
北京保利 2011.12.08

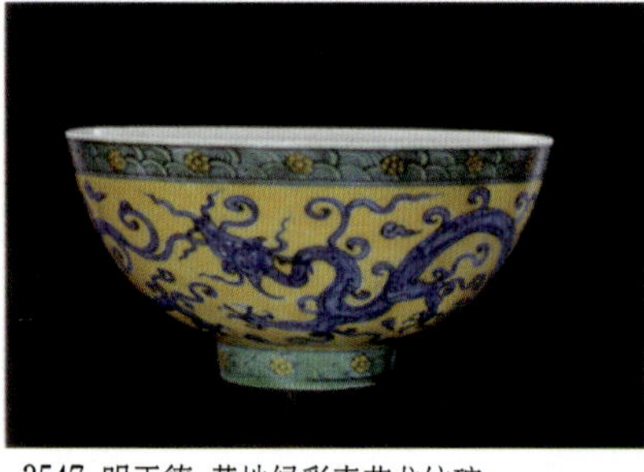

3547 明正德 黄地绿彩青花龙纹碗
“正德年制”楷书款
估 价：RMB 3,500,000～4,500,000
成交价：RMB 4,025,000
直径15.6cm 中国嘉德 2011.5.22

7265 明万历 青花矾红九龙盘
“大明万历年制”款
估 价：RMB 1,000,000～1,500,000
成交价：RMB 1,495,000
直径18.5cm 北京保利 2011.6.5

952 明嘉靖 青花矾红九龙纹大碗
估 价：RMB 3,000,000
成交价：RMB 3,584,000
口径38.2cm 底径16cm 高16.3cm
江苏万达 2011.5.28

3583 明万历 青花五彩南极寿星坐像
估 价：RMB 1,200,000～1,800,000
成交价：RMB 820,260
高39.5cm 香港佳士得 2011.6.1

58 明正德 青花矾红“云龙”纹直口碗
“正德年制”款
估 价：RMB 2,000,000～3,000,000
成交价：RMB 3,654,280
直径15.5cm 香港苏富比 2011.4.7

4082 明万历 青花五彩外人物内龙纹洗
估 价：RMB 100,000～200,000
成交价：RMB 483,000
直径11.3cm 中国嘉德 2011.3.19

7093 明万历 青花五彩花卉大花瓢
“大明万历年制”款
估 价：RMB 1,500,000～2,500,000
成交价：RMB 2,760,000
高69cm 北京保利 2011.6.5

4083 明万历 青花五彩人物故事图小罐
“大明万历年制”款
估 价：RMB 1,200,000～2,200,000
成交价：RMB 3,220,000
高11.5cm 中国嘉德 2011.3.19

126 明 斗彩青花夔龙纹盘
“大明正德年制”款
估 价：RMB 1,200,000
成交价：RMB 1,126,080
直径21cm 澳门中信 2011.11.25

199 清顺治 青花五彩八仙祝寿纹花觚
估　价：RMB 300,000~400,000
成交价：RMB 437,000
高51cm 中拍国际 2011.7.17

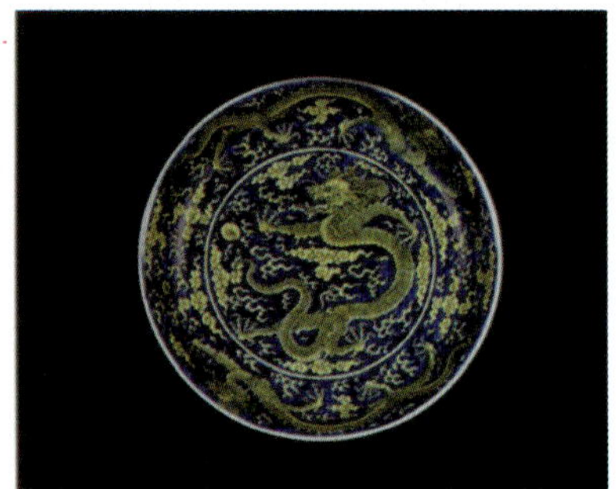

3138 清康熙 青花黄彩“赶珠云龙”图盘
估　价：RMB 1,200,000~1,800,000
成交价：RMB 2,441,800
直径25.3cm 香港苏富比 2011.4.8

68 清康熙 青花加五彩花神杯（一对）
“大清康熙年制”款
估　价：RMB 180,000~200,000
成交价：RMB 391,000
直径6cm 北京保利 2011.7.26

358 清康熙 青花暗刻云纹绿龙碗（一对）
“大清康熙年制”款
估　价：RMB 2,200,000~2,500,000
成交价：RMB 4,600,000
直径13.6cm 北京东正 2011.11.17

7247 清康熙 青花五彩龙凤穿花盘
“大清康熙年制”款
估 价：RMB 300,000～400,000
成交价：RMB 690,000
直径32cm 北京保利 2011.6.5

2926 清康熙 矾红青花海水龙纹碗
估 价：RMB 1,000,000～1,200,000
成交价：RMB 1,150,000
直径18cm 北京匡时 2011.6.8

9263 清雍正 青花五彩团龙纹罐
“大清雍正年制”款
估 价：RMB 1,000,000～1,500,000
成交价：RMB 1,380,000
高19cm 北京保利 2011.6.7

9261 清雍正 青花粉彩八鹤九桃盘
“大清雍正年制”款
估 价：RMB 800,000～1,200,000
成交价：RMB 1,610,000
直径18.7cm 北京保利 2011.6.7

2410 清乾隆 胭脂红青花云龙纹双夔龙耳抱月瓶
估 价：RMB 4,500,000～6,500,000
成交价：RMB 8,510,000
高26.5cm 北京匡时 2011.6.8

99 清乾隆 青花红彩点金云龙纹四方扁瓶
“大清乾隆年制”篆书款
估 价：RMB 1,900,000
成交价：RMB 1,689,120
高22.6cm 澳门中信 2011.11.25

3652 清乾隆 青花矾红彩夔凤纹尊（一对）
“大清乾隆年制”篆书款
估 价：RMB 6,000,000～8,000,000
成交价：RMB 12,739,140
高12.7cm×2 香港佳士得 2011.6.1

1925 清乾隆 青花水波纹矾红彩“洪福齐天”图罐
“大清雍正年制”款
估 价：RMB 1,000,000～2,000,000
成交价：RMB 2,279,600
高19.5cm 香港苏富比 2011.10.05

3543 清乾隆 青花矾红云龙纹温酒壶
“养和堂制”楷书款
估 价：RMB 2,000,000～3,000,000
成交价：RMB 3,220,000
高18.5cm 中国嘉德 2011.5.22

4983 清嘉庆 青花矾红描金苍龙教子纹“懋勤殿”玺印盒
估　价：RMB 6,000,000~8,000,000
成交价：RMB 17,020,000
直径23cm 北京保利 2011.12.06

1086 清乾隆 青花矾红九龙纹大盘
“大清乾隆年制”青花篆书款
成交价：RMB 23,000,000
直径47.5cm 中拍国际 2011.12.06

3056 清嘉庆 青花矾红缠枝莲纹碗（一对）
“大清嘉庆年制”款
估　价：RMB 1,800,000~2,200,000
成交价：RMB 2,012,500
直径14.6cm×2 北京匡时 2011.12.05

6713 清道光 青花粉彩安居乐业双耳瓶
“大清道光年制”款
估　价：RMB 4,500,000~6,500,000
成交价：RMB 8,280,000
高30cm 北京保利 2011.12.07

3430 清道光 青花缠枝莲纹粉彩十八罗汉图扁方瓶
“慎德堂制”楷书款
估　价：RMB 6,000,000～8,000,000
成交价：RMB 31,050,000
高30.5cm 中国嘉德 2011.5.22

3059 清光绪 青花粉彩鸡缸杯
“大清乾隆佔古”款
估　价：RMB 1,500,000～1,800,000
成交价：RMB 1,725,000
直径7.5cm 北京匡时 2011.6.8

3142 清道光 青花胭脂红八仙祝寿碗
“大清道光年制”篆书款
估　价：RMB 200,000～400,000
成交价：RMB 402,500
直径22.3cm 中国嘉德 2011.11.13

斗彩

3160 清康熙 斗彩岁寒三友图罐
估　价：RMB 2,500,000～3,000,000
成交价：RMB 2,845,960
高12.3cm 香港苏富比 2011.4.8

3582 明成化 斗彩团莲纹高足杯
“大明成化年制”楷书刻款
估　价：RMB 25,000,000～30,000,000
成交价：RMB 19,301,220
高7.7cm 香港佳士得 2011.6.1

55 明成化 斗彩高足杯
估　价：RMB 4,000,000～5,000,000
成交价：RMB 4,600,000
高8.9cm 口径7.6cm 上海崇源 2011.7.6

4943 明万历 斗彩八吉祥碗
“大明万历年制”款
估　价：RMB 1,000,000～1,500,000
成交价：RMB 2,932,500
直径16.5cm 北京保利 2011.12.06

7315 明成化 斗彩鸡缸杯
“大明成化年制”款
估　价：RMB 1,500,000～2,000,000
成交价：RMB 2,530,000
直径8cm 北京保利 2011.6.5

7248 清康熙 斗彩荷花杯（一对）
“大清康熙年制”款
估 价：RMB 2,000,000～3,000,000
成交价：RMB 3,220,000
直径6cm 北京保利 2011.6.5

3584 清康熙 斗彩花草团鹤纹碗
“大清康熙年制”楷书款
估 价：RMB 450,000～600,000
成交价：RMB 1,623,780
直径15cm 香港佳士得 2011.6.1

506 清康熙 斗彩鸡觅食小杯（一对）
“大清康熙年制”楷书款
估 价：RMB 1,200,000～1,500,000
成交价：RMB 1,610,000
直径7.1cm 福建拍卖 2011.7.3

76 清雍正 斗彩狩猎图盘口瓶
估 价：RMB 200,000～300,000
成交价：RMB 414,000
高37cm 北京保利 2011.7.26

953 清康熙 黄地斗彩龙凤纹盘
估 价：RMB 1,000,000
成交价：RMB 1,232,000
口径21.2cm 江苏万达 2011.5.28

7925 清康熙 斗彩指日高升笔筒
估　价：RMB 600,000～800,000
成交价：RMB 920,000
直径17.8cm 北京保利 2011.12.08

3173 清康熙 斗彩过枝竹凤纹笠式碗
估　价：RMB 80,000～100,000
成交价：RMB 522,040
高6.7cm 香港苏富比 2011.4.8

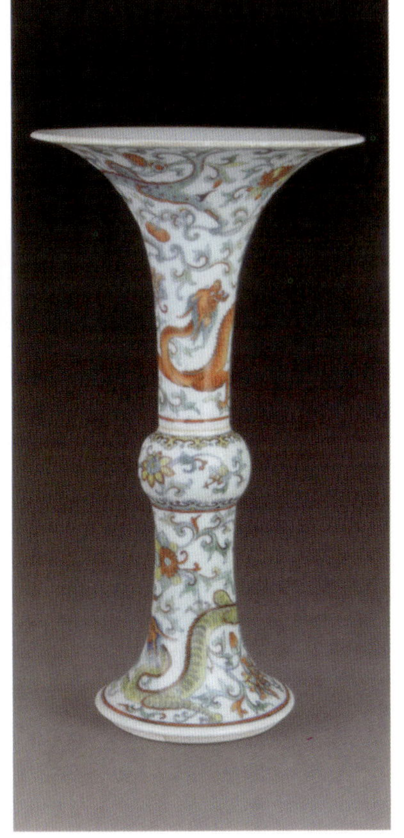

90 清雍正 斗彩龙纹花觚
"大明成化年製"款
估　价：RMB 300,000～500,000
成交价：RMB 425,600
高35cm 辽宁建投 2011.5.11

3053 清雍正 斗彩鸡缸杯连座（一对）
"成化年制"款
估　价：RMB 2,800,000～3,000,000
成交价：RMB 3,105,000
直径6.4cm×2 北京匡时 2011.12.05

40 清雍正 斗彩如日方中高足杯
“大清雍正年制”款
估 价：RMB 4,000,000~6,000,000
成交价：RMB 12,480,400
直径8.6cm 香港苏富比 2011.10.05

3531 清雍正 斗彩西洋花卉碗（一对）
“大清雍正年制”楷书款
估 价：RMB 2,000,000~3,000,000
成交价：RMB 4,830,000
直径12.3cm 中国嘉德 2011.5.22

3566 清雍正 斗彩龙纹罐
“大清雍正年制”楷书款
成交价：RMB 3,833,460
高19cm 香港佳士得 2011.6.1

6 清雍正 斗彩“皮球花”纹碗（一对）
“大清雍正年制”款
成交价：RMB 9,514,600
直径10.2cm 香港苏富比 2011.4.7

3587 清雍正 斗彩花鸟纹杯
“大清雍正年制”楷书款
估 价：RMB 800,000~1,500,000
成交价：RMB 1,824,660
直径8.2cm 香港佳士得 2011.6.1

377 清雍正 斗彩莲托团花纹斗笠碗
“大清雍正年制”款
估　价：RMB 3,500,000~4,000,000
成交价：RMB 5,520,000
直径22.4cm 北京东正 2011.11.17

2933 清雍正 斗彩碗
估　价：RMB 3,000,000
成交价：RMB 3,149,760
直径20.6cm 香港佳士得 2011.11.30

3571 清雍正 斗彩荷塘鸳鸯盘（一对）
“大清雍正年制”楷书款
估　价：RMB 1,800,000~2,500,000
成交价：RMB 3,029,940
直径17.5cm 香港佳士得 2011.6.1

7269 清雍正 斗彩绿龙盘（一对）
“大清雍正年制”款
估　价：RMB 1,500,000~2,000,000
成交价：RMB 2,300,000
直径21cm 北京保利 2011.6.5

3538 清雍正 斗彩夔凤纹八宝大盘
估 价：RMB 6,800,000～8,800,000
成交价：RMB 6,670,000
直径50.5cm 中国嘉德 2011.5.22

637 清雍正 斗彩菊花捧寿纹盘
“大清雍正年制”楷书款
估 价：RMB 600,000～800,000
成交价：RMB 1,380,000
直径20cm 北京诚轩 2011.5.22

3066 清乾隆 斗彩缠枝花卉纹双耳瓶
估 价：RMB 800,000～1,000,000
成交价：RMB 1,150,000
高18.5cm 北京匡时 2011.6.8

80 清乾隆 斗彩团花纹瓶
““大清乾隆年制”款
估 价：RMB 3,000,000～5,000,000
成交价：RMB 3,910,000
高22.5cm 广州艺拍 2011.6.12

1545 清乾隆 斗彩百子闹龙灯洗口梅瓶
估　价：RMB 2,800,000
成交价：RMB 3,136,000
高25.5cm 北京翰海 2011.9.18

2111 清乾隆 斗彩八吉祥「赶珠云龙」图罐
“大清乾隆年制”款
估　价：RMB 700,000~900,000
成交价：RMB 1,886,000
高20cm 香港苏富比 2011.10.5

2409 清乾隆 斗彩团花盖罐
估　价：RMB 1,500,000~1,800,000
成交价：RMB 2,415,000
高12cm 北京匡时 2011.6.8

3214 清乾隆 斗彩团花卷草纹缸
“大清乾隆年制”篆书款
估　价：RMB 8,000,000~12,000,000
成交价：RMB 9,200,000
直径32.5cm 中国嘉德 2011.11.13

7786 清乾隆 斗彩缠枝花卉碗（一对）
“大清乾隆年制”款
估 价：RMB 600,000～800,000
成交价：RMB 1,092,500
直径14.5cm 北京保利 2011.6.6

3167 清乾隆 斗彩团花瑞果图卧足马蹄碗
估 价：RMB 300,000～500,000
成交价：RMB 1,027,240
直径15.5cm 香港苏富比 2011.4.8

1614 清乾隆 斗彩绿龙纹盘（一对）
“大清乾隆年制”款
估 价：RMB 400,000～600,000
成交价：RMB 896,000
直径18.3cm、直径18.1cm
北京荣宝 2011.11.11

28 清乾隆 斗彩团莲纹高足杯
“大清乾隆年制”款
估 价：RMB 10,000,000～15,000,000
成交价：RMB 9,725,200
高7.9cm 香港苏富比 2011.10.5

357 清乾隆 斗彩寿纹盘
“大清乾隆年制”篆书款
估 价：RMB 650,000
成交价：RMB 728,000
直径14.5cm 天津文物 2011.11.12

7984 清乾隆 斗彩海屋添筹盏托（一对）
“大清乾隆年制”款
估 价：RMB 250,000～350,000
成交价：RMB 483,000
直径12cm 北京保利 2011.6.6

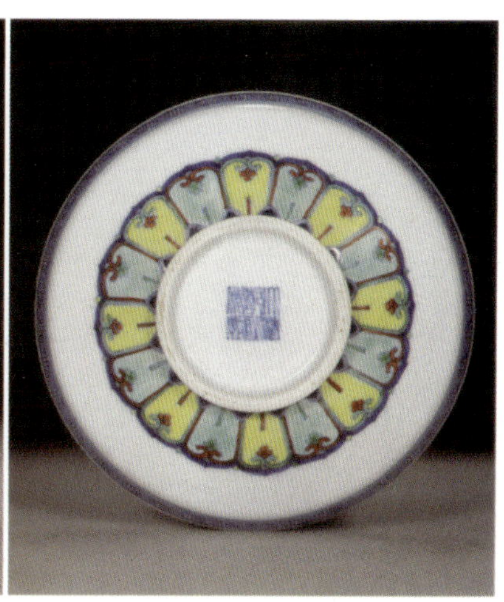

4212 清乾隆 斗彩宝杵纹镗锣洗
估 价：RMB 280,000～380,000
成交价：RMB 460,000
直径15.5cm 中国嘉德 2011.9.17

4007 清道光 斗彩团花纹马蹄式碗（一对）
“大清道光年制”楷书款
估 价：RMB 300,000～500,000
成交价：RMB 820,260
直径15.2cm 香港佳士得 2011.6.1

3170 清道光 斗彩团菊图盖罐（一对）
估 价：RMB 2,000,000～2,500,000
成交价：RMB 2,037,640
香港苏富比 2011.4.8

859 清道光 斗彩荷塘鸳鸯卧足碗
“大清道光年制”篆书款
估 价：RMB 350,000～400,000
成交价：RMB 896,000
直径16.6cm 北京永乐 2011.5.24

1605 清道光 斗彩凤穿花纹盘（一对）
“大清道光年制”款
估　价：RMB 280,000～350,000
成交价：RMB 672,000
直径19.2cm×2 北京荣宝 2011.11.11

0059 清道光 斗彩龙纹缶
估　价：RMB 300,000～400,000
成交价：RMB 483,000
高20cm 江苏省拍 2011.12.10

7936 清中期 斗彩云龙纹双龙耳扁瓶
“大清乾隆年制”款
估　价：RMB 50,000～80,000
成交价：RMB 3,220,000
高48cm 北京保利 2011.12.8

7938 清中期 斗彩仿青铜双耳瓶
估　价：RMB 200,000～300,000
成交价：RMB 230,000
高33cm 北京保利 2011.12.08

440 清中期 斗彩缠枝莲纹长方花盆
估　价：RMB 180,000
成交价：RMB 425,600
直径45.5cm 天津文物 2011.11.12

3175 清18世纪 斗彩锦鸡花石图盆
估　价：RMB 800,000～1,000,000
成交价：RMB 1,936,600
直径61cm 香港苏富比 2011.4.8

三 彩

3767 明19世纪 三彩观音坐像
估　价：RMB 2,200,000～2,800,000
成交价：RMB 3,833,460
高89.8cm 香港佳士得 2011.6.1

9173 辽 三彩印花盘
估　价：RMB 150,000～200,000
成交价：RMB 195,500
直径24.5cm 北京保利 2011.6.7

648 清康熙 釉里三彩玉堂富贵图笔筒
“大清康熙年制”六字三行楷书款
估 价：RMB 700,000～800,000
成交价：RMB 2,645,000
18.4cm×15.3cm 北京诚轩 2011.5.22

3998 清康熙 素三彩雉鸡花卉纹罐
“大清康熙年制”楷书款
估 价：RMB 600,000～800,000
成交价：RMB 2,025,540
高21.5cm 香港佳士得 2011.6.1

81 清康熙 釉下三彩松竹纹棒槌瓶
“大清康熙年制”款
估 价：RMB 2,000,000～2,200,000
成交价：RMB 2,875,000
高43.5cm 北京东正 2011.11.17

3687 清康熙 素三彩送子观音坐像
估 价：RMB 1,000,000～1,800,000
成交价：RMB 1,150,000
高17.5cm 中国嘉德 2011.11.14

7100 清康熙 素三彩花卉草虫花口洗
估　价：RMB 1,000,000～1,800,000
成交价：RMB 2,875,000
直径13.6cm 北京保利 2011.6.5

5225 清康熙 黄地素三彩龙纹折沿大盘
“大清康熙年制”款
估　价：RMB 3,500,000～5,500,000
成交价：RMB 5,635,000
直径40.5cm 北京保利 2011.12.6

126 清康熙 素三彩龙纹盏托（一对）
估　价：RMB 80,000～120,000
成交价：RMB 403,200
长13cm 北京保利 2011.1.15

五 彩

71 明宣德 五彩鸳鸯纹八角玉壶春
“大明宣德年制”款
估　价：RMB 6,800,000
成交价：RMB 5,740,800
高40.6cm 澳门中信 2011.6.25

58 元 五彩花卉异兽纹天球瓶
估 价：RMB 43,000,000
成交价：RMB 43,056,000
高43.2cm 澳门中信 2011.6.25

65 明嘉靖 五彩「灵芝游龙」如方碗
“大明嘉靖年制”款
估 价：RMB 600,000~800,000
成交价：RMB 1,633,480
直径13.4cm 香港苏富比 2011.4.7

4002 明嘉靖 五彩葡萄纹小杯
“大明嘉靖年制”楷书款
估 价：RMB 180,000~280,000
成交价：RMB 897,000
直径8.3cm 中国嘉德 2011.5.23

516 明万历 五彩龙纹花觚
“大明万历年制”款
估 价：RMB 3,000,000~4,000,000
成交价：RMB 4,370,000
高38.7cm 北京东正 2011.6.5

2324 明嘉靖 五彩鱼藻纹大罐
“大明嘉靖年制”楷书款
估 价：RMB 5,000,000～6,000,000
成交价：RMB 17,250,000
高34.5cm 北京翰海 2011.5.19

70 明万历 五彩「舞蹈人物」图鼓式盖罐
“大明万历年制”款
估 价：RMB 4,000,000～6,000,000
成交价：RMB 8,854,472
高16cm 香港苏富比 2011.4.7

139 明万历 五彩龙纹撇口盘
“大明万历年制”款
估 价：RMB 900,000
成交价：RMB 844,560
直径19.7cm 澳门中信 2011.11.25

854 明万历 五彩模印缠枝花卉纹鼎式炉
“大明万历年制”楷书款
估 价：RMB 250,000～350,000
成交价：RMB 943,000
16.5cm×18.2cm 北京诚轩 2011.11.12

8116 清康熙 五彩人物故事纹棒槌瓶
估 价：RMB 800,000～1,200,000
成交价：RMB 1,265,000
高43cm 北京保利 2011.6.6

3202 明万历 五彩花鸟莲池蒜头瓶
估 价：RMB 5,000,000～7,000,000
成交价：RMB 5,068,840
高53.9cm 香港苏富比 2011.4.8

3592 明万历 五彩八仙祝寿图大盘
"大明万历年制"双圈双行字楷书款
估 价：RMB 600,000～800,000
成交价：RMB 2,628,180
直径29.8cm 香港佳士得 2011.6.1

7095 清康熙 五彩人物故事大凤尾尊
估 价：RMB 900,000～1,200,000
成交价：RMB 1,035,000
高78.5cm 北京保利 2011.6.5

38 明万历 五彩“水波云龙”图笔管
估 价：RMB 2,500,000～3,000,000
成交价：RMB 4,444,400
长18.5cm 香港苏富比 2011.10.5

115 清康熙 五彩佛莲托八宝大花盆
估 价：RMB 200,000～300,000
成交价：RMB 552,000
直径50cm 北京保利 2011.10.22

8117 清康熙 五彩莲塘清趣大缸
估　价：RMB 800,000～1,200,000
成交价：RMB 3,450,000
直径66.3cm 北京保利 2011.6.6

1624 清康熙 五彩麻姑献寿图百寿字大盘（一对）
“大明成化年制”款
估　价：RMB 600,000～1,000,000
成交价：RMB 2,352,000
直径39.5cm×2 北京荣宝 2011.11.11

3 清康熙 五彩「果鸟图」卧足碗
“大清康熙年制”款
估　价：RMB 6,000,000～8,000,000
成交价：RMB 12,815,240
直径12.8cm 香港苏富比 2011.4.7

2825 清康熙 珊瑚红地五彩九秋图碗
估　价：RMB 1,800,000～2,200,000
成交价：RMB 2,070,000
直径10.5cm 北京匡时 2011.6.8

4 清康熙 珊瑚地五彩「九秋同庆」图碗（一对）
“康熙御制”款
估　价：RMB 8,000,000～12,000,000
成交价：RMB 11,872,200
直径10.9cm 香港苏富比 2011.4.7

3568 清康熙 五彩鱼藻纹盘（一对）
“在川之乐”楷书款
估　价：RMB 2,800,000～3,500,000
成交价：RMB 5,239,620
直径20.6cm 香港佳士得 2011.6.1

3586 清康熙 五彩「饮中八仙」卧足杯（一对）
“大清康熙年制”楷书款
估　价：RMB 2,500,000～3,500,000
成交价：RMB 6,043,140
高6cm 香港佳士得 2011.6.1

1618 清康熙 五彩龙凤纹盘
“大清康熙年制”款
估　价：RMB 1,200,000～1,800,000
成交价：RMB 2,240,000
直径32cm 北京荣宝 2011.11.11

9225 清康熙 五彩花鸟题诗大笔筒
“大清康熙年制”款
估　价：RMB 400,000～600,000
成交价：RMB 667,000
直径19.7cm 北京保利 2011.6.7

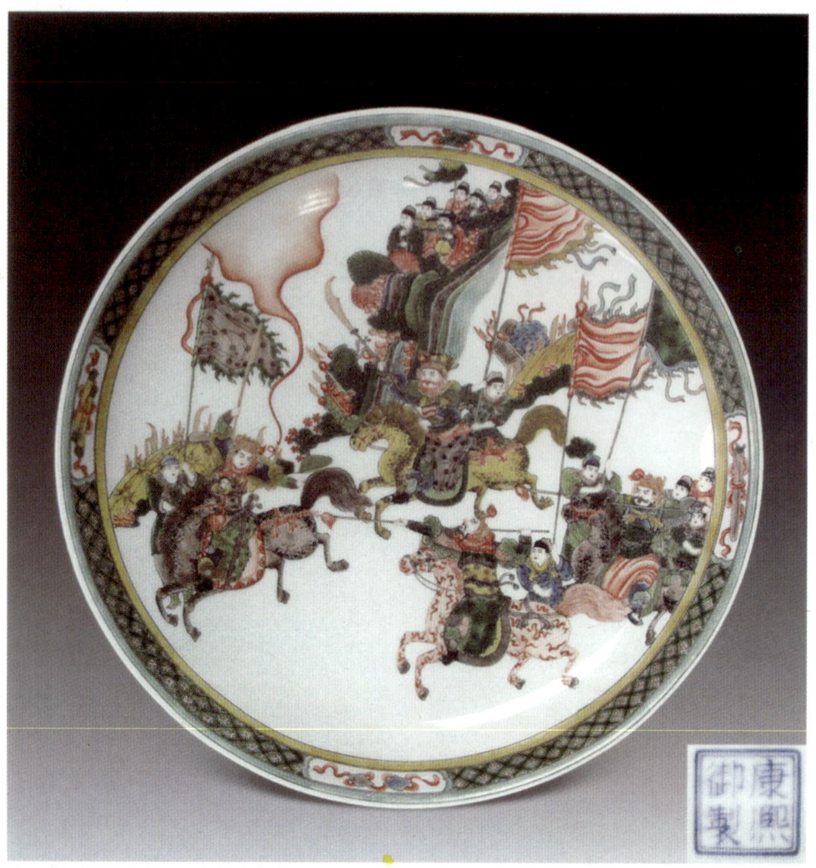

141 清康熙 五彩刀马人物纹大盘
估　价：RMB 5,000,000～7,000,000
成交价：RMB 11,270,000
高7.5m 宽46cm 中翰清花 2011.9.10

2112 清康熙 五彩花神杯「七月」
“大清康熙年制”款
估　价：RMB 500,000～700,000
成交价：RMB 1,886,000
高6.6cm 香港苏富比 2011.10.05

13 清康熙 釉里红五彩花卉纹水盂
估　价：RMB 1,800,000～2,300,000
成交价：RMB 3,450,000
高8.2cm 北京中汉 2011.5.23

52 清雍正 五彩加金饮中八仙李白图马蹄杯
“大清雍正年制”楷书款
估　价：RMB 180,000～200,000
成交价：RMB 287,500
直径10cm 北京永乐 2011.11.15

898 清康熙 五彩镂空万字锦纹狮纽方熏
估　价：RMB 200,000～300,000
成交价：RMB 1,288,000
高33.5cm 北京永乐 2011.5.24

3531 清雍正 珊瑚红地五彩牡丹纹碗（一对）
估 价：RMB 4,500,000～6,500,000
成交价：RMB 9,926,820
香港佳士得 2011.6.1

83 清雍正 墨地五彩花卉盘（一对）
“大清雍正年制”款
估 价：RMB 600,000～800,000
成交价：RMB 1,725,000
直径15cm 北京保利 2011.4.16

2900 清嘉庆 法轮
估 价：RMB 1,500,000～1,800,000
成交价：RMB 805,000
高27.5cm 北京翰海 2011.5.21

9229 清乾隆 五彩龙凤碗（一对）
“大清乾隆年制”款
估 价：RMB 500,000～800,000
成交价：RMB 1,012,000
直径15cm 北京保利 2011.6.7

3739 清嘉庆 珊瑚红地五彩描金婴戏图碗
“大清嘉庆年制”篆书款
估 价：RMB 500,000～700,000
成交价：RMB 1,222,020
直径21cm 香港佳士得 2011.6.1

954 五彩月季花纹苹果尊
“大清康熙年制”楷书款
估　价：RMB 1,500,000
成交价：RMB 1,680,000
高8.6cm 江苏万达 2011.5.28

3450 清道光 珊瑚红地五彩九秋碗
“大清道光年制”篆书款
估　价：RMB 1,500,000~2,500,000
成交价：RMB 1,725,000
直径12.6cm 中国嘉德 2011.5.22

6752 清宣统三年 醴陵釉下五彩花卉瓶
“大清清宣统三年湖南瓷业公司”款
估　价：RMB 500,000~800,000
成交价：RMB 575,000
高31cm 北京保利 2011.12.7

粉　彩

3732 清康熙 五彩仙女献寿纹盘
估　价：RMB 250,000~350,000
成交价：RMB 1,021,140
直径39.4cm 香港佳士得 2011.6.1

3098 清康熙 粉彩碗
估　价：RMB 2,800,000～3,500,000
成交价：RMB 2,758,080
直径19cm 香港佳士得 2011.11.30

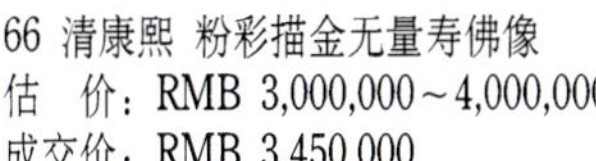

66 清康熙 粉彩描金无量寿佛像
估　价：RMB 3,000,000～4,000,000
成交价：RMB 3,450,000
高32cm 宽22cm 上海崇源 2011.7.6

110 清雍正 粉彩荷花纹玉壶春瓶
“大清雍正年制”楷书款
估　价：RMB 2,500,000
成交价：RMB 4,222,800
高23.3cm 澳门中信 2011.11.25

3070 清雍正 粉彩西皇母祝寿图撇口尊
估　价：RMB 1,500,000～2,500,000
成交价：RMB 2,239,720
高37.8cm 香港苏富比 2011.4.8

60 清雍正 粉彩描金开光花鸟纹龙首执壶
成交价：RMB 11,760,000
高44.5cm 宽35cm 中翰清花 2011.4.10

16 清雍正 粉彩“福寿双全”玲图碗
“大清雍正年制”款
估 价：RMB 20,000,000～30,000,000
成交价：RMB 18,909,200
直径14.3cm 香港苏富比 2011.10.5

217 清雍正 粉彩皮球花纹罐
“大清雍正年制”楷书款
估 价：RMB 1,200,000～1,800,000
成交价：RMB 6,670,000
高16.7cm 北京中汉 2011.5.23

1623 清雍正 粉彩花鸟纹大罐
估 价：RMB 600,000～800,000
成交价：RMB 896,000
高35cm 北京荣宝 2011.11.11

7288 清雍正 粉彩过枝芙蓉盘
“大清雍正年制”款
估　价：RMB 5,500,000～8,500,000
成交价：RMB 12,075,000
直径13.5cm 北京保利 2011.6.5

2891 清雍正 粉彩花蝶纹盘
“大清雍正年制”款
估　价：RMB 350,000～400,000
成交价：RMB 368,000
直径15.8cm 北京匡时 2011.12.05

22 清雍正 粉彩过枝月季梅花图大盘
“大清雍正年制”款
估　价：RMB 15,000,000～20,000,000
成交价：RMB 40,950,800
直径50.2cm 香港苏富比 2011.10.05

14 清雍正 粉彩过枝“秋葵蜻蜓”图盘（一对）
“大清雍正年制”款
估　价：RMB 8,000,000～12,000,000
成交价：RMB 18,473,480
直径13.4cm 香港苏富比 2011.4.7

2324 清雍正 粉彩过枝花卉纹盘
“大清雍正年制”楷书款
估　价：RMB 6,000,000～8,000,000
成交价：RMB 11,500,000
直径29.1cm 北京翰海 2011.11.17

2323 清雍正 粉彩福寿纹碗
“大清雍正年制”楷书款
估　价：RMB 8,000,000～12,000,000
成交价：RMB 14,950,000
直径14.4cm 北京翰海 2011.11.17

9230 清雍正 木釉开光粉彩花卉笔筒
“雍正年制”款
估　价：RMB 600,000～800,000
成交价：RMB 782,000
高14.5cm 北京保利 2011.6.7

74 清雍正 蓝地粉彩“佛日常明”花卉纹碗
估　价：RMB 1,500,000～2,000,000
成交价：RMB 1,380,000
宽14.5cm 中翰清花 2011.09.10

163 清乾隆三十年（1730年）粉彩镂空开光鱼戏水纹瓶
“大清乾隆年制”款
估　价：RMB 550,000,000
成交价：RMB 191,360,000
高40cm 直径12.3cm 澳门中信 2011.6.25

2413 清乾隆 胭脂红地轧道粉彩缠枝莲纹瓶
估　价：RMB 4,800,000～6,800,000
成交价：RMB 9,200,000
高25cm 北京匡时 2011.6.8

3072 清乾隆 胭脂红轧道锦地洋彩缠枝花卉套炉钧窑釉双象耳转心瓶
估　价：RMB 30,000,000～40,000,000
成交价：RMB 59,024,200
高40cm 香港苏富比 2011.4.8

2820 清乾隆 胭脂红地粉彩缠枝莲纹绶带如意耳葫芦瓶
估　价：RMB 3,500,000～4,000,000
成交价：RMB 4,600,000
高21cm 北京匡时 2011.6.8

2320 清乾隆 绿地粉彩花卉开光诗文象耳壁瓶
“大清乾隆年制”篆书款
估　价：RMB 3,500,000～4,500,000
成交价：RMB 4,830,000
高22.5cm 北京翰海 2011.5.19

2042 清乾隆 胭脂红黄地粉彩花卉纹干支转心瓶
乾隆年制四字篆书款
估　价：RMB 1,400,000～2,000,000
成交价：RMB 12,650,000
高19cm 北京九歌 2011.6.10

5163 清乾隆 祭蓝描金开光粉彩海屋添筹双螭耳扁瓶
"大清乾隆年制"款
估　价：RMB 6,000,000～8,000,000
成交价：RMB 12,420,000
高28cm 北京保利 2011.12.06

3564 清乾隆 松石绿地粉彩花卉万寿如意耳瓶（一对）
"大清乾隆年制"篆书款
估　价：RMB 6,000,000～8,000,000
成交价：RMB 16,675,000
高33cm 中国嘉德 2011.5.22

7293 清乾隆 粉彩花卉蝠纹象耳瓶
"大清乾隆年制"款
估　价：RMB 2,800,000～3,800,000
成交价：RMB 4,370,000
高28cm 北京保利 2011.6.5

80 清乾隆 粉彩轧道开光双鹿双马纹瓶
估 价：RMB 10,000,000～12,000,000
成交价：RMB 21,275,000
高42.5m 中翰清花 2011.09.10

1021 清乾隆 粉彩霁蓝描金花果纹尊
“大清乾隆年制”篆书款
成交价：RMB 9,520,000
高69cm 辽宁中正 2011.4.17

15 清乾隆 粉彩九桃天球瓶
“大清乾隆年制”款
估 价：RMB 80,000,000～120,000,000
成交价：RMB 74,013,200
高51cm 香港苏富比 2011.10.05

429 清乾隆 青花粉彩暗花莲托八吉祥纹贲巴瓶（一对）
“大清乾隆年制”款
估 价：RMB 12,000,000～15,000,000
成交价：RMB 20,700,000
高25.4cm 北京东正 2011.6.5

5161 清乾隆 粉彩山水楼阁如意万代耳琵琶尊
“大清乾隆年制”款
估　价：RMB 40,000,000～60,000,000
成交价：RMB 54,625,000
高37cm 北京保利 2011.12.06

150 清乾隆 粉彩百鹿尊
“大清乾隆年制”篆书款
估　价：RMB 5,000,000
成交价：RMB 4,692,000
高45cm 澳门中信 2011.11.25

822 清乾隆 松石绿地粉彩缠枝莲纹茶壶
“大清乾隆年制”篆书款
估　价：RMB 2,000,000～2,500,000
成交价：RMB 2,300,000
高15.8cm 北京诚轩 2011.11.12

59 清乾隆 堆金开光美女图纹燕子罐
成交价：RMB 24,640,000
高27.7cm 宽31cm 中翰清花 2011.4.10

558 清乾隆 粉彩描金八宝纹水仙盆
“大清乾隆年制”款
估 价：RMB 160,000
成交价：RMB 805,000
长23.5cm 上海大众 2011.08.25

7180 清乾隆 唐英制粉彩山水题诗双耳方杯
“大清乾隆年制”款
估 价：RMB 1,200,000～2,200,000
成交价：RMB 1,955,000
宽11cm 北京保利 2011.6.5

1959 清乾隆 粉彩通景“百子图”贯耳方壶
“大清乾隆年制”款
估 价：RMB 7,000,000～9,000,000
成交价：RMB 8,806,800
高32.5cm 香港苏富比 2011.10.05

3981 清乾隆 粉彩盂兰盆供器（七件）
“大清乾隆年制”篆书款
估　价：RMB 3,500,000～4,500,000
成交价：RMB 38,525,000
高28.5cm 中国嘉德 2011.5.23

7181 清乾隆 粉彩御题诗鸡缸杯
“大清乾隆年制”款
估　价：RMB 1,800,000～2,800,000
成交价：RMB 3,450,000
直径8cm 北京保利 2011.6.5

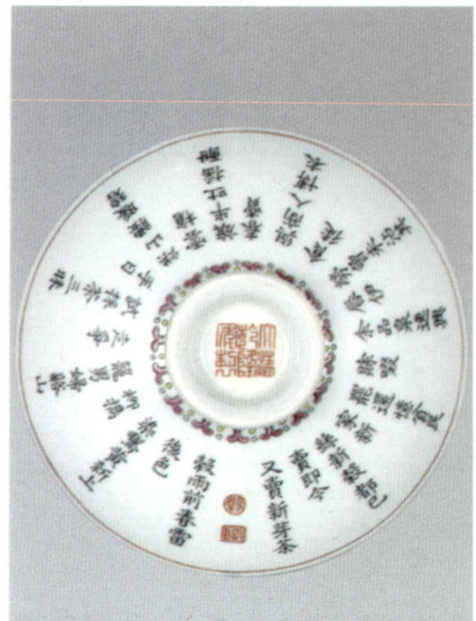

2313 清乾隆 御题粉彩花卉墨彩诗文盖碗
“大清乾隆年制”篆书款
估　价：RMB 800,000～1,200,000
成交价：RMB 2,415,000
直径10.9cm 北京翰海 2011.11.17

105 清乾隆 粉彩过枝籁瓜碗
“大清乾隆年制”款
估　价：RMB 120,000～150,000
成交价：RMB 782,000
直径11cm 北京保利 2011.4.16

2072 清乾隆 粉彩过枝“石榴粉蝶”图撇口碗
“大清乾隆年制”款
估　价：RMB 600,000～800,000
成交价：RMB 656,000
直径11cm 香港苏富比 2011.10.05

3086 清乾隆粉彩过枝“石榴粉蝶”撇口碗（一对）
估　价：RMB 800,000～1,200,000
成交价：RMB 3,048,040
香港苏富比 2011.4.8

3151 清乾隆 粉彩福禄花蝶四足洗
估　价：RMB 450,000～550,000
成交价：RMB 517,500
直径15.6cm 北京翰海 2011.5.21

2317 清乾隆 粉彩过枝瓜蝶纹碗（二件）
“大清乾隆年制”篆书款
估　价：RMB 700,000～900,000
成交价：RMB 1,092,500
直径11cm 北京翰海 2011.5.19

2071 清乾隆 粉彩过枝“玉堂富贵”图盘
“大清乾隆年制”款
估　价：RMB 250,000～300,000
成交价：RMB 2,771,600
直径19.4cm 香港苏富比 2011.10.05

879 清乾隆 黄地粉彩折枝西番莲纹托八吉祥纹烛台（一对）
“大清乾隆年制”六字单行篆书款
估　价：RMB 4,500,000～5,500,000
成交价：RMB 5,824,000
高27.5cm 北京永乐 2011.5.24

3036 清乾隆 唐英制山水诗文笔筒
估　价：RMB 1,500,000～1,800,000
成交价：RMB 1,725,000
高11.7cm 北京匡时 2011.12.05

3184 清乾隆 粉彩花卉海棠盏托（一对）
“大清乾隆年制”篆书款
估　价：RMB 1,000,000～1,500,000
成交价：RMB 1,150,000
宽14.8cm 中国嘉德 2011.11.13

4168 清乾隆 粉彩凤穿花纹鼓墩
估　价：RMB 1,200,000～1,500,000
成交价：RMB 1,380,000
高45cm 中国嘉德 2011.5.23

364 清乾隆 祭兰釉开光粉彩花鸟纹轴缸
"大清乾隆年制"篆书款
估 价：RMB 4,500,000～5,500,000
成交价：RMB 7,130,000
直径61cm 福建拍卖 2011.7.3

5162 清嘉庆 松石绿地粉彩吉庆有余进宝图双螭耳大瓶
"大清嘉庆年制"款
估 价：RMB 10,000,000～15,000,000
成交价：RMB 21,275,000
高76cm 北京保利 2011.12.06

328 清嘉庆 绿地粉彩缠枝莲托喜字纹云耳瓶
"大清嘉庆年制"款
估 价：RMB 1,200,000
成交价：RMB 2,530,000
高31cm 上海大众 2011.08.25

7291 清嘉庆 松石绿地粉彩花卉胭脂红盘螭龙纹瓶
"大清嘉庆年制"款
估 价：RMB 6,000,000～8,000,000
成交价：RMB 17,250,000
高30cm 北京保利 2011.6.5

3738 清乾隆 粉彩带钩（两件）
估 价：RMB 350,000～500,000
成交价：RMB 1,322,460
长12cm 香港佳士得 2011.6.1

3076 清嘉庆 粉彩缠枝花卉搯帕珨纹双耳夔龙耳撇口瓶
估 价：RMB 6,000,000～8,000,000
成交价：RMB 7,594,840
高34.3cm 香港苏富比 2011.4.8

31 清嘉庆 孔雀绿地粉彩缠枝花卉“吉岁年年”图象耳琮式瓶（一对）
“大清嘉庆年制”款
估 价：RMB 8,000,000～12,000,000
成交价：RMB 11,562,000
高16.6cm 高16.8cm 香港苏富比 2011.10.05

4053 清嘉庆 绿地粉彩花卉瓶（一对）
“大清嘉庆年制”篆书款
估 价：RMB 2,800,000～3,800,000
成交价：RMB 7,935,000
高26cm 中国嘉德 2011.5.23

2411 清嘉庆 松石绿地粉彩缠枝莲纹开光御题诗文壶
估　价：RMB 3,800,000~4,800,000
成交价：RMB 6,325,000
长21.5cm 高15cm 北京匡时 2011.6.8

2808 清嘉庆 淡绿彩地粉彩缠枝花卉开光式御制诗盖壶
“大清嘉庆年制”款
估　价：RMB 1,500,000~2,000,000
成交价：RMB 1,532,440
长15cm 香港苏富比 2011.4.8

5241 清嘉庆 青花加粉彩缠枝花卉贲巴壶
“大清嘉庆年制”款
估　价：RMB 3,000,000~5,000,000
成交价：RMB 4,025,000
高18.7cm 北京保利 2011.12.06

3332 清嘉庆 粉彩绿地福寿喜纹罐
“大清嘉庆年制”篆书款
估　价：RMB 1,500,000~2,000,000
成交价：RMB 1,680,000
中贸圣佳 2011.4.29

1611 清嘉庆 绿地粉彩缠枝花卉福寿纹罐（一对）
“大清嘉庆年制”款
估　价：RMB 1,600,000~2,200,000
成交价：RMB 2,352,000
高24cm 北京荣宝 2011.11.11

7990 清嘉庆 粉彩百子婴戏图缸
估　价：RMB 500,000~800,000
成交价：RMB 575,000
直径32.5cm 北京保利 2011.12.08

7988 清嘉庆 绿地粉彩缠枝花卉茶盘（一对）
“大清嘉庆年制”款
估　价：RMB 500,000~700,000
成交价：RMB 667,000
长15cm 北京保利 2011.6.6

5240 清嘉庆 粉彩御制三清茶诗盖碗
“大清嘉庆年制”款
估　价：RMB 3,800,000~6,800,000
成交价：RMB 4,600,000
直径11.3cm 北京保利 2011.12.06

17 清嘉庆 粉彩江西十景碗一套“浔阳九派”“藤阁高风”“徐亭烟柳”“百花春晓”“上清腾境”“麻姑仙墠”“庐山瀑布”“西山叠翠”“庾岭积雪”“南浦飞云”
估　价：RMB 10,000,000～15,000,000
成交价：RMB 9,986,120
直径14.5 直径14.7cm 香港苏富比 2011.4.7

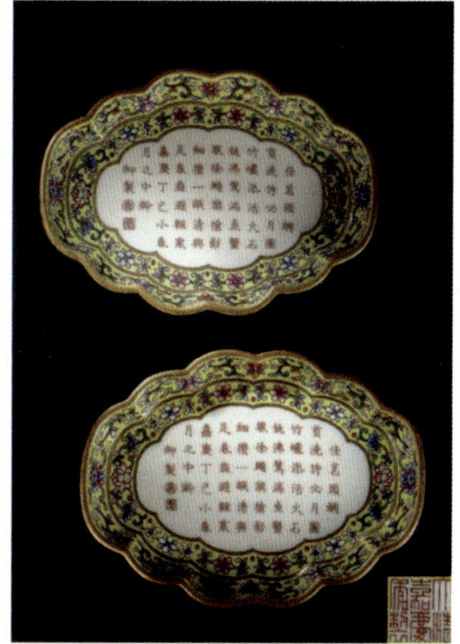

7183 清嘉庆 绿地粉彩御制海棠洗（一对）
估　价：RMB 800,000～1,200,000
成交价：RMB 943,000
长15.5cm 北京保利 2011.6.5

3071 清道光 松石绿地粉彩福寿纹葫芦瓶“大清道光年制”篆书款
估　价：RMB 2,000,000～3,000,000
成交价：RMB 4,370,000
高27.2cm 中国嘉德 2011.11.13

76 清道光 松石绿地开光粉彩四季花卉纹长颈瓶“大清道光年制”篆书款
估　价：RMB 3,800,000～5,000,000
成交价：RMB 5,750,000
高56.6cm 北京中汉 2011.5.23

92 清嘉庆 粉彩高士婴戏渣斗
“大清嘉庆年制”款
估 价：RMB 120,000～150,000
成交价：RMB 138,000
高9.5cm 北京保利 2011.7.26

3670 清嘉庆 粉彩七珍供器（一件）
“大清嘉庆年制”篆书款
估 价：RMB 50,000～80,000
成交价：RMB 368,000
高30.5cm 中国嘉德 2011.11.14

3070 清道光 黄地粉彩福寿纹双耳瓶
“大清道光年制”篆书款
估 价：RMB 4,000,000～6,000,000
成交价：RMB 10,350,000
高26.5cm 中国嘉德 2011.11.13

3072 清道光 粉彩花卉榴开百子图双螭耳瓶
“大清道光年制”篆书款
估　价：RMB 3,000,000～5,000,000
成交价：RMB 5,750,000
高28.7cm 中国嘉德 2011.11.13

3080 清道光 胭脂红轧道锦地粉彩缠枝花卉开光式“四季花果”碗
估　价：RMB 800,000～1,200,000
成交价：RMB 1,330,360
直径14.5cm 香港苏富比 2011.4.8

3103 清道光 粉彩仙人献寿方瓶
“慎德堂制”楷书款
估　价：RMB 5,000,000～8,000,000
成交价：RMB 18,400,000
高30cm 中国嘉德 2011.11.13

3432 清道光 绿地粉彩云龙纹瓶（一对）
“慎德堂制”楷书款
估　价：RMB 4,000,000～6,000,000
成交价：RMB 17,250,000
高31cm 中国嘉德 2011.5.22

3431 清道光 松石绿地粉彩缠枝莲寿字葫芦瓶（一对）
“大清道光年制”篆书款
估　价：RMB 3,000,000～5,000,000
成交价：RMB 17,250,000
高30.5cm 中国嘉德 2011.5.22

3104 清道光 松石绿地粉彩缠枝莲福寿纹折沿盘
“大清道光年制”篆书款
估　价：RMB 1,500,000～2,500,000
成交价：RMB 2,300,000
直径38.5cm 中国嘉德 2011.11.13

4020 清道光 黄地粉彩花卉五福宫碗
"大清道光年制"篆书款
估 价：RMB 300,000～500,000
成交价：RMB 770,040
直径14.9cm 香港佳士得 2011.6.1

2318 清道光 粉彩过枝瓜蝶盖碗（二件）
"大清道光年制"篆书款
估 价：RMB 500,000～700,000
成交价：RMB 1,552,500
直径10.8cm 北京翰海 2011.5.19

3101 清道光 粉彩三果纹墩式碗
"大清道光年制"篆书款
估 价：RMB 200,000～400,000
成交价：RMB 552,000
直径15.2cm 中国嘉德 2011.11.13

3418 清道光 浅兰色地粉彩轧道开光花卉纹碗（一对）
"大清道光年制"篆书款
估 价：RMB 800,000～1,200,000
成交价：RMB 2,990,000
直径14.7cm 中国嘉德 2011.5.22

3419 清道光 黄地轧道粉彩开光三羊开泰图碗（一对）
"大清道光年制"篆书款
估 价：RMB 400,000～600,000
成交价：RMB 1,955,000
直径14.7cm 中国嘉德 2011.5.22

3655 清道光 黄地粉彩花卉纹碗（一对）
“大清道光年制”篆书款
估 价：RMB 1,000,000～1,500,000
成交价：RMB 3,029,940
直径18.5cm 香港佳士得 2011.6.1

5154 清道光 粉红地轧道粉彩九秋玉兔纹碗（一对）
“大清道光年制”款
估 价：RMB 1,800,000～2,800,000
成交价：RMB 2,530,000
直径14.7cm 北京保利 2011.12.06

6721 清咸丰 外粉彩内青花荷花碗（一对）
“大清咸丰年制”款
估 价：RMB 600,000～800,000
成交价：RMB 713,000
直径17cm 北京保利 2011.12.07

114 清中期 粉彩锦地百花葫芦形盖盒
“大清乾隆年制”款
估 价：RMB 200,000～300,000
成交价：RMB 322,000
高25cm 北京保利 2011.4.16

121 清同治 黄地粉彩寿字纹蝠式花盆（一对）
估 价：RMB 500,000～800,000
成交价：RMB 1,058,000
高26.8cm 北京中汉 2011.5.23

2874 清同治 粉彩八吉祥纹盘（一对）
“大清同治年制”款
估　价：RMB 240,000～260,000
成交价：RMB 276,000
直径15cm×2 北京匡时 2011.12.05

6744 清光绪 松石绿地粉彩仙芝祝寿大天球瓶
“大雅斋”款“永庆长春”款
估　价：RMB 500,000～800,000
成交价：RMB 575,000
高55cm 北京保利 2011.12.07

3090 清光绪 黄地粉彩花卉蝴蝶葫芦瓶
“永庆长春”楷书款
估　价：RMB 250,000～300,000
成交价：RMB 690,000
高22.3cm 北京翰海 2011.5.21

6737 清光绪 粉彩开光皮球花花鸟海棠式大尊（一对）
“大清光绪年制”款
估　价：RMB 2,800,000～3,800,000
成交价：RMB 4,025,000
高50.5cm 北京保利 2011.12.07

3442 清光绪 粉彩百花图鹿头尊（一对）
“大清乾隆年制” 篆书款
估 价：RMB 300,000～500,000
成交价：RMB 747,500
高40.5cm 中国嘉德 2011.11.14

6745 清光绪 御制松石绿地粉彩“大雅斋”仙芝寿桃大缸（一对）
“大雅斋”款
估 价：RMB 4,800,000～6,800,000
成交价：RMB 7,015,000
直径51cm 高43cm 北京保利 2011.12.07

1169 清光绪 黄地粉彩寿山福海纹花盆
“体和殿制”矾红篆书款
估 价：RMB 400,000～600,000
成交价：RMB 632,500
直径31cm 高21cm 中拍国际 2011.12.06

6743 清光绪 粉彩花篮大盘
“储秀宫制”款
估 价：RMB 500,000～800,000
成交价：RMB 575,000
直径48cm 北京保利 2011.12.07

104 清光绪 粉彩雕瓷花鸟笔筒
估 价：RMB 50,000~60,000
成交价：RMB 109,250
高13.5cm 北京保利 2011.7.26

3303 清光绪 粉彩关公像
“魏洪泰造”款
估 价：RMB 90,000~150,000
成交价：RMB 103,500
高26cm 中国嘉德 2011.6.18

77 清光绪 粉彩喜鹊花卉纹罐（一对）
“大清光绪年制”款
估 价：RMB 400,000~450,000
成交价：RMB 552,000
高30.5cm 北京东正 2011.11.17

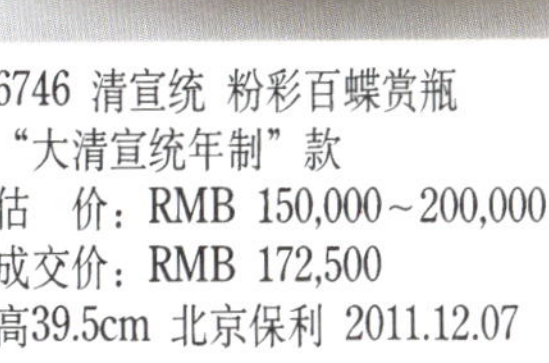

6746 清宣统 粉彩百蝶赏瓶
“大清宣统年制”款
估 价：RMB 150,000~200,000
成交价：RMB 172,500
高39.5cm 北京保利 2011.12.07

3510 清宣统 外粉彩内青花荷塘碗（一对）
“大清宣统年制”楷书款
估 价：RMB 250,000～350,000
成交价：RMB 287,500
直径15cm 中国嘉德 2011.11.14

6751 清宣统 粉彩“万寿无疆”大碗（一对）
“大清宣统年制”款
估 价：RMB 300,000～500,000
成交价：RMB 345,000
直径21cm 北京保利 2011.12.07

3066 清18世纪 天蓝釉粉彩“福鳌图”菊瓣式盏托
估 价：RMB 500,000～700,000
成交价：RMB 1,229,320
长18cm 香港苏富比 2011.4.8

8104 清晚期 粉彩镂空开光缠枝花卉蝠盘转心瓶
估 价：RMB 400,000～600,000
成交价：RMB 529,000
高30.5cm 北京保利 2011.12.08

3330 清 黄底粉彩八宝图贲巴瓶
“大清乾隆年制”篆书款
估 价：RMB 1,800,000～2,800,000
成交价：RMB 2,016,000
中贸圣佳 2011.4.29

233 清 粉彩团蝶纹瓶（一对）
估 价：RMB 2,800,000～3,600,000
成交价：RMB 3,800,000
高11.8cm 红太阳 2011.5.28

149 清 粉彩天蓝釉地彩蝶花卉葫芦瓶
“大清乾隆年制”篆书款
估 价：RMB 1,500,000
成交价：RMB 1,407,600
高32cm 澳门中信 2011.11.25

2826 清19世纪 松绿地粉彩缠枝莲纹五子登科瓶
估 价：RMB 1,800,000～2,200,000
成交价：RMB 3,220,000
高31cm 北京匡时 2011.6.8

3997 清 珊瑚红地粉彩九秋碗（一对）
估 价：RMB 1,200,000～1,800,000
成交价：RMB 7,360,000
直径12cm 中国嘉德 2011.5.23

1118 清 粉彩仕女婴戏笔筒
“大清雍正年制款
估 价：RMB 8,000～12,000
成交价：RMB 97,750
直径18.5cm 北京保利 2011.7.27

564 清 外胭脂红内粉彩花卉纹盘（一对）
估 价：RMB 380,000～480,000
成交价：RMB 920,000
直径19cm 红太阳 2011.5.28

3093 民国 粉彩“秋江芦雁”撇口瓶
估 价：RMB 250,000～350,000
成交价：RMB 1,027,240
高34.8cm 香港苏富比 2011.4.8

449 民国 田鹤仙款粉彩山水人物纹唇口瓶
“古石”篆书款
估　价：RMB 600,000
成交价：RMB 1,680,000
高22.6cm 天津文物 2011.11.12

120 民国 粉彩描金开光牡丹花卉双耳瓶
成交价：RMB 118,276,425
高41.3cm 纽约苏富比 2011.3.22

452 民国 徐仲南款粉彩
仕女纹蒜头瓶
“栖碧山房”楷书款
估　价：RMB 800,000
成交价：RMB 2,688,000
高15.3cm 天津文物 2011.11.12

450 民国 王步款粉彩
花卉纹象耳瓶
“长湖”篆书款
估　价：RMB 3,000,000
成交价：RMB 5,600,000
高26.5cm 天津文物 2011.11.12

119 民国 粉彩花卉橄榄瓶
成交价：RMB 8,636,265
高30.5cm 纽约苏富比 2011.3.22

3514 民国 “王大凡”绘粉彩花鸟人物图双龙耳方瓶
“希平草庐”篆书款
估 价：RMB 400,000～600,000
成交价：RMB 3,450,000
高33cm 中国嘉德 2011.11.14

448 民国 汪晓棠款粉彩人物故事纹鹿头尊
“洪宪年制”楷书款
估 价：RMB 300,000
成交价：RMB 1,736,000
高16.3cm 天津文物 2011.11.12

1267 民国 王锡良 粉彩《琴操参禅》壶
估 价：RMB 250,000～350,000
成交价：RMB 747,500
长15cm 高9cm 长风拍卖 2011.12.20

4169 民国 粉彩牛郎织女图碗
“居仁堂制”篆书款
估　价：RMB 150,000~200,000
成交价：RMB 345,000
直径15.2cm 中国嘉德 2011.5.23

9372 民国 何许人作粉彩雪景前后出师表方笔筒
“许人出品”款
估　价：RMB 700,000~1,000,000
成交价：RMB 805,000
高19.5cm 北京保利 2011.6.7

1215 民国 刘雨岑 粉彩《蜂舞迭香》印盒
估　价：RMB 80,000~100,000
成交价：RMB 575,000
直径4.5cm 长风拍卖 2011.12.20

861 民国 曾龙升制粉彩布袋和尚坐像
“曾龙昇造”印章款
估　价：RMB 200,000~250,000
成交价：RMB 483,000
高31.5cm 北京诚轩 2011.11.12

1216 民国 毕伯涛 1936年 粉彩《碧枝蝉鸣图》水盂
估 价：RMB 100,000~150,000
成交价：RMB 460,000
高7.5cm 长风拍卖 2011.12.20

848 民国 张志汤绘粉彩访友图大瓷板
估 价：RMB 320,000~380,000
成交价：RMB 918,400
长101cm×宽45.5cm 北京永乐 2011.5.24

451 民国 汪野亭款粉彩山水人物纹四条屏瓷板
估 价：RMB 1,800,000
成交价：RMB 18,928,000
长80.3cm 天津文物 2011.11.12

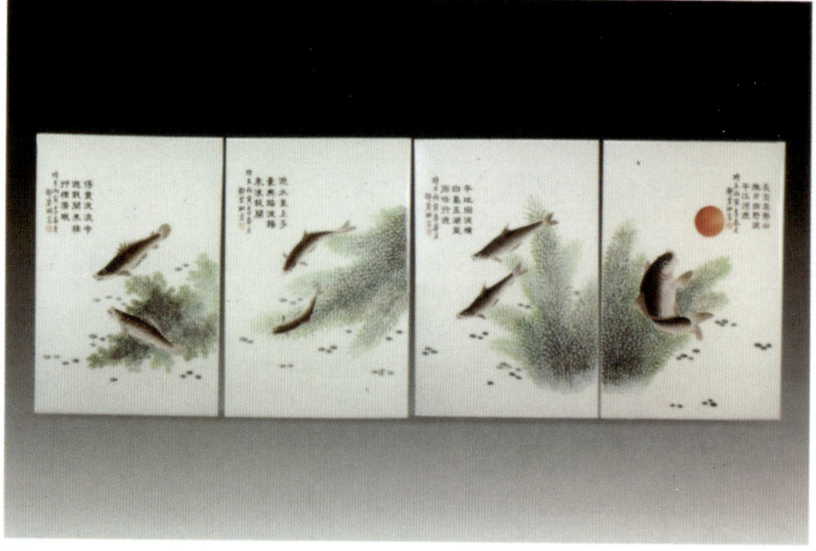

141 民国 邓碧珊 粉彩鱼藻纹瓷板(一套)
估 价：RMB 1,600,000~1,800,000
成交价：RMB 2,070,000
39.5cm×25.5cm 长风拍卖 2011.6.21

1125 陈耀星 (传) 1974年作 粉彩《太湖之晨》瓷板
曹达柏、雷罗汉合作 粉彩《因地制宜结硕果》瓷板
估　价：RMB 1,200,000～1,600,000
成交价：RMB 1,955,000
77cm×46cm 77cm×45cm
长风拍卖 2011.12.20

5592 邓碧珊　粉彩“富贵寿考”、“品茶栊翠”瓷板 (二件)
估　价：RMB 3,000,000～5,000,000
成交价：RMB 4,600,000
43cm×75cm×2
北京保利 2011.12.07

726 民国 田鹤仙 1938年作 粉彩梅清图文房 (七件套)
估　价：RMB 3,500,000～4,500,000
成交价：RMB 7,015,000
尺寸不一 北京匡时 2011.12.02

287 粉彩松鹤延年梅瓶
估　价：RMB 8,000,000～10,000,000
成交价：RMB 11,200,000
高26cm 未来四方 2011.6.11

5597 王大凡　粉彩“福寿无疆”人物大瓷板
估　价：RMB 8,000,000～12,000,000
成交价：RMB 9,200,000
长86.5cm 宽44.5cm 北京保利 2011.12.07

5590 何许人 粉彩“加官进爵”瓷板
估　价：RMB 2,000,000～3,000,000
成交价：RMB 3,220,000
75cm×44cm 北京保利 2011.12.07

1210 王大凡 1949年作 粉彩《太白醉酒图》瓶
估　价：RMB 1,000,000～1,500,000
成交价：RMB 3,680,000
高20cm 长风拍卖 2011.12.20

3032 王大凡 禹王治水图 粉彩瓷板
钤印：王堃、大凡
估 价：RMB 1,800,000～2,200,000
成交价：RMB 9,200,000
101cm×46cm 中国嘉德 2011.5.25

1943 当代 张松茂 粉彩《和靖咏梅》瓷板
估 价：RMB 1,200,000～1,500,000
成交价：RMB 4,945,000
75cm×41cm 北京匡时 2011.6.7

6643 王琦 粉彩渔樵耕读瓷板（一套）
估 价：RMB 2,600,000～3,600,000
成交价：RMB 4,025,000
37.5cm×25cm 北京保利 2011.6.5

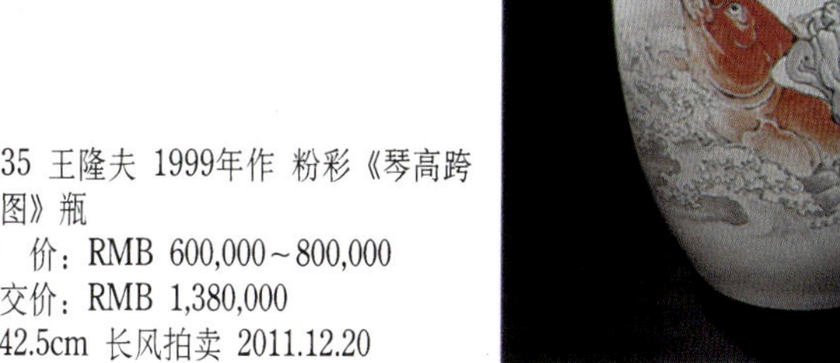

1235 王隆夫 1999年作 粉彩《琴高跨鲤图》瓶
估 价：RMB 600,000～800,000
成交价：RMB 1,380,000
高42.5cm 长风拍卖 2011.12.20

1230 王锡良 1990年作 粉彩《风和日丽》四方瓶
估　价：RMB 1,000,000～1,500,000
成交价：RMB 3,335,000
高28cm 长风拍卖 2011.12.20

2990 钟莲生 烈马嘶风 粉彩瓷板
估　价：RMB 120,000～150,000
成交价：RMB 3,450,000
111cm×55cm 中国嘉德 2011.5.25

5599 张志汤　粉彩山水人物大瓷板
估　价：RMB 3,000,000～5,000,000
成交价：RMB 3,450,000
100.5cm×44cm 北京保利 2011.12.07

6512 张松茂 粉彩“黄山温泉”大瓷板
估　价：RMB 2,800,000～3,800,000
成交价：RMB 4,830,000
124cm×51cm 北京保利 2011.6.5

5611 章鉴 薄胎粉彩“八骏图”大梅瓶
估　价：RMB 1,200,000～2,200,000
成交价：RMB 2,300,000
高71cm 北京保利 2011.12.07

白 花

3364 明嘉靖 钴蓝地留白云鹤纹罐
估 价：RMB 200,000~300,000
成交价：RMB 230,000
高35.5cm 中国嘉德 2011.11.14

3570 清雍正 洒蓝釉白花缠枝花卉纹盘
“大清雍正年制”楷书款
估 价：RMB 2,500,000~3,000,000
成交价：RMB 3,230,820
直径33.3cm 香港佳士得 2011.6.1

3977 清雍正 洒蓝釉堆白花纹大盘
“大清雍正年制”楷书款
估 价：RMB 2,000,000~3,000,000
成交价：RMB 6,900,000
直径33.3cm 中国嘉德 2011.5.23

951 明嘉靖 蓝地白花寿鹤纹盘
估 价：RMB 500,000
成交价：RMB 728,000
口径33.5cm 江苏万达 2011.5.28

3714 清乾隆 珊瑚红地拔白竹纹碗（一对）
“大清乾隆年制”篆书款
估 价：RMB 400,000～600,000
成交价：RMB 1,623,780
直径11.7cm 香港佳士得 2011.6.1

3121 清道光 松石绿釉堆白龙纹碗
“大清道光年制”篆书款
估 价：RMB 300,000～500,000
成交价：RMB 368,000
直径13.4cm 中国嘉德 2011.11.13

3122 清道光 松石绿釉堆白缠枝莲纹喜字瓶
“大清道光年制”篆书款
估 价：RMB 2,800,000～3,800,000
成交价：RMB 3,450,000
高28.5cm 中国嘉德 2011.11.13

珐琅彩

71 清康熙 蓝地珐琅彩“万寿长春”碗
估 价：RMB 35,000,000～40,000,000
成交价：RMB 20,700,000
高17.5cm 宽17cm 中翰清花 2011.09.10

7987 清雍正 胭脂红地珐琅彩九秋小碗
“雍正御制”款
估 价：RMB 1,800,000～2,800,000
成交价：RMB 3,450,000
直径9cm 北京保利 2011.6.6

3213 清康熙 珊瑚红地珐琅彩九秋同庆小碗
“康熙御制”楷书款
估 价：RMB 3,000,000～5,000,000
成交价：RMB 4,370,000
直径10.8cm 中国嘉德 2011.11.13

148 清雍正 珐琅彩吉祥富贵纹长颈瓶
估 价：RMB 9,800,000～13,800,000
成交价：RMB 9,800,000
高17.8cm 红太阳 2011.5.28

7290 清雍正/清乾隆早期 红釉地画珐琅梅花山石玉壶春瓶
估　价：RMB 15,000,000~20,000,000
成交价：RMB 25,300,000
高26.5cm 北京保利 2011.6.5

2133 清 珊瑚地描金开光珐琅彩山水仕女扁瓶
“大清乾隆年制”款
估　价：RMB 1,200,000
成交价：RMB 1,725,000
高18cm 北京翰海 2011.12.18

3057 清乾隆 宝石红地珐琅彩寒梅争春玉壶春瓶
估　价：RMB 3,600,000~4,000,000
成交价：RMB 4,140,000
高29cm 北京匡时 2011.12.05

3650 清乾隆 蓝地珐琅彩双龙莲纹碗
"乾隆年制"蓝料楷书款
估 价：RMB 10,000,000～15,000,000
成交价：RMB 50,236,740
直径16.1cm 香港佳士得 2011.6.1

5156 民国 珐琅彩西洋仕女蒜头瓶（一对）
"乾隆年制"款
估 价：RMB 600,000～800,000
成交价：RMB 1,069,500
高17cm 北京保利 2011.12.06

5591 何许人 仿珐琅彩"富贵寿考"、"寿山福海"瓷板（二件）
估 价：RMB 6,800,000～8,800,000
成交价：RMB 10,465,000
74cm×43.5cm 北京保利 2011.12.07

2924 李小聪 匡庐嶙峋图 新珐琅彩镶器
钤印：韩溪
估 价：RMB 1,500,000～2,000,000
成交价：RMB 2,760,000
22.5cm×22.5cm×88.5cm
中国嘉德 2011.5.25

红绿彩

167 元 青黑金银红绿彩凤纹八棱执壶
估　价：RMB 3,000,000
成交价：RMB 11,481,600
高27cm 澳门中信 2011.6.25

3008 朱乐耕 新年 红绿彩瓷板
估　价：RMB 180,000～220,000
成交价：RMB 1,610,000
80cm×85cm 中国嘉德 2011.5.25

5461 饶晓晴 高温红绿彩吉祥图瓶
估　价：RMB 280,000～380,000
成交价：RMB 322,000
高47cm 北京保利 2011.12.07

2951 清雍正 红绿彩海水龙纹盘
"大明成化年制"款
估　价：RMB 20,000～30,000
成交价：RMB 161,000
直径20.2cm 中国嘉德 2011.12.17

古铜彩

2316 清乾隆 古铜彩弦纹法桶炉
“大清乾隆年制”篆书款
估　价：RMB 800,000~1,200,000
成交价：RMB 920,000
高8.9cm 北京翰海 2011.11.17

金　彩

114 明嘉靖 珊瑚红描金佛莲高足碗
估　价：RMB 400,000~600,000
成交价：RMB 943,000
直径13cm 北京保利 2011.10.22

8131 清乾隆 茶叶末釉描金贴塑彩绘榴开百子图三楞瓶
“大清乾隆年制”款
估　价：RMB 5,000,000~8,000,000
成交价：RMB 8,970,000
高21cm 北京保利 2011.6.6

5115 清乾隆 蓝地金彩四系小尊
估　价：RMB 6,000,000～8,000,000
成交价：RMB 10,350,000
高11.5cm 北京保利 2011.12.06

3009 清乾隆 金彩仿古铜浮雕“螭龙图”双耳盖壶（一对）
估　价：RMB 20,000,000～30,000,000
成交价：RMB 36,391,240
高37.5cm 高38cm 香港苏富比 2011.4.8

3081 清乾隆 粉青地描金彩缠枝“瑞莲捧寿”图铺兽首绣墩式花插（一对）
估　价：RMB 5,000,000～7,000,000
成交价：RMB 5,068,840
口径9.4cm 香港苏富比 2011.4.8

1949 清乾隆 炉钧釉地金彩仿古铜浮雕“变龙捧寿”图双耳瓶
“乾隆年制”款
估　价：RMB 5,000,000～7,000,000
成交价：RMB 10,643,600
高15cm 香港苏富比 2011.10.05

2932 清道光 抹红彩描金缠枝莲纹碗（二件）
“慎德堂制”楷书款
估　价：RMB 150,000～200,000
成交价：RMB 425,500
直径14.6cm 北京翰海 2011.5.21

3123 清道光 豆青釉描金花卉花盆（一对）
“大清道光年制”篆书款
估　价：RMB 1,000,000～1,500,000
成交价：RMB 1,840,000
宽18.7cm 中国嘉德 2011.11.13

5114 清乾隆 御制珊瑚红金彩干支时辰日晷
“大清乾隆年制”款
估　价：RMB 4,000,000～6,000,000
成交价：RMB 5,060,000
直径9.5cm 北京保利 2011.12.06

3109 清乾隆 仿青铜釉金彩熏炉
估　价：RMB 2,500,000～3,500,000
成交价：RMB 2,464,320
宽21cm 香港佳士得 2011.11.30

1609 清道光 粉青釉描金福寿花卉纹莩荠瓶
“大清道光年制”款
估 价：RMB 4,000,000～6,000,000
成交价：RMB 5,488,000
高27.5cm 北京荣宝 2011.11.11

3095 清道光 珊瑚红地描金缠枝莲
福寿纹渣斗
“慎德堂制”楷书款
估 价：RMB 150,000～250,000
成交价：RMB 437,000
高9.4cm 中国嘉德 2011.11.13

3061 清道光 祭蓝釉描金盖罐
“大清道光年制”篆书款
估 价：RMB 400,000～600,000
成交价：RMB 2,530,000
高29cm 中国嘉德 2011.11.13

3096 清道光 珊瑚红描金宝相花寿字纹瓶
“大清道光年制”篆书款
估 价：RMB 800,000～1,200,000
成交价：RMB 2,070,000
高29cm 中国嘉德 2011.11.13

1112 周湘浦（传） 矾红描金《八蛮进宝图》瓶
“大清乾隆年制”篆书款
估　价：RMB 1,500,000～1,800,000
成交价：RMB 1,955,000
高24cm 长风拍卖 2011.12.20

66 明嘉靖 黄釉矾红“水波云龙”图罐
“大明嘉靖年制”款
估　价：RMB 2,000,000～3,000,000
成交价：RMB 2,037,640
口径13.5cm 香港苏富比 2011.4.7

红 彩

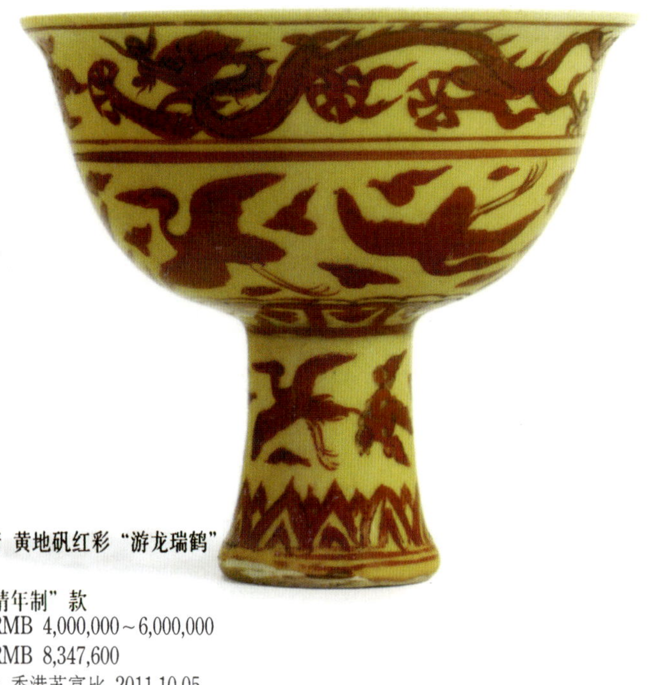

39 明嘉靖 黄地矾红彩“游龙瑞鹤”图高足杯
“大明嘉靖年制”款
估　价：RMB 4,000,000～6,000,000
成交价：RMB 8,347,600
直径9.2cm 香港苏富比 2011.10.05

5 清雍正 矾红“三多”图碗
“大清雍正年制”款
估　价：RMB 2,000,000～3,000,000
成交价：RMB 5,574,040
直径13cm 香港苏富比 2011.4.7

2890 清雍正 矾红绘缠枝莲纹盘（一对）
“大清雍正年制”款
估　价：RMB 900,000～1,000,000
成交价：RMB 1,035,000
直径15cm×2 北京匡时 2011.12.05

2809 清乾隆 矾红彩“夏日图居即事五首”御制诗笔筒
估　价：RMB 5,000,000～7,000,000
成交价：RMB 5,068,840
长10cm 香港苏富比 2011.4.8

3102 清雍正 矾红龙纹瓶
估　价：RMB 4,000,000～6,000,000
成交价：RMB 5,891,520
高42.5cm 香港佳士得 2011.11.30

82 清乾隆 矾红三清茶诗碗（一对）
“大清乾隆年制”款
估 价：RMB 300,000～500,000
成交价：RMB 1,897,500
直径10.5cm 北京保利 2011.4.16

3134 清乾隆 矾红彩掘现樵屏鹏图酒杯（一对）
估 价：RMB 600,000～800,000
成交价：RMB 1,128,280
直径6.2cm 香港苏富比 2011.4.8

7182 清嘉庆 矾红彩绘乾隆御制诗茶碗（一对）
“大清嘉庆年制”款
估 价：RMB 800,000～1,200,000
成交价：RMB 943,000
直径11cm 北京保利 2011.6.5

3093 清道光 珊瑚红彩宝相花卉灯笼瓶
“大清道光年制”篆书款
估 价：RMB 400,000～600,000
成交价：RMB 552,000
高29.7cm 中国嘉德 2011.11.13

3577 清乾隆 红彩云龙纹小杯（一对）
“大清乾隆年制”篆书款
估 价：RMB 600,000～800,000
成交价：RMB 690,000
直径6.1cm 中国嘉德 2011.11.14

9331 清道光 胭脂料团凤盖碗（一对）
“大清道光年制”款
估　价：RMB 120,000～180,000
成交价：RMB 207,000
直径12cm 北京保利 2011.6.7

4945 明嘉靖 红地黄彩龙纹盖罐
“大明嘉靖年制”款
估　价：RMB 1,500,000～2,000,000
成交价：RMB 3,450,000
高27cm 北京保利 2011.12.06

黄 彩

510 明万历 绿地黄釉龙纹罐
“大明万历年制”楷书款
估　价：RMB 2,800,000～3,800,000
成交价：RMB 3,922,000
高17.8cm 上海新华 2011.6.25

绿 彩

4929 明弘治 绿彩暗刻海水龙纹盘
“大明弘治年制”款
估　价：RMB 1,000,000～1,500,000
成交价：RMB 1,150,000
直径18cm 北京保利 2011.12.06

7267 明正德 绿彩暗刻龙纹碗
“大明正德年制”款
估　价：RMB 1,000,000～1,500,000
成交价：RMB 1,725,000
直径18.5cm 北京保利 2011.6.5

3368 明嘉靖 黄地绿彩仙人图碗
“大明嘉靖明制”楷书款
估　价：RMB 2,000,000～3,000,000
成交价：RMB 2,300,000
直径16.2cm 中国嘉德 2011.11.14

7264 明万历 黄地绿彩龙纹碗
“大明万历年制”款
估　价：RMB 800,000～1,200,000
成交价：RMB 1,380,000
直径15cm 北京保利 2011.6.5

7096 清康熙 黄地绿彩龙凤碗
“大清康熙年制”款
估 价：RMB 800,000～1,200,000
成交价：RMB 1,265,000
直径15cm 北京保利 2011.6.5

8095 清康熙 黄地绿彩寿桃喜鹊纹碗
“大清康熙年制”款
估 价：RMB 400,000～600,000
成交价：RMB 552,000
直径12.2cm 北京保利 2011.6.6

2126 清雍正 黄地绿彩暗划“婴戏图”碗（一对）
“大清雍正年制”款
估 价：RMB 1,500,000～2,000,000
成交价：RMB 1,886,000
直径15cm 香港苏富比 2011.10.05

2109 清乾隆 绿釉八吉祥「赶珠云龙」图盖罐
“大清乾隆年制”款
估 价：RMB 900,000～1,200,000
成交价：RMB 2,279,600
高20.8cm 香港苏富比 2011.10.5

7790 清雍正 黄地绿彩八子婴戏碗（一对）
“大清雍正年制”款
估　价：RMB 2,000,000～3,000,000
成交价：RMB 4,025,000
直径15cm 北京保利 2011.6.6

2943 清道光 内矾红五蝠外绿彩龙纹盘
“大清道光年制”款
估　价：RMB 60,000～90,000
成交价：RMB 184,000
直径25.3cm 中国嘉德 2011.12.17

7268 清雍正 绿彩龙纹盖罐
“大清雍正年制”款
估　价：RMB 1,500,000～2,000,000
成交价：RMB 2,530,000
高19.5cm 北京保利 2011.6.5

3529 清雍正 黄地绿彩龙纹碗
估　价：RMB 1,500,000～2,500,000
成交价：RMB 5,540,940
直径14.3cm 香港佳士得 2011.6.1

蓝彩

10 清康熙 金地蓝彩双龙拱寿纹盅（一对）
“大清康熙年制”楷书款
估 价：RMB 120,000～180,000
成交价：RMB 201,600
高3.3cm 中鸿信 2011.6.26

3673 清雍正 墨彩山水人物纹盘口瓶
估 价：RMB 80,000～120,000
成交价：RMB 94,300
高36.3cm 中国嘉德 2011.11.14

墨彩

7997 元 磁州窑黑彩花鸟虎枕
估 价：RMB 200,000～300,000
成交价：RMB 230,000
长35cm 北京保利 2011.12.08

3563 清雍正 墨彩十八罗汉笔筒
估 价：RMB 1,500,000～1,800,000
成交价：RMB 1,840,000
直径17.4cm 中国嘉德 2011.5.22

145 清 墨彩珐琅芦雁纹直颈瓶
“大清乾隆年制”款
估 价：RMB 3,500,000
成交价：RMB 2,252,160
高14.5cm 澳门中信 2011.11.25

3604 清乾隆 松石绿釉墨彩山水玉壶春瓶
“大清乾隆年制”篆书款
估 价：RMB 600,000~800,000
成交价：RMB 690,000
高29.5cm 中国嘉德 2011.11.14

2592 清乾隆 唐英制墨彩云龙纹笔筒
估 价：RMB 2,200,000~2,500,000
成交价：RMB 2,530,000
高13.5cm 北京匡时 2011.6.8

5488 夏忠勇 墨彩描金“天生图”狮耳瓶
“乾隆年”款
估　价：RMB 250,000～350,000
成交价：RMB 356,500
高44cm 北京保利 2011.12.07

5151 清康熙 绿地紫龙小碗（一对）
“大清康熙年制”款
估　价：RMB 800,000～1,200,000
成交价：RMB 1,150,000
直径11cm 北京保利 2011.12.06

紫彩

3073 清乾隆 唐英制矾红墨彩“仿木釉”题诗笔筒
估　价：RMB 2,500,000～3,000,000
成交价：RMB 4,563,640
直径9.2cm 香港苏富比 2011.4.8

5 清康熙 绿地紫彩暗刻云龙纹碗（一对）
“大清康熙年制”款
估　价：RMB 450,000～650,000
成交价：RMB 920,000
直径13cm 北京保利 2011.10.22

广 彩

1263 清乾隆 广彩人物大碗
估　价：RMB 50,000～80,000
成交价：RMB 72,800
直径41.5cm 北京荣宝 2011.08.13

133 清 广彩开光人物堆塑寿桃瓶
估　价：RMB 120,000～150,000
成交价：RMB 160,000
高38.5cm 红太阳 2011.5.28

珐华彩

2050 珐华釉莲花纹罐
估　价：RMB 580,000～800,000
成交价：RMB 862,500
高43.5cm 北京九歌 2011.6.10

1002 明 法华彩人物纹罐
估　价：RMB 300,000～400,000
成交价：RMB 690,000
高34.8cm 荣宝斋（上海）2011.11.25

浅绛彩

1204 清光绪 罗阳谷 浅绛彩《锦堂富贵》画缸
估　价：RMB 300,000～500,000
成交价：RMB 690,000
高62cm 直径44.5cm 长风拍卖 2011.12.20

3014 程门、程崇楷 守梅图 浅绛彩琮式瓷瓶
钤印：程门、楷
估　价：RMB 120,000～150,000
成交价：RMB 448,500
高28cm 中国嘉德 2011.5.25

102 清光绪 任焕章 浅绛彩绘画集锦兽耳琵琶方尊
估　价：RMB 300,000～400,000
成交价：RMB 369,600
高50cm 长风拍卖 2011.1.20

1201 清光绪 程门 浅绛彩山水花鸟集锦琮瓶（一对）
估　价：RMB 600,000～800,000
成交价：RMB 1,725,000
高28.5cm 长风拍卖 2011.12.20

洋彩

7231 清乾隆 御制宝石蓝地洋彩莲花如意万代尊
“大清乾隆年制”款
成交价：RMB 70,150,000
高37cm 北京保利 2011.6.5

5238 清雍正 珊瑚红地洋彩百蝠捧寿大盘（一对）
“大清雍正年制”款
估　价：RMB 15,000,000～25,000,000
成交价：RMB 19,550,000
直径50.4cm 北京保利 2011.12.06

3536 清雍正 仿官釉洋彩芦雁图绶带如意耳扁壶
“大清雍正年制”篆书款
估　价：RMB 4,000,000～6,000,000
成交价：RMB 12,650,000
高55cm 中国嘉德 2011.5.22

70 清乾隆 浅黄地洋彩锦上添花“万寿连延”詍图长颈葫芦瓶
估　价：RMB 30,000,000～50,000,000
成交价：RMB 25,875,000
高38.8cm 宽23.2cm 中翰清花 2011.09.10

2319 清嘉庆 紫地洋彩花卉纹碗（二件）
“大清嘉庆年制”篆书款
估　价：RMB 3,500,000～4,500,000
成交价：RMB 5,520,000
直径9.2cm 北京翰海 2011.5.19

170 清 洋彩六窗山水纹瓶（一对）
“乾隆年制”款
估　价：RMB 1,200,000
成交价：RMB 1,126,080
高15.6cm 澳门中信 2011.11.25

1093 清嘉庆 黄地洋彩开光端午节五毒灵符图膳碗（一对）
“大清嘉庆年制”篆书款
估　价：RMB 3,000,000～4,000,000
成交价：RMB 3,450,000
直径17.7cm 中拍国际 2011.12.06

5155 清道光 黄地洋彩花卉纹宫碗（一对）
“大清道光年制”款
估　价：RMB 1,500,000～2,500,000
成交价：RMB 2,530,000
直径14.6cm 北京保利 2011.12.06

古彩

1115 欧阳光（传）古彩《锦上添花》莲子瓶
“大清康熙年制”款
估　价：RMB 1,000,000～1,200,000
成交价：RMB 1,150,000
高68cm 长风拍卖 2011.12.20

1234 戴荣华 1984年作 古彩《红叶寄情图》瓶
估　价：RMB 1,500,000～2,000,000
成交价：RMB 3,220,000
高40cm 长风拍卖 2011.12.20

2911 方复 四公 古彩瓷板（四件）
钤印：复
估　价：RMB 250,000～300,000
成交价：RMB 575,000
32cm×56cm×4 中国嘉德 2011.5.25

其他彩

4930 明弘治 白釉刻填酱釉花果纹盘
“大明弘治年制”款
估　价：RMB 1,000,000～2,000,000
成交价：RMB 2,300,000
直径26cm 北京保利 2011.12.6

2412 清康熙 御制珊瑚红地九秋同庆内绘果实碗
估　价：RMB 3,500,000～3,800,000
成交价：RMB 4,370,000
直径12cm 北京匡时 2011.6.8

1004 清 料彩芦雁图杯
“乾隆年制款”款
估　价：RMB 25,000,000～30,000,000
成交价：RMB 32,200,000
高6cm 江苏万达 2011.5.

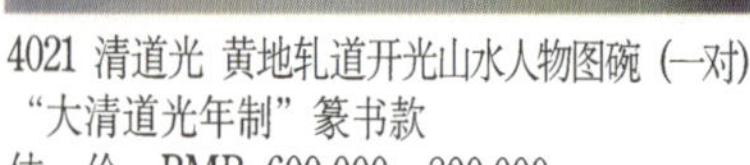

4021 清道光 黄地轧道开光山水人物图碗（一对）
“大清道光年制”篆书款
估　价：RMB 600,000～800,000
成交价：RMB 2,226,420
直径14.8cm 香港佳士得 2011.6.1

3316 清道光 黄地扎道开光三羊开泰碗（一对）
“大清道光年制”篆书款
估　价：RMB 1,600,000～2,000,000
成交价：RMB 1,792,000
直径14.5cm×2 中贸圣佳 2011.4.29

2919 李菊生 渭城曲 高温颜色釉瓷瓶
估　价：RMB 660,000～760,000
成交价：RMB 3,220,000
高55cm 中国嘉德 2011.5.25

5535 钟莲生 釉上彩“走进胡杨林”瓷板
估 价：RMB 700,000～1,000,000
成交价：RMB 805,000
110.5cm×6cm 北京保利 2011.12.7

6689 文革瓷 7501主席专用釉下红梅笔筒
估 价：RMB 400,000～600,000
成交价：RMB 1,265,000
高14cm 直径18.5cm 北京保利 2011.6.5

5492 王芝文 微书山水瓶
估 价：RMB 1,000,000～1,500,000
成交价：RMB 1,725,000
高55cm 北京保利 2011.12.7

6675 文革瓷 延安颂皮灯
估　价：RMB 680,000～880,000
成交价：RMB 1,265,000
高53.5cm 北京保利 2011.6.5

6610 朱乐耕 莲趣
估　价：RMB 500,000～600,000
成交价：RMB 862,500
高43cm 北京保利 2011.6.5

1937 当代 张松茂《革命胜地井冈山》瓷板
估　价：RMB 800,000～1,000,000
成交价：RMB 3,680,000
58.5cm×61.5cm 北京匡时 2011.6.7

6503 李小华 双面九龙薄胎碗
估 价：RMB 800,000~1,200,000
成交价：RMB 1,955,000
直径88cm 北京保利 2011.6.5

55 晶彩陶瓷《国韵》赏瓶
“中华人民共和国制”款
估 价：RMB 2,000,000
成交价：RMB 2,679,040
高50cm 直径32cm 澳门中信 2011.625

色釉瓷

青 釉

3029 清康熙 天青釉暗花“云蝠团龙”纹撇口瓶
估 价：RMB 600,000~800,000
成交价：RMB 2,138,680
高32.5cm 香港苏富比 2011.4.8

8139 清雍正 粉青釉仿影青浮雕牡丹花卉纹高足杯（一对）
“大清雍正年制”款
估 价：RMB 800,000~1,200,000
成交价：RMB 920,000
高8.8cm 北京保利 2011.6.6

24 清康熙 仿宣德豆青釉暗刻云纹葵口盘（一对）
“大清康熙年制”款
估　价：RMB 800,000～1,200,000
成交价：RMB 943,000
直径13cm 北京保利 2011.10.22

7 清康熙 豆青釉海浪腾龙纹观音瓶
估　价：RMB 600,000～1,000,000
成交价：RMB 897,000
高44cm 北京保利 2011.10.22

2929 清雍正 青釉杯
估　价：RMB 700,000
成交价：RMB 1,974,720
直径10cm 香港佳士得 2011.11.30

631 清雍正 粉青菊瓣纹四系花篮尊
“大清雍正年制”篆书款
估　价：RMB 200,000～300,000
成交价：RMB 2,530,000
16cm×12cm 北京诚轩 2011.5.22

3641 清雍正 青釉葫芦瓶
“大清雍正年制”篆书款
估　价：RMB 800,000~1,200,000
成交价：RMB 920,000
高31.8cm 中国嘉德 2011.11.14

3004 清乾隆 天青釉梅瓶
估　价：RMB 1,200,000~1,800,000
成交价：RMB 4,058,440
高32.3cm 香港苏富比 2011.4.8

2928 清雍正 粉青釉碗
估　价：RMB 1,000,000
成交价：RMB 4,520,640
直径15cm 香港佳士得 2011.11.30

3615 清雍正 粉青釉刻花大碗
“大清雍正年制”篆书款
估　价：RMB 2,500,000~3,000,000
成交价：RMB 5,741,820
直径33.7cm 香港佳士得 2011.6.1

1932 清雍正 粉青釉双系八方盖壶
"大清雍正年制"款
估　价：RMB 800,000～1,200,000
成交价：RMB 852,800
高14cm 香港苏富比 2011.10.05

2927 清雍正 青釉菊瓣纹盘
估　价：RMB 3,000,000
成交价：RMB 4,422,720
直径17.5cm 香港佳士得 2011.11.30

3973 清雍正 豆青釉云龙纹大盘
"大清雍正年制"篆书款
估　价：RMB 1,800,000～2,800,000
成交价：RMB 3,220,000
直径50cm 中国嘉德 2011.5.23

3975 清乾隆 豆青釉葫芦瓶（一对）
“大清乾隆年制”篆书款
估　价：RMB 2,000,000～3,000,000
成交价：RMB 14,375,000
高35cm 中国嘉德 2011.5.23

118 清雍正 粉青釉佛莲托寿字大鱼浅
估　价：RMB 600,000～800,000
成交价：RMB 943,000
直径60cm 北京保利 2011.10.22

2924 清乾隆 豆青釉印花仿青铜兽面纹尊
估　价：RMB 10,000,000～12,000,000
成交价：RMB 12,650,000
高55.5cm 北京匡时 2011.6.8

8140 清乾隆 粉青釉印团花纹葵口三足洗
估　价：RMB 1,500,000～2,000,000
成交价：RMB 1,725,000
宽15.5cm 北京保利 2011.6.6

1112 清乾隆 青釉大瓶
成交价：RMB 52,050,825
高38.7cm 纽约佳士得 2011.3.24

5108 清乾隆 粉青釉模印瑞果花卉大碗
“大清乾隆年制”款
估　价：RMB 1,200,000～2,200,000
成交价：RMB 1,380,000
直径33.5cm 北京保利 2011.12.06

3115 清道光 豆青釉印花缠枝菊纹倭角印盒
估　价：RMB 200,000~400,000
成交价：RMB 230,000
直径7.1cm 中国嘉德 2011.11.13

7910 清乾隆 豆青釉竹节灵芝笔筒
"大清乾隆年制"款
估　价：RMB 120,000~180,000
成交价：RMB 770,500
高13.5cm 北京保利 2011.12.08

1939 清乾隆 粉青釉龙纹如意口花觚
"大清乾隆年制"篆书款
估　价：RMB 700,000~900,000
成交价：RMB 920,000
高29.2cm 中贸圣佳 2011.11.06

9290 清嘉庆 仿龙泉青釉印兽面纹四耳尊
"大清嘉庆年制"款
估　价：RMB 3,000,000~4,000,000
成交价：RMB 3,450,000
高25cm 北京保利 2011.6.7

976 清 豆青釉弦纹蒜头瓶
“大清乾隆年制”款
估　价：RMB 8,000,000～10,000,000
成交价：RMB 24,150,000
高28cm 直径3.5cm 江苏万达 2011.5.28

101 清光绪 粉青釉八卦琮式瓶
“大清光绪年制”款
估　价：RMB 40,000～60,000
成交价：RMB 299,000
高28cm 北京保利 2011.4.16

红　釉

3741 清早期 郎窑红尊
估　价：RMB 200,000～300,000
成交价：RMB 230,000
高32.5cm 中国嘉德 2011.3.19

36 元/明初14世纪 红釉刻龙纹连盖梨式执壶
估　价：RMB 9,000,000～12,000,000
成交价：RMB 9,266,000
底径13cm 香港苏富比 2011.10.05

8 明永乐 红釉高足杯
估　价：RMB 8,000,000～12,000,000
成交价：RMB 7,888,400
高15.1cm 香港苏富比 2011.10.05

9 清康熙 豇豆红釉柳叶瓶
“大清康熙年制”楷书款
估　价：RMB 380,000～600,000
成交价：RMB 3,220,000
高15.6cm 北京中汉 2011.5.23

7245 清康熙 豇豆红团螭纹太白尊
“大清康熙年制”款
估　价：RMB 1,200,000～2,200,000
成交价：RMB 1,840,000
高8.5cm 北京保利 2011.6.5

2327 清雍正 胭脂釉灯笼瓶
“大清雍正年制”楷书款
估　价：RMB 3,800,000～4,500,000
成交价：RMB 4,370,000
高24.3cm 北京翰海 2011.5.19

3614 清雍正 祭红釉梅瓶
“大清雍正年制”楷书款
估　价：RMB 2,000,000～3,000,000
成交价：RMB 4,235,220
高21.5cm 香港佳士得 2011.6.1

28 清雍正 胭脂红釉盘
“大清雍正年制”款
估　价：RMB 1,200,000～1,500,000
成交价：RMB 1,330,360
直径14.7cm 香港苏富比 2011.4.7

22 清康熙 豇豆红釉镗锣洗
估　价：RMB 900,000～1,200,000
成交价：RMB 1,035,000
直径12.2cm 北京中汉 2011.5.23

3979 清雍正 胭脂红釉碗
“大清雍正年制”楷书款
估　价：RMB 2,000,000～3,000,000
成交价：RMB 5,290,000
直径9.2cm 中国嘉德 2011.5.23

31 清雍正 胭脂红釉暗花「赶珠云纹」纹撇口碗
“大清雍正年制”款
估　价：RMB 1,800,000～2,500,000
成交价：RMB 4,563,640
直径9.6cm 香港苏富比 2011.4.7

722 清雍正 宝石红釉暗刻龙纹盘
“大清雍正年制”款
估　价：RMB 250,000～280,000
成交价：RMB 470,400
直径20.5cm 长风拍卖 2011.1.20

2321 清乾隆 霁红釉直径瓶
“大清乾隆年制”篆书款
估　价：RMB 800,000～1,200,000
成交价：RMB 1,840,000
高27cm 北京翰海 2011.5.19

551 清雍正 胭脂红釉小杯
“大清雍正年制”楷书款
估　价：RMB 800,000～1,200,000
成交价：RMB 1,150,000
直径6.3cm 福建拍卖 2011.7.3

529 清雍正 红釉盆奁（一对四件）
“大清雍正年制”款
估　价：RMB 1,200,000～1,500,000
成交价：RMB 1,610,000
直径20cm 北京东正 2011.6.5

908 清乾隆 宝石红釉小缸
估　价：RMB 30,000～50,000
成交价：RMB 109,250
直径21cm 北京保利 2011.4.17

2893 清乾隆 祭红釉小天球瓶
“大清乾隆年制”款
估　价：RMB 700,000～800,000
成交价：RMB 805,000
直径29.5cm 北京匡时 2011.12.05

2975 清道光 胭脂红釉广口瓶
“定府行有恒堂珍赏”款
估　价：RMB 150,000～250,000
成交价：RMB 943,000
高12cm 中国嘉德 2011.12.17

黄 釉

197 北宋 官窑米黄釉六足葵口洗
估　价：RMB 12,000,000~16,000,000
成交价：RMB 16,000,000
高11cm 直径24cm 红太阳 2011.5.28

62 明嘉靖 黄釉铃铛杯 (一对)
“大明嘉靖年制”款
估　价：RMB 4,000,000～6,000,000
成交价：RMB 4,866,760
直径12cm直径12.2cm 香港苏富比 2011.4.7

3165 明弘治 黄釉碗
“大明弘治年制”楷书款
估　价：RMB 2,000,000～3,000,000
成交价：RMB 2,530,000
直径20.2cm 中国嘉德 2011.11.13

3164 明正德 黄釉盘
“大明正德年制”楷书款
估　价：RMB 800,000～1,300,000
成交价：RMB 1,610,000
直径17.7cm 中国嘉德 2011.11.13

63 明嘉靖 黄釉杯
“大明嘉靖年制”款
估　价：RMB 2,500,000～3,500,000
成交价：RMB 3,149,080
直径10cm 香港苏富比 2011.4.7

75 明正德 黄釉凤纹瓶
“大明正德年制”款
估 价：RMB 7,000,000
成交价：RMB 5,740,800
高21cm 澳门中信 2011.6.25

3597 清康熙 御制明黄釉大碗
“大清康熙年制”楷书款
估 价：RMB 700,000～900,000
成交价：RMB 805,000
直径31.5cm 中国嘉德 2011.11.14

7242 清康熙 黄釉夔龙纹双耳小杯
“大清康熙年制”款
估 价：RMB 700,000～900,000
成交价：RMB 1,840,000
宽7.5cm 北京保利 2011.6.5

25 清康熙 黄釉划「万寿齐天」龙纹花形盘
“大清康熙年制”款
估 价：RMB 1,000,000～1,500,000
成交价：RMB 1,835,560
直径15.9cm 香港苏富比 2011.4.7

2009 清雍正 柠檬黄束腰小盘（一对）
“大清雍正年制”款
估 价：RMB 700,000~900,000
成交价：RMB 2,181,200
直径11cm 香港苏富比 2011.10.05

7311 清雍正 柠檬黄地花口碗（一对）
“大清雍正年制”款
估 价：RMB 2,000,000~3,000,000
成交价：RMB 3,220,000
直径15.5cm 北京保利 2011.6.5

57 清雍正 黄釉杯（一对）
“大清雍正年制”楷书款
估 价：RMB 1,200,000~1,500,000
成交价：RMB 2,990,000
直径7cm 北京永乐 2011.11.15

109 清雍正 柠檬黄直颈瓶
“大清雍正年制”楷书款
估 价：RMB 3,900,000
成交价：RMB 3,659,760
高32.2cm 澳门中信 2011.11.25

3397 清雍正 黄釉刻花海水龙纹天鸡钮合碗
“大清雍正年制”楷书款
估 价：RMB 5,000,000~8,000,000
成交价：RMB 5,750,000
直径17.5cm 中国嘉德 2011.11.14

2055 清雍正 八宝纹黄釉高足碗
估 价：RMB 400,000～500,000
成交价：RMB 552,000
直径17.5cm 朵云轩 2011.7.4

3963 清乾隆 柠檬黄釉折腰盘（一对）
“大清乾隆年制”篆书款
估 价：RMB 300,000～400,000
成交价：RMB 1,092,500
直径11.4cm 中国嘉德 2011.5.23

2004 清嘉庆 黄釉龙纹锥把瓶
“大清嘉庆年制”款
估 价：RMB 800,000～1,200,000
成交价：RMB 1,120,000
高32.5cm 雍和嘉诚 2011.6.1

3024 清道光 黄釉盖罐
“大清道光年制”款
估 价：RMB 700,000～900,000
成交价：RMB 782,000
高24.5cm×2 北京匡时 2011.12.5

4122 清 黄釉雕瓷山水茶壶
“吴国玉造”篆书款
估 价：RMB 120,000～180,000
成交价：RMB 138,000
宽16.2cm 中国嘉德 2011.5.23

1049 唐 孔雀绿绞釉三足笔洗
估 价：RMB 200,000～250,000
成交价：RMB 246,400
直径31cm 江苏万达 2011.5.28

2003 清道光 黄釉浮雕「马上高仕」图笔筒
“大清道光年制”款
估 价：RMB 100,000～150,000
成交价：RMB 508,400
高11.8cm 香港苏富比 2011.10.05

绿 釉

30 清雍正 淡绿彩直口杯（一对）
“大清雍正年制”款
估 价：RMB 2,500,000～3,500,000
成交价：RMB 9,514,600
直径8.8cm 香港苏富比 2011.4.7

3120 清道光 松石绿釉花口花盆（一对）
“大清道光年制”篆书款
估 价：RMB 1,200,000～1,800,000
成交价：RMB 1,380,000
宽28.5cm 中国嘉德 2011.11.13

3950 清乾隆 御制孔雀绿釉象耳尊
估 价：RMB 1,500,000～2,500,000
成交价：RMB 1,725,000
高25.5cm 中国嘉德 2011.5.23

7272 清乾隆 橄榄绿釉印云龙纹双龙耳瓶
“大清乾隆年制”款
估 价：RMB 6,000,000～8,000,000
成交价：RMB 8,050,000
高35.5cm 北京保利 2011.6.5

117 清雍正 苹果绿釉暗刻佛莲托八宝纹盘
“大清雍正年制”款
估　价：RMB 250,000～350,000
成交价：RMB 632,500
直径20.5cm 北京保利 2011.10.22

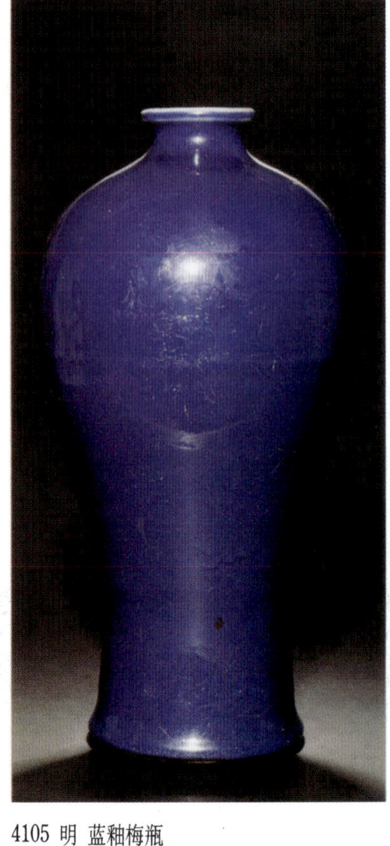

4105 明 蓝釉梅瓶
估　价：RMB 50,000～80,000
成交价：RMB 126,500
高30.5cm 中国嘉德 2011.5.23

3983 清乾隆 淡绿釉葵花式洗
估　价：RMB 1,500,000～2,000,000
成交价：RMB 4,600,000
直径15.5cm 中国嘉德 2011.5.23

1147 清乾隆 蓝釉扁瓶
成交价：RMB 35,862,345
高30.5cm 纽约佳士得 2011.3.24

126 明宣德 篮地花卉纹盘
估　价：RMB 500,000
成交价：RMB 334,880
高9.5cm 澳门中信 2011.6.25

1157 清雍正 天蓝釉橄榄瓶
成交价：RMB 29,975,625
高41.3cm 纽约佳士得 2011.3.24

3 清雍正 天蓝釉六楞葫芦瓶
“大清雍正年制”款
估 价：RMB 2,000,000～3,000,000
成交价：RMB 3,755,600
高26.5cm 香港苏富比 2011.10.05

3201 清康熙 天蓝釉柳条纹缸
估 价：RMB 2,000,000～3,000,000
成交价：RMB 5,520,000
高17.2cm 中国嘉德 2011.11.13

2713 清康熙 天蓝釉菊瓣罐
估 价：RMB 1,100,000～1,200,000
成交价：RMB 1,265,000
高18cm 北京匡时 2011.6.8

29 清雍正 天蓝釉盘口镂空足瓶（一对）
“大清雍正年制”款
估　价：RMB 3,000,000～5,000,000
成交价：RMB 10,929,160
口径13.7cm 香港苏富比 2011.4.7

2954 清雍正 天蓝釉碗（一对）
“大清雍正年制”款
估　价：RMB 500,000～800,000
成交价：RMB 1,840,000
直径15.6cm 中国嘉德 2011.12.17

1931 清雍正 霁蓝釉撇口观音瓶
“大清雍正年制”款
估　价：RMB 5,000,000～7,000,000
成交价：RMB 4,936,400
高38.3cm 香港苏富比 2011.10.5

3001 清雍正 霁蓝釉橄榄瓶
估　价：RMB 2,500,000～3,500,000
成交价：RMB 13,758,280
高40.8cm 香港苏富比 2011.4.8

3215 清乾隆 孔雀蓝釉盘
"大清乾隆年制"楷书款
估　价：RMB 1,000,000～1,500,000
成交价：RMB 1,150,000
直径21.2cm 中国嘉德 2011.11.13

3967 清乾隆 祭蓝釉缸
"大清乾隆年制"篆书款
估　价：RMB 400,000～600,000
成交价：RMB 4,140,000
直径41.5cm 中国嘉德 2011.5.23

9313 清乾隆 祭蓝釉天球瓶
"大清乾隆年制"款
估　价：RMB 1,500,000～2,000,000
成交价：RMB 2,185,000
高55cm 北京保利 2011.6.7

褐釉

33 清乾隆 褐釉弦纹棱口盘
"大清乾隆年制"款
估　价：RMB 200,000～300,000
成交价：RMB 522,040
直径20.5cm 香港苏富比 2011.4.7

金釉

7960 清雍正 紫金釉弦纹碗
“大清雍正年制”款
估 价：RMB 50,000～80,000
成交价：RMB 207,000
直径17.5cm 北京保利 2011.12.08

10 明嘉靖 酱釉撇口杯
“大明嘉靖年制”款
估 价：RMB 1,800,000～2,500,000
成交价：RMB 1,787,600
直径13.9cm 香港苏富比 2011.10.5

4250 定窑柿釉茶托（一对）
估 价：RMB 160,000～200,000
成交价：RMB 713,000
直径12cm 中国嘉德 2011.5.23

2926 清雍正 酱油盘
估 价：RMB 2,500,000
成交价：RMB 2,366,400
直径17.5cm 香港佳士得 2011.11.30

紫 釉

240 清道光 葡萄紫釉刻海水云龙纹碗（一对）
“大清道光年制”篆书款
估 价：RMB 48,000～50,000
成交价：RMB 53,760
直径15cm 蓝天国拍 2011.6.24

炉钧釉

3209 清雍正 炉钧釉如意耳尊
“大清雍正年制”篆书款
估 价：RMB 8,000,000～12,000,000
成交价：RMB 14,950,000
高18cm 中国嘉德 2011.11.13

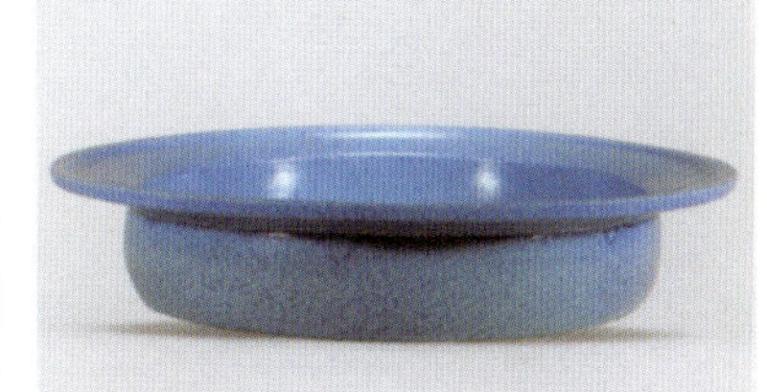

7954 清乾隆 炉钧釉折沿洗
估 价：RMB 600,000～800,000
成交价：RMB 690,000
直径39cm 北京保利 2011.12.8

3172 清乾隆 炉钧釉灯笼瓶
“大清乾隆年制”篆书款
估 价：RMB 900,000～1,500,000
成交价：RMB 1,035,000
高23cm 中国嘉德 2011.11.13

3303 清雍正 炉钧釉瓶
估　价：RMB 2,000,000~3,000,000
成交价：RMB 4,912,320
高27.7cm 香港佳士得 2011.11.30

8130 清乾隆 堆点炉钧釉浮雕夔龙纹开光四季山水小罐
"大清乾隆年制"款
估　价：RMB 2,600,000~3,600,000
成交价：RMB 3,220,000
高11cm 北京保利 2011.6.6

3064 清 炉钧釉茶壶
估　价：RMB 500,000~800,000
成交价：RMB 1,380,000
长25cm 北京匡时 2011.6.8

窑变釉

3053 清雍正 窑变釉鱼篓尊
"雍正年制"篆书款
估　价：RMB 300,000~500,000
成交价：RMB 1,035,000
高16.3cm 北京翰海 2011.5.21

630 清雍正 窑变釉三羊开泰尊
“雍正年制”篆书款
估 价：RMB 3,500,000～4,500,000
成交价：RMB 7,475,000
高20cm 北京诚轩 2011.5.22

2318 清乾隆 窑变釉锥把瓶
“大清乾隆年制”篆书款
估 价：RMB 800,000～1,500,000
成交价：RMB 1,495,000
高46.3cm 北京翰海 2011.11.17

426 清道光 窑变釉石榴尊
“大清道光年制”篆书款
估 价：RMB 1,000,000
成交价：RMB 1,344,000
高19.7cm 天津文物 2011.11.12

3420 清乾隆 仿钧窑变釉兽耳尊
“大清乾隆年制”篆书款，乾隆本朝
估　价：RMB 4,000,000～6,000,000
成交价：RMB 4,945,000
高29.5cm 中国嘉德 2011.11.14

3299 清雍正 窑变釉贯耳瓶
估　价：RMB 2,500,000～3,500,000
成交价：RMB 5,891,520
高34.5cm 香港佳士得 2011.11.30

仿哥釉

5158 元-明 哥窑葵口洗
估　价：RMB 1,500,000～2,000,000
成交价：RMB 2,530,000
宽12cm 北京保利 2011.12.6

5119 清雍正 哥釉贯耳弦纹大方瓶
“大清雍正年制”款
估　价：RMB 12,000,000～22,000,000
成交价：RMB 17,250,000
高64.2cm 北京保利 2011.12.6

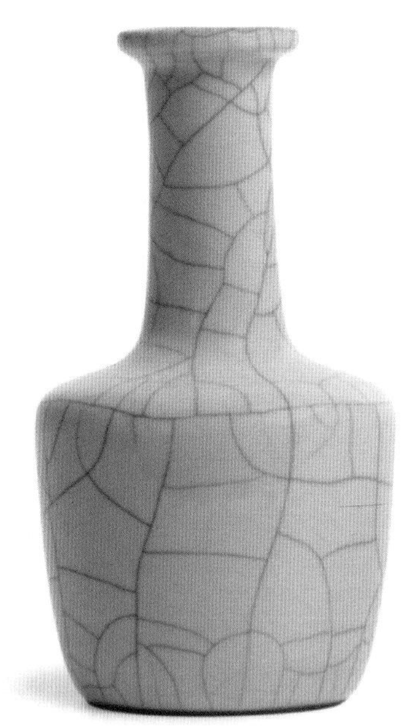

1 清雍正 仿哥窑棒搥瓶
“大清雍正年制”款
估 价：RMB 1,000,000～1,500,000
成交价：RMB 4,050,800
香港苏富比 2011.10.5

3557 清雍正 仿哥釉绶带如意耳方尊
“大清雍正年制”篆书款
估 价：RMB 5,000,000～8,000,000
成交价：RMB 11,500,000
高52.5cm 中国嘉德 2011.5.22

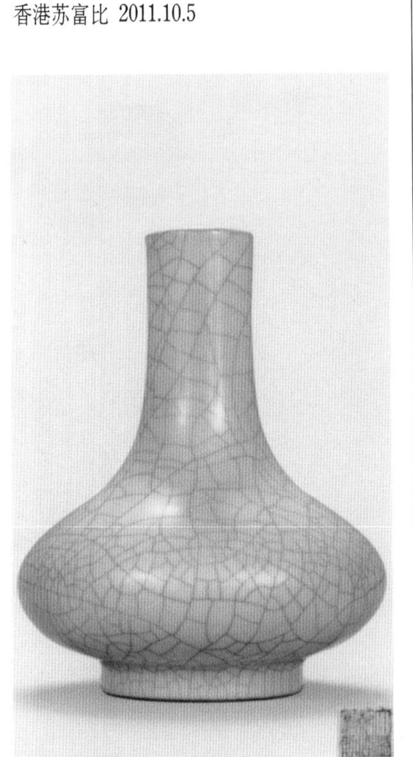

2322 清乾隆 仿哥釉直径扁瓶
“大清乾隆年制”篆书款
估 价：RMB 1,200,000～1,800,000
成交价：RMB 4,140,000
高21.7cm 北京翰海 2011.5.19

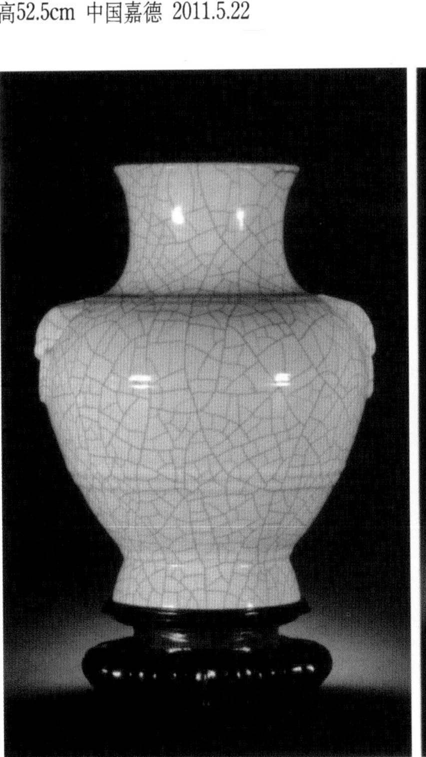

91 清雍正 哥釉辅首尊
“大清雍正年制”款
估 价：RMB 400,000～600,000
成交价：RMB 2,070,000
高24cm 北京保利 2011.4.16

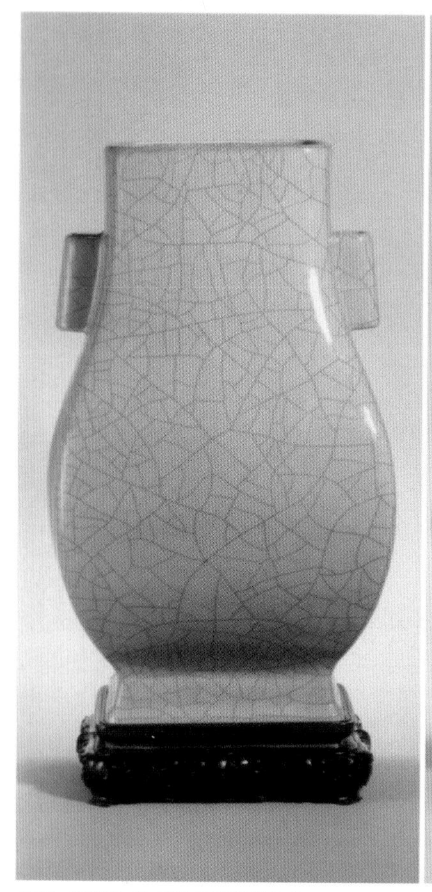
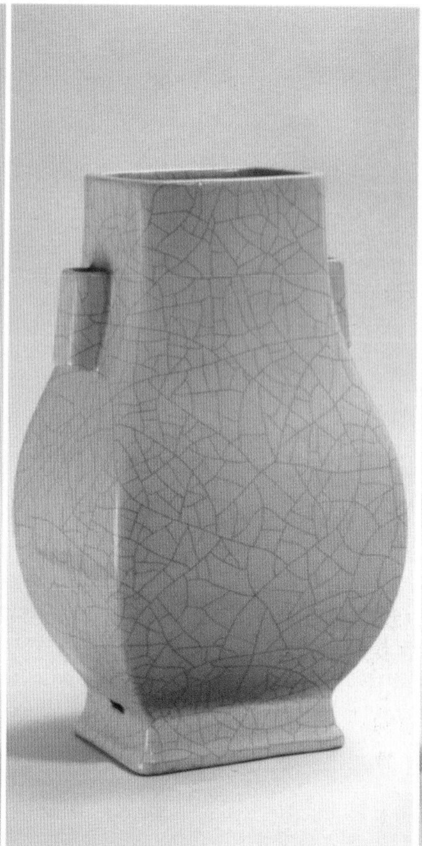
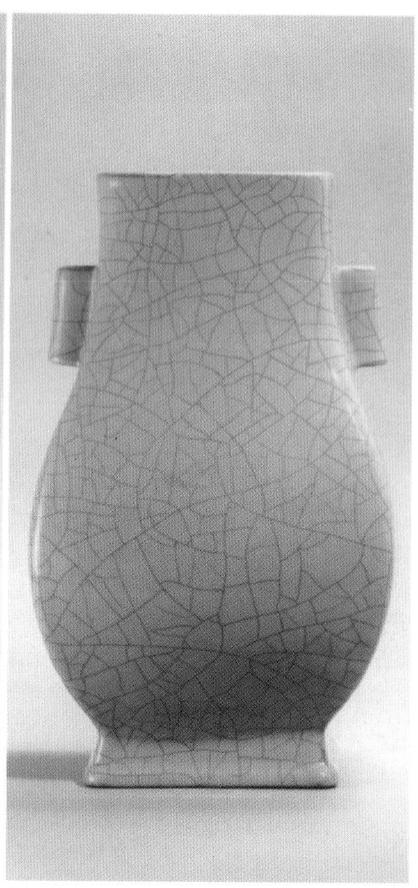

5104 清乾隆 仿哥釉贯耳穿带方壶
"大清乾隆年制"款
估　价：RMB 3,000,000～5,000,000
成交价：RMB 6,210,000
高49.5cm 北京保利 2011.12.06

3017 清雍正 仿哥窑釉花棱双耳扁壶
估　价：RMB 2,000,000～3,000,000
成交价：RMB 8,100,040
高50.5cm 香港苏富比 2011.4.8

36 清乾隆 仿哥窑铺衔衔环兽首瓶
"大清乾隆年制"款
估　价：RMB 4,000,000～6,000,000
成交价：RMB 6,079,240
高16.5cm 香港苏富比 2011.4.7

仿官釉

5159 明 官釉小葫芦瓶
估　价：RMB 500,000～800,000
成交价：RMB 1,058,000
高9.5cm 北京保利 2011.12.6

1120 清雍正 仿官釉贯耳瓶
成交价：RMB 13,419,225
高32.4cm 纽约佳士得 2011.3.24

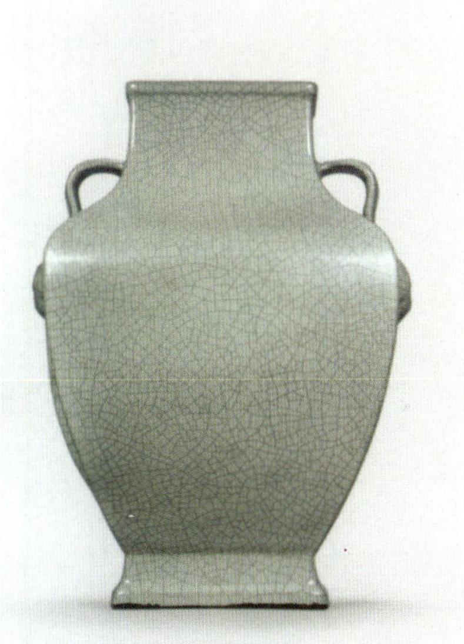

2323 清雍正 仿官釉如意耳尊
“大清雍正年制”篆书款
估　价：RMB 4,000,000～5,000,000
成交价：RMB 5,060,000
高50.6cm 北京翰海 2011.5.19

84 清乾隆 仿官釉蒜头瓶
“大清乾隆年制”款
估　价：RMB 1,500,000～1,800,000
成交价：RMB 1,725,000
高26.5cm 北京保利 2011.7.26

5 清乾隆 仿官釉双系鱼篓尊
“大清乾隆年制”款
估 价：RMB 1,800,000~2,500,000
成交价：RMB 4,936,400
高7.6cm 香港苏富比 2011.10.5

2331 仿官釉五岳真形图三孔扁瓶
“大清雍正年制”款
估 价：RMB 1,600,000
成交价：RMB 2,070,000
高53cm 北京纳高 2011.7.6

1177 清乾隆 仿官釉鸠耳尊
“大清乾隆年制” 篆书款
估 价：RMB 2,000,000~3,000,000
成交价：RMB 3,335,000
高20cm 中拍国际 2011.12.06

2408 清乾隆 仿官釉六方贯耳瓶
估 价：RMB 2,800,000~3,500,000
成交价：RMB 3,450,000
高46.2cm 北京匡时 2011.6.8

仿钧釉

3445 清光绪 仿钧窑变釉贯耳方瓶
“大清光绪年制”楷书款
估 价：RMB 100,000~200,000
成交价：RMB 253,000
高30cm 中国嘉德 2011.11.14

4258 钧瓷瓶
估 价：RMB 950,000~1,500,000
成交价：RMB 1,840,000
高15cm 中国嘉德 2011.5.23

3349 清雍正 仿钧窑三足莲瓣大盘
估 价：RMB 6,000~10,000
成交价：RMB 166,750
直径36.2cm 北京匡时 2011.9.17

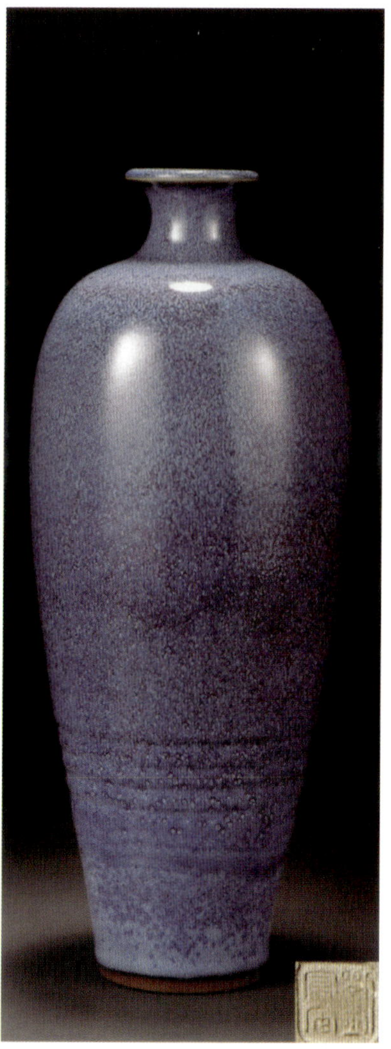

2505 钧瓷大红袍-梅瓶
估 价：RMB 300,000
成交价：RMB 1,380,000
高38cm 北京纳高 2011.7.6

仿汝釉

5105 清乾隆 仿汝釉折肩贯耳大尊
“大清乾隆年制”款
估 价：RMB 3,000,000~5,000,000
成交价：RMB 5,520,000
高54cm 北京保利 2011.12.6

1934 清乾隆 仿汝釉「三牺」弦纹壶
“大清乾隆年制”款
估　价：RMB 7,000,000~9,000,000
成交价：RMB 5,920,400
高34.3cm 香港苏富比 2011.10.05

3014 清雍正 仿汝窑釉弦纹贯耳方壶
估　价：RMB 2,500,000~3,500,000
成交价：RMB 10,929,160
高63.5cm 香港苏富比 2011.4.8

3023 清乾隆 仿汝釉八方瓶
“大清乾隆年制”篆书款
估　价：RMB 700,000~900,000
成交价：RMB 1,552,500
高33.2cm 北京翰海 2011.5.21

仿石釉

1655 清乾隆 仿石釉开光诗文六角笔筒
估　价：RMB 280,000
成交价：RMB 313,600
高13.5cm 北京翰海 2011.09.18

3178 清乾隆 仿石釉螭龙水呈
估　价：RMB 100,000～150,000
成交价：RMB 322,000
长7.3cm 中国嘉德 2011.11.13

仿古玉釉

4079 清雍正 仿古玉釉钵式缸
“雍正年制”篆书款
估　价：RMB 500,000～700,000
成交价：RMB 575,000
高13cm 北京翰海 2011.11.19

仿木纹釉

11 清乾隆 官窑胶胎木盆洗
估　价：RMB 600,000～800,000
成交价：RMB 943,000
直径13.5cm 浙江钱塘 2011.12.04

1550 仿木釉开光诗文八方瓶
“大清乾隆年制”款
估　价：RMB 800,000
成交价：RMB 952,000
高48cm 北京翰海 2011.09.18

仿竹釉

2664 清 仿竹纹釉笔筒
“乾隆年制”款
估　价：RMB 200,000～250,000
成交价：RMB 207,000
直径7.7cm 雍和嘉诚 2011.11.27

仿古铜釉

19 清乾隆 仿古青铜罍式浮雕搯锰鹮纹双耳瓶
“大清乾隆年制”款
估　价：RMB 4,000,000～6,000,000
成交价：RMB 5,428,400
高25cm 香港苏富比 2011.10.05

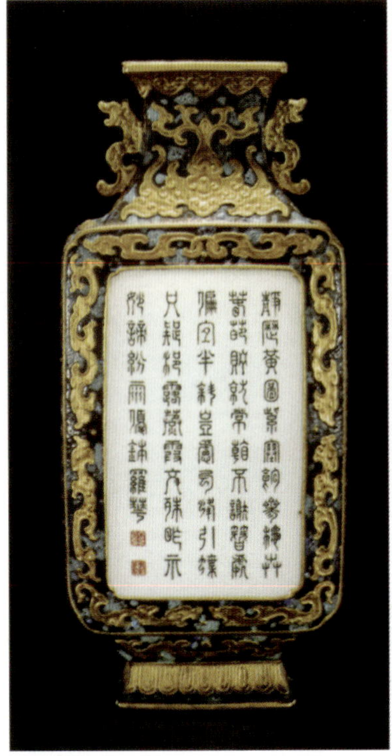

3537 清乾隆 仿古铜釉御制诗文斩瓶
“乾隆年制”篆书款
估　价：RMB 1,600,000～2,200,000
成交价：RMB 6,670,000
高20.5cm 中国嘉德 2011.5.22

茄皮紫釉

1308 清康熙 茄皮紫暗刻龙纹盘
估　价：RMB 600,000～800,000
成交价：RMB 840,000
直径25cm 云南典藏 2011.10.31

21 清康熙 茄皮紫釉划「赶珠云龙」图碗
“大清康熙年制”款
估　价：RMB 400,000～600,000
成交价：RMB 1,330,360
直径15.1cm 香港苏富比 2011.4.7

8141 清雍正 茄皮紫釉牺首尊（一对）
“大清雍正年制”款
估　价：RMB 4,000,000～6,000,000
成交价：RMB 6,555,000
高27.5cm 北京保利 2011.6.6

2325 清雍正 鳝鱼黄釉钵
“大清雍正年制”楷书款
估　价：RMB 1,500,000～2,000,000
成交价：RMB 4,025,000
高19.5cm 北京翰海 2011.5.19

茶叶末釉

2319 清雍正 茶叶末釉大画缸
“大清雍正年制”篆书款
估　价：RMB 3,000,000～5,000,000
成交价：RMB 5,520,000
高33.8cm 北京翰海 2011.11.17

3021 清雍正 鳝鱼黄釉贯耳方瓶
“大清雍正年制”篆书款
估　价：RMB 2,600,000～3,000,000
成交价：RMB 2,990,000
高44cm 北京翰海 2011.5.21

9289 清乾隆 茶叶末釉
折肩贯耳大尊
"大清乾隆年制"款
估 价：RMB 3,000,000～5,000,000
成交价：RMB 5,980,000
高53.5cm 北京保利 2011.6.7

其他釉

3623 清乾隆 铁锈花釉洗
估 价：RMB 120,000～180,000
成交价：RMB 138,000
直径18.2cm 中国嘉德 2011.11.14

反 瓷

152 60年代作 毛主席和我们在一起雕塑
(景德镇)
估 价：RMB 500,000
成交价：RMB 3,080,000
70cm×60cm×25cm 远方国拍 2011.09.17

5548 张婧婧 素胎"错位"瓶
估 价：RMB 80,000～120,000
成交价：RMB 92,000
高33cm 北京保利 2011.12.07

2011瓷器拍卖成交汇总

(成交价RMB：5万元以上)

拍品名称	尺寸	成交价RMB	拍卖公司	拍卖日期
一、陶器				
新石器时期 彩陶罐	高37.5cm	544,272	澳门中信	2011.11.25
北魏 骑马陶俑	高23.8cm	164,820	伊斯特	2011.11.28
唐 陶马	高44cm	72,025	台北富博斯	2011.12.18
唐代 陶马	高46.5cm	750,720	澳门中信	2011.11.25
宋代 乐俑	高53.5cm	750,720	澳门中信	2011.11.25
元 落釉三彩马	高67cm	1,219,920	澳门中信	2011.11.25
清初 长方大印	高12.8cm	112,000	琴岛荣德	2011.5.15
清 刻亚拉伯纹三足炉连木座	高18cm	476,215	香港拍得高	2011.10.06
60年代作 红灯记雕塑(广东石湾)	高61cm	880,000	远方国拍	2011.09.17
60年代作 捉飞贼雕塑(广东石湾)	高28cm	407,000	远方国拍	2011.09.17
70年代作 铁人王进喜雕塑(广东石湾)	高56cm	418,000	远方国拍	2011.09.17
二、瓷器				
青瓷				
越窑				
五代 越窑秘色瓷牡丹花纹净水杯	高17.2cm	5,194,000	上海新华	2011.6.25
五代 越窑青釉花卉纹梅瓶	高24cm	380,000	红太阳	2011.5.28
越窑绿釉柄壶	高11.8cm	207,000	中国嘉德	2011.5.23
越窑莲瓣盏	高8.4cm	69,000	中国嘉德	2011.6.18
越窑鹦鹉纹粉盒	直径11.5cm	586,500	中国嘉德	2011.5.23
越窑执壶	高23cm	345,000	中国嘉德	2011.5.23
秘色瓷净水瓶	高26cm	2,415,000	中国嘉德	2011.5.23
耀州窑				
宋 耀州窑青釉刻花卉纹玉壶春瓶	高23cm	87,000	红太阳	2011.5.28
宋/金 耀州窑青釉刻花碗	直径13.9cm	78,469	香港佳士得	2011.6.1
宋 耀州窑刻花梅瓶	高43cm	504,000	江苏万达	2011.5.28
明早期 耀州窑缠枝牡丹花鸟纹梅瓶	高51cm	3,920,000	中翰清花	2011.4.10
耀州窑宝相花纹大碗	直径19.7cm	94,300	中国嘉德	2011.5.23
耀州窑缠枝纹大碗	直径19.3cm	92,000	中国嘉德	2011.5.23
耀州窑缠枝婴戏纹碗	直径12.5cm	69,000	中国嘉德	2011.5.23
耀州窑瓜棱罐	高13.5cm	161,000	中国嘉德	2011.5.23
耀州窑花口交枝牡丹纹大盘	直径27.5cm	1,265,000	中国嘉德	2011.5.23
耀州窑刻花花卉纹盘	直径18.5cm	103,500	中国嘉德	2011.5.23
耀州窑刻花花卉纹碗	直径18.5cm	126,500	中国嘉德	2011.5.23
耀州窑刻花牡丹纹钵 (一对)	直径12cm×2	230,000	中国嘉德	2011.5.23
耀州窑刻花硕果缠枝莲纹碗	直径21.2cm	115,000	中国嘉德	2011.5.23
耀州窑葵口莲纹盘	直径18.2cm	138,000	中国嘉德	2011.5.23
耀州窑莲花纹碗	直径18.6cm	92,000	中国嘉德	2011.5.23
耀州窑贴花执壶	高16.5cm	57,500	中国嘉德	2011.5.23
耀州窑婴戏缠枝莲盘	直径18cm	92,000	中国嘉德	2011.5.23
耀州窑鱼纹花口盘	直径14.2cm	149,500	中国嘉德	2011.5.23
明中期 耀州窑花卉纹竹节瓶	高37cm	264,500	中翰清花	2011.09.10
汝窑				
北宋 汝窑刻莲瓣纹碗	高7.5cm	14,950,000	中翰清花	2011.09.10
北宋 汝窑天青釉琮式瓶	高13cm	4,800,000	红太阳	2011.5.28
北宋 汝窑天青釉鼓钉云足洗	直径13.5cm	5,000,000	红太阳	2011.5.28
北宋 汝窑天青釉葵口洗	直径13cm	6,500,000	红太阳	2011.5.28
北宋 汝窑天青釉镂空莲花式三足洗(一套八件)	尺寸不一	38,000,000	红太阳	2011.5.28
北宋 汝窑天青釉兽足莲花式香薰	高21cm	2,800,000	红太阳	2011.5.28
北宋 汝窑天青釉饕餮纹方鼎	高19cm	3,500,000	红太阳	2011.5.28
北宋 汝窑天青釉碗	直径13cm	4,000,000	红太阳	2011.5.28
北宋 汝窑天青釉倭角深腹洗	直径17cm	19,000,000	红太阳	2011.5.28
北宋 汝窑天青釉纸槌瓶	高21cm	4,800,000	红太阳	2011.5.28
宋 汝窑葱绿釉碗	直径12.5cm	4,000,000	红太阳	2011.5.28
宋 汝窑葵瓣洗	直径14cm	67,200	上海嘉泰	2011.6.30
宋 汝窑青釉钵	直径11cm	3,000,000	红太阳	2011.5.28
宋 汝窑天青釉琮式瓶	高18cm	26,000,000	红太阳	2011.5.28
宋 汝窑天青釉葵口盆	直径16cm	1,700,000	红太阳	2011.5.28
宋 汝窑天青釉如意式水仙盆	长13cm	6,000,000	红太阳	2011.5.28
宋 汝窑天青釉双耳瓶	高13cm	2,400,000	红太阳	2011.5.28
宋 汝窑天青釉条棱长颈瓶	高13.8cm	5,800,000	红太阳	2011.5.28
宋 汝窑天青釉碗	直径12.8cm	1,500,000	红太阳	2011.5.28
宋 汝窑天青釉洗	直径11.9cm	8,500,000	红太阳	2011.5.28
宋 汝窑天青釉鱼形洗	直径30cm	3,200,000	红太阳	2011.5.28
官窑				
北宋 官窑粉青釉长颈瓶	高15.5cm	16,000,000	红太阳	2011.5.28

拍品名称	尺寸	成交价RMB	拍卖公司	拍卖日期
北宋 官窑青釉双耳花口尊	高21cm	161,000	中翰清花	2011.09.10
官窑蒜头瓶	高10cm	3,450,000	北京翰海	2011.11.17
南宋 官窑穿带瓶	高17.9cm	2,070,000	上海崇源	2011.7.6
南宋 官窑粉青釉琮式瓶	高25.5cm	15,000,000	红太阳	2011.5.28
南宋 官窑粉青釉鼓钉云足洗	直径21cm	2,800,000	红太阳	2011.5.28
南宋 官窑粉青釉贯耳瓶	高16.8cm	7,800,000	红太阳	2011.5.28
南宋 官窑粉青釉双耳三足鼎 (五件)	尺寸不一	42,000,000	红太阳	2011.5.28
南宋 官窑倭角方盘	直径11.3cm	179,200	上海嘉泰	2011.4.1
宋 官窑琮式瓶	直径9cm	97,750	上海嘉泰	2011.10.17
宋 官窑胆瓶	高10.5cm	57,120	上海嘉泰	2011.4.1
宋 官窑粉青釉鼎式炉	高20cm	3,500,000	红太阳	2011.5.28
宋 官窑粉青釉鼓钉云足砚	长20cm	1,900,000	红太阳	2011.5.28
宋 官窑鬲式炉	高8cm	179,200	上海嘉泰	2011.6.30
宋 官窑鬲式炉	高24cm	92,000	上海嘉泰	2011.10.17
宋 官窑鬲式三足炉	直径10.5cm	64,960	上海嘉泰	2011.1.25
宋 官窑花口洗	直径20cm	112,000	上海嘉泰	2011.6.30
宋 官窑撇口洗 (两件)	直径11.5cm	56,000	上海嘉泰	2011.4.1
宋 官窑青釉帽沿洗	直径19cm	620,000	红太阳	2011.5.28
宋 官窑青釉云足四方洗	10cm×23.5cm	1,700,000	红太阳	2011.5.28
宋 官窑双联贯耳瓶	高20cm	103,500	上海嘉泰	2011.10.17
宋 官窑瓶	高15.5cm	2,800,000	江苏万达	2011.5.28
元 官窑敞口洗	直径9.8cm	67,200	上海嘉泰	2011.4.1
钧窑				
北宋 钧窑天青瑞果斑小盅	高4cm	106,400	上海嘉泰	2011.1.25
宋 钧窑盖盒	直径10cm	103,500	上海嘉泰	2011.10.17
宋 钧窑玫瑰斑撇口洗	直径23cm	56,000	上海嘉泰	2011.6.30
宋 钧窑玫瑰紫釉鼓钉三足洗	直径21.8cm	1,322,500	北京东正	2011.6.5
宋 钧窑玫瑰紫釉碗 (一对)	直径10cm	310,000	红太阳	2011.5.28
宋 钧窑青釉炉	高11.2cm	2,800,000	红太阳	2011.5.28
宋 钧窑青釉三足炉	高10cm	1,200,000	红太阳	2011.5.28
宋 钧窑青釉玉壶春瓶	高12cm	900,000	红太阳	2011.5.28
宋 钧窑青釉紫斑鼓钉三足罐	高24cm	900,000	红太阳	2011.5.28
宋 钧窑天蓝釉碗	直径18cm	420,000	红太阳	2011.5.28
宋 钧窑天青釉炉	高11cm	2,800,000	红太阳	2011.5.28
宋 钧窑碗	直径8.6cm	5,540,940	香港佳士得	2011.6.1
宋 绿钧釉花形杯	直径9.8cm	172,500	北京中汉	2011.3.19
金 钧窑青釉紫斑玉壶春瓶	高21.5cm	220,000	红太阳	2011.5.28
金 钧窑碗	直径22cm	55,200	雍和嘉诚	2011.11.27
金 钧窑香炉	高7.3cm	55,200	西泠拍卖	2011.7.18
金代 钧窑洗	直径17.3cm	56,000	辽宁建投	2011.5.11
元 钧窑红斑鸡心尊	高6.5cm	89,600	上海嘉泰	2011.6.30
元 钧窑花口龙耳堆塑莲花座瓶	高41.5cm	1,150,000	北京保利	2011.12.08
元 钧窑梅瓶	高27cm	53,760	北京翰海	2011.4.9
元 钧窑青釉紫斑碗	直径16cm	180,000	红太阳	2011.5.28
元 钧窑天蓝釉双系罐	高25cm	270,000	红太阳	2011.5.28
元 钧窑贴花玫瑰紫炉	高14cm	276,000	北京保利	2011.6.5
元 钧窑月白釉桃纹盘	宽21cm	69,000	中翰清花	2011.09.10
元–明初 钧窑玫瑰紫葵花式花盆	宽21cm	9,430,000	北京保利	2011.6.5
元末 钧窑青釉双象耳瓶	高19cm	82,000	红太阳	2011.5.28
哥窑				
12世纪/13世纪 哥窑八方高足盅	直径8cm	145,600	上海嘉泰	2011.1.25
宋 哥釉三足鬲式炉	高15cm	896,000	江苏万达	2011.5.28
宋 哥窑瑕青釉弦纹长颈瓶	高24cm	5,500,000	红太阳	2011.5.28
宋 哥窑青釉双耳瓶	高23cm	480,000	红太阳	2011.5.28
哥窑胆瓶	高14.8cm	8,050,000	北京翰海	2011.11.17
龙泉窑				
宋 龙泉窑青釉鬲式炉	高10.4cm	1,500,000	红太阳	2011.5.28
宋 龙泉暗刻花卉大盘	直径35cm	51,750	福建拍卖	2011.7.3
南宋–元 龙泉八卦纹三足炉	直径17.5cm	402,500	北京保利	2011.12.08
南宋 龙泉窑青釉双凤耳瓶	高17.5cm	123,200	中翰清花	2011.4.10
南宋 龙泉窑鬲式炉	高16cm	1,610,000	上海崇源	2011.7.6
南宋 龙泉窑仿官三足鬲式双耳炉	高10.7cm	4,028,000	上海新华	2011.6.25
南宋 龙泉仿官小洗	直径14cm	103,500	北京保利	2011.6.7
宋–元 龙泉窑双凤耳长颈瓶	高26cm	1,150,000	北京华辰	2011.5.20
元 龙泉釉观音像	高22cm	172,500	北京东正	2011.11.17
元 龙泉釉“天之美禄”纹方碟	长9.5cm	57,500	北京东正	2011.11.17
元 龙泉印龙纹盘	直径36cm	207,000	北京保利	2011.6.7

*查看图片请参照凡例4方法

2011瓷器拍卖成交汇总

(成交价RMB：5万元以上)

拍品名称	尺寸	成交价RMB	拍卖公司	拍卖日期
元 龙泉印龙纹大盘	直径34.5cm	138,000	北京保利	2011.12.08
元 龙泉窑洗	直径14cm	1,207,500	中国嘉德	2011.11.14
元 龙泉窑贴塑童子观音像	高25.5cm	230,000	中国嘉德	2011.11.14
元 龙泉窑青釉弦纹双耳衔环瓶	高26cm	719,820	香港佳士得	2011.6.1
元 龙泉窑青釉露胎观音像	高24cm	345,000	北京永乐	2011.11.15
元 龙泉窑青釉刻花碗	直径15cm	260,000	红太阳	2011.5.28
元 龙泉窑青釉"天之美禄"铭方盘	直径9.2cm	80,640	江苏爱涛	2011.1.16
元 龙泉窑梅子青碗	直径15.3cm	69,000	中国嘉德	2011.11.14
元 龙泉窑龙凤纹荷叶盖罐(一对)	高15cm	69,000	中翰清花	2011.09.10
元 龙泉窑莲瓣纹碗	直径16.7cm	66,700	中国嘉德	2011.11.14
元 龙泉窑花卉纹罐	直径28cm	80,500	中国嘉德	2011.6.18
元 龙泉窑花卉纹大罐	高28cm	112,000	江苏爱涛	2011.1.16
元 龙泉窑高足杯	高9cm	86,250	中国嘉德	2011.6.18
元 龙泉窑堆贴龙纹大盘	直径34cm	246,400	北京保利	2011.1.15
元 龙泉窑琮式瓶	高26.5cm	805,000	中国嘉德	2011.11.14
元 龙泉窑八角梅瓶	高24.1cm	4,912,320	香港佳士得	2011.11.30
元 龙泉香炉	高6.5	115,000	北京东正	2011.11.18
元 龙泉刻花荷叶罐	高37cm	302,400	雍和嘉诚	2011.6.1
元 龙泉罐	高21cm	57,500	江苏省拍	2011.12.10
元 龙泉八卦三足炉	高22cm	53,760	雍和嘉诚	2011.6.1
元末明初 龙泉窑"美酒清香"盖罐	高34cm	437,000	北京保利	2011.4.17
元末/明初 龙泉窑青釉印龙纹盘	直径35.5cm	334,800	香港佳士得	2011.6.1
元末/明初 龙泉窑青釉盖罐	高30.4cm	313,875	香港佳士得	2011.6.1
元末/明初 龙泉窑青釉八仙图罐	高27.3cm	820,260	香港佳士得	2011.6.1
元末 龙泉窑青釉刻花花口碗	高7cm	120,000	红太阳	2011.5.28
元/明14世纪 龙泉窑青瓷葫芦瓶	高36.5cm	2,378,000	香港苏富比	2011.10.05
明初 龙泉窑青瓷刻花花口碗	直径22.5cm	109,250	中国嘉德	2011.11.14
明初 龙泉窑青瓷大盘	直径65cm	2,300,000	中国嘉德	2011.11.14
明初 龙泉窑花瓶	高33cm	172,500	浙商拍卖	2011.08.28
明初 龙泉窑暗刻缠枝花纹凤尾尊	高20cm	69,000	广州嘉德	2011.6.11
明早期 龙泉窑玉壶春瓶	高25cm	1,150,000	中国嘉德	2011.11.14
明早期 龙泉窑青釉刻花菱口盘(一对)	尺寸不一	66,700	中拍国际	2011.12.06
明早期 龙泉窑青釉刻花大碗	直径21cm	287,500	中拍国际	2011.12.06
明早期 龙泉窑青釉暗刻龙纹盘	直径30.8cm	504,000	北京永乐	2011.5.24
明早期 龙泉窑青釉暗刻花卉纹碗	直径20.8cm	448,000	北京永乐	2011.5.24
明早期 龙泉窑刻花菱口盘	直径39.5cm	230,000	中拍国际	2011.7.17
明早期 龙泉窑刻花墩式大碗	直径21cm	218,500	中国嘉德	2011.11.14
明早期 龙泉刻花卉双绳耳炉	宽26.5cm	92,000	北京保利	2011.6.5
明洪武 龙泉窑青釉盏托	宽19cm	104,625	香港佳士得	2011.6.1
明洪武 龙泉窑莲花折沿大盘	直径50cm	299,000	北京保利	2011.10.22
明洪武 龙泉窑刻牡丹花卉大盘	直径44cm	123,200	北京保利	2011.1.15
明洪武 龙泉青瓷盘	宽47.4cm	3,443,520	香港佳士得	2011.11.30
明永乐 龙泉窑青釉刻盆景图折沿大盘	直径46cm	805,000	北京保利	2011.6.7
明永乐 龙泉窑青瓷划缠枝花卉纹梅瓶	高39cm	2,643,880	香港苏富比	2011.4.7
明永乐 龙泉窑刻牡丹纹盘	直径36.8cm	1,725,000	中国嘉德	2011.11.14
明永乐 龙泉瓶青瓷棱口折沿大盘		3,952,400	香港苏富比	2011.10.05
明永乐 龙泉暗刻碧桃翠竹图梅瓶	高38cm	2,300,000	上海嘉泰	2011.10.17
明15世纪 龙泉窑青釉碗	直径22cm	669,600	香港佳士得	2011.6.1
明15世纪 龙泉窑青釉梅瓶	高38.7cm	518,940	香港佳士得	2011.6.1
明15世纪 龙泉窑青釉刻花花卉纹盘	直径37.5cm	669,600	香港佳士得	2011.6.1
15世纪~16世纪 龙泉提梁水指	直高20.5cm	770,500	北京匡时	2011.12.05
明 龙泉窑三足炉		64,960	中贸圣佳	2011.4.29
明 龙泉窑青瓷碗	直径20.5cm	207,000	中国嘉德	2011.11.14
明 龙泉窑青瓷道教算木纹兽足香炉	直径31cm	86,250	北京保利	2011.10.22
明 龙泉窑盘	直径46cm	1,583,040	香港佳士得	2011.11.30
明 龙泉窑莲瓣纹罐	直径14.2cm	437,000	中国嘉德	2011.11.14
明 龙泉窑花心大盘	直径32.4cm	110,000	西安力邦	2011.1.8
明 龙泉窑花卉纹大盘	直径47.5cm	184,000	中国嘉德	2011.3.19
明 龙泉窑花卉纹大盘	直径44.3cm	69,000	中国嘉德	2011.3.19
明 龙泉窑花卉鼓墩	高36.2cm	66,700	中国嘉德	2011.11.14
明 龙泉窑鬲式炉	高9.3cm	168,000	十竹斋	2011.5.29
明 龙泉窑方洗(一对)	宽10cm	69,000	中国嘉德	2011.11.14
明 龙泉窑八卦纹兽足炉	高19.6cm	89,600	苏州东方	2011.4.28
明 龙泉窑暗刻花卉花口盘	直径40.5cm	299,000	北京翰海	2011.11.19
明 龙泉青瓷刻几何花卉纹折沿大盘	直径47cm	429,680	香港苏富比	2011.10.05
明晚期 龙泉窑暗刻花卉纹瓶	高26cm	56,000	北京荣宝	2011.3.18
清雍正 仿龙泉云龙纹蒜头瓶	高28.8cm	805,000	北京东正	2011.11.17

拍品名称	尺寸	成交价RMB	拍卖公司	拍卖日期
清乾隆 龙泉窑暗刻云龙纹双耳撇口瓶	高35.5cm	2,070,000	北京翰海	2011.5.21
清 龙泉弦纹赏瓶	高24.5cm	110,000	中都国际	2011.3.13
龙泉窑三足炉	高14.3cm	230,000	中国嘉德	2011.5.23
龙泉窑青瓷鬲式炉	高12.3cm	690,000	中国嘉德	2011.5.23
龙泉窑鼓钉小洗	直径10.8cm	161,000	中国嘉德	2011.5.23
龙泉窑暗刻牡丹纹碗	直径28cm	94,300	北京纳高	2011.7.6
龙泉花卉大盘	高45.3cm	63,250	中国嘉德	2011.5.23
其他窑				
北朝 青釉莲花式盖罐	高24cm	552,000	北京保利	2011.6.5
五代东窑壶	高19cm	1,150,000	中国嘉德	2011.5.23
宋 青釉刻缠枝花卉纹双耳瓶	高30.5cm	88,000	红太阳	2011.5.28
宋 湖田窑影青釉刻花碗	直径17cm	160,000	红太阳	2011.5.28
宋 青釉瓜棱瓶	高21cm	190,000	红太阳	2011.5.28
宋 影青釉瓜棱瓶	高16cm	190,000	红太阳	2011.5.28
宋 青釉瓜棱执壶	高13cm	100,000	红太阳	2011.5.28
宋 影青釉印花盘(一对)	直径18cm	160,000	红太阳	2011.5.28
元 湖田窑模印龙纹盏托	直径16.8cm	89,700	中国嘉德	2011.5.23
宋 青瓷花瓶	高16.5cm	67,200	江苏爱涛	2011.1.16
黑瓷				
北宋 黑釉铁锈斑玉壶春瓶	高26cm	200,000	红太阳	2011.5.28
北宋 黑釉剔划花梅瓶	高36cm	270,000	红太阳	2011.5.28
南宋 黑釉兔毫纹金边碗	高12.5cm 直径16.9cm	11,749,913	伦敦苏富比	2011.5.11
宋 吉州窑锦地云雷纹钵	高14cm	112,000	上海嘉泰	2011.6.30
黑釉凤首壶	高27cm	180,000	中都国际	2011.6.12
磁州窑剔牡丹纹玉壶春瓶	高28cm	368,000	中国嘉德	2011.5.23
磁州窑黑釉撇口瓶	高25.5cm	253,000	中国嘉德	2011.5.23
耀州窑黑油盏托，团菊盏	尺寸不一	172,500	中国嘉德	2011.5.23
油滴碗	口径13cm	1,662,000	中博文化	2011.7.10
吉州窑梅花纹梅瓶	直径20.5cm	368,000	中国嘉德	2011.5.23
明末 黑釉根形笔舔	长12.5cm	69,000	北京东正	2011.11.18
白瓷				
磁州窑				
13世纪 磁州窑珍珠地双熊橄榄瓶	高42.5cm	80,500	上海嘉泰	2011.10.17
耀州窑				
宋 耀州窑刻牡丹纹碗	直径16cm	56,000	北京保利	2011.1.15
宋 耀州窑六分格刻牡丹纹碗	直径17cm	72,800	北京保利	2011.1.15
宋 磁州窑白釉剔划花梅瓶	高26.5cm	130,000	红太阳	2011.5.28
元 耀州月白釉炉	宽12cm	92,000	北京保利	2011.12.08
官窑				
宋 官窑月白釉双耳鬲式炉	高15cm	2,400,000	红太阳	2011.5.28
北宋 官窑碗	高8cm 口径20cm	17,222,400	澳门中信	2011.6.25
定窑				
宋 外紫内白定窑印花婴戏盘	直径16cm	59,800	上海嘉泰	2011.10.17
宋 定窑白釉刻花葫芦瓶	高24cm	96,033	台北富博斯	2011.12.18
宋代 定窑白釉刻莲花纹碗	直径21.6cm	574,080	澳门中信	2011.6.25
北宋 定窑白釉刻花莲纹大碗	直径24.5cm	366,188	香港佳士得	2011.6.1
宋 定窑划花莲敞口盘	径25cm	112,000	上海嘉泰	2011.4.1
定窑八方印纹盘	直径13.5cm	80,500	中国嘉德	2011.5.23
定窑白瓷刻花盘	直径18cm	299,000	中国嘉德	2011.5.23
定窑龙纹刻花盘	直径24.5cm	112,000	江苏万达	2011.5.28
登封窑				
宋 登封窑珍珠地白釉刻花婴戏盘	直径31cm	130,000	红太阳	2011.5.28
宋 登封窑珍珠地白釉刻花瓶	高26cm	220,000	红太阳	2011.5.28
德化窑				
明 德化白釉素面花觚	高38.3cm	149,500	福建拍卖	2011.7.3
明 德化窑"童子观音"摆件	高37.6cm	368,000	福建拍卖	2011.7.2
明 德化窑白瓷人物坐像	长16cm	67,200	东方艺都	2011.7.6
明 德化窑白釉罗汉	高23cm	260,000	红太阳	2011.5.28
明 德化窑观音像	高21cm	63,250	福建拍卖	2011.7.2
明 德化窑兽耳炉	长19cm	63,250	中国嘉德	2011.12.17
明 德化窑童子拜观音像	高20cm	483,000	福建拍卖	2011.7.2
明代 德化窑螭龙执壶	高16cm	402,500	古天一	2011.12.05
明末 "博及渔人"款德化窑罗汉像	高21cm	138,000	北京保利	2011.10.22
明末清初 德化白釉戟耳香炉	直径10.8cm	437,000	福建拍卖	2011.7.2
明末清初 德化窑关帝坐像	高26.4cm	103,500	北京诚轩	2011.5.22

拍品名称	尺寸	成交价RMB	拍卖公司	拍卖日期
清 德化白釉立像观音	高17cm	138,000	苏州吴门	2011.6.12
清 德化白釉三足炉	直径8.5cm	51,750	福建拍卖	2011.7.2
清 德化白釉坐岩观音像	高31.5cm	78,200	福建拍卖	2011.7.2
清 德化达摩坐像	高25cm	138,000	中国嘉德	2011.5.23
清 德化罗汉坐像	高24cm	92,000	苏州吴门	2011.6.12
清 德化窑白瓷达摩像	高20cm	336,000	浙江钱塘	2011.1.9
清 德化窑白釉宝莲观音像	高26.5cm	402,500	福建拍卖	2011.7.2
清 德化窑渡海达摩摆件	高34.3cm	368,000	福建拍卖	2011.7.2
清 德化窑观音	高22cm	414,000	北京翰海	2011.12.18
清 德化窑观音立像	高39.5cm	61,600	中贸圣佳	2011.1.23
清 德化窑观音像	高14cm	126,500	浙江钱塘	2011.12.04
清 德化窑观音像	高20cm	57,500	中国嘉德	2011.6.18
清 德化窑罗汉像	高34cm	64,960	苏州东方	2011.4.28
清 德化窑狮耳炉	口径7.2cm	84,000	苏州东方	2011.4.28
清18世纪 德化白瓷「千手观音」立像	高33cm	307,500	香港苏富比	2011.10.05
清18世纪 德化白釉莲花坐如意观音像	高44.5cm	897,000	福建拍卖	2011.7.2
清19世纪/20世纪初 德华白瓷普贤菩萨坐像	高27cm	156,938	香港佳士得	2011.6.1
清19世纪/20世纪初德化白瓷和合二仙想	高26cm	313,875	香港佳士得	2011.6.1
清初 德化窑何朝宗款关公像	高24cm	74,750	北京九歌	2011.6.10
清初 德化窑文官座像	高31cm	92,000	上海大众	2011.08.25
清康熙 德化白釉狮钮章 (一对)	高5cm	80,500	北京保利	2011.12.08
清康熙 德化观音像	29cm	66,700	雍和嘉诚	2011.11.27
清末民初 德化窑许云麟制释迦牟尼佛立像	高27.3cm	161,000	北京诚轩	2011.5.22
清乾隆 德化窑观音	高20cm	230,000	北京保利	2011.12.08
清18世纪/19世纪 德化白瓷和合二仙想	高27.8cm	292,950	香港佳士得	2011.6.1
清早 德化窑象耳炉	高9.8cm	53,760	浙江佳宝	2011.6.23
清早期 德化窑素笔筒	高14cm	126,500	北京匡时	2011.6.8
清中期 德化观音	高27cm	201,600	东方艺都	2011.7.6
清中期 德化窑博及渔人款书卷观音坐像	高36cm	172,500	北京诚轩	2011.5.22
清中期 德化窑观音立像	高56cm	575,000	北京东正	2011.11.17
清中期 德化窑观音像	高21.5cm	56,000	苏州东方	2011.4.28
清中期 德化窑观音座像	高22cm	138,000	上海大众	2011.08.25
清中期 德化窑和合二仙	长17.5cm	345,000	北京保利	2011.12.08
清17世纪 德化白釉文殊菩萨坐犼像	高26.7cm	437,000	福建拍卖	2011.7.2
德化白釉三足炉	高10cm	78,400	古天一	2011.6.4
德化白釉三足炉 款识：德松制	高7.6cm	134,400	古天一	2011.6.4
德化白釉狮耳簋式炉	高9cm	112,000	古天一	2011.6.4
德化白釉弦纹炉	高6.5cm	168,000	古天一	2011.6.4
景德镇窑白釉				
唐 白釉炉	高5.8cm	50,000	红太阳	2011.5.28
宋 白釉狮形枕	长26cm	100,000	红太阳	2011.5.28
南宋 青白釉观音菩萨坐像	高29.2cm	21,176,100	香港佳士得	2011.6.1
南宋 青白釉注壶 (一套)	高17cm	276,000	北京保利	2011.6.5
宋代 白釉灵芝孩儿枕	高17.2cm	1,407,600	澳门中信	2011.11.25
金 白釉玉壶春瓶	高31cm	805,000	北京保利	2011.6.5
元 白釉枢府福禄纹菊瓣碗	直径19cm	172,500	北京东正	2011.11.17
元 青白贴花「龙凤纹」狮钮执壶	34cm	3,553,240	香港苏富比	2011.4.7
元 青白釉谷仓罐	高21.8cm	190,000	红太阳	2011.5.28
元 青白釉龙纹梅瓶	高27cm	2,875,000	北京保利	2011.6.5
明 白釉暗刻龙纹罐	高21.5cm	56,000	江苏万达	2011.5.28
明 白釉暗刻龙纹玉壶春瓶	高27cm	322,000	中国嘉德	2011.5.23
明洪武 白釉暗花「凤凰」纹碗	直径21.5cm	2,037,640	香港苏富比	2011.4.7
明洪武 白釉模印龙纹盘 (一对)	直径15.2cm	672,000	北京永乐	2011.5.24
明永乐 白釉执壶	高32cm	8,268,345	纽约苏富比	2011.3.23
明永乐 官窑甜白釉高足杯	高11.3cm	567,000	上海拍卖	2011.4.23
明永乐 甜白釉暗刻龙纹盘	直径19cm	1,380,000	中国嘉德	2011.5.23
明永乐 甜白釉大盘	直径40.6cm	1,021,140	香港佳士得	2011.6.1
明永乐 甜白釉大盘	直径38cm	517,500	中国嘉德	2011.5.23
明永乐 甜白釉盖罐	高24.5cm	690,000	北京保利	2011.12.06
明永乐 甜白釉光素高足碗	直径15.2cm	719,820	香港佳士得	2011.6.1
明永乐 甜白釉划「缠枝花卉」纹玉壶春瓶	高29cm	4,058,440	香港苏富比	2011.4.7
明永乐 甜白釉刻缠枝花卉大盘	直径40.5cm	2,300,000	北京保利	2011.6.5
明永乐 甜白釉盘	直径28cm	230,000	北京保利	2011.12.08
明永乐 甜白釉僧帽壶	高19.6cm	920,700	香港佳士得	2011.6.1

拍品名称	尺寸	成交价RMB	拍卖公司	拍卖日期
明永乐 甜白釉僧帽壶	高18.9cm	207,000	北京中汉	2011.3.19
明永乐 甜白釉狮钮印盒	直径15.5cm	896,000	东方艺都	2011.7.6
明宣德 白釉盘	直径13.7cm	287,500	北京保利	2011.6.7
明宣德 甜白釉暗花刻莲瓣纹莲子碗	直径21cm	1,523,340	香港佳士得	2011.6.1
明正德 白釉葵花口笔洗	19.6cm	4,058,440	香港苏富比	2011.4.7
明嘉靖 白釉暗花纹撇口盘	直径15.2cm	669,600	香港佳士得	2011.6.1
明万历 龙纹折腹碗	直径12.4cm	138,000	荣宝斋(沪)	2011.11.25
17世纪 甜白釉暗刻云龙纹碗	径12cm	72,800	上海嘉泰	2011.6.30
清康熙 白釉暗花卉纹瓶	高21cm	156,800	蓝天国拍	2011.6.24
清康熙 白釉暗刻龙凤纹瓶	高22.2cm	61,600	北京荣宝	2011.08.13
清康熙 白釉暗刻龙纹洗	长32cm	230,000	广州艺拍	2011.6.12
清康熙 白釉暗刻云龙纹洗	直径21.3cm	69,000	北京中汉	2011.3.19
清康熙 白釉划云龙纹大碗	直径19.5cm	345,000	北京保利	2011.6.6
清康熙 白釉酒盅 (一对)		774,640	香港苏富比	2011.4.8
清康熙 白釉刻莲花纹碗	直径15cm	74,750	中国嘉德	2011.11.14
清康熙 白釉刻双龙纹折沿大盘	直径40.5cm	460,000	北京保利	2011.6.6
清康熙 白釉镂雕诗句纹八方杯	直径9cm	345,000	中国嘉德	2011.11.14
清康熙 白釉洗	直径14.4cm	57,500	中国嘉德	2011.6.18
清康熙 白釉小碗	直径9.4cm	138,000	中国嘉德	2011.11.14
清康熙 白釉印花花卉笔筒	直径19cm	195,500	北京保利	2011.7.26
清康熙 郎廷极制白釉模印梵文种子字小尊	高16.5cm	3,220,000	北京保利	2011.6.6
清雍正 白釉暗花“缠枝莲纹”高足碗	高10.8cm	178,925	香港苏富比	2011.4.8
清雍正 白釉暗刻莲托八吉祥纹高足杯	高16.1cm	379,500	北京诚轩	2011.11.12
清雍正 白釉暗刻龙纹小杯	直径6.3cm	828,000	北京中汉	2011.5.23
清雍正 白釉暗刻双鸭斗笠碗	直径16cm	134,400	北京保利	2011.1.15
清雍正 白釉杯 (一对)	尺寸不一	1,077,760	香港苏富比	2011.4.7
清雍正 白釉缠枝莲纹高足碗	直径14.4cm	69,000	中国嘉德	2011.09.17
清雍正 白釉出戟双耳尊	高32.5cm	897,000	北京中汉	2011.5.23
清雍正 白釉浮雕荷花纹盖盒	直径16.1cm	230,000	北京中汉	2011.5.23
清雍正 白釉荷叶形匀笔砚及粉彩“花蝶”纹荷叶形匀笔砚	尺寸不一	4,058,440	香港苏富比	2011.4.7
清雍正 白釉蕉叶纹花觚	高20cm	195,500	北京九歌	2011.6.10
清雍正 白釉菊瓣盘	直径17.5cm	2,300,000	中国嘉德	2011.5.23
清雍正 白釉菊花瓣式盘	直径22.5cm	805,000	北京保利	2011.10.22
清雍正 白釉模印夔龙纹盘 (一对)	直径20.8cm	3,029,940	香港佳士得	2011.6.1
清雍正 白釉盘 (一对)	直径17.1cm	184,000	北京诚轩	2011.11.12
清雍正 白釉双耳盘口橄榄瓶	高26.8cm	2,239,720	香港苏富比	2011.4.8
清雍正 白釉凸花一把莲洗	直径34.5cm	1,150,000	北京保利	2011.6.7
清雍正 白釉小盘 (一对)	直径8.8cm	76,160	云南典藏	2011.5.14
清雍正 仿定式花口寿字盏托	直径13cm	230,000	北京保利	2011.6.6
清雍正 甜白釉葵口暗刻莲瓣纹盏杯(一套)	尺寸不一	517,500	北京中汉	2011.5.23
清雍正 甜白釉凸花龙纹大碗	高20cm	71,760	香港富得	2011.6.24
清雍正 御制白釉菊瓣盘	直径17.6cm	2,070,000	中国嘉德	2011.11.13
清乾隆 白釉暗花“缠枝莲纹”高足碗	高14.5cm	724,120	香港苏富比	2011.4.8
清乾隆 白釉暗花“缠枝莲纹”高足碗	高14.5cm	336,800	香港苏富比	2011.4.8
清乾隆 白釉暗花瓶	高23cm	84,000	安华白云	2011.3.6
清乾隆 白釉暗刻海水江崖纹盘 (一对)	直径18.2cm	172,500	中拍国际	2011.12.06
清乾隆 白釉暗刻卷莲纹高足杯	高10.5cm	896,000	北京荣宝	2011.11.11
清乾隆 白釉暗刻寿山福海纹盘 (一对)	直径18.2cm	299,000	中拍国际	2011.7.17
清乾隆 白釉暗刻团螭纹太白尊	高8.6cm	138,000	北京中汉	2011.5.23
清乾隆 白釉暗刻一束莲纹盘	直径34cm	672,000	云南典藏	2011.10.31
清乾隆 白釉缠枝牡丹尊	高36cm	74,750	北京保利	2011.4.17
清乾隆 白釉雕瓷群仙祝寿笔筒	高11cm	69,000	北京保利	2011.7.26
清乾隆 白釉葫芦瓶	高20cm	67,200	东方艺都	2011.7.6
清乾隆 白釉蒜头瓶	高17.8cm	218,500	北京华辰	2011.5.20
清乾隆 白釉凸花缠枝花卉纹观音瓶	高32.3cm	230,000	北京诚轩	2011.11.12
清乾隆 仿定白釉弦纹四系尊	高19.9cm	333,500	北京中汉	2011.3.19
清乾隆 仿定窑河池夏景图瓶	高29cm	4,600,000	中国嘉德	2011.5.22
清乾隆官窑白釉暗刻福山寿海纹盘(一对)	直径16cm	168,000	上海拍卖	2011.4.23
清乾隆 浆胎印盒	直径4.5cm	103,500	中国嘉德	2011.12.17
清乾隆 钦定白釉饕餮纹爵杯	高16cm	172,500	北京永乐	2011.11.15
清乾隆 钦定月白釉仿铜器纹夕月坛正位豆	高24.5cm	1,792,000	北京永乐	2011.5.24
清乾隆 月白釉礼器仿青铜豆	高26.5cm	1,667,500	北京保利	2011.10.22
清乾隆 月白釉礼器爵杯	高16.5cm	552,000	北京保利	2011.10.22

2011瓷器拍卖成交汇总

(成交价RMB：5万元以上)

拍品名称	尺寸	成交价RMB	拍卖公司	拍卖日期
清乾隆 月白釉模印几何纹豆	高27cm	1,667,500	中国嘉德	2011.3.19
清道光 白釉暗刻龙纹瓶	高20.5cm	920,000	中国嘉德	2011.11.13
清道光 白釉雕瓷寿星笔筒	高15.5cm	552,000	北京保利	2011.6.7
清道光 白釉仿青铜壶	高29.5cm	1,725,000	中国嘉德	2011.11.13
清同治 陈国治作雕瓷柳荫双骏图笔筒	高12.5cm	92,000	北京保利	2011.7.26
清同治 雕瓷双骏笔筒	高14.5cm	207,000	北京保利	2011.4.16
清光绪 白釉暗刻花卉纹盘	直径35.3cm	313,600	北京荣宝	2011.3.18
清晚期 雕瓷柳荫饮马图笔筒	高13.5cm	51,750	北京匡时	2011.6.8
清 白釉暗刻龙纹高脚杯	高10.8cm	89,600	上海新华	2011.6.25
清 白釉暗刻龙纹梅瓶	高29cm	67,200	北京保利	2011.1.15
清 白釉杯(一对)	直径5.5cm	149,500	北京保利	2011.7.27
清 白釉雕瓷人物纹瓶(一对)	高25cm	160,000	红太阳	2011.5.28
清18世纪 白釉浮雕「山水泛舟」图笔筒	高16.5cm	256,250	香港苏富比	2011.10.05
清代 康熙缙绅佳器款白釉暗刻大碗	直径15.5cm	57,500	北京歌德	2011.4.24
白釉荷叶罐	高38cm	168,000	北京翰海	2011.4.9
民国 白釉暗刻盉形壶	高13cm	61,600	云南典藏	2011.10.30
民国 白釉暗刻龙纹碗(四件)	直径10.5cm×4	529,000	中贸圣佳	2011.11.06
王怀俊 高白釉人物瓶	高36.5cm	80,500	北京保利	2011.12.07
文革 白瓷"女电焊工"立件	高50cm	57,500	苏州吴门	2011.6.12
60年代作 毛主席挥手立像(俗称"四面红")	高103cm	121,000	远方国拍	2011.09.17
60年代作 毛主席去安源立像	高55cm	1,650,000	远方国拍	2011.09.17
彩瓷				
褐彩				
宋 定窑白釉褐彩乐人俑	高22.8cm	420,000	红太阳	2011.5.28
金 磁州窑褐彩花卉纹虎形枕	长34cm	61,600	北京保利	2011.1.15
金 定窑褐彩剔刻花卉牡丹纹豆形枕	长22cm	72,800	北京保利	2011.1.15
宋 吉州窑锦地云雷钵	高12cm	112,000	上海嘉泰	2011.1.25
磁州窑黑釉褐彩草花纹玉壶春瓶	高30.5cm	94,300	中国嘉德	2011.5.23
磁州窑人物纹罐	高30.5cm	253,000	中国嘉德	2011.5.23
清乾隆 绿地褐龙碗(一对)	直径11cm	460,000	北京保利	2011.6.7
清道光 绿地赭彩云龙纹碗	直径11cm	69,000	北京翰海	2011.11.19
清道光 绿地赭龙纹碗	直径11cm	161,000	中国嘉德	2011.11.13
青花				
元 青花云龙纹梅瓶	高43.6cm	56,304,000	澳门中信	2011.11.25
元 青花萧何月下追韩信梅瓶	高44.8cm	685,440,000	澳门中信	2011.11.25
元 青花云龙纹玉壶春瓶	高24.8cm	287,500	中国嘉德	2011.6.18
元 青花云龙纹梅瓶	高34cm	1,500,000	红太阳	2011.5.28
元 青花云龙纹大缸	高40cm	6,900,000	江苏万达	2011.5.28
元 青花鱼藻纹玉壶春瓶	高32.5cm	55,200	北京翰海	2011.5.21
元 青花双凤纹螭龙耳扁瓶	高47.2cm	19,136,000	澳门中信	2011.6.25
元 青花狮纹双象耳瓶	高46.5cm	21,049,600	澳门中信	2011.6.25
元 青花狮纹双耳瓶	高42.5cm	9,568,000	澳门中信	2011.6.25
元 青花三友杂宝纹玉壶春瓶	高30.2cm	272,025	香港佳士得	2011.6.1
元 青花人物纹玉壶春瓶	高36cm	5,750,000	中翰清花	2011.09.10
元 青花龙纹玉壶春瓶	高28.5cm	292,950	香港佳士得	2011.6.1
元 青花包金饰玉壶春瓶	高52cm	2,800,000	未来四方	2011.6.11
元 青花「游龙图」玉壶春瓶	高24.7cm	8,100,040	香港苏富比	2011.4.7
元 青花荷塘图玉壶春瓶	高26.5cm	1,380,000	北京保利	2011.6.5
元 青花东坡赏菊图玉壶春瓶	高26cm	1,495,000	北京保利	2011.6.5
元 青花云龙纹玉壶春瓶	高24.7cm	581,808	澳门中信	2011.11.25
元 青花云龙纹玉壶春瓶	高24.6cm	563,040	澳门中信	2011.11.25
元 青花龙纹盘	直径30.2cm	3,450,000	中国嘉德	2011.5.23
元 青花蓝底百花纹盘	直径44cm	3,061,760	澳门中信	2011.6.25
元 元青花鱼藻纹花口大盘	直径42cm	2,815,200	澳门中信	2011.11.25
元 青花刻龙纹高足碗	直径13.6cm	336,117	台北富博斯	2011.12.18
元 青花花卉纹大罐	高30.2cm	36,358,400	澳门中信	2011.6.25
元 青花高士图螭龙耳小扁壶	高14.5cm	224,000	中鸿信	2011.6.26
元 青花凤纹扁壶	高19cm	805,000	江苏万达	2011.5.28
元 青花缠枝牡丹纹兽耳罐	高38cm	1,265,000	北京保利	2011.12.08
元 青花缠枝牡丹纹摩羯鱼耳大罐	高50.4cm	36,225,000	中国嘉德	2011.5.22
元 青花缠枝牡丹纹罐	高22.5cm	5,290,000	北京东正	2011.6.5
元 青花缠枝牡丹纹大罐	高29cm	35,650,000	中拍国际	2011.7.17
元 青花缠枝牡丹纹大罐	高30cm	11,500,000	北京华辰	2011.5.20
元 青花「八吉祥」缠枝莲纹罐	高50.5cm	8,100,040	香港苏富比	2011.4.7
元 青花《西厢记》人物纹小罐	高18cm	1,495,000	中翰清花	2011.09.10
元末/明初 青花云龙戏珠纹高足碗	直径10.9cm	1,021,140	香港佳士得	2011.6.1

拍品名称	尺寸	成交价RMB	拍卖公司	拍卖日期
明早期 青花折枝花卉纹三足炉	高12.5cm	56,000	云南典藏	2011.5.14
明早期 青花几何花卉纹瓷板	长20cm	66,700	北京保利	2011.7.27
明早期 青花花草纹大盘	直径37cm	128,800	辽宁建投	2011.5.11
明洪武 青花缠枝莲花卉纹大碗	直径42.5cm	2,391,080	中信国际	2011.3.13
明洪武 青花缠枝莲八吉祥纹大罐	高50.5cm	3,967,500	中拍国际	2011.12.06
明洪武 "春寿"铭青花云龙纹梅瓶	高40.5cm	2,415,000	中翰清花	2011.09.10
明永乐 青花如意垂肩折枝花果纹梅瓶	高36.5cm	138,301,200	香港苏富比	2011.10.05
明永乐 青花折枝花卉纹瓶	高36m	15,525,000	中翰清花	2011.09.10
明永乐 青花云龙纹如意耳葫芦瓶	高25m	15,525,000	中翰清花	2011.09.10
明永乐 青花穿花龙纹天球瓶	高46cm	40,250,000	中翰清花	2011.09.10
明永乐 青花寿桃缠枝莲执壶	高30cm	6,900,000	江苏万达	2011.5.28
明永乐 青花缠枝莲纹绶带葫芦扁壶	高30.7cm	7,101,200	香港苏富比	2011.10.05
明永乐 青花缠枝莲梨式壶	高13.5cm	896,000	东方艺都	2011.7.6
明永乐 青花缠枝花卉开光式「葡萄寿桃」纹执壶	高26.5cm	3,755,600	香港苏富比	2011.10.05
明永乐 青花折枝花纹篮	高15.5cm	8,960,000	东方艺都	2011.7.6
明永乐 青花一束莲纹盘	直径31cm	380,000	中都国际	2011.6.12
明永乐 青花折枝月季纹折沿大盘	37.5cm	5,920,400	香港苏富比	2011.10.05
明永乐 青花一束莲纹折沿大盘	直径45cm	2,070,000	北京中汉	2011.5.23
明永乐 青花一束莲纹大盘	直径33.8cm	5,194,000	上海新华	2011.6.25
明永乐 青花一束莲大盘	直径38cm	4,032,000	辽宁建投	2011.5.11
明永乐 青花一束莲大盘	直径32cm	2,415,000	北京保利	2011.6.7
明永乐 青花一束莲大盘	直径51.5cm	1,955,000	江苏省拍	2011.12.10
明永乐 青花一束莲大盘	直径40.5cm	1,150,000	苏州吴门	2011.6.11
明永乐 青花一把莲纹盘(一对)	直径34.3cm	287,500	中国嘉德	2011.6.18
明永乐 青花一把莲纹盘	口径35cm	1,792,000	江苏万达	2011.5.28
明永乐 青花一把莲纹盘	直径41cm	441,208	香港苏富比	2011.4.8
明永乐 青花一把莲大盘	直径34cm	2,760,000	北京保利	2011.6.5
明永乐 青花四季花卉纹菱口大盘	直径38cm	3,507,500	北京诚轩	2011.5.22
明永乐 青花石榴花纹菱口盘	宽19.8cm	569,160	香港佳士得	2011.6.1
明永乐 青花芍药花卉折沿大盘	直径38cm	4,025,000	北京保利	2011.6.5
明永乐 青花葡萄纹菱口盘	直径19.7cm	322,000	北京中汉	2011.3.19
明永乐 青花海水缠枝莲葡萄纹大盘	直径37.5cm	6,490,000	上海新华	2011.6.25
明永乐 青花海浪纹折沿一把莲大盘	直径44.4cm	2,415,000	北京保利	2011.12.06
明永乐 青花缠枝莲纹盘	直径28.2cm	3,165,200	香港苏富比	2011.10.05
明永乐 青花缠枝莲纹盘		2,912,000	中贸圣佳	2011.4.29
明永乐 青花缠枝莲纹菱口盘	直径33.5cm	4,830,000	中国嘉德	2011.5.23
明永乐 青花缠枝莲花卉纹大盘	直径38.5cm	4,025,000	中国嘉德	2011.5.23
明永乐 青花缠枝花卉一束莲纹大盘	直径34.5cm	3,220,000	北京东正	2011.6.5
明永乐 青花缠枝花卉纹折沿盘	直径40.5cm	2,800,000	云南典藏	2011.5.14
明永乐 青花缠枝花卉纹折沿盘	直径41cm	2,012,500	中拍国际	2011.7.17
明永乐 青花缠枝花卉纹折沿葵口大盘	直径37.5cm	4,370,000	北京匡时	2011.6.8
明永乐 青花缠枝花卉纹大盘	直径38cm	460,000	中国嘉德	2011.5.23
明永乐 青花缠枝海水纹板沿盘	直径41cm	4,200,000	云南典藏	2011.10.31
明永乐 青花「岁寒三友」图大盘	直径34cm	14,701,320	香港苏富比	2011.4.7
明永乐 甜白釉高足碗	直径15.1cm	3,443,520	香港佳士得	2011.11.30
明永乐 青花折枝寿桃花果大碗	直径34cm	25,300,000	北京保利	2011.6.5
明永乐 青花碗	直径18.2cm	10,475,865	纽约苏富比	2011.3.22
明永乐 青花花卉纹大碗	直径31cm	3,360,000	东方艺都	2011.7.6
明永乐 青花缠枝莲纹碗	直径17cm	2,300,000	北京东正	2011.11.17
明永乐 青花缠枝花卉纹卧足碗	直径15.4cm	253,000	中国嘉德	2011.09.17
明永乐 青花缠枝花卉纹碗	直径17cm	1,232,000	北京荣宝	2011.3.18
明永乐 青花缠枝花卉纹菱口盘	直径34cm	552,000	中国嘉德	2011.5.23
明永乐 青花缠枝花卉纹大碗	直径23cm	920,000	北京保利	2011.12.06
明永乐官窑青花缠枝花卉菊瓣纹鸡心碗	直径16cm	506,000	上海拍卖	2011.4.23
明永乐 青花云龙纹棱口洗	直径18.3cm	11,260,800	澳门中信	2011.11.25
明永乐 青花花卉折沿洗	直径41.2cm	2,185,000	中国嘉德	2011.5.23
明永乐 青花缠枝莲折沿洗	直径26.5cm	3,360,000	北京荣宝	2011.11.11
明永乐 青花海水龙纹山形爵托	直径21.3cm	23,501,200	香港苏富比	2011.10.05
明宣德 青花折枝茶花双如意耳扁瓶	高25.2cm	14,076,000	澳门中信	2011.11.25
明宣德 青花云芝花卉纹瓶	高21.1cm	750,720	澳门中信	2011.11.25
明宣德 青花五彩莲塘鸳鸯纹天球瓶	高37.5cm	1,495,000	中翰清花	2011.09.10
明宣德 青花绶带双耳葫芦扁瓶	高30.4cm	8,960,000	江苏万达	2011.5.28
明宣德 青花海水白龙纹扁瓶	高45.8cm	224,000,000	江苏万达	2011.5.28
明宣德 青花轮花绶带扁壶	高29.5cm	22,425,000	北京东正	2011.11.17
明宣德 青花海水白龙纹扁壶	高46cm	35,659,200	澳门中信	2011.11.25
明宣德 青花缠枝莲纹净水壶	高21.3cm	6,148,000	上海新华	2011.6.25

拍品名称	尺寸	成交价RMB	拍卖公司	拍卖日期
明宣德 青花云纹花卉钵式鸟食罐	宽6.6cm	825,160	香港苏富比	2011.4.8
明宣德 青花瓜果纹罐	高29cm	159,500	中都国际	2011.08.28
明宣德 青花凤穿牡丹纹罐	高30cm	203,343	香港富得	2011.4.9
明宣德 青花缠枝莲花纹罐	高26cm	12,075,000	中翰清花	2011.09.10
明宣德 青花折枝花果纹葵花口杯	直径22.5cm	6,904,400	香港苏富比	2011.10.05
明宣德 青花折枝花果纹杯	直径29.5cm	8,806,800	香港苏富比	2011.10.05
明宣德 青花海水云龙纹高足杯	直径9.9cm	3,450,000	北京东正	2011.11.17
明宣德 青花海水龙纹高足杯	高19cm	7,840,000	江苏万达	2011.5.28
明宣德 青花高足杯	高7.5cm	5,891,520	香港佳士得	2011.11.30
明宣德 绶带花鸟纹大盘	宽42.5cm	12,880,000	中翰清花	2011.09.10
明宣德 青花一把莲纹大盘	直径33.5cm	195,500	中国嘉德	2011.5.23
明宣德 青花一把莲大盘	直径34cm	1,437,500	北京匡时	2011.6.8
明宣德 青花松竹梅纹盘	直径30.9cm	4,485,000	北京中汉	2011.5.23
明宣德 青花绶鸟荔枝纹大盘	直径73.2 cm	3,029,940	香港佳士得	2011.6.1
明宣德 青花缠枝莲花纹盘	直径38.8cm	3,680,000	北京翰海	2011.11.17
明宣德 青花暗花双凤穿花纹盘	直径20cm	11,500,000	北京保利	2011.12.06
明宣德 青花折枝花卉笠式碗	直径17.8cm	6,670,000	北京保利	2011.12.06
明宣德 青花折枝花果纹葵口碗	直径23cm	3,220,000	中拍国际	2011.7.17
明宣德 青花内外缠枝莲纹碗	直径21cm	750,720	澳门中信	2011.11.25
明宣德 青花苜蓿花荷塘纹碗	直径15.5cm	1,380,000	北京诚轩	2011.5.22
明宣德 青花菊瓣纹碗	直径20.8cm	3,136,000	北京荣宝	2011.11.11
明宣德 青花花卉纹碗	直径20.6cm	8,520,660	香港佳士得	2011.6.1
明宣德 青花花果大碗	直径30.9cm	3,220,000	北京翰海	2011.5.21
明宣德 青花缠枝月季花纹大碗	直径28.8cm	2,875,000	中拍国际	2011.7.17
明宣德 青花缠枝莲纹大碗	直径28.5cm	3,910,000	北京匡时	2011.12.05
明宣德 青花缠枝莲纹大碗	直径30.5cm	784,000	辽宁中正	2011.4.17
明宣德 青花缠枝莲波涛纹碗	直径15.4cm	2,415,000	北京诚轩	2011.5.22
明宣德 青花缠枝花卉纹大碗	直径29cm	8,400,000	云南典藏	2011.5.14
明宣德 青花缠枝花卉纹大碗	直径28cm	2,070,000	福建拍卖	2011.7.3
明宣德 青花缠枝花卉大碗	直径29cm	3,680,000	北京保利	2011.12.06
明宣德 青花缠枝花果莲子大碗	直径20.5cm	2,645,000	北京保利	2011.12.06
明宣德 青花缠枝番莲弦纹折腰盉碗	直径17cm	5,060,000	北京保利	2011.6.5
明宣德 青花缠枝番莲纹碗	直径21cm	2,875,000	中拍国际	2011.7.17
明宣德 青花折枝花卉八方烛台	高28cm	19,550,000	中国嘉德	2011.5.22
明宣德 青花云龙纹大盘挂屏	直径68cm	368,000	北京中汉	2011.5.23
明宣德 青花锦纹方砖	14.3cm×14.3cm	92,000	中国嘉德	2011.5.23
明宣德 青花花卉瓷砖	长14cm	115,000	北京保利	2011.4.16
明宣德 青花海水云龙纹大缸	直径44.6cm	3,002,880	澳门中信	2011.11.25
明宣德 青花缠枝花卉纹花浇	长13.1cm	6,079,240	香港苏富比	2011.4.7
明宣德 青花缠枝花卉纹豆	长10.5cm	4,739,600	香港苏富比	2011.10.05
明宣德 青花「鱼藻纹」棱口洗	长18cm	42,992,520	香港苏富比	2011.4.7
明正统 青花海水纹盘	直径15cm	172,500	中国嘉德	2011.5.23
明正统 青花道教三清八仙图大罐	高37cm	920,000	北京保利	2011.10.22
明景泰 青花人物故事纹大罐	高35cm	72,800	蓝天国拍	2011.6.24
明景泰-天顺 青花仙人采药梅瓶	高33.5cm	253,000	北京保利	2011.12.06
明天顺 青花"携琴访友"梅瓶	高33cm	345,000	北京保利	2011.4.17
明空白期 青花狮子绣球梅瓶	高31cm	168,000	十竹斋	2011.5.29
明空白期 青花人物梅瓶	高25cm	76,160	十竹斋	2011.5.29
明成化 青花缠枝莲花纹兽面环耳供瓶	高39cm	19,416,520	香港苏富比	2011.4.8
明成化 青花缠枝莲瓜棱甘露瓶	高28cm	17,250,000	北京保利	2011.12.06
明成化 青花缠枝花卉纹莲瓣口瓶	高27cm	1,035,000	北京东正	2011.11.17
明成化 青花婴戏纹杏元执壶	高11cm	126,500	中拍国际	2011.12.06
明成化 青花杂宝纹高足杯	高8.1cm	63,250	中国嘉德	2011.6.18
明成化 青花团夔龙纹杯	直径8.3cm	2,709,120	澳门中信	2011.11.25
明成化 内外青花梵文直口杯	直径11.2cm	1,876,800	澳门中信	2011.11.25
明成化 青花开光花卉纹盖罐	高13cm	149,500	中拍国际	2011.12.06
明成化 青花九秋图罐	高10.5cm	115,000	中拍国际	2011.12.06
明成化 青花竹芝三友盘	直径18.6cm	938,400	澳门中信	2011.11.25
明成化 青花佛莲托六字真言莲式盘	直径19.5cm	149,500	北京保利	2011.10.22
明成化 青花转枝宝莲纹碗	直径15cm	5,161,200	澳门中信	2011.11.25
明成化 青花香草龙纹碗	直径17cm	115,000	中拍国际	2011.12.06
明成化 青花仕女婴戏碗(一对)	直径17.3cm	78,400	北京保利	2011.1.15
明成化 青花内梵文海石榴纹卧足碗	直径13cm	51,175,000	北京保利	2011.12.06
明成化 青花高足碗	高17.7cm	3,149,760	香港佳士得	2011.11.30
明成化 青花缠枝莲松竹纹高足碗	直径14.5cm	3,910,000	北京保利	2011.12.06
明成化 青花缠枝花卉纹碗	口径16.2cm	4,370,000	上海崇源	2011.7.6
明成化 青花童子拜观音图瓷板	直径14cm	460,000	中拍国际	2011.7.17

拍品名称	尺寸	成交价RMB	拍卖公司	拍卖日期
明成化-弘治 青花财神赵公明图瓷板	直径26.5cm	575,000	北京诚轩	2011.11.12
明成化/弘治 青花洞石牡丹纹盘	直径33.9cm	172,500	北京中汉	2011.5.23
明弘治 青花龙纹盘	直径21.8cm	5,980,000	北京保利	2011.6.5
明弘治 青花花卉海波纹船形水注	长20.5cm	195,500	北京永乐	2011.11.15
明弘治 黄地青花折枝花果纹盘	直径26.4cm	3,105,000	中国嘉德	2011.11.14
明弘治 黄地青花折枝「栀子花」纹盘	直径26.2cm	6,079,240	香港苏富比	2011.4.7
明弘治 黄地青花云龙纹盘	直径21.5cm	123,200	未来四方	2011.6.11
明正德 青花双龙争珠纹盘	直径22.4cm	6,281,320	香港苏富比	2011.4.8
明正德 青花龙纹盘	直径25cm	1,127,000	北京保利	2011.12.06
明正德 青花龙纹大腕	直径21.3cm	2,366,400	香港佳士得	2011.11.30
明正德 青花灵芝纹开光阿拉伯文罐	高36.5cm	8,801,892	香港佳士得	2011.6.1
明正德 青花会昌五老图瓷板	高28.5cm	207,000	中拍国际	2011.12.06
明正德 青花花鸟狮球纹绣墩	高35.5cm	784,000	云南典藏	2011.5.14
明正德 青花「穿莲龙」纹渣斗	高15.5cm	2,239,720	香港苏富比	2011.4.7
明正德 黄地青花折枝花果盘	直径21.5cm	3,680,000	北京保利	2011.12.06
明正德 黄地青花折枝花果盘	直径20cm	1,150,000	北京保利	2011.6.6
明嘉靖 青花异兽纹天圆地方葫芦瓶	高32.2cm	437,000	中国嘉德	2011.11.14
明嘉靖 青花双耳瓶	高17.7cm	6,914,925	纽约苏富比	2011.3.23
明嘉靖 青花缠枝莲云鹤双兽耳洗口瓶	高22.5cm	184,000	北京保利	2011.12.08
明嘉靖 青花缠枝花卉纹玉壶春瓶	高30.4cm	287,500	北京中汉	2011.5.23
明嘉靖 青花"福寿齐天"婴戏大葫芦瓶	高62cm	1,380,000	北京保利	2011.6.5
明嘉靖 青花云鹤纹盖罐	高8.5cm	138,000	北京匡时	2011.12.05
明嘉靖 青花璎珞海马纹罐	高24.4cm	1,322,500	北京诚轩	2011.5.22
明嘉靖 青花璎珞海马纹罐	高25.5cm	719,820	香港佳士得	2011.6.1
明嘉靖 青花婴戏纹方罐	高12cm	257,600	北京荣宝	2011.08.13
明嘉靖 青花祥云仙鹤纹莲子罐	高24cm	138,000	广州嘉德	2011.6.11
明嘉靖 青花松竹梅福禄寿大罐	高36cm	515,200	北京保利	2011.1.15
明嘉靖 青花四仙花口罐	高12cm	2,185,000	北京保利	2011.12.06
明嘉靖 青花人物纹罐	直径20.6cm	57,500	中国嘉德	2011.6.18
明嘉靖 青花龙纹大罐	高52cm	2,817,500	江苏省拍	2011.12.10
明嘉靖 青花龙纹大罐	高62cm	2,645,000	中国嘉德	2011.11.14
明嘉靖 青花花卉罐	高34cm	149,500	北京保利	2011.4.17
明嘉靖 青花荷塘花鸟纹罐	高30.5cm	212,800	北京荣宝	2011.3.18
明嘉靖青花赶珠云龙纹(江山万代)图盖罐	高66.5cm	10,350,000	荣宝斋(沪)	2011.11.25
明嘉靖 青花道教福寿康宁云鹤罐	宽15cm	276,000	北京保利	2011.10.22
明嘉靖 青花缠枝莲纹罐	高16.3cm	195,500	中国嘉德	2011.3.19
明嘉靖 青花缠枝花卉杂宝纹罐	高12.7cm	322,000	中国嘉德	2011.11.14
明嘉靖 仿成化青花海水应龙纹罐	高15.8cm	1,955,000	北京保利	2011.6.6
明嘉靖 青花荷塘鱼跃鱼缸	直径54cm	448,000	上海嘉泰	2011.1.25
明嘉靖 青花缠枝莲大缸	直径77cm	575,000	北京保利	2011.12.08
明嘉靖 青花道教龙纹云鹤方盖盒	宽15cm	92,000	北京保利	2011.10.22
明嘉靖 青花麒麟纹象耳簋式炉	高19.5cm	264,500	中拍国际	2011.7.17
明嘉靖 青花道教孔子问道于老子图三足圆炉	直径27cm	161,000	北京保利	2011.10.22
明嘉靖 簋式炉	高19cm	273,000	上海拍卖	2011.4.23
明嘉靖 青花双龙戏珠纹串铃盒	直径40cm	4,025,000	北京东正	2011.6.5
明嘉靖 青花双龙纹盖盒	长24cm	483,000	北京匡时	2011.6.8
明嘉靖 青花龙凤纹倭角盖盒	长14.5cm	616,000	云南典藏	2011.5.14
明嘉靖 青花栀子花卉盘	直径26cm	322,000	北京保利	2011.10.22
明嘉靖 青花龙纹大盘	直径53.8cm	1,012,000	中国嘉德	2011.5.23
明嘉靖 青花龙纹"卍"字盘	直径14.5cm	172,500	北京保利	2011.6.7
明嘉靖 青花花果纹盘	长26cm	201,600	天津文物	2011.5.13
明嘉靖 青花花果盘	直径26.3cm	207,000	北京翰海	2011.5.21
明嘉靖 青花富贵吉祥纹花鸟盘	直径22cm	230,000	北京东正	2011.11.17
明嘉靖 青花缠枝莲盘	直径15cm	109,250	北京保利	2011.10.23
明嘉靖 青花杂宝龙纹大碗	直径32.5cm	230,000	北京保利	2011.12.08
明嘉靖 青花云龙万寿清平大碗	直径18cm	1,092,500	北京保利	2011.6.6
明嘉靖 青花云龙斗形方碗	宽15.5cm	345,000	北京保利	2011.6.5
明嘉靖 青花云鹤纹碗	直径15.6cm	57,500	北京中汉	2011.3.19
明嘉靖 青花应龙纹碗	直径20cm	402,500	北京诚轩	2011.11.12
明嘉靖 青花五彩斗笠碗	直径12.5cm	161,000	荣宝斋(沪)	2011.11.25
明嘉靖 青花团凤团花大碗	直径22.5cm	782,000	北京保利	2011.6.7
明嘉靖 青花龙纹"五谷丰登"碗	直径16.5cm	172,500	北京保利	2011.6.7
明嘉靖 青花龙凤纹碗	直径30.2cm	268,800	雍和嘉诚	2011.6.1
明嘉靖 青花龙凤纹碗	直径15.5cm	189,750	北京中汉	2011.3.19
明嘉靖 青花花卉福寿康宁大碗	直径29cm	1,380,000	上海大众	2011.08.25
明嘉靖 青花荷塘图碗	直径13.3cm	57,500	中国嘉德	2011.11.14

2011瓷器拍卖成交汇总

(成交价RMB：5万元以上)

拍品名称	尺寸	成交价RMB	拍卖公司	拍卖日期
明嘉靖 青花高足碗	直径14.8cm	69,000	江苏省拍	2011.12.10
明嘉靖 青花凤纹大碗	直径38cm	784,000	东方艺都	2011.7.6
明嘉靖 青花缠枝莲纹大碗	直径37cm	69,000	中国嘉德	2011.3.19
明嘉靖 青花钵式大碗	直径31.5cm	504,000	东方艺都	2011.7.6
明嘉靖 青花八仙图八方高足碗	高10.3cm	115,000	中国嘉德	2011.3.19
明嘉靖 黄地青花龙纹方碗	宽14.5cm	2,070,000	北京保利	2011.12.06
明嘉靖 青花瑞兽杯一对	直径8.5cm	59,400	上海拍卖	2011.4.23
明嘉靖 青花鱼藻纹十棱洗	直径20cm	109,250	北京保利	2011.4.17
明嘉靖 青花留白花卉八卦纹盏托	宽13.5cm	101,200	中国嘉德	2011.5.23
明隆庆 青花追龙纹三足洗	口径22.2cm	1,008,000	江苏万达	2011.5.28
明隆庆 青花爵禄封侯图八棱盘(一对)	宽12.5cm	366,188	香港佳士得	2011.6.1
明隆庆 青花花蝶长方形小盘(一对)	长13cm	134,400	上海新华	2011.6.25
明万历 青花人物故事纹葫芦形壁瓶	高26.6cm	92,000	北京中汉	2011.5.23
明万历 青花人物故事梅瓶	高64cm	437,000	北京翰海	2011.12.18
明万历 青花龙凤穿花纹蒜头瓶	高55.2cm	10,020,564	香港佳士得	2011.6.1
明万历 青花开光道教八仙人物葫芦瓶	高50cm	230,000	北京保利	2011.10.22
明万历 青花花鸟纹蒜头瓶	高40.9cm	805,000	北京中汉	2011.5.23
明万历 青花花鸟葫芦瓶	高50cm	112,000	北京翰海	2011.4.9
明万历 青花花卉蒜头瓶	高37cm	74,750	北京保利	2011.4.17
明万历 青花穿花龙纹大蒜头瓶	高45.5cm	483,000	北京诚轩	2011.5.22
明万历 青花百寿开光寿星图大吉瓶	高50cm	985,600	云南典藏	2011.10.31
明万历 青花白描人物故事梅瓶	高30.2cm	69,000	北京翰海	2011.12.18
明万历 青花八仙人物洗口瓶	高16.2cm	989,000	北京保利	2011.6.7
明万历 青花「高仕瑞鸟」图葫芦壁瓶	高30.5cm	1,492,400	香港苏富比	2011.10.05
明万历 青花"四爱图"连盖大梅瓶	高72cm	4,444,400	香港苏富比	2011.10.05
明万历 青花花卉大花觚	高83cm	828,000	北京保利	2011.4.17
明万历 青花兽耳方尊	高40.2cm	632,500	北京华辰	2011.5.20
明万历 黄地青花牵牛花纹折角小方尊	高10cm	481,600	北京永乐	2011.5.24
明万历 官窑青花龙纹出戟尊	高27.5cm	168,000	上海拍卖	2011.4.23
明万历 青花竹林七贤图将军罐	高41cm	291,200	江苏爱涛	2011.1.16
明万历 青花云龙戏珠纹罐	高14cm	575,000	北京永乐	2011.11.15
明万历 青花云鹤纹鸟食罐	高7.5cm	517,500	北京永乐	2011.11.15
明万历 青花云鹤纹大罐	高40cm	336,000	浙江佳宝	2011.6.23
明万历 青花鱼藻纹罐	高18cm	63,250	广东古今	2011.7.10
明万历 青花婴戏图罐	高29.5cm	575,000	北京华辰	2011.5.20
明万历 青花万字杂宝纹罐	高37cm	161,000	北京保利	2011.4.17
明万历 青花四仙纹瓜棱罐	高11.5cm	828,000	北京东正	2011.11.17
明万历 青花龙纹罐	高13cm	392,000	长风拍卖	2011.1.20
明万历 青花龙纹罐	高26cm	78,400	雍和嘉诚	2011.6.1
明万历 青花龙凤纹瓜棱罐	高12.2cm	460,000	荣宝斋(沪)	2011.11.25
明万历 青花花卉纹罐	高14.5cm	103,040	天津文物	2011.5.13
明万历 青花瓜果小盖罐	高17cm	230,000	北京保利	2011.7.27
明万历 青花道教寿禄罐	高35cm	63,250	北京保利	2011.10.22
明万历 青花缠枝花卉大罐	高35cm	138,000	北京保利	2011.10.23
明万历 青花「婴戏图」八方盖罐	高13.5cm	2,968,400	香港苏富比	2011.10.05
明万历 青花「人物图」折沿八棱盆	高38cm	6,079,240	香港苏富比	2011.4.7
明万历 青花狮纹花卉提梁壶	高21cm	138,000	北京保利	2011.4.17
明万历 青花双龙戏珠纹长方四足炉	高10.7cm	172,500	中国嘉德	2011.11.14
明万历 青花高士人物三足炉	直径25cm	57,500	北京保利	2011.4.17
明万历 青花浮雕夔龙纹鼎式炉	高18cm	138,000	北京保利	2011.10.23
明万历 青花八卦云鹤六角香炉	宽16cm	230,000	北京保利	2011.12.08
明万历 青花龙纹长方盖盒	长19.5cm	224,000	十竹斋	2011.5.29
明万历 青花云龙纹大盖盒	长28cm	2,185,000	北京保利	2011.6.5
明万历 青花婴戏图圆盒	直径13.3cm	1,121,580	香港佳士得	2011.6.1
明万历 青花婴戏图捧盒	直径22.5cm	2,090,000	上海新华	2011.6.25
明万历青花双龙戏珠纹长方形委角盖盒	长24cm	1,064,000	北京永乐	2011.5.24
明万历 青花狮子戏球大印盒	直径13cm	920,000	北京保利	2011.12.06
明万历 青花「婴戏图」圆盖盒	长22.6cm	3,048,040	香港苏富比	2011.4.7
明万历 青花鱼藻纹盘	直径19.2cm	460,000	北京保利	2011.6.7
明万历 青花婴戏纹盘	直径30.5cm	230,000	中国嘉德	2011.11.14
明万历 青花人物龙凤纹盘	直径30cm	437,000	北京翰海	2011.11.19
明万历 青花莲瓣纹盘	直径22cm	97,750	中拍国际	2011.7.17
明万历 青花花卉纹盘	直径17.2cm	103,500	中拍国际	2011.7.17
明万历 青花梵文莲瓣盘	直径19.5cm	2,760,000	北京保利	2011.12.06
明万历 青花穿花龙凤纹盘	直径27.5cm	86,250	北京东正	2011.6.5
明万历 青花缠枝梵文盘	直径17cm	126,500	北京东正	2011.11.17
明万历 青花百兽来朝图盘	直径25.2cm	172,500	北京永乐	2011.11.15

拍品名称	尺寸	成交价RMB	拍卖公司	拍卖日期
明万历 官窑青花梵文莲花盘	直径18.5cm	54,600	上海拍卖	2011.4.23
明万历 青花松竹梅人物盘(两只)	直径15.7cm	437,000	北京保利	2011.12.06
明万历 青花花鸟花口盘(一对)	直径19.5cm	110,000	西安力邦	2011.1.8
明万历 青花折枝花果纹卧足碗	直径12.2cm	57,500	北京中汉	2011.3.19
明万历 青花团龙瑞兽纹碗	直径16.5cm	669,600	香港佳士得	2011.6.1
明万历 青花人物龙纹小碗	直径9.2cm	230,000	北京保利	2011.6.7
明万历 青花牡丹纹高足碗	直径15.3cm	5,038,740	香港佳士得	2011.6.1
明万历 青花镂空开光团凤纹小碗	直径9.5cm	598,000	福建拍卖	2011.7.3
明万历 青花龙穿荷花纹碗	直径19cm	747,500	中拍国际	2011.12.06
明万历 青花开光龙凤纹碗	直径17.1cm	368,000	北京中汉	2011.5.23
明万历 青花荷塘锦鲤纹碗	直径17cm	190,400	北京永乐	2011.5.24
明万历 青花高足碗	直径15.3cm	1,485,120	香港佳士得	2011.11.30
明万历 青花缠枝莲纹大碗	直径37cm	690,000	荣宝斋(沪)	2011.11.25
明万历 青花缠枝莲纹大碗	直径37.2cm	322,000	中国嘉德	2011.11.14
明万历 青花缠枝莲牡丹纹碗		168,000	中贸圣佳	2011.4.29
明万历 青花缠枝莲莲瓣碗	直径20.5cm	1,265,000	北京保利	2011.6.6
明万历 青花道教福禄寿碗(一对)	直径9.5cm	63,250	北京保利	2011.10.22
明万历 青花缠枝花卉碗(一对)	直径12cm	253,000	北京保利	2011.7.26
明万历 青花花卉纹双龙耳小杯	直径6.9cm	322,000	北京中汉	2011.5.23
明万历 青花「海水飞兽」图高足杯	高10cm	4,260,520	香港苏富比	2011.4.7
明万历 青花龙纹花口折沿洗	直径36cm	345,000	北京保利	2011.7.27
明万历 青花八吉祥纹赶珠云龙图洗	长22.6cm	572,560	香港苏富比	2011.4.8
明万历 青花龙凤纹菱口盏托	直径12.3cm	230,000	北京中汉	2011.5.23
明万历 青花莲池鱼藻纹大缸	直径56.5cm	2,226,420	香港佳士得	2011.6.1
明万历 青花锦地开光四爱图笔插	直径15cm	575,000	北京永乐	2011.11.15
明万历 青花道教真武大帝座像	高22.5cm	63,250	北京保利	2011.10.22
明中期 青花岁寒三友梅瓶	高22cm	57,500	北京保利	2011.6.7
明中期 青花群仙祝寿三足炉	直径28cm	201,600	云南典藏	2011.10.31
明中期 青花八仙祝寿纹罐	高35cm	805,000	中国嘉德	2011.11.14
明中期 白釉开光青花瓜果纹执壶	高20cm	1,239,680	澳门中信	2011.6.25
明天启 青花折枝花卉碗	直径14cm	1,725,000	北京保利	2011.4.16
明天启 青花五老观画三足洗	直径17.5cm	264,500	中国嘉德	2011.11.14
明崇祯 青花竹林七贤瓶	高32.8cm	57,500	中国嘉德	2011.11.14
明崇祯 青花西厢记人物故事图筒瓶	高42.3cm	747,500	中国嘉德	2011.3.19
明崇祯 青花三国人物纹象腿瓶	高43.5cm	448,000	北京荣宝	2011.3.18
明崇祯 青花人物象腿瓶	高43cm	190,400	雍和嘉诚	2011.6.1
明崇祯 青花人物纹象腿瓶	高36.5cm	82,800	北京华辰	2011.5.20
明崇祯 青花人物纹筒瓶	高18cm	101,200	中拍国际	2011.12.06
明崇祯 青花人物纹长颈瓶	高36.5cm	161,000	中拍国际	2011.7.17
明崇祯 青花人物瓶	高39cm	82,800	雍和嘉诚	2011.11.27
明崇祯 青花人物故事图瓶	高45.7cm	368,000	中国嘉德	2011.11.14
明崇祯 青花人物故事图瓶	高37cm	92,000	广州艺拍	2011.6.12
明崇祯 青花人物故事筒瓶	高46cm	280,000	江苏爱涛	2011.5.8
明崇祯 青花人物孝荠瓶	高39cm	201,600	北京荣宝	2011.3.18
明崇祯 青花麟凤呈祥筒式瓶	高67cm	517,500	北京翰海	2011.5.21
明崇祯 青花加官进爵人物瓶	高38.3cm	69,000	中国嘉德	2011.11.14
明崇祯 青花花卉纹蒜头瓶	高35.5cm	287,500	中拍国际	2011.7.17
明崇祯 青花仿丁云鹏罗汉图筒瓶	高43cm	977,500	北京保利	2011.6.5
明崇祯 青花人物故事图瓶(一对)	高49.8cm	402,500	中国嘉德	2011.11.14
明崇祯 云鹤纹花觚	高43.3cm	273,000	上海拍卖	2011.4.23
明崇祯 青花双仙图花觚	高36.4cm	230,000	北京诚轩	2011.5.22
明崇祯 青花人物花觚	高43cm	154,000	上海拍卖	2011.4.23
明崇祯 青花花鸟纹花觚	高20.8cm	368,000	北京中汉	2011.5.23
明崇祯 人物八角罐	高30.8cm	176,000	上海拍卖	2011.4.23
明崇祯 青花折枝花卉莲子罐	高28cm	69,000	北京保利	2011.4.17
明崇祯 青花人物纹莲子罐	高26.4cm	402,500	中国嘉德	2011.09.17
明崇祯 青花人物纹莲子罐	高16.5cm	74,750	中拍国际	2011.12.06
明崇祯 青花人物纹大莲子盖罐	高27cm	560,000	北京荣宝	2011.3.18
明崇祯 青花人物罐	高33cm	207,000	北京翰海	2011.12.18
明崇祯 青花人物故事罐	高26cm	95,200	江苏爱涛	2011.1.16
明崇祯 青花花鸟纹莲子罐	高16.4cm	82,800	中国嘉德	2011.6.18
明崇祯 青花荷塘莲子罐	高16.5cm	58,240	太平洋	2011.6.18
明崇祯 青花丙吉问牛纹莲子罐	高26.5cm	425,500	中拍国际	2011.7.17
明崇祯 青花"折桂图"莲子罐	高27cm	632,500	中拍国际	2011.7.17
明崇祯 青花人物故事图罐(一对)	高26cm	287,500	中国嘉德	2011.11.14
明崇祯 青花竹林七贤提梁壶	高25cm	425,500	北京保利	2011.12.06
明崇祯 青花人物酒壶	高20cm	56,000	江苏爱涛	2011.1.16

拍品名称	尺寸	成交价RMB	拍卖公司	拍卖日期
明崇祯 青花三国人物纹炉	直径33cm	224,000	东方艺都	2011.7.6
明崇祯 青花“刘阮人天台”纹香炉	高16cm	368,000	中拍国际	2011.7.17
明崇祯 青花鱼藻纹案缸	直径12.5cm	287,500	中拍国际	2011.7.17
明崇祯 青花人物故事纹小缸	直径14cm	201,600	蓝天国拍	2011.11.25
明崇祯 青花人物故事纹钵缸	直径21cm	280,000	天津文物	2011.5.13
明崇祯 青花芦雁练字缸	直径26.5cm	195,500	福建拍卖	2011.7.3
明崇祯 青花海八怪小缸	直径21.5cm	195,500	北京保利	2011.12.08
明崇祯 青花“春社醉归”图案缸	直径21.6cm	747,500	北京中汉	2011.5.23
明崇祯 青花龙王拜观音纹净水碗	直径21.3cm	1,380,000	中拍国际	2011.7.17
明崇祯 绿地青花福禄万年碗	直径14.5cm	230,000	北京保利	2011.12.06
明崇祯 人物故事瓷板	重80cm	76,160	东方艺都	2011.7.6
明崇祯 青花开光山水花卉纹花浇	高35cm	61,600	云南典藏	2011.5.14
明崇祯 青花人物故事图笔筒	高22.7cm	230,000	北京中汉	2011.5.23
明崇祯 青花羲之爱鹅图笔筒	高13.2cm	138,000	中国嘉德	2011.6.18
明崇祯 青花人物纹笔筒	高19cm	322,000	中国嘉德	2011.3.19
明崇祯 青花人物故事纹笔筒	高21.5cm	356,500	中拍国际	2011.7.17
明崇祯 青花人物故事图笔筒	高16.4cm	86,250	北京中汉	2011.3.19
明崇祯 青花人物故事诗文笔筒	高22cm	690,000	北京东正	2011.6.5
明崇祯 青花人物笔筒	高17.2cm	356,500	中国嘉德	2011.11.14
明崇祯 青花罗汉图笔筒	高20.7cm	402,500	北京翰海	2011.5.21
明崇祯 青花鹿乳奉亲大笔筒	高21.5cm	437,000	北京保利	2011.12.08
明崇祯 青花孔雀牡丹图笔筒	高20.7cm	322,000	中国嘉德	2011.6.18
明崇祯 青花教子图笔筒	高21cm	368,000	中国嘉德	2011.12.17
明崇祯 青花花鸟纹笔筒	高16.5cm	156,800	北京荣宝	2011.11.11
明崇祯 青花花卉纹笔筒	高21cm	126,500	苏州吴门	2011.6.11
明崇祯 青花高士图笔筒	直径18.5cm	2,990,000	中拍国际	2011.7.17
明崇祯青花杜牧《山行》诗意图大笔筒	高20.6cm	1,131,200	北京永乐	2011.5.24
明 青花婴戏纹赏瓶	高17cm	65,000	中都国际	2011.3.13
明 青花牵牛花纹双耳瓶	高17cm	201,600	辽宁中正	2011.4.17
明 青花开光人物玉壶春瓶	高26cm	180,000	红太阳	2011.5.28
明 青花葫芦瓶	高21cm	115,000	苏州吴门	2011.6.12
明 青花凤凰牡丹纹梅瓶	高35cm	450,000	红太阳	2011.5.28
明 青花缠枝花卉双耳葫芦扁瓶	高29cm	753,000	江苏万达	2011.5.28
明 青花携琴访友图罐	高21cm	86,250	中贸圣佳	2011.11.06
明 青花人物故事纹罐	高37cm	184,000	北京九歌	2011.6.10
明 青花缠枝龙纹倭角罐	高23.7cm	161,000	北京翰海	2011.5.21
明 青花缠枝花卉纹小罐	高11cm	210,000	红太阳	2011.5.28
明 青花百鸟朝凤大罐	高48.5cm	115,000	北京保利	2011.7.27
明 海水云龙纹大罐	高41cm	448,000	江苏万达	2011.5.28
明 青花人物故事花觚		336,000	中贸圣佳	2011.4.29
明 青花婴戏纹大缸	直径56.8cm	560,000	辽宁建投	2011.5.11
明 青花留白云龙纹高足杯(一对)	高25cm	3,000,000	红太阳	2011.5.28
明 外黄釉内青花三多纹碗	直径20cm	500,000	红太阳	2011.5.28
明 青花鱼藻纹碗	直径16cm	61,600	江苏万达	2011.5.28
明 青花龙纹碗	直径24cm	350,000	红太阳	2011.5.28
明 青花缠枝八宝纹碗	直径15.6cm	336,000	未来四方	2011.6.11
明 青花人物大盘	直径28cm	134,400	江苏万达	2011.5.28
明 青花花鸟纹花口大盘	直径60.3cm	5,740,800	澳门中信	2011.6.25
明 青花缠枝花卉纹葵口大盘	直径48cm	3,300,000	红太阳	2011.5.28
明 黄地青花婴戏纹盘	直径48cm	2,870,400	澳门中信	2011.6.25
明 青花一束莲花纹盖盒	高8.2cm	130,000	红太阳	2011.5.28
明 青花人物纹笔筒	高21cm	780,000	红太阳	2011.5.28
明 青花人物纹笔筒	高16.8cm	85,000	红太阳	2011.5.28
明 青花花卉梵文象耳炉	宽33cm	69,000	中国嘉德	2011.11.14
明 青花花果纹葵口洗	直径16.5cm	120,000	中都国际	2011.6.12
明 青花凤纹狮耳鼓墩	高41cm	103,500	北京保利	2011.7.26
明晚期 青花瑞兽香薰	长13.9cm	112,700	北京中汉	2011.5.23
明晚期 青花人物提梁壶	高28cm	184,000	北京保利	2011.12.08
明晚期 青花人物长颈瓶	高34cm	55,200	北京保利	2011.7.27
明末清初 青花钟馗斩鬼图笔筒	高19.8cm	138,000	北京诚轩	2011.11.12
明末清初 青花戏婴纹罐	高31.5cm	67,200	辽宁建投	2011.5.12
明末清初 青花花鸟图小筒瓶	高17.6cm	184,000	北京诚轩	2011.5.22
清初 青花渔家乐图粥罐	高21.5	112,000	云南典藏	2011.5.14
清初 青花人物故事纹象腿瓶	高43cm	172,500	中贸圣佳	2011.11.06
清早期 青花人物纹瓶	高45cm	149,500	中国嘉德	2011.6.18
清顺治 青花折枝花卉纹莲子罐	高29cm	287,500	中拍国际	2011.7.17
清顺治 青花麒麟纹筒瓶	高26cm	73,920	浙江佳宝	2011.6.23

拍品名称	尺寸	成交价RMB	拍卖公司	拍卖日期
清顺治 青花麒麟盘	直径35cm	69,000	北京保利	2011.7.27
清顺治 青花麒麟芭蕉纹花觚	高39.2cm	89,600	北京荣宝	2011.08.13
清顺治 青花花鸟纹莲子罐	高27cm	50,400	浙江钱塘	2011.1.9
清顺治 青花花鸟纹高足杯	高13cm	89,600	蓝天国拍	2011.11.25
清顺治 青花花卉筒瓶	高25.3cm	109,760	十竹斋	2011.5.29
清顺治 青花道教八仙拜老子大盘	直径36cm	97,750	北京保利	2011.10.22
清顺治青花“尉迟恭单骑救主”纹盖罐	高26cm	134,400	北京荣宝	2011.3.18
清顺治 青花“单鞭救主”纹盖罐	高29cm	109,250	中拍国际	2011.7.17
清顺治 白描麒麟花觚	高25cm	155,400	上海拍卖	2011.4.23
清康熙 青花泥马渡康王图大棒槌瓶	高75cm	448,000	北京永乐	2011.5.24
清康熙 青花松竹梅纹梅瓶	高22cm	392,000	北京荣宝	2011.11.11
清康熙 青花松竹梅纹棒槌瓶	高42.5cm	80,500	广州艺拍	2011.6.12
清康熙 青花仕女瓶	高36.5cm	368,000	中国嘉德	2011.5.23
清康熙 青花山水人物观音瓶	高26cm	184,000	中拍国际	2011.12.06
清康熙 青花山水人物棒槌瓶	高46.5cm	632,500	广州艺拍	2011.6.12
清康熙 青花山水人物棒槌瓶	高46cm	345,000	北京翰海	2011.12.18
清康熙 青花山水楼阁人物大棒槌瓶	高75.5cm	1,150,000	北京保利	2011.12.08
清康熙 青花山海经海水瑞兽纹棒槌瓶	高45.5cm	1,610,000	中拍国际	2011.7.17
清康熙 青花三国故事纹观音瓶	高42.5cm	324,800	太平洋	2011.6.18
清康熙 青花三国故事观音瓶	高42.5cm	304,500	上海拍卖	2011.4.23
清康熙 青花人物纹观音瓶	高44cm	345,000	中拍国际	2011.7.17
清康熙 青花人物故事图棒槌瓶	高46.5cm	552,000	北京东正	2011.6.5
清康熙 青花人物故事瓶	高44.5cm	230,000	北京保利	2011.12.08
清康熙 青花人物故事瓶	高45.8cm	92,000	中国嘉德	2011.11.14
清康熙 青花群仙纹棒槌瓶	高47.3cm	713,000	中拍国际	2011.12.06
清康熙 青花老子出关图棒槌瓶	高43.5cm	201,600	天津文物	2011.5.13
清康熙 青花夔凤纹摇铃瓶	高24cm	1,984,400	香港苏富比	2011.10.05
清康熙 青花花卉博古图瓶	高64.4cm	69,000	中国嘉德	2011.6.18
清康熙 青花海八怪长颈瓶	高26.8cm	103,500	北京翰海	2011.12.18
清康熙 青花郭子仪祝寿大棒槌瓶	高78cm	1,437,500	北京保利	2011.10.23
清康熙 青花道教八仙拜寿棒槌瓶	高42.5cm	207,000	北京保利	2011.10.22
清康熙 青花刀马人物纹大瓶	高56.5cm	504,000	北京荣宝	2011.3.18
清康熙 青花刀马人物大棒槌瓶	高76cm	2,875,000	北京保利	2011.12.06
清康熙 青花长颈瓶	高45cm	268,800	苏州东方	2011.4.28
清康熙 青花宝相花绶带葫芦扁瓶	高23.3cm	402,500	中拍国际	2011.12.06
清康熙 青花“辕门射戟”纹观音瓶	高42.8cm	310,500	中拍国际	2011.12.06
清康熙 青花“梅竹粉蝶牡丹”图穿带四季梅瓶	高19.5cm	368,375	香港苏富比	2011.4.8
清康熙 青花“海水云龙”图观音瓶	高45.5cm	825,160	香港苏富比	2011.4.8
清康熙 青花仕女花卉纹花觚(一对)	高26cm×2	100,800	北京荣宝	2011.3.18
清康熙 青花缠枝莲花觚(一对)	高17.3cm	89,600	北京荣宝	2011.08.13
清康熙 青花山水纹花觚	高44cm	156,800	北京荣宝	2011.3.18
清康熙 青花山水人物纹花觚	高46cm	649,600	北京荣宝	2011.3.18
清康熙 青花山水人物纹花觚	高44.8cm	201,600	中鸿信	2011.6.26
清康熙 青花山水人物花觚	高45.2cm	246,400	北京荣宝	2011.08.13
清康熙 青花人物纹花觚	高43.2cm	123,200	中贸圣佳	2011.1.23
清康熙 青花牡丹纹花觚	高45.5cm	51,750	北京保利	2011.7.26
清康熙 青花凤穿花纹花觚	高40cm	92,000	中拍国际	2011.7.17
清康熙 青花缠枝莲纹花觚	高23.5cm	82,800	北京诚轩	2011.5.22
清康熙 青花缠枝莲花觚	高45cm	168,000	北京荣宝	2011.3.18
清康熙 青花「翻羹不恚」图花觚	高43.4cm	719,820	香港佳士得	2011.6.1
清康熙 加官进爵花觚	高31cm	75,600	上海拍卖	2011.4.23
清康熙 青花松鹤延年纹铺首衔环尊	高34cm	179,200	中翰清花	2011.4.10
清康熙 青花山水纹凤尾尊	高45cm	224,000	辽宁中正	2011.7.24
清康熙 青花山水人物纹凤尾尊	高44.5cm	368,000	中拍国际	2011.7.17
清康熙 青花山水人物凤尾尊	高40.5cm	230,000	北京翰海	2011.5.21
清康熙 青花人物山水凤尾尊	高46cm	253,000	上海拍卖	2011.4.23
清康熙 青花莲塘鹭鸶纹凤尾尊	高44.5cm	517,500	华艺国际	2011.12.11
清康熙 青花凤尾尊	高46.5cm	74,750	北京匡时	2011.09.17
清康熙 青花“青云直上”纹摇铃尊	高25.6cm	299,000	中拍国际	2011.12.06
清康熙 鹿鹤同春凤尾尊	高46.5cm	199,500	上海拍卖	2011.4.23
清康熙 青花仕女图执壶	高12.3cm	138,000	中国嘉德	2011.6.18
清康熙 青花缠枝牡丹纹执壶	高29.2cm	575,000	中国嘉德	2011.6.18
清康熙 青花松鼠葡萄纹将军罐(一对)	高62cm	368,000	中国嘉德	2011.11.14
清康熙 青花缠枝花卉将军罐(一对)	高45cm	69,000	北京保利	2011.12.08
清康熙 青花百子将军罐(一对)	高44cm	207,000	北京保利	2011.7.26
清康熙 青花之龙纹将军罐	高33cm	166,750	苏州吴门	2011.6.12

2011瓷器拍卖成交汇总

(成交价RMB：5万元以上)

拍品名称	尺寸	成交价RMB	拍卖公司	拍卖日期
清康熙 青花婴戏图罐	高23cm	100,800	江苏爱涛	2011.1.16
清康熙 青花西厢记人物纹罐	直径16.5cm	100,800	北京荣宝	2011.3.18
清康熙 青花兽面纹小罐	高13cm	2,016,000	北京永乐	2011.5.24
清康熙 青花狩猎图盖罐	高58.5cm	287,500	中拍国际	2011.12.06
清康熙 青花仕女婴戏图罐	高22.7cm	80,500	中国嘉德	2011.6.18
清康熙 青花山水人物纹围棋罐	直径10.5cm	74,750	中拍国际	2011.12.06
清康熙 青花山水人物纹罐	高22cm	172,500	中拍国际	2011.12.06
清康熙 青花山水人物盖罐	高20.3cm	76,160	北京荣宝	2011.08.13
清康熙 青花山水人物盖罐	高21.2cm	69,440	北京荣宝	2011.08.13
清康熙 青花人物狮子纹罐	高23.5cm	51,750	中翰清花	2011.09.10
清康熙 青花开光西洋宫苑盆景高奘大盖罐	高61.6cm	336,000	北京荣宝	2011.08.13
清康熙 青花开光山石花卉纹盖罐	高26cm	76,160	辽宁中正	2011.4.17
清康熙 青花花鸟纹罐	高19cm	67,200	北京荣宝	2011.08.13
清康熙 青花花卉山水图特大将军罐	高71cm	963,200	北京荣宝	2011.08.13
清康熙 青花海水瑞兽纹罐	高28cm	115,000	中拍国际	2011.12.06
清康熙 青花缠枝牡丹纹罐	高24.5cm	149,500	北京翰海	2011.11.19
清康熙 青花缠枝莲纹盖罐	高23cm	140,000	中都国际	2011.6.12
清康熙 青花缠枝花纹罐	直径22cm	179,200	苏州东方	2011.4.28
清康熙 青花冰片梅纹罐	高20cm	56,000	北京荣宝	2011.08.13
清康熙 青花冰梅将军罐	高43.8cm	224,000	北京荣宝	2011.08.13
清康熙 青花博古纹香炉	直径24cm	53,760	苏州东方	2011.4.28
清康熙 青花八仙祝寿香炉	直径25cm	50,400	上海拍卖	2011.4.23
清康熙 青花题诗纹聚贤图卷缸	直径22cm	322,000	广州嘉德	2011.6.11
清康熙 青花剔刻缠枝牡丹大缸	直径48cm	69,000	北京保利	2011.12.08
清康熙 青花海水异兽纹案缸	直径14.5cm	69,000	中拍国际	2011.12.06
清康熙 青花刀马人物缸	直径54cm	138,000	北京保利	2011.7.26
清康熙 青花博古开光鱼缸	高23.2cm	84,000	安华白云	2011.3.6
清康熙 青花竹林七贤图节盒	高14cm	92,000	北京华辰	2011.5.20
清康熙 青花团凤瑞兔叠盒	高18cm	4,600,000	北京保利	2011.6.5
清康熙 青花百子图捧盒	直径22cm	460,000	上海大众	2011.08.25
清康熙 青花双龙戏珠纹花盆	高25cm	115,000	上海崇源	2011.7.6
清康熙 青花神仙人物图六方菱口花盆	长59.6cm	1,035,000	北京东正	2011.6.5
清康熙 青花云龙纹洗	直径13.9cm	402,500	北京诚轩	2011.11.12
清康熙 青花龙纹碗(一对)	直径14cm	51,750	北京保利	2011.10.23
清康熙 青花开光西厢记人物故事大碗(一对)	直径21.2cm	483,000	北京保利	2011.6.6
清康熙 青花凤穿花撇口碗(一对)	直径9.3cm	460,000	北京中汉	2011.5.23
清康熙 青花缠枝莲纹大碗(一对)	直径19.1cm	690,000	中拍国际	2011.12.06
清康熙 青花竹林七贤图斗笠碗	直径21cm	100,800	云南典藏	2011.5.14
清康熙 青花折枝花果葵口碗	直径22.8cm	747,500	北京保利	2011.6.5
清康熙 青花云龙纹小碗	直径11cm	253,000	北京保利	2011.6.6
清康熙 青花御题诗耕织图碗	直径20.1cm	1,610,000	中拍国际	2011.7.17
清康熙 青花西园雅集折沿碗	直径20.5cm	92,000	北京保利	2011.6.6
清康熙 青花团凤纹碗	直径9cm	954,500	北京东正	2011.11.17
清康熙 青花山水纹盖碗	直径20cm	57,500	中国嘉德	2011.6.18
清康熙 青花留白云龙碗	直径10.5cm×2	1,035,000	北京匡时	2011.6.8
清康熙 青花莲纹碗	直径19cm	438,588	香港佳士得	2011.6.1
清康熙 青花开光人物碗	直径18.5cm	50,400	雍和嘉诚	2011.6.1
清康熙 青花花卉纹碗	直径20.5cm	287,500	广州艺拍	2011.6.12
清康熙 青花花卉碗	直径16cm	241,500	北京保利	2011.7.26
清康熙 青花海水八卦纹碗	直径12cm	690,000	北京诚轩	2011.11.12
清康熙 青花赤壁赋大碗	直径23 cm	67,200	东方艺都	2011.7.6
清康熙 青花缠枝托莲纹碗	直径37.5cm	368,000	北京东正	2011.11.17
清康熙 青花缠枝莲纹碗	直径16.1cm	345,000	北京中汉	2011.5.23
清康熙 青花缠枝莲纹碗	直径16.1cm	138,000	中国嘉德	2011.09.17
清康熙 青花缠枝花卉碗	直径36cm	71,300	中国嘉德	2011.11.14
清康熙 青花「团龙」纹棱口碗	直径19.6cm	2,037,640	香港苏富比	2011.4.7
清康熙 青花"三阳开泰"图仰钟式碗	直径15.8cm	421,000	香港苏富比	2011.4.8
清康熙 黄地青花福寿龙纹碗	直径13.2cm	1,265,000	中国嘉德	2011.09.17
清康熙 青花折枝花纹菱花杯(一对)	直径8.6cm	61,600	北京荣宝	2011.08.13
清康熙 青花花神杯(一对)	直径6.5cm	977,500	北京保利	2011.6.6
清康熙 青花鱼藻纹茶杯(六件)	直径8.5cm	51,750	中国嘉德	2011.11.14
清康熙 青花鱼藻纹酒杯	高7.7cm	334,800	香港佳士得	2011.6.1
清康熙 青花饮中八仙杯	直径6.1cm	1,322,500	北京保利	2011.6.5
清康熙 青花团凤小杯	直径6.7cm	368,000	北京保利	2011.6.6
清康熙 青花山水铃铛杯	直径8cm	552,000	中国嘉德	2011.5.23

拍品名称	尺寸	成交价RMB	拍卖公司	拍卖日期
清康熙 青花人物铃形杯	高14.5cm	67,200	北京翰海	2011.4.9
清康熙 青花梅画图花神杯	直径6.9cm	1,265,000	北京永乐	2011.11.15
清康熙 青花莲托八宝纹杯	直径7.5cm	51,750	北京中汉	2011.3.19
清康熙 青花淡描缠枝如意纹高足铃铛杯	高12cm	138,000	北京保利	2011.6.6
清康熙 青花缠枝莲花卉小杯	直径6cm	207,000	中国嘉德	2011.11.14
清康熙 仿明嘉靖青花道教三阳开泰金钟杯	直径15.5cm	138,000	北京保利	2011.10.22
清康熙 青花开光刀马人物盘(一对)	直径23.5cm	218,500	北京保利	2011.7.26
清康熙 青花缠枝莲盘(一对)	直径10cm	115,000	北京保利	2011.12.08
清康熙 青花云鹤寿字盘	直径16.7cm	253,000	北京翰海	2011.5.21
清康熙 青花婴戏盘	直径16cm	78,200	中国嘉德	2011.11.14
清康熙 青花西厢记故事盘	直径36cm	345,000	北京保利	2011.6.6
清康熙 青花团凤纹盘	直径11.5cm	63,250	北京匡时	2011.12.05
清康熙 青花岁寒三友寿字纹盘	直径14cm	63,250	北京中汉	2011.5.23
清康熙 青花双龙戏珠纹盘	直径16.7cm	103,500	中国嘉德	2011.11.14
清康熙 青花琴棋书画盘	直径15cm	63,250	北京保利	2011.10.23
清康熙 青花麒麟芭蕉图盘	直径35.1cm	55,200	中国嘉德	2011.09.17
清康熙 青花龙纹高足盘	直径19.8cm	253,000	中国嘉德	2011.11.14
清康熙 青花开光花卉纹葵口盘	直径38.5cm	179,200	北京荣宝	2011.08.13
清康熙 青花花卉纹盘	直径13.2cm	57,500	中国嘉德	2011.12.17
清康熙 青花花卉人物盘	直径15cm	92,000	中国嘉德	2011.11.14
清康熙 青花梵文盘	直径15cm	517,500	中拍国际	2011.7.17
清康熙 青花缠枝莲纹盘	直径15.5cm	207,000	北京匡时	2011.12.05
清康熙 青花缠枝莲纹盘	直径15cm	86,250	北京保利	2011.10.23
清康熙 青花缠枝莲花纹大盘	直径38cm	552,000	北京保利	2011.6.6
清康熙 青花缠枝莲大盘	直径38cm	575,000	北京保利	2011.12.08
清康熙 青花八仙庆寿图盘	直径15cm	172,500	中国嘉德	2011.12.17
清康熙 青花「戏珠云龙」图直口盘	直径13.8cm	389,500	香港苏富比	2011.10.05
清康熙 青花婴戏图水盂	高5.1cm	161,000	北京中汉	2011.5.23
清康熙 青花缠枝花卉纹水盂	高7.5cm	138,000	中拍国际	2011.7.17
清康熙 神仙故事人物山水笔筒	高16.5cm	109,250	长风拍卖	2011.6.21
清康熙 青花醉翁亭记笔筒	.	672,000	中贸圣佳	2011.4.29
清康熙 青花醉翁亭记笔筒	高17.3cm	195,500	北京翰海	2011.11.19
清康熙 青花渔家乐笔筒	直径18.2cm	483,000	中国嘉德	2011.5.23
清康熙 青花鱼化龙诗文笔筒	直径18.7cm	280,000	北京荣宝	2011.3.18
清康熙 青花洗象图笔筒	高13cm	264,500	广州嘉德	2011.6.11
清康熙 青花万寿尊赋笔筒	直径18.5cm	690,000	北京保利	2011.6.7
清康熙 青花庭院人物图笔筒	直径18cm	598,000	中国嘉德	2011.5.23
清康熙 青花双龙戏珠淡描加白釉三足笔筒	直径18cm	115,000	北京保利	2011.12.08
清康熙 青花双开光山水诗文笔筒	高14cm	89,600	北京荣宝	2011.3.18
清康熙 青花诗文笔筒	直径18.7cm	57,500	中国嘉德	2011.12.17
清康熙 青花圣主得贤臣颂笔筒	高15.6cm	575,000	北京翰海	2011.5.21
清康熙 青花山水人物纹笔筒	高17.5cm	98,560	天津文物	2011.5.13
清康熙 青花山水人物纹笔筒	高12.7cm	66,700	中国嘉德	2011.12.17
清康熙 青花山水人物笔筒	高17cm	224,000	苏州东方	2011.4.28
清康熙 青花山水人物笔筒	高18cm	123,200	北京荣宝	2011.08.13
清康熙 青花山水人物笔筒	直径22cm	92,000	北京翰海	2011.12.18
清康熙 青花山水人物笔筒	直径19.5cm	57,500	北京保利	2011.7.27
清康熙 青花人物故事纹笔筒	高16cm	94,300	上海大众	2011.08.25
清康熙 青花人物故事图笔筒	直径17.6cm	218,500	中国嘉德	2011.6.18
清康熙 青花人物故事图笔筒	高16cm	184,000	中国嘉德	2011.3.19
清康熙 青花开光山水纹笔筒	直径18cm	460,000	中国嘉德	2011.3.19
清康熙 青花开光山水人物博古图笔筒	直径18cm	379,500	中国嘉德	2011.6.18
清康熙 青花开光山水人物笔筒	高16cm	302,400	云南典藏	2011.10.31
清康熙 青花开光人物纹笔筒	直径18.8cm	322,000	中拍国际	2011.12.06
清康熙 青花开光人物纹笔筒	直径18.8cm	230,000	中拍国际	2011.12.06
清康熙 青花花鸟图小笔筒	高14.5cm	82,800	北京诚轩	2011.5.22
清康熙 青花花虫纹笔筒	高13cm	74,750	中国嘉德	2011.3.19
清康熙 青花后赤壁赋笔筒	直径19cm	207,000	北京匡时	2011.6.8
清康熙 青花百寿笔筒	高15.8cm	241,500	北京匡时	2011.6.8
清康熙 青花十八学士琴棋书画图笔筒	高18.4cm	805,000	北京诚轩	2011.11.12
清康熙 青花《琵琶记》人物图笔筒	高16cm	632,500	北京诚轩	2011.5.22
清康熙 青花人物故事图笔筒	高15.5cm	51,750	北京歌德	2011.4.24
清康熙 青花《北山移文》笔筒	高18cm	517,500	广州艺拍	2011.6.12
清康熙 青花竹林七贤纹笔海	高16.5cm	168,000	江苏爱涛	2011.1.16
清康熙 青花竹林七贤笔海	高18cm	138,000	苏州吴门	2011.6.12

拍品名称	尺寸	成交价RMB	拍卖公司	拍卖日期
清康熙 青花四开光山水人物纹笔斗	高16cm	402,500	广州嘉德	2011.6.11
清康熙 青花人物山水诗文笔海	高15.3cm	1,210,000	上海新华	2011.6.25
清康熙 青花人物山水花弧	高38cm	246,400	安华白云	2011.3.6
清康熙 青花花卉纹盖砚	长12cm	80,500	北京华辰	2011.5.20
清康熙 青花缠枝莲纹盏托	直径11.5cm	115,000	中国嘉德	2011.12.17
清康熙 青花缠枝蕃莲花纹盏托	直径11.5cm	115,000	北京保利	2011.6.6
清雍正/乾隆 青花夔龙纹出脊方鼎(一对)	高20cm	2,070,000	北京诚轩	2011.5.22
清雍正/乾隆 青花缠枝花卉纹梅瓶	高19.2cm	126,500	北京诚轩	2011.5.22
清雍正 青花折枝瑞果纹梅瓶	高30cm	299,000	北京东正	2011.6.5
清雍正 青花折枝花果纹小抱月瓶	高29.5cm	460,000	北京东正	2011.11.17
清雍正 青花蒜头瓶	高10.5cm	2,464,320	香港佳士得	2011.11.30
清雍正 青花山水人物通景梅瓶	高30cm	460,000	北京保利	2011.4.17
清雍正 青花三果纹梅瓶	高30cm	207,000	上海大众	2011.08.25
清雍正 青花三多纹玉壶春瓶	高23cm	241,500	中翰清花	2011.09.10
清雍正 青花开光婴戏小灯笼瓶	高11cm	200,000	江苏万达	2011.5.28
清雍正 青花火珠龙纹瓶	高51cm	3,920,000	天津文物	2011.5.13
清雍正 青花福寿万代纹荸荠瓶	高22.8cm	1,725,000	北京中汉	2011.5.23
清雍正 青花螭龙穿花天球瓶	高49cm	805,000	北京保利	2011.12.08
清雍正 青花缠枝莲纹小瓶	高4.5cm	207,000	中国嘉德	2011.6.18
清雍正 青花缠枝莲纹双龙耳瓶	高32cm	123,200,000	江苏万达	2011.5.28
清雍正 青花缠枝花卉纹莲瓣口双铺兽首长颈瓶	高34.7cm	19,416,520	香港苏富比	2011.4.8
清雍正 青花缠枝花卉天球瓶	高55cm	977,500	北京保利	2011.4.17
清雍正 青花缠枝花卉开光式“婴戏图”方瓶	高12.5cm	2,441,800	香港苏富比	2011.4.8
清雍正 青花缠枝花卉荸荠瓶	高32.5cm	1,400,000	北京保利	2011.1.15
清雍正 青花八宝纹抱月瓶	高49cm	8,050,000	北京保利	2011.12.06
清雍正 青花“夔龙”图束口瓶	高13cm	2,239,720	香港苏富比	2011.4.8
清雍正 黄地青花花卉纹倭角兽耳瓶	高16.8cm	21,850,000	中国嘉德	2011.5.22
清雍正 黄地青花抱耳瓶	高48.2cm	21,558,720	香港佳士得	2011.11.30
清雍正 仿明青花牵牛花纹折方瓶	高17.3cm	10,184,400	香港苏富比	2011.10.05
清雍正 青花芭蕉竹石玉壶春	高35cm	437,000	北京保利	2011.4.17
清雍正 青花缠枝花卉铺首尊(一对)	高24.5cm	10,350,000	北京保利	2011.6.5
清雍正 青花折枝三多果浮雕莲瓣纹橄榄尊	高41.7cm	34,500,000	北京东正	2011.6.5
清雍正 青花仙人纳福尊	高22cm	15,525,000	北京保利	2011.6.5
清雍正 青花无挡尊	高17.3cm	2,875,000	中国嘉德	2011.11.14
清雍正 青花双羊耳尊	高42.6cm	552,000	中国嘉德	2011.5.23
清雍正 青花牵牛花纹折角方尊	高17.1cm	840,292	台北富博斯	2011.12.18
清雍正 青花缠枝花卉纹双环耳绶带万字纹琵琶尊	高25.5cm	7,245,000	北京中汉	2011.5.23
清雍正 青花缠枝花卉三阳开泰尊	高32.8cm	5,175,000	北京东正	2011.6.5
清雍正 黄地青花三果尊	高20.8cm	26,450,000	北京翰海	2011.5.21
清雍正 青花夔龙纹花盆	直径22.5cm	241,500	中拍国际	2011.12.06
清雍正 青花云龙纹提梁壶	高16.4cm	253,000	中国嘉德	2011.6.18
清雍正 青花荔枝纹如意耳扁壶	高26.5cm	5,540,940	香港佳士得	2011.6.1
清雍正 青花“缠枝花卉”图执壶	口径9cm	926,200	香港苏富比	2011.4.8
清雍正 仿明式青花「花鸟」纹双耳扁壶	高30.5cm	17,058,920	香港苏富比	2011.4.7
清雍正 青花婴戏大罐	高32cm	728,000	长风拍卖	2011.1.20
清雍正 青花松竹梅小罐	高8.5cm	310,500	中国嘉德	2011.5.23
清雍正 青花三友纹小罐	高7.5cm	115,000	广州嘉德	2011.6.11
清雍正 青花龙凤纹“天”字罐	高18cm	448,000	山东德道	2011.11.09
清雍正 青花灵芝祝寿瓜棱小罐	高6cm	322,000	中拍国际	2011.7.17
清雍正 青花灵芝竹纹八方罐	高8.9cm	253,000	中国嘉德	2011.3.19
清雍正 青花灵芝八棱小罐	高6cm	276,000	北京保利	2011.4.16
清雍正 青花花卉小罐	高13.8cm	2,990,000	北京保利	2011.6.7
清雍正 青花缠枝莲花卉罐	高11cm	322,000	北京保利	2011.4.17
清雍正 青花缠枝花卉纹小罐	高8.2cm	402,500	北京中汉	2011.5.23
清雍正 青花缠枝花卉罐	高19cm	57,500	北京保利	2011.7.27
清雍正 青花「三有图」小罐	口径5.2cm	557,600	香港苏富比	2011.10.05
清雍正 黄地青花婴戏纹盖罐	高21.5cm	60,000	中都国际	2011.6.12
清雍正 仿明式青花岁寒三友纹小罐	高7.5cm	552,000	北京保利	2011.6.6
清雍正 青花折枝繁花瑞果纹缸	直径31cm	1,058,000	北京保利	2011.12.06
清雍正 青花盘肠寿桃纹盘(一对)	直径21cm	1,150,000	北京东正	2011.6.5
清雍正 青花折枝桃纹盘(一对)	直径15.5cm	728,000	辽宁中正	2011.4.17
清雍正 青花云龙纹盘(一对)	直径17.4cm	2,185,000	中国嘉德	2011.5.23
清雍正 青花如意万寿盘(一对)	直径21cm	1,035,000	北京保利	2011.6.6

拍品名称	尺寸	成交价RMB	拍卖公司	拍卖日期
清雍正 青花结带宝杵梵文小盘(一对)	直径11.1cm	870,480	香港佳士得	2011.6.1
清雍正 青花蝴蝶纹盘(一对)	直径11.8cm	190,000	中都国际	2011.3.13
清雍正 青花缠枝花卉纹盘(一对)	直径15cm	582,400	云南典藏	2011.10.31
清雍正 青花缠枝花卉盘(一对)	直径15cm	368,000	北京保利	2011.6.7
清雍正 青花缠枝勾莲纹盘(一对)	直径15.2cm	649,600	北京荣宝	2011.3.18
清雍正 青花“金刚杵”图盘(一对)	直径11.2cm	724,120	香港苏富比	2011.4.8
清雍正 青花“荷塘鸳鸯”图卧足盘(一对)	直径11.4cm	875,680	香港苏富比	2011.4.8
清雍正 青花缠枝花卉纹盘(二件)	直径14.8cm	391,000	北京翰海	2011.5.21
清雍正 寿字盘	直径15.5cm	97,750	苏州吴门	2011.6.12
清雍正 青花云龙纹大盘	直径34.8cm	207,000	北京中汉	2011.5.23
清雍正 青花云鹤纹花卉盘	直径15cm	69,000	上海大众	2011.08.25
清雍正 青花一把莲盘	直径39cm	161,000	北京保利	2011.4.16
清雍正 青花一把莲花盘	直径35cm	2,464,000	长风拍卖	2011.1.20
清雍正 青花蔬果纹盘	底径8cm	448,000	天津文物	2011.5.13
清雍正 青花山水竹石纹盘	直径20.3cm	195,500	北京翰海	2011.5.21
清雍正 青花牡丹菊纹盘	直径20.9cm	1,824,660	香港佳士得	2011.6.1
清雍正 青花龙纹盘	口径17.5cm	97,750	上海崇源	2011.7.6
清雍正 青花莲托八宝纹海水折沿大盘	直径45.3cm	218,500	北京中汉	2011.3.19
清雍正 青花卷草莲纹盘	直径15.5cm	145,600	太平洋	2011.09.17
清雍正 青花菊蝶盘	直径21cm	644,000	北京保利	2011.6.7
清雍正 青花葫芦纹折沿盘	口径22.4cm	560,000	江苏万达	2011.5.28
清雍正 青花仿宣德凤穿花纹盘	直径17.5cm	63,250	北京永乐	2011.11.15
清雍正 青花缠枝牡丹纹盘	直径21.7cm	598,000	北京东正	2011.11.17
清雍正 青花缠枝莲纹大盘	直径39.8cm	3,220,000	中贸圣佳	2011.11.06
清雍正 青花缠枝莲托八宝纹大盘	直径45cm	2,070,000	中国嘉德	2011.11.14
清雍正 青花缠枝莲捧宝相花纹盘	直径45.2cm	1,344,000	天津文物	2011.11.12
清雍正 青花缠枝莲盘	直径28cm	57,500	北京保利	2011.12.08
清雍正 青花缠枝花卉纹盘	直径15.2cm	149,500	中国嘉德	2011.11.14
清雍正 青花缠枝花卉盘	直径20.7cm	230,000	北京保利	2011.12.08
清雍正 青花缠枝福禄万代纹高足盘	直径17.4cm	483,000	北京东正	2011.6.5
清雍正 青花“蟠桃献寿”图盘	直径27.2cm	623,080	香港苏富比	2011.4.8
清雍正 黄地青花缠枝花卉纹盘	直径21.1cm	115,000	北京中汉	2011.3.19
清雍正 黄地青花「一把莲」纹盘	直径40cm	6,584,440	香港苏富比	2011.4.7
清雍正 官窑青花缠枝莲纹盘	直径14cm	179,200	东方艺都	2011.7.6
清雍正 粉青釉青花堆白螭龙纹折沿大盘	直径50cm	2,300,000	北京保利	2011.6.5
清雍正 仿成化青花道教福山寿海盘	直径17cm	92,000	北京保利	2011.10.22
清雍正 青花忍冬纹小杯(一对)	直径7cm×2	896,000	北京荣宝	2011.11.11
清雍正 青花缠枝莲花纹杯(一对)	直径7.4cm	575,000	北京诚轩	2011.5.22
清雍正 青花缠枝莲花卉纹小杯(一对)	直径7cm	552,000	中国嘉德	2011.5.23
清雍正 青花莲托梵文杯	直径9.2cm	437,000	北京诚轩	2011.11.12
清雍正 青花缠枝花卉纹杯	直径7.2cm	667,000	北京中汉	2011.5.23
清雍正 青花缠枝花卉纹杯	直径7.2cm	322,000	中国嘉德	2011.3.19
清雍正 青花云龙折沿洗	长18cm	69,000	苏州吴门	2011.6.12
清雍正 青花碗(一对)	直径12cm	63,250	浙商拍卖	2011.08.28
清雍正 青花岁寒三友纹碗(一对)	直径13.2cm	2,990,000	北京东正	2011.11.17
清雍正 青花忍冬纹碗(一对)	直径11.5cm	483,000	北京保利	2011.6.7
清雍正 青花菊花八方形碗(一对)	直径11cm	977,500	北京保利	2011.10.22
清雍正 青花灌套纹碗(一对)	直径10cm	1,232,000	云南典藏	2011.10.31
清雍正 青花梵文直口浅碗(一对)	直径9.2cm	1,128,280	香港苏富比	2011.4.8
清雍正 青花缠枝莲小碗(一对)	直径9.7cm	1,150,000	中国嘉德	2011.11.14
清雍正 青花折枝菊花纹六角楼口碗	直径11.5cm	310,500	福建拍卖	2011.7.3
清雍正 青花松竹梅碗	直径13cm	172,500	北京保利	2011.7.27
清雍正 青花双弦蕉叶菊瓣纹墩式碗	直径17cm	253,000	中国嘉德	2011.5.23
清雍正 青花三果纹碗	直径16.4cm	166,750	北京中汉	2011.3.19
清雍正 青花龙纹折腰碗	直径17cm	1,035,000	北京保利	2011.12.06
清雍正 青花龙凤纹碗	直径19.5cm	713,000	北京华辰	2011.5.20
清雍正 青花花卉折腰碗	直径18.3cm	552,000	中国嘉德	2011.5.23
清雍正 青花花卉碗	直径15cm	517,500	北京翰海	2011.5.21
清雍正 青花凤穿花斗笠碗	直径9.8cm	230,000	中国嘉德	2011.5.23
清雍正 青花道教福山寿海马蹄碗	直径18cm	402,500	北京保利	2011.10.22
清雍正 青花缠枝纹碗	直径12cm	276,000	北京匡时	2011.12.05
清雍正 青花缠枝莲纹碗	直径22.3cm	460,000	中国嘉德	2011.11.14
清雍正 青花缠枝莲纹大碗	直径29cm	3,450,000	中国嘉德	2011.5.23
清雍正 青花缠枝花卉纹图碗	直径24cm	336,800	香港苏富比	2011.4.8
清雍正 青花缠枝花卉大碗	直径23.5cm	2,127,500	北京保利	2011.12.06
清雍正 青花“赶珠云龙”图盘口碗	直径17cm	1,027,240	香港苏富比	2011.4.8
清雍正 黄地青花龙纹福寿碗	直径18cm	322,000	北京保利	2011.10.23

2011瓷器拍卖成交汇总

(成交价RMB：5万元以上)

拍品名称	尺寸	成交价RMB	拍卖公司	拍卖日期
清雍正 官窑仿明青花缠枝花卉纹大碗	直径21.6cm	280,000	北京永乐	2011.5.24
清雍正 青花牵牛花纹水盂	长9cm	67,200	云南典藏	2011.5.14
清雍正 青花人物故事笔筒	直径17.5cm	109,250	北京保利	2011.4.17
清雍正 青花人物笔筒	高12.5cm	78,400	东方艺都	2011.7.6
清雍正 青花缠枝莲纹盖盒	直径16.5cm	230,000	中国嘉德	2011.11.14
清雍正 仿明式青花缠枝花卉轴头式糊斗	高5.1cm	575,000	北京保利	2011.6.6
清乾隆 青花灵芝如意小瓶 (一对)	高13.5cm	1,150,000	北京保利	2011.6.6
清乾隆 青花缠枝莲纹六角瓶 (一对)	高32cm	89,250	上海拍卖	2011.4.23
清乾隆 唐英制青花缠枝莲纹胆瓶	高29.7cm	2,990,000	北京东正	2011.11.17
清乾隆 青花竹石芭蕉纹玉壶春瓶	高28cm	2,240,000	云南典藏	2011.5.14
清乾隆 青花竹石芭蕉纹玉壶春瓶	高28.8cm	437,000	北京中汉	2011.3.19
清乾隆 青花竹石芭蕉图玉壶春瓶	高29cm	1,380,000	北京诚轩	2011.11.12
清乾隆 青花折枝花卉纹纸槌瓶	高30cm	1,322,500	北京保利	2011.10.23
清乾隆 青花折枝花卉纹蒜头瓶	高28.2cm	1,322,500	中拍国际	2011.12.06
清乾隆 青花折枝花卉纹六方瓶	高66cm	14,950,000	中国嘉德	2011.5.22
清乾隆 青花折枝花卉六方大瓶	高66cm	16,100,000	北京保利	2011.6.5
清乾隆 青花折枝花卉棒槌瓶	高31cm	168,000	北京保利	2011.1.15
清乾隆 青花折枝花果纹梅瓶	高32cm	23,000,000	北京翰海	2011.5.19
清乾隆 青花折枝花果纹梅瓶	高33cm	4,600,000	北京翰海	2011.11.17
清乾隆 青花折枝花果纹六方瓶	高66.5cm	13,800,000	中国嘉德	2011.11.13
清乾隆 青花折枝花果纹六方瓶	高66cm	632,500	中国嘉德	2011.3.19
清乾隆 青花折枝花果蒜头瓶	高28cm	2,760,000	北京保利	2011.6.5
清乾隆 青花五蝠捧寿贯耳瓶	高32cm	2,346,000	澳门中信	2011.11.25
清乾隆 青花松鹿纹瓶	高25.8cm	345,000	北京东正	2011.11.17
清乾隆 青花双龙捧寿纹绶带葫芦扁瓶	高17.6cm	126,500	北京中汉	2011.3.19
清乾隆 青花双龙捧寿如意耳葫芦扁瓶	高18cm	2,875,000	北京保利	2011.6.5
清乾隆 青花双龙耳八宝纹方瓶	高57cm	515,200	北京保利	2011.1.15
清乾隆 青花梅瓶	高32cm	19,730,880	香港佳士得	2011.11.30
清乾隆 青花龙纹瓶	高38cm	12,107,114	伦敦苏富比	2011.5.11
清乾隆 青花龙穿花纹大天球瓶	高54cm	302,400	蓝天国拍	2011.6.24
清乾隆 青花灵芝九龙天球瓶	高33cm	50,400	广州嘉德	2011.5.2
清乾隆 青花夔龙穿花纹扁瓶	高33.5cm	115,000	北京翰海	2011.5.21
清乾隆 青花开光双鹰双狮纹瓶	高52cm	368,000	北京保利	2011.4.17
清乾隆 青花开光福寿纹扁瓶	高24.2cm	345,000	北京诚轩	2011.5.22
清乾隆 青花蕉叶竹石纹玉壶春瓶	高28.5cm	1,610,000	北京保利	2011.6.7
清乾隆 青花花卉纸槌瓶	高30.2cm	1,955,000	北京翰海	2011.5.19
清乾隆 青花荷塘清趣纹贯耳瓶	高34cm	15,065,000	北京华辰	2011.5.20
清乾隆 青花蝠桃纹缠枝扁瓶	高24.5cm	4,370,000	北京保利	2011.12.06
清乾隆 青花缠枝莲纹小瓶	高16.1cm	201,600	江苏万达	2011.5.28
清乾隆 青花缠枝莲纹天球瓶	高38.5cm	690,000	广州嘉德	2011.6.11
清乾隆 青花缠枝莲纹赏瓶	高38cm	3,220,000	中贸圣佳	2011.11.06
清乾隆 青花缠枝莲纹赏瓶	高38cm	2,530,000	福建拍卖	2011.7.3
清乾隆 青花缠枝莲纹赏瓶	高37.5cm	1,610,000	北京诚轩	2011.11.12
清乾隆 青花缠枝莲纹赏瓶	高37cm	1,495,000	北京匡时	2011.12.05
清乾隆 青花缠枝莲纹赏瓶	高38cm	1,380,000	华艺国际	2011.12.11
清乾隆 青花缠枝莲纹赏瓶	高36.8cm	1,322,500	中国嘉德	2011.12.17
清乾隆 青花缠枝莲纹赏瓶	高37.5cm	862,500	中国嘉德	2011.11.14
清乾隆 青花缠枝莲纹赏瓶	高37.5cm	672,000	天津文物	2011.11.12
清乾隆 青花缠枝莲纹赏瓶	高40cm	161,000	北京九歌	2011.6.10
清乾隆 青花缠枝莲纹六联瓶	高17.1cm	11,200,000	江苏万达	2011.5.28
清乾隆 青花缠枝莲纹六方贯耳瓶	高44.7cm	5,824,000	天津文物	2011.11.12
清乾隆 青花缠枝莲纹胆瓶	高40.5cm	313,600	天津文物	2011.5.13
清乾隆 青花缠枝莲花纹赏瓶	高37.5cm	57,500	中翰清花	2011.09.10
清乾隆 青花缠枝莲螭龙耳瓶	宽39cm	179,200	苏州东方	2011.4.28
清乾隆 青花缠枝莲八宝贯耳瓶	高34cm	84,000	北京保利	2011.1.15
清乾隆 青花缠枝花纹六方贯耳瓶	高44.2cm	3,284,400	澳门中信	2011.11.25
清乾隆 青花缠枝花卉纹天球瓶	高54.6cm	25,338,000	香港苏富比	2011.10.05
清乾隆 青花缠枝花卉纹双耳瓶	高45cm	276,000	中国嘉德	2011.11.14
清乾隆 青花缠枝花卉纹赏瓶	高37.5cm	2,760,000	北京翰海	2011.5.19
清乾隆 青花缠枝花卉纹赏瓶	高37cm	1,782,500	北京东正	2011.6.5
清乾隆 青花缠枝花卉纹赏瓶	高37cm	875,680	香港苏富比	2011.4.8
清乾隆 青花缠枝花卉纹赏瓶	高37.5cm	345,000	中国嘉德	2011.3.19
清乾隆 青花缠枝花卉纹长颈瓶	高20.3cm	1,787,600	香港苏富比	2011.10.05
清乾隆 青花缠枝花卉纹棒槌瓶	高30.2cm	291,200	中鸿信	2011.6.26
清乾隆 青花缠枝花卉六方瓶		67,200	北京翰海	2011.4.9
清乾隆 青花缠枝花卉六方大瓶	高69cm	11,270,000	北京保利	2011.12.06
清乾隆 青花缠枝花卉琮式瓶	高28cm	56,000	上海嘉泰	2011.4.1

拍品名称	尺寸	成交价RMB	拍卖公司	拍卖日期
清乾隆 青花缠枝花卉八吉祥纹抱月瓶	高47.5cm	11,500,000	北京翰海	2011.11.19
清乾隆 青花缠枝暗八仙海棠瓶	高34cm	92,000	北京翰海	2011.12.18
清乾隆 青花并蒂莲纹蒜头瓶	高29cm	13,225,000	北京保利	2011.6.5
清乾隆 青花芭蕉竹石纹玉壶春瓶	高29cm	2,300,000	北京东正	2011.11.17
清乾隆 青花芭蕉湖石玉壶春瓶	高28.5cm	3,450,000	上海大众	2011.08.25
清乾隆 青花八吉祥纹抱月瓶	高34.5cm	17,250,000	北京翰海	2011.11.17
清乾隆 青花八吉祥双螭耳抱月瓶	高49.3cm	11,500,000	北京东正	2011.11.17
清乾隆 青花八宝纹抱月瓶	高50cm	2,530,000	北京匡时	2011.6.8
清乾隆 青花「折枝花果」图六方瓶	高66cm	14,317,200	香港苏富比	2011.10.05
清乾隆 青花“穿花游龙”图长颈胆瓶	高46cm	25,074,760	香港苏富比	2011.4.8
清乾隆 黄地青花折枝花卉梅瓶	高33cm	59,800,000	北京保利	2011.6.5
清乾隆 豆青青花开光四方瓶	高36.8cm	168,000	安华白云	2011.3.6
清乾隆 淡描青花缠枝莲纹双耳瓶	高31cm	460,000	北京匡时	2011.6.8
清乾隆 青花竹石芭蕉玉壶春瓶	高28.8cm	2,070,000	中国嘉德	2011.11.13
清乾隆 青花瑞果纹梅瓶	高32cm	13,800,000	中国嘉德	2011.11.13
清乾隆 官窑青花缠枝莲纹尊半截	高36cm	66,000	上海拍卖	2011.4.23
清乾隆 青花缠枝花卉铺首尊 (一对)	高24cm	2,300,000	北京保利	2011.7.27
清乾隆青花海水缠枝花卉铺耳尊(二件)	高24.8cm	4,600,000	北京翰海	2011.5.19
清乾隆 青花折枝花果纹六方尊	高66cm	8,280,000	上海崇源	2011.7.6
清乾隆 青花团凤纹尊	高30cm	63,250	中国嘉德	2011.3.19
清乾隆 青花夔龙纹洗口尊	高18cm	89,600	辽宁中正	2011.1.14
清乾隆 青花夔龙纹盖碗尊	高19.5cm	3,680,000	北京翰海	2011.5.19
清乾隆 青花花蝶图七孔小尊	高10cm	1,030,400	北京永乐	2011.5.24
清乾隆 青花缠枝莲纹象耳尊	高35cm	115,000	华艺国际	2011.12.11
清乾隆 青花缠枝莲纹兽耳尊	高62cm	560,000	天津文物	2011.5.13
清乾隆 青花缠枝莲纹铺首尊	高14.5cm	2,128,000	辽宁中正	2011.1.14
清乾隆 青花缠枝莲纹铺首尊	高25cm	379,500	北京九歌	2011.6.10
清乾隆 青花缠枝莲纹铺首耳弦纹尊	高25.5cm	2,300,000	广州嘉德	2011.6.11
清乾隆 青花缠枝莲纹盘口尊	高38.1cm	26,450,000	北京翰海	2011.5.19
清乾隆 青花缠枝莲纹贯耳尊	高51cm	8,960,000	天津文物	2011.11.12
清乾隆 青花缠枝莲纹铺首尊	高50cm	4,830,000	北京匡时	2011.12.05
清乾隆 青花缠枝莲铺首尊	高25.3cm	1,955,000	中国嘉德	2011.11.13
清乾隆 青花缠枝莲花卉纹盘口尊	高54cm	8,625,000	中国嘉德	2011.5.23
清乾隆 青花缠枝花铺首尊	高25cm	145,245	香港淳浩	2011.4.1
清乾隆 青花缠枝花卉纹尊	直径52.5cm	6,496,000	江苏爱涛	2011.5.8
清乾隆 青花缠枝花卉纹铺首尊	高25.5cm	2,990,000	北京东正	2011.6.5
清乾隆 青花缠枝花卉纹铺首尊	高25cm	2,530,000	北京诚轩	2011.5.22
清乾隆 青花缠枝花卉纹铺首尊	高25.5cm	115,000	北京中汉	2011.3.19
清乾隆 青花缠枝花卉太白尊	高42cm	291,200	北京翰海	2011.09.18
清乾隆 青花缠枝花卉海水纹贯耳尊	高50.5cm	5,980,000	北京东正	2011.11.17
清乾隆 青花缠枝花卉贯耳大尊	高51cm	5,175,000	北京保利	2011.6.5
清乾隆 黄地青花缠枝莲纹双耳尊	高35.5cm	598,000	北京匡时	2011.6.8
清乾隆 黄地青花博古花卉纹铺首耳尊	高44cm	23,230,000	中翰清花	2011.09.10
清乾隆 青花缠枝莲双耳鹿头尊	高44.3cm	8,625,000	中国嘉德	2011.11.13
清乾隆 青花缠枝莲贯耳尊	高52.5cm	9,430,000	中国嘉德	2011.11.13
清乾隆 青花折枝花果纹执壶	高25.7cm	1,380,000	中国嘉德	2011.3.19
清乾隆 青花杏圆开光式「云蝠」图双耳扁壶	高24.3cm	410,000	香港苏富比	2011.10.05
清乾隆 青花莲花托八宝纹盉壶	高22.7cm	517,500	中国嘉德	2011.5.23
清乾隆 青花开光式“八吉祥”图双灵芝大扁壶	高49.5cm	14,701,320	香港苏富比	2011.4.8
清乾隆 青花开光三多纹执壶	高26.2cm	828,000	北京翰海	2011.11.19
清乾隆 青花开光八宝纹双灵芝耳扁壶		5,630,400	澳门中信	2011.11.25
清乾隆 青花锦地开光山水图提梁壶	高19.4cm	1,232,000	北京永乐	2011.5.24
清乾隆青花缠枝莲寿山福海纹三管扁壶	高31cm	107,100	上海拍卖	2011.4.23
清乾隆 青花缠枝莲瑞果纹执壶	高29.5cm	4,600,000	中贸圣佳	2011.11.06
清乾隆 青花缠枝花卉纹双耳扁壶	高46cm	2,378,000	香港苏富比	2011.10.05
清乾隆 青花缠枝花卉纹六方贯耳壶	高46.5cm	5,877,160	香港苏富比	2011.4.8
清乾隆 青花缠枝花卉纹盉壶	高21.2cm	1,680,000	苏州东方	2011.4.28
清乾隆 青花缠枝花卉八吉祥纹盉壶	高17.5cm	690,000	北京翰海	2011.11.19
清乾隆 青花“缠枝花卉”纹铺衔环兽首弦纹壶	高25cm	2,441,800	香港苏富比	2011.4.8
清乾隆 青花缠枝莲托八宝纹盉		3,136,000	中贸圣佳	2011.4.29
清乾隆 青花八吉祥纹盉	高22cm	336,893	华辉拍卖	2011.5.28
清乾隆 青花凤鸟纹将军罐 (一对)	高37.5cm	92,000	北京华辰	2011.5.20
清乾隆 青花锦纹壮罐	高28.5cm	230,000	中拍国际	2011.7.17
清乾隆 青花锦地几何纹壮罐	高28cm	184,000	中国嘉德	2011.11.14

拍品名称	尺寸	成交价RMB	拍卖公司	拍卖日期
清乾隆 青花锦地缠枝花卉壮罐	高29cm	168,000	北京荣宝	2011.08.13
清乾隆 青花花卉壮罐	高23cm	276,000	北京保利	2011.4.16
清乾隆 青花花卉壮罐	高28.5cm	207,000	北京保利	2011.4.16
清乾隆 青花缠枝莲纹圆罐	直径12.7cm	3,532,140	香港佳士得	2011.6.1
清乾隆 青花缠枝莲纹太白盖罐	高50.5cm	3,680,000	北京东正	2011.6.5
清乾隆 青花缠枝莲纹罐	高37.8cm	517,500	北京诚轩	2011.5.22
清乾隆 青花缠枝纹花觚(一对)	高37cm	1,086,400	浙江民和	2011.08.14
清乾隆 青花云龙纹小缸	直径21cm	2,300,000	中国嘉德	2011.11.14
清乾隆 青花云龙纹缸	高31cm	448,000	山东德道	2011.11.09
清乾隆 青花花卉缸	直径34.2cm	2,300,000	中国嘉德	2011.5.23
清乾隆 青花海水云龙纹案缸	直径21.5cm	977,500	北京东正	2011.11.17
清乾隆 青花方龙纹缸	直径21.5cm	896,000	辽宁中正	2011.4.17
清乾隆 青花缠枝莲纹缸	高36cm	80,640	天津文物	2011.5.13
清乾隆 青花缠枝花卉纹案缸	直径20.6cm	1,150,000	北京东正	2011.6.5
清乾隆 青花缠枝大缸	直径63cm	517,500	北京翰海	2011.12.18
清乾隆 青花云蝠纹长方花盆	长23.8cm	517,500	福建拍卖	2011.7.3
清乾隆 青花正面龙云蝠大调色盒	直径33.5cm	920,000	北京保利	2011.12.06
清乾隆 青花正面龙纹隔盒	直径34cm	1,725,000	中拍国际	2011.12.06
清乾隆 青花云龙纹盖盒	直径33.8cm	2,760,000	北京东正	2011.11.17
清乾隆 青花海屋添筹印盒	直径12.7cm	276,000	北京保利	2011.6.7
清乾隆 青花莲托八宝纹烛台(一对)	高30cm	470,400	太平洋	2011.6.18
清乾隆 青花缠枝莲纹烛台(一对)	高15cm	3,450,000	中国嘉德	2011.5.22
清乾隆 青花缠枝莲托八宝纹烛台(一对)	高29.5cm×2	575,000	北京匡时	2011.12.05
清乾隆 青花御题诗烛台	高25.5cm	4,025,000	北京保利	2011.6.5
清乾隆 青花缠枝莲纹烛台	高14.5cm	230,000	中国嘉德	2011.11.14
清乾隆 青花缠枝花卉御题诗文烛台	高17.3cm	1,035,000	北京翰海	2011.11.19
清乾隆 青花缠枝莲小渣斗	高8cm	322,000	北京保利	2011.6.6
清乾隆 青花缠枝莲纹渣斗	高8.3cm	438,588	香港佳士得	2011.6.1
清乾隆 青花缠枝花卉纹渣斗	高8.2cm	161,000	中国嘉德	2011.3.19
清乾隆 御制古香书屋制青花缠枝莲大洗	直径68cm	25,300,000	北京保利	2011.6.5
清乾隆 青花龙纹洗	长42cm	123,200	雍和嘉诚	2011.6.1
清乾隆 青花海水云龙纹镗锣洗	直径15.6cm	747,500	北京中汉	2011.5.23
清乾隆 青花缠枝佛莲纹十字杵八宝洗	直径15.5cm	184,000	北京保利	2011.10.22
清乾隆 青花宝杵纹镗锣洗	直径15.6cm	368,000	中国嘉德	2011.6.18
清乾隆 青花八卦纹洗	长15.5cm	179,200	天津文物	2011.5.13
清乾隆 青花暗刻海棠形大洗	长45.3cm	1,150,000	广州艺拍	2011.6.12
清乾隆 青花折枝三多纹碗(一对)	直径11.7cm	402,500	北京中汉	2011.5.23
清乾隆 青花诗文茶碗(一对)	直径12cm×2	517,500	北京匡时	2011.6.8
清乾隆 青花忍冬纹碗(一对)	直径13cm×2	57,500	北京九歌	2011.6.10
清乾隆 青花龙纹折腰碗(一对)	直径17cm	552,000	中国嘉德	2011.11.14
清乾隆 青花莲托八宝纹碗(一对)	直径13.5cm	109,250	广州嘉德	2011.6.11
清乾隆 青花夔龙纹束腰碗(一对)	直径10cm	345,000	广州嘉德	2011.6.11
清乾隆 青花单描花卉纹碗(一对)	直径11.5cm	84,000	云南典藏	2011.5.14
清乾隆 青花八仙祝寿纹碗(一对)	直径15cm	1,265,000	北京东正	2011.6.5
清乾隆 青花折枝花卉纹折沿斗笠碗	直径25.9cm	483,000	北京东正	2011.6.5
清乾隆 青花折枝花果碗	直径15cm	184,000	北京保利	2011.6.6
清乾隆 青花云龙折腰碗	直径16.8cm	149,500	北京保利	2011.12.08
清乾隆 青花云龙纹折腰碗	直径17.1cm	345,000	北京中汉	2011.5.23
清乾隆 青花云龙纹小碗	直径11cm	207,000	北京保利	2011.6.6
清乾隆 青花云龙纹碗	直径14.5cm	149,500	北京保利	2011.4.16
清乾隆 青花婴戏图碗	直径15.3cm	1,153,600	苏州东方	2011.4.28
清乾隆 青花万寿无疆碗	直径18.2cm	161,000	中国嘉德	2011.5.23
清乾隆 青花万寿无疆大碗	直径18.3cm	287,500	北京匡时	2011.12.05
清乾隆 青花万寿无疆大碗	直径18.2cm	149,500	中国嘉德	2011.5.23
清乾隆 青花寿山福海纹八宝碗	直径20.8cm	575,000	中国嘉德	2011.5.23
清乾隆 青花寿山福海图马蹄碗	直径14.7cm	322,000	中国嘉德	2011.3.19
清乾隆 青花山“高水长高”足碗	直径22.5cm	280,000	长风拍卖	2011.1.20
清乾隆 青花龙纹折腰碗	直径17cm	264,500	中国嘉德	2011.5.23
清乾隆 青花龙纹折腰碗	直径16.8cm	105,800	中国嘉德	2011.3.19
清乾隆 青花龙纹碗	直径14.5cm	253,000	中国嘉德	2011.5.23
清乾隆 青花龙纹碗	直径14.8cm	126,500	北京保利	2011.12.08
清乾隆 青花留白团龙纹碗	直径20cm	621,000	北京华辰	2011.5.20
清乾隆 青花莲托八宝纹大碗	直径26.2cm	184,000	北京九歌	2011.6.10
清乾隆 青花莲托八宝开光山高水长纹碗	直径17.1cm	207,000	北京中汉	2011.5.23
清乾隆 青花花卉小碗	直径9.6cm	149,500	中国嘉德	2011.5.23
清乾隆 青花花卉纹碗	直径25.6cm	57,500	中国嘉德	2011.09.17
清乾隆 青花花卉纹高足碗	直径15.8cm	80,500	中国嘉德	2011.3.19

拍品名称	尺寸	成交价RMB	拍卖公司	拍卖日期
清乾隆 青花荷塘水鸟卧足碗	直径16.3cm	805,000	北京保利	2011.12.08
清乾隆 青花海水鱼藻纹斗笠碗	直径17.2cm	87,360	上海新华	2011.6.25
清乾隆 青花缠枝莲托八宝纹碗	直径25.8cm	287,500	中国嘉德	2011.3.19
清乾隆 青花缠枝莲托八宝纹碗	直径25.8cm	230,000	中国嘉德	2011.09.17
清乾隆 青花缠枝莲寿字纹碗	直径24.5cm	333,760	蓝天国拍	2011.6.24
清乾隆 青花缠枝莲八吉祥大碗	直径25.8cm	1,150,000	北京保利	2011.12.06
清乾隆 青花缠枝佛莲托八宝纹大碗	直径25.5cm	483,000	北京保利	2011.10.22
清乾隆 青花缠枝佛莲托八宝万寿无疆大碗	直径18cm	184,000	北京保利	2011.10.22
清乾隆 青花八仙图碗	直径14.9cm	483,000	北京中汉	2011.5.23
清乾隆 青花八仙图碗	直径17.9cm	345,000	中国嘉德	2011.09.17
清乾隆 青花八仙人物纹碗	直径14.8cm	471,500	中国嘉德	2011.5.23
清乾隆 青花八仙人物纹碗	直径14.8cm	356,500	中拍国际	2011.7.17
清乾隆 青花八仙人物碗	直径14.7cm	358,400	辽宁中正	2011.4.17
清乾隆 青花八仙人物碗	直径15.4cm	134,400	十竹斋	2011.5.29
清乾隆 青花八宝万寿无疆碗	直径18cm	402,500	福建拍卖	2011.7.3
清乾隆 青花八宝“万寿无疆”大碗	直径18.3cm	230,000	北京保利	2011.6.7
清乾隆 黄地青花折枝花卉纹折沿碗	直径26.2cm	59,800	北京中汉	2011.3.19
清乾隆 黄地青花折枝花卉纹斗笠碗	直径26cm	1,035,000	北京东正	2011.11.17
清乾隆 黄地青花九桃盘	直径27cm	970,920	香港佳士得	2011.6.1
清乾隆 青花云龙纹盘(一对)	直径16.7cm×2	402,500	北京匡时	2011.12.05
清乾隆 青花祥云凤凰纹盘(一对)	直径16.5cm	138,000	北京保利	2011.6.6
清乾隆 青花寿字纹盘(一对)	直径15cm×2	207,000	北京匡时	2011.12.05
清乾隆 青花山高水长盘(一对)	直径16.2cm	241,500	北京保利	2011.12.08
清乾隆 青花龙纹盘(一对)	直径17cm	345,000	中拍国际	2011.7.17
清乾隆 青花龙纹盘(一对)	直径17cm	253,000	中国嘉德	2011.5.23
清乾隆 青花龙纹盘(一对)	直径16.7cm	246,400	十竹斋	2011.5.29
清乾隆 青花花卉纹盘(一对)	直径25.5cm	230,000	北京保利	2011.4.16
清乾隆 青花对头飞凤纹盘(一对)	直径16.5cm	287,500	北京保利	2011.10.22
清乾隆 青花缠枝花卉纹盘(一对)	直径19.5cm	299,000	北京保利	2011.6.7
清乾隆 青花“赶珠云龙”图盘(一对)	直径17.1cm	315,750	香港苏富比	2011.4.8
清乾隆 海水龙纹盘(一对)	直径18cm	138,000	上海大众	2011.08.25
清乾隆 官窑青花赶珠龙盘(一对)	直径17.2cm	210,000	上海拍卖	2011.4.23
清乾隆 青花折枝九桃盘	直径27cm	1,150,000	北京翰海	2011.5.19
清乾隆 青花戏珠云龙纹盘	直径16.8cm	168,000	北京永乐	2011.5.24
清乾隆 青花西番莲纹盘	直径13cm	51,750	上海大众	2011.08.25
清乾隆 青花文盘	直径14cm	69,000	苏州吴门	2011.6.12
清乾隆 青花岁寒三友图盘	直径18cm	126,500	中国嘉德	2011.11.14
清乾隆 青花岁寒三友庭院课子纹盘	直径18.2cm	172,500	中拍国际	2011.7.17
清乾隆 青花松竹梅纹盘	直径18cm	224,000	北京荣宝	2011.3.18
清乾隆 青花龙纹盘	长18.3cm	184,000	福建拍卖	2011.7.3
清乾隆 青花龙纹盘	直径16.8cm	138,000	中国嘉德	2011.5.23
清乾隆 青花龙纹盘	直径16.9cm	138,000	中国嘉德	2011.09.17
清乾隆 青花龙纹盘	直径24cm	126,500	中拍国际	2011.7.17
清乾隆 青花龙纹盘	直径17.1cm	123,200	苏州东方	2011.4.28
清乾隆 青花龙纹盘	直径17cm	94,163	香港佳士得	2011.6.1
清乾隆 青花龙纹盘	直径17cm	92,000	中国嘉德	2011.09.17
清乾隆 青花龙纹盘	直径20.4cm	69,000	荣宝斋(沪)	2011.11.25
清乾隆 青花龙纹大盘	直径44.7cm	8,636,265	纽约佳士得	2011.3.24
清乾隆 青花留白云龙纹盘	直径25.3cm	276,000	中拍国际	2011.12.06
清乾隆 青花九桃盘	直径27cm	954,500	北京匡时	2011.6.8
清乾隆 青花加矾红海水龙纹盘	直径17.5cm	322,000	北京保利	2011.6.6
清乾隆 青花火珠龙纹盘	直径17cm	109,760	天津文物	2011.5.13
清乾隆 青花火焰腾龙纹盘	直径16.5cm	207,000	北京保利	2011.10.22
清乾隆 青花红彩龙纹盘	直径16.3cm	86,250	中国嘉德	2011.5.23
清乾隆 青花海水云龙纹盘	直径17.1cm	218,500	北京中汉	2011.5.23
清乾隆 青花海水缠枝莲纹高足盘	直径19.4cm	71,300	中国嘉德	2011.09.17
清乾隆 青花海水缠枝花卉云龙纹大盘	直径51cm	10,350,000	北京翰海	2011.5.19
清乾隆 青花贯套纹盘	直径15.5cm	80,640	天津文物	2011.5.13
清乾隆 青花佛莲花卉大盘	直径47.5cm	207,000	北京保利	2011.10.22
清乾隆 青花调色盘	长18.5cm	58,240	十竹斋	2011.5.29
清乾隆 青花地黄龙纹盘	直径25cm	345,000	北京东正	2011.11.17
清乾隆 青花淡描海水龙纹盘	直径17.7cm	145,600	北京永乐	2011.5.24
清乾隆 青花缠枝莲纹盘	直径19.5cm	80,500	北京保利	2011.6.7
清乾隆 青花八吉祥福山寿海纹盘	直径20.1cm	598,000	北京翰海	2011.5.21
清乾隆 青花八吉祥“福寿”图折沿大盘	长43.9cm	3,048,040	香港苏富比	2011.4.8
清乾隆 青花「水波游龙」图高足盘	长22.5cm	225,500	香港苏富比	2011.10.05

(成交价RMB：5万元以上)

拍品名称	尺寸	成交价RMB	拍卖公司	拍卖日期
清乾隆 柠檬黄地青花道教缠枝花卉九桃盘	直径27cm	713,000	北京保利	2011.10.22
清乾隆 黄地青花九桃花卉盘	直径26.7cm	2,415,000	北京保利	2011.6.5
清乾隆 缠枝莲纹高足盘	直径16cm	50,400	东方艺都	2011.7.6
清乾隆 青花地黄釉龙纹盘	直径25.4cm	806,400	云南典藏	2011.10.31
清乾隆 黄地青花外缠枝喇叭花内折枝九桃纹盘	口径27.7cm	896,000	江苏万达	2011.5.28
清乾隆 青花缠枝莲纹格碟	直径13.5cm	56,161	香港富得	2011.4.9
清乾隆 青花莲托梵文高足杯(一对)	高10.6cm	920,000	北京东正	2011.6.5
清乾隆 青花“夔龙”纹高足杯(一对)	高6.9cm	572,560	香港苏富比	2011.4.8
清乾隆 青花灵石诗文杯	直径20.8cm	207,000	北京中汉	2011.5.23
清乾隆 青花莲托梵文高足杯	直径14.4cm	115,000	中国嘉德	2011.11.14
清乾隆 青花梵文高足杯	高10cm	287,500	江苏省拍	2011.12.10
清乾隆 青花梵文高足杯	直径8.3cm	218,500	北京东正	2011.11.17
清乾隆 青花梵文高足杯	直径14cm	106,400	北京保利	2011.1.15
清乾隆 青花梵文缠枝莲高足杯	高11cm	299,000	北京保利	2011.6.7
清乾隆 青花缠枝莲托梵文高足杯	高9.8cm	264,500	中国嘉德	2011.6.18
清乾隆 青花缠枝莲托梵文高足杯	高9.7cm	63,250	中国嘉德	2011.09.17
清乾隆 青花缠枝莲托八宝纹高足杯	高8cm	134,400	天津文物	2011.5.13
清乾隆 青花缠枝莲托八宝梵文高足杯	高8.3cm	94,300	中国嘉德	2011.09.17
清乾隆 青花缠枝莲高足杯	直径14.5cm	345,000	北京保利	2011.6.6
清乾隆 青花缠枝莲梵文高足杯	高11cm	156,800	苏州东方	2011.4.28
清乾隆 青花缠枝莲梵文高脚杯	高13.4cm	172,500	福建拍卖	2011.7.3
清乾隆 青花缠枝花卉纹海棠形耳杯	宽11cm	168,000	北京永乐	2011.5.24
清乾隆 青花道教松鹿诗文笔筒	高12cm	184,000	北京保利	2011.10.22
清乾隆 青花水盂(一对)	高5.5cm	168,000	江苏万达	2011.5.28
清乾隆 青花山水纹节套	高24cm	168,000	江苏万达	2011.5.28
清乾隆 御制青花缠枝莲托八宝纹方鉴(一对)	高29.5cm	4,485,000	中拍国际	2011.7.17
清乾隆 青花云纹豆	高40.6cm	172,500	北京中汉	2011.3.19
清乾隆青花外八仙纹内缠枝花卉纹茶船	长20cm	126,500	中拍国际	2011.7.17
清乾隆 青花山水瑞兽瓷板(一套六块)	高144cm	402,500	北京保利	2011.6.7
清乾隆 青花葫芦蝙蝠纹葫芦形瓷砚	长13cm	184,000	福建拍卖	2011.7.3
清乾隆 青花仿瓦当纹诗文瓷砚	直径15.5cm	230,000	北京保利	2011.6.7
清乾隆 青花缠枝莲纹绣墩	高23cm	100,800	天津文物	2011.5.13
清乾隆 青花缠枝莲纹书灯(一对)	高23.5cm	2,645,000	北京保利	2011.12.06
清乾隆 青花缠枝莲纹绘八宝供器(一对)	高30.2cm×2	3,967,500	北京匡时	2011.12.05
清乾隆 青花缠枝莲纹茶船(一对)	长19cm	80,500	北京东正	2011.6.5
清乾隆 青花缠枝莲双耳三足炉	高30cm	952,000	辽宁中正	2011.7.24
清乾隆 青花缠枝莲纹炉	高27.3cm	943,000	中国嘉德	2011.11.13
清乾隆 青花缠枝花卉绣凳	高24.5cm	112,000	苏州东方	2011.4.28
清乾隆 青花缠枝花卉纹鼓式花插	高8.3cm	61,600	北京永乐	2011.5.24
清乾隆 青花八吉祥瓷板	直径48.1cm	184,000	中国嘉德	2011.11.14
清嘉庆 青花云龙团寿如意耳葫芦瓶	高16.5cm	920,000	北京翰海	2011.11.17
清嘉庆 青花夔凤福寿图双耳长颈胆瓶	高31.5cm	4,462,600	香港苏富比	2011.4.8
清嘉庆 青花缠枝莲纹赏瓶	高37.5cm	897,000	中拍国际	2011.12.06
清嘉庆 青花缠枝莲赏瓶	高36.8cm	690,000	中国嘉德	2011.5.23
清嘉庆 青花凤纹大号摇铃尊	高34cm	77,700	上海拍卖	2011.4.23
清嘉庆 青花缠枝花卉铺首尊	高26cm	1,495,000	北京保利	2011.6.6
清嘉庆 青花莲托八宝纹三足炉	高28.7cm	1,012,000	北京东正	2011.6.5
清嘉庆 青花盖罐	直径25cm	51,520	江苏爱涛	2011.1.16
清嘉庆 青花折枝三多果纹碗(一对)	直径12cm	713,000	北京东正	2011.6.5
清嘉庆 青花云龙纹折腰碗(一对)	直径17.2cm	1,021,140	香港佳士得	2011.6.1
清嘉庆 青花云龙纹折腰碗(一对)	直径17cm	552,000	北京东正	2011.6.5
清嘉庆 青花穿缠枝莲龙纹斗笠碗(一对)	口径12cm	57,500	上海崇源	2011.7.6
清嘉庆 青花缠枝花卉纹碗(一对)	直径9.5cm	246,000	香港苏富比	2011.10.05
清嘉庆 青花御制诗茶碗	口径11cm	138,000	上海大众	2011.08.25
清嘉庆 青花御题诗纹碗	直径11cm	67,200	东方艺都	2011.7.6
清嘉庆 青花花卉纹碗	直径11.5cm	74,750	中国嘉德	2011.6.18
清嘉庆 青花八仙攒碗	宽18cm	86,250	北京保利	2011.10.23
清嘉庆 青花八仙大碗	直径44.5cm	368,000	中国嘉德	2011.5.23
清嘉庆 青花御题诗文小杯(一对)	直径5.8cm×2	51,750	北京九歌	2011.6.10
清嘉庆 青花御题诗海棠盘(一对)	长16cm×2	3,136,000	北京荣宝	2011.11.11
清嘉庆 岁寒三友纹方盘	长36cm	78,400	东方艺都	2011.7.6
清嘉庆 青花云龙纹盘	直径17.2cm	287,500	中国嘉德	2011.5.23
清嘉庆 青花御题诗文海棠形盘	长16.5cm	920,000	北京匡时	2011.12.05
清嘉庆 青花佛莲托暗八仙高足盘	直径16.5cm	109,250	北京保利	2011.10.22

拍品名称	尺寸	成交价RMB	拍卖公司	拍卖日期
清嘉庆 青花缠枝花卉纹盘	直径20cm	69,000	中拍国际	2011.7.17
清嘉庆 青花御题诗文海棠洗(一对)	长16cm	862,500	北京东正	2011.6.5
清嘉庆 青花缠枝花卉御题诗文海棠式洗	长16cm	425,500	北京翰海	2011.11.19
清嘉庆 青花束莲纹小碟	直径11.6cm	106,400	北京永乐	2011.5.24
清嘉庆 青花夔凤纹墩(一对)	高26cm	276,000	北京保利	2011.7.26
清嘉庆 青花花卉纹鼓墩	高45cm	64,960	苏州东方	2011.4.28
清嘉庆 淡描青花缠枝花卉纹绣凳	高22.5cm	89,600	苏州东方	2011.4.28
清道光 青花竹石芭蕉图玉壶春瓶(一对)	高29cm	3,220,000	中国嘉德	2011.5.22
清道光 青花折枝花果纹蒜头瓶(一对)	高28.5cm	3,450,000	中国嘉德	2011.5.22
清道光 青花缠枝莲赏瓶(一对)	高37.5cm	2,070,000	中国嘉德	2011.5.22
清道光 青花竹石芭蕉纹玉壶春瓶	高29.5cm	172,500	中拍国际	2011.7.17
清道光 青花竹石芭蕉图玉壶春瓶	高28.7cm	782,000	中国嘉德	2011.09.17
清道光 青花折枝花卉纹蒜头瓶	高20.5cm	460,000	中拍国际	2011.12.06
清道光 青花折枝花卉纹长颈瓶	高30.2cm	459,200	香港苏富比	2011.10.05
清道光 青花折枝花果纹蒜头瓶	高28.2cm	782,000	北京东正	2011.6.5
清道光 青花云龙纹瓶	高33cm	3,910,000	中国嘉德	2011.5.22
清道光 青花云龙纹瓶	高31cm	2,530,000	北京匡时	2011.6.8
清道光 青花岁寒三友图小天球瓶	高16.7cm	2,185,000	中国嘉德	2011.5.22
清道光 青花三多花卉蒜头瓶	高27.5cm	621,000	北京保利	2011.7.27
清道光 青花三多果纹蒜头瓶	高27.9cm	1,840,000	北京东正	2011.11.17
清道光 青花蟠螭纹绶带耳葫芦瓶	高17.7cm	552,000	广州艺拍	2011.6.12
清道光 青花海石榴贯耳瓶	高14cm	253,000	上海大众	2011.08.25
清道光 青花福寿纹抱月瓶	高24.3cm	506,000	北京匡时	2011.12.05
清道光 青花福寿花卉如意耳抱月瓶	高24.5cm	4,485,000	北京翰海	2011.5.19
清道光 青花福禄万代瓶	高30cm	126,500	中贸圣佳	2011.11.06
清道光 青花缠枝莲纹赏瓶	高38cm	632,500	上海大众	2011.08.25
清道光 青花缠枝莲纹赏瓶	高37.5cm	575,000	中拍国际	2011.12.06
清道光 青花缠枝莲纹赏瓶	高38cm	402,500	广州嘉德	2011.6.11
清道光 青花缠枝莲纹棒槌瓶	高31.2cm	943,000	中国嘉德	2011.5.22
清道光 青花缠枝莲花纹赏瓶	高37.8cm	345,000	中国嘉德	2011.11.14
清道光 青花缠枝花卉纹赏瓶	高37cm	1,311,000	北京翰海	2011.5.21
清道光 青花缠枝花卉纹赏瓶	高37.3cm	782,000	北京翰海	2011.11.19
清道光 青花缠枝花卉纹赏瓶	高37.5cm	667,000	北京东正	2011.6.5
清道光 青花缠枝花卉纹赏瓶	高37.4cm	138,000	北京中汉	2011.5.23
清道光 青花缠枝佛莲纹赏瓶	高36cm	747,500	北京保利	2011.10.22
清道光 青花芭蕉竹石纹玉壶春瓶	高28.7cm	1,265,000	北京东正	2011.11.17
清道光 青花缠枝花卉纹铺首尊(一对)	高25.2cm	2,300,000	中国嘉德	2011.5.22
清道光 青花夔龙纹盖碗尊	高20cm	943,000	中国嘉德	2011.5.22
清道光 青花“福喜”纹葫芦尊	高24.3cm	82,800	福建拍卖	2011.7.3
清道光 青花折枝花果纹执壶	高27cm	1,495,000	中国嘉德	2011.5.22
清道光 青花花果纹执壶	高26.8cm	1,725,000	北京诚轩	2011.5.22
清道光 青花缠枝花卉开光艾叶祥符图茶壶	宽20.3cm	1,092,500	中国嘉德	2011.5.22
清道光 豆青地青花缠枝八宝纹执壶	高26.5cm	943,000	中国嘉德	2011.5.22
清道光 青花缠枝花卉八宝纹盖盒	直径9.2cm	690,000	中国嘉德	2011.11.13
清道光 青花云龙纹罐	直径20.5cm	246,400	辽宁中正	2011.1.14
清道光 青花花卉纹壮罐	高22.6cm	149,500	北京中汉	2011.3.19
清道光 青花缠枝莲纹花口花盆(一对)	直径18.5cm	1,265,000	中国嘉德	2011.5.22
清道光 青花凤穿牡丹纹水仙盆	长26.5cm	149,500	北京永乐	2011.11.15
清道光 青花缠枝莲纹长方盆	长28.6cm	690,000	中国嘉德	2011.5.22
清道光青花缠枝莲托八吉祥纹长方花盆	长33.7cm	100,800	天津文物	2011.11.12
清道光 青花松竹梅纹洗	宽26cm	575,000	中国嘉德	2011.5.22
清道光 青花凤穿花纹洗	宽26.6cm	460,000	中国嘉德	2011.11.13
清道光 青花云龙纹折腰碗(一对)	直径17.2cm	402,500	中国嘉德	2011.6.18
清道光 青花云龙纹折腰碗(一对)	直径17cm	276,000	北京保利	2011.10.23
清道光 青花云龙纹碗(一对)	直径14.7cm	897,000	中国嘉德	2011.5.22
清道光 青花云龙纹碗(一对)	直径14.6cm	379,500	中国嘉德	2011.09.17
清道光 青花团花碗(一对)	直径16.8cm	112,700	中国嘉德	2011.11.14
清道光 青花庭院婴戏图碗(一对)	直径15.5cm	460,000	中国嘉德	2011.5.22
清道光 青花松竹梅纹碗(一对)	直径13cm×2	61,600	北京荣宝	2011.3.18
清道光 青花卷草荷叶如意纹碗(一对)	直径15cm	172,500	广州嘉德	2011.6.11
清道光 青花花卉纹碗(一对)	直径9.8cm	313,875	香港佳士得	2011.6.1
清道光 青花花果纹碗(一对)	尺寸不一	267,582	香港淳浩	2011.7.30
清道光 青花瓜果纹碗(一对)	直径12cm	230,000	北京东正	2011.11.17
清道光 青花道教福寿三多碗(一对)	直径11.5cm	368,000	北京保利	2011.10.22
清道光 青花淡描花卉纹碗(一对)	直径15cm	345,000	中国嘉德	2011.11.13
清道光 青花缠枝牡丹小碗(一对)	直径11.5cm	57,500	北京保利	2011.6.7

拍品名称	尺寸	成交价RMB	拍卖公司	拍卖日期
清道光 青花缠枝莲纹碗(一对)	直径16.4cm	195,500	中国嘉德	2011.09.17
清道光 青花缠枝莲纹碗(一对)	直径11.3cm	84,000	苏州东方	2011.4.28
清道光 青花八仙纹碗(一对)	直径15cm	483,000	中国嘉德	2011.5.22
清道光 青花八仙碗(一对)	直径15cm	437,000	北京保利	2011.6.7
清道光 青花八仙人物纹碗(一对)	直径11cm×2	287,500	北京匡时	2011.6.8
清道光 青花八宝碗(一对)	直径14cm	161,000	北京保利	2011.6.7
清道光 青花花卉纹碗(二件)	直径15.2cm	172,500	北京翰海	2011.5.21
清道光 青花海兽纹碗(二件)	直径19cm	132,250	北京翰海	2011.11.19
清道光 青花淡描花卉纹碗(二件)	直径15cm	253,000	北京翰海	2011.11.19
清道光 青花花卉碗(2件)		92,000	北京翰海	2011.12.18
清道光 青花云龙大碗	直径34cm	747,500	中国嘉德	2011.5.22
清道光 青花云鹤八卦纹碗	直径14.5cm	74,750	北京东正	2011.6.5
清道光 青花婴戏碗	直径15cm	97,750	北京保利	2011.7.26
清道光 青花婴戏图碗	直径15.4cm	368,000	北京翰海	2011.11.19
清道光 青花婴戏图碗	直径15cm	224,250	中拍国际	2011.12.06
清道光 青花万寿无疆碗	直径18.2cm	92,000	北京保利	2011.12.08
清道光 青花莲花福纹喜字碗	直径21cm	92,000	北京保利	2011.10.22
清道光 青花夔凤莲纹碗	直径23.8cm	156,800	苏州东方	2011.4.28
清道光 青花花卉碗	直径15cm	80,500	中国嘉德	2011.5.23
清道光 青花花卉碗	直径16cm	57,500	北京保利	2011.7.27
清道光 青花花卉梵纹高足碗	直径9cm	92,000	北京翰海	2011.5.21
清道光 青花福寿龙纹碗	直径13.3cm	253,000	中国嘉德	2011.11.13
清道光 青花佛花梵文碗	直径18cm	184,000	北京保利	2011.6.6
清道光 青花凤纹牡丹碗	长26.3cm	218,500	北京保利	2011.4.16
清道光 青花梵文并蒂莲深腹碗	直径17.5cm	106,400	辽宁中正	2011.1.14
清道光 青花道教八仙图大碗	直径21.5cm	161,000	北京保利	2011.10.22
清道光 青花缠枝苜蓿纹碗	直径15.4cm	92,000	北京永乐	2011.11.15
清道光 青花缠枝牡丹凤纹碗	直径23.3cm	195,500	北京东正	2011.11.17
清道光 青花缠枝莲纹碗	直径16.5cm	69,000	北京诚轩	2011.5.22
清道光 青花八仙图碗	直径15cm	207,000	中国嘉德	2011.09.17
清道光 青花八仙人物故事碗	直径11cm	253,000	福建拍卖	2011.7.3
清道光 内青花外粉彩荷塘纹碗	直径14.9cm	74,750	北京诚轩	2011.11.12
清道光 青花缠枝莲托梵文高足杯(两只)	尺寸不一	55,200	中国嘉德	2011.09.17
清道光青花佛莲璎珞托六字真言高足杯	高9cm	195,500	北京保利	2011.10.22
清道光 青花梵文高足杯	高8.5cm	246,400	北京荣宝	2011.08.13
清道光 青花缠枝莲托梵文高足杯	高9.8cm	92,000	中国嘉德	2011.09.17
清道光 青花缠枝莲梵文高足杯	直径11.2cm	103,500	福建拍卖	2011.7.3
清道光 青花缠枝梵文高足杯	直径14.9cm	195,500	北京东正	2011.11.17
清道光 松竹梅寿石盘(一对)	直径18cm	299,000	北京保利	2011.6.7
清道光 青花云龙纹盘(一对)	直径16.6cm×2	368,000	北京匡时	2011.12.05
清道光 青花云龙纹盘(一对)	直径16.8cm	126,500	北京东正	2011.11.17
清道光 青花岁寒三友纹盘(一对)	直径18cm	368,000	北京东正	2011.11.17
清道光 青花忍冬纹盘(一对)	直径15.5cm	95,200	云南典藏	2011.10.31
清道光 青花夔凤盘(一对)	直径16.5cm	162,400	苏州东方	2011.4.28
清道光 青花凤纹盘(一对)	直径16.5cm	149,500	中国嘉德	2011.3.19
清道光 青花缠枝莲纹盘(一对)	直径15.3cm	57,500	中国嘉德	2011.5.23
清道光 青花缠枝花卉纹盘(一对)	直径13.5cm	184,000	中国嘉德	2011.11.13
清道光 青花缠枝花卉福纹盘(一对)	直径13.2cm	184,000	北京东正	2011.11.17
清道光 青花「一把莲」纹小盘(一对)	直径11.5cm	153,750	香港苏富比	2011.10.05
清道光 青花寿字盘(二件)	直径15.3cm	69,000	北京翰海	2011.11.19
清道光 青花云龙纹盘	直径25cm	287,500	中国嘉德	2011.5.22
清道光 青花一把莲小盘	直径11.4cm	86,250	北京保利	2011.6.7
清道光 青花岁寒三友纹盘	直径17.7cm	145,600	天津文物	2011.11.12
清道光 青花岁寒三友图盘	直径17.8cm	126,500	中国嘉德	2011.12.17
清道光 青花松竹梅纹盘	直径18cm	172,500	北京东正	2011.6.5
清道光 青花松竹梅盘	直径17.7cm	230,000	中国嘉德	2011.5.23
清道光 青花双凤纹盘	直径17cm	86,250	中贸圣佳	2011.11.06
清道光 青花双凤盘	直径16.1cm	101,200	福建拍卖	2011.7.3
清道光 青花龙纹盘	直径26.5cm	109,250	中拍国际	2011.7.17
清道光 青花立龙纹盘	直径16.9cm	71,300	北京东正	2011.6.5
清道光 青花蓝地龙盘	直径24.5cm	287,500	江苏省拍	2011.12.10
清道光 青花海水云龙纹盘	直径17.5cm	74,750	北京华辰	2011.5.20
清道光 青花凤纹盘	直径16.4cm	67,200	天津文物	2011.11.12
清道光 青花凤凰纹盘	直径16.5cm	80,500	北京永乐	2011.11.15
清道光 青花云龙纹水盂	直径7.8cm	97,750	中国嘉德	2011.09.17
清道光 青花云龙纹渣斗	高10cm	632,500	中国嘉德	2011.5.22
清道光 青花夔凤纹墨床	长9.6cm	253,000	中国嘉德	2011.5.22

拍品名称	尺寸	成交价RMB	拍卖公司	拍卖日期
清道光 豆青地青花八吉祥兽足香熏	高41cm	2,415,000	中国嘉德	2011.5.22
清中期 青花云龙纹轴缸	高45cm	403,200	苏州东方	2011.4.28
清中期 青花人物如意	长41.5cm	69,000	北京保利	2011.6.5
清中期 青花凤凰牡丹纹瓶	高91cm	402,500	广东古今	2011.7.10
清中期 青花二龙戏珠图缸	高33.5cm	172,500	中国嘉德	2011.3.19
清中期 青花缠枝莲托八吉祥纹象耳尊	高53cm	494,500	北京诚轩	2011.5.22
清中期 青花缠枝莲托八宝桌面	直径49cm	126,500	中拍国际	2011.7.17
清中期 青花缠枝莲兽耳瓶	高38.5cm	106,400	北京荣宝	2011.3.18
清中期 豆青青花人物象耳瓶	高57.5cm	126,500	广州艺拍	2011.6.12
清宣统 青花云龙纹碗	直径11.1cm	55,200	北京东正	2011.11.17
清咸丰 青花竹石芭蕉玉壶春瓶	高29cm	943,000	中国嘉德	2011.11.14
清咸丰 青花竹石芭蕉玉壶春瓶	高29cm	1,667,500	北京保利	2011.12.07
清咸丰 青花折枝三果碗	直径15cm	149,500	北京保利	2011.12.07
清咸丰 青花云龙纹盘	直径16.8cm	517,500	中国嘉德	2011.5.23
清咸丰 青花云龙纹盘	直径16.9cm	218,500	北京翰海	2011.11.19
清咸丰 青花松竹梅纹盘	直径18cm	246,400	北京荣宝	2011.3.18
清咸丰 青花人物盘	直径18cm	235,200	东方艺都	2011.7.6
清咸丰 青花龙纹盘	直径16.8cm	134,400	北京永乐	2011.5.24
清咸丰 青花对头凤纹盘	直径16.3cm	161,000	北京东正	2011.11.17
清咸丰 官窑青花缠枝莲纹花盘(一对)	直径15.5cm	71,400	上海拍卖	2011.4.23
清同治 青花竹石芭蕉玉壶春瓶	高29.5cm	552,000	中拍国际	2011.12.06
清同治 青花竹石芭蕉玉壶春	高29.2cm	920,000	北京翰海	2011.11.19
清同治 青花竹石芭蕉玉壶春	高29.3cm	805,000	北京翰海	2011.5.21
清同治 青花双龙奉道香炉(道教堂前置用)	直径33cm	51,750	北京保利	2011.10.22
清同治 青花葡萄纹大碗(一对)	直径22.3cm	506,000	广州艺拍	2011.6.12
清同治 青花海水云龙纹小缸	直径23.3cm	287,500	北京中汉	2011.5.23
清同治 青花海水八卦纹杯	直径9.2cm	92,000	北京中汉	2011.5.23
清同治 青花海水八卦纹杯	直径9cm	66,700	中国嘉德	2011.6.18
清同治 青花凤纹盘	直径25.4cm	59,800	北京诚轩	2011.5.22
清同治 青花缠枝莲纹碗(一对)	直径17cm	57,500	广州艺拍	2011.6.12
清同治 青花缠枝莲纹赏瓶	高38.5cm	805,000	北京翰海	2011.5.21
清同治 青花缠枝莲纹赏瓶	高39cm	772,800	天津文物	2011.11.12
清同治 青花缠枝莲赏瓶	高37.5cm	644,000	北京保利	2011.12.07
清同治 青花缠枝花卉纹赏瓶	高38.8cm	805,000	北京翰海	2011.11.19
清同治 青花缠枝花卉碗(一对)	直径16.2cm	105,800	中国嘉德	2011.11.14
清同治 青花“岁寒三友”盘	直径17.5cm	138,000	江苏省拍	2011.12.10
清同治 官窑“内岁寒三友外庭院四女”盘	直径17.5cm	92,400	上海拍卖	2011.4.23
清光绪 青花缠枝莲纹赏瓶(一对)	尺寸不一	575,000	中国嘉德	2011.09.17
清光绪 青花缠枝花卉纹赏瓶(一对)	高37.6cm	437,000	北京中汉	2011.5.23
清光绪 青花竹石芭蕉玉壶春瓶	高30cm	92,000	北京保利	2011.7.27
清光绪 青花竹石芭蕉纹玉壶春瓶	高29.3cm	287,500	北京东正	2011.6.5
清光绪 青花竹石芭蕉图玉壶春瓶	高29cm	517,500	广州艺拍	2011.6.12
清光绪 青花洞石芭蕉玉壶春瓶	高29cm	69,000	北京九歌	2011.6.10
清光绪 青花赏瓶	高37cm	253,000	江苏省拍	2011.12.10
清光绪 青花花卉莲纹赏瓶	高37cm	77,464	香港富得	2011.4.9
清光绪 青花缠枝莲纹天球瓶	高54cm	172,500	中国嘉德	2011.09.17
清光绪 青花缠枝花卉纹赏瓶	高38.9cm	368,000	北京翰海	2011.5.21
清光绪 青花缠枝花卉纹赏瓶	高39cm	230,000	北京翰海	2011.5.21
清光绪 青花缠枝花卉纹赏瓶	高38.5cm	172,500	北京翰海	2011.5.21
清光绪 青花缠枝花卉纹赏瓶	高38.1cm	103,500	北京中汉	2011.3.19
清光绪 青花缠枝花卉赏瓶	高39.5cm	184,000	北京翰海	2011.12.18
清光绪 青花缠枝佛莲赏瓶	高38cm	437,000	北京保利	2011.10.22
清光绪 青花芭蕉竹石玉壶春	高30cm	172,500	北京保利	2011.12.07
清光绪 仿乾隆黄地青花开光福寿抱月瓶	高24cm	63,250	北京保利	2011.10.22
清光绪 青花缠枝莲兽耳尊	高42cm	69,000	北京保利	2011.4.17
清光绪 青花缠枝回纹花盆(一对)	直径26.5cm	72,800	云南典藏	2011.10.30
清光绪 青花云龙纹折沿盆	直径41.5cm	402,500	中国嘉德	2011.11.14
清光绪 青花双龙戏珠纹大盆	直径62cm	690,000	广州艺拍	2011.6.12
清光绪 青花龙纹钵缸	直径23.5cm	201,600	天津文物	2011.5.13
清光绪 青花海水云龙纹缸	直径23.3cm	230,000	北京东正	2011.11.17
清光绪 青花云鹤八卦纹碗(一对)	直径13.5cm	86,250	北京东正	2011.6.5
清光绪 青花仙鹤八卦纹碗(一对)	直径13.5cm	51,750	广州嘉德	2011.6.11
清光绪 青花外八卦云鹤内龙纹大碗(一对)	直径19.8cm	172,500	北京永乐	2011.11.15
清光绪 青花寿字纹碗(一对)		149,500	北京永乐	2011.11.15

(成交价RMB：5万元以上)

拍品名称	尺寸	成交价RMB	拍卖公司	拍卖日期
清光绪 青花梅兰竹菊龙纹碗(一对)	直径13cm	161,000	北京保利	2011.4.16
清光绪 青花佛莲纹碗(一对)	直径14.5cm	184,000	北京保利	2011.10.22
清光绪 青花八卦云鹤纹碗(一对)	直径20cm	126,500	中国嘉德	2011.6.18
清光绪 内青花外粉彩花卉纹碗(一对)	直径17.5cm	212,800	蓝天国拍	2011.11.25
清光绪 青花龙纹玲珑瓷碗(五只)	尺寸不一	105,800	中国嘉德	2011.12.17
清光绪 青花海水云龙纹碗(四件)	高11.5cm	115,000	北京翰海	2011.5.21
清光绪 青花云鹤八卦纹碗(二件)	直径13.2cm	94,300	北京翰海	2011.5.21
清光绪 青花缠枝莲佛纹碗(二件)	直径14.5cm	126,500	北京翰海	2011.5.21
清光绪 青花云龙纹仰钟式碗	直径12.3cm	66,700	北京东正	2011.6.5
清光绪 青花婴戏大碗	直径21.7cm	575,000	北京保利	2011.12.07
清光绪 青花胭脂红海水八仙纹大碗	直径22.3cm	230,000	北京中汉	2011.5.23
清光绪 青花双龙福寿纹碗	直径13.2cm	55,200	中贸圣佳	2011.11.06
清光绪 青花龙纹碗	直径19.6cm	92,000	中国嘉德	2011.6.18
清光绪 青花缠枝莲纹碗	直径16.4cm	53,760	天津文物	2011.11.12
清光绪 青花八卦鹤纹碗	直径17cm	67,200	天津文物	2011.5.13
清光绪 青花缠枝莲纹盘(一对)	直径15.8cm	61,600	长风拍卖	2011.1.20
清光绪 青花缠枝莲盘(三件)	直径15.5cm	51,750	北京保利	2011.4.17
清光绪 青花云龙纹大盘	直径45.2cm	230,000	北京翰海	2011.5.21
清光绪 青花云龙纹大盘	直径38.3cm	69,000	北京翰海	2011.11.19
清光绪 青花松树纹盘	直径18.5cm	80,640	天津文物	2011.5.13
清光绪 青花松树盘	直径25.8cm	74,750	北京保利	2011.6.7
清光绪 青花双龙戏珠大盘	直径38cm	253,000	北京保利	2011.12.07
清光绪 青花双龙纹盘	直径34cm	103,500	中拍国际	2011.12.06
清光绪 青花双龙捧珠大盘	直径37.5cm	115,000	广州艺拍	2011.6.12
清光绪 青花龙纹盘	直径18.3cm	74,750	广州艺拍	2011.6.12
清光绪 青花火珠龙纹盘	直径16.5cm	50,400	天津文物	2011.5.13
清光绪 青花火焰龙纹盘	直径16.6cm	72,800	天津文物	2011.11.12
清光绪 青花二龙戏珠云龙纹盘	直径34cm	112,000	蓝天国拍	2011.6.24
清光绪 青花二龙戏珠纹盘	直径18.9cm	58,240	天津文物	2011.11.12
清光绪 青花缠枝莲纹盘	直径15.6cm	69,440	天津文物	2011.11.12
清光绪 青花缠枝莲大盘	直径47cm	322,000	北京保利	2011.10.23
清光绪 青花温锅(一套三件)	直径19cm	280,000	北京荣宝	2011.3.18
清光绪 青花龙纹捧盒	直径28cm	57,500	北京华辰	2011.5.20
清光绪 青花缠枝莲纹大罐带盖	高53cm	103,500	北京华辰	2011.5.20
清宣统 青花四时佳果纹碗(一对)	直径15.5cm	230,175	香港佳士得	2011.6.1
清宣统 青花花卉卧足碗(一对)	直径8cm	50,400	北京保利	2011.1.15
清宣统 青花花卉纹碗	直径16.8cm	188,325	香港佳士得	2011.6.1
清宣统 青花缠枝莲赏瓶	高38.5cm	138,000	北京保利	2011.12.07
清宣统 青花十八世祖炉	直径16.5cm	57,500	中拍国际	2011.12.06
清晚期 青花龙纹水盂	宽11cm	51,750	北京保利	2011.10.23
清 青花折枝花卉纹纸锤瓶	高32cm	1,012,000	北京匡时	2011.09.17
清 青花云龙纹象腿瓶	高24cm	69,000	江苏万达	2011.5.28
清 青花团花纹赏瓶	高52cm	517,500	江苏万达	2011.5.28
清 青花庭院仕女纹瓶	高39cm	150,000	红太阳	2011.5.28
清 青花山水风景纹瓶	高26.8cm	60,000	红太阳	2011.5.28
清 青花人物故事纹瓶	高46cm	55,000	红太阳	2011.5.28
清 青花麒麟送子纹瓶	高28cm	250,000	红太阳	2011.5.28
清 青花龙纹梅瓶	高26.5cm	134,400	北京翰海	2011.4.9
清 青花开光人物纹象腿瓶	高39cm	200,000	红太阳	2011.5.28
清 青花开光人物风景纹瓶	高33cm	500,000	红太阳	2011.5.28
清 青花开光人物穿带瓶	高24cm	92,000	上海崇源	2011.10.12
清 青花花鸟人物双狮耳瓶	高90cm	69,000	北京保利	2011.7.27
清 青花花卉纹双耳瓶	高30cm	190,000	红太阳	2011.5.28
清 青花花卉撇口瓶	尺寸不一	230,000	红太阳	2011.5.28
清 青花海水龙纹双耳瓶	高25cm	299,000	北京匡时	2011.09.17
清 青花海水龙纹瓜楞瓶	高29.9cm	103,500	北京中汉	2011.3.19
清 青花福寿纹绶带耳扁瓶	高32.5cm	517,500	浙江钱塘	2011.12.04
清 青花福寿双全双耳扁瓶	高24.9cm	201,600	中鸿信	2011.6.26
清 青花缠枝竹石芭蕉玉壶春瓶	高28.5cm	74,750	北京保利	2011.4.17
清 青花缠枝纹贯耳扁瓶	高29cm	1,725,000	江苏万达	2011.5.28
清 青花缠枝莲纹赏瓶	高37.8cm	149,500	北京匡时	2011.09.17
清 青花缠枝花卉八宝纹赏瓶	高39cm	1,700,000	红太阳	2011.5.28
清 青花博古纹象腿瓶	高37.5cm	180,000	红太阳	2011.5.28
清 青花百子闹春纹梅瓶	高32.8cm	130,000	红太阳	2011.5.28
清 青花百蝶纹扁瓶	高36cm	50,000	红太阳	2011.5.28
清 黄地青花螭龙纹瓶	高24.5cm	67,200	十竹斋	2011.5.29
清 哥釉青花双凤纹铺首瓶	高40cm	65,000	红太阳	2011.5.28

拍品名称	尺寸	成交价RMB	拍卖公司	拍卖日期
清 青花海水云龙纹筒式瓶(二件)	高112.5cm	782,000	北京翰海	2011.5.21
清 青花金鱼盘口细颈瓶(一对)	高24.7cm	448,000	中鸿信	2011.6.26
清 青花花鸟纹瓶(一对)	高19cm	50,000	红太阳	2011.5.28
清 青花花卉撇口瓶(一对)	高20cm	320,000	红太阳	2011.5.28
清 青花缠枝花卉双耳瓶(一对)	高18cm	80,000	红太阳	2011.5.28
清 青花八仙纹撇口瓶(一对)	高42cm	180,000	红太阳	2011.5.28
清 青花兽饕餮纹尊	高34.5cm	82,800	广州艺拍	2011.6.12
清 青花人物故事纹广口尊	高35cm	180,000	红太阳	2011.5.28
清 青花缠枝莲纹铺首尊	高25cm	632,500	北京匡时	2011.09.17
清 青花百鹿纹尊	高41cm	180,000	红太阳	2011.5.28
清 青花八吉祥花卉缠枝莲纹双耳尊	高46cm	191,360	香港富得	2011.6.24
清 青花麒麟纹花觚	觚34cm	103,960	中信国际	2011.3.13
清 青花人物故事花觚(一对)	高47cm	63,250	北京匡时	2011.6.8
清 青花花卉纹花觚(一对)	高16cm	110,000	红太阳	2011.5.28
清 青花岁寒三友纹执壶	高13cm	120,000	红太阳	2011.5.28
清 青花人物纹梨式壶	高20cm	480,000	红太阳	2011.5.28
清 青花八宝纹禾壶	高21cm	425,600	北京翰海	2011.09.18
清 青花双龙纹炉	高20cm	100,000	红太阳	2011.5.28
清 青花八宝双耳炉	高37cm	299,000	北京保利	2011.7.27
清 青花花鸟纹罐	高24cm	90,000	红太阳	2011.5.28
清 青花花卉壮罐	高28cm	56,000	北京保利	2011.1.15
清 青花瓜藤纹小罐	高6.3cm	80,500	北京诚轩	2011.11.12
清 青花高士图盖罐	高10.2cm	112,000	中鸿信	2011.6.26
清 青花穿花凤纹盖罐	高21cm	52,000	红太阳	2011.5.28
清 青花缠枝莲纹罐	高22cm	207,000	江苏万达	2011.5.28
清 仿哥釉青花龙纹盖罐	高21cm	230,000	红太阳	2011.5.28
清 青花山水人物纹罐(一对)	尺寸不一	60,996	香港淳浩	2011.11.26
清 青花山水风景纹盖罐(一对)	高21cm	82,000	红太阳	2011.5.28
清 青花福禄寿纹盖罐(一对)	高22cm	70,000	红太阳	2011.5.28
清 青花风景纹盖罐(一对)	高21cm	55,000	红太阳	2011.5.28
清 青花博古纹带盖壮罐(一对)	高26cm	190,000	中都国际	2011.3.13
清 青花鱼藻纹缸	直径32.5cm	95,200	十竹斋	2011.5.29
清 青花龙凤牡丹画缸	高52cm	224,000	江苏万达	2011.5.28
清 青花缠枝莲纹缸	高39cm	51,750	北京匡时	2011.09.17
清 青花八仙纹小缸	直径15.8cm	68,000	红太阳	2011.5.28
清 青花“渔樵耕读”纹卷缸	直径53.5cm	59,800	北京匡时	2011.09.17
清 青花蕃莲纹碟	直径15cm	112,608	香港淳浩	2011.11.26
清 青花西番莲梵纹高足杯		56,000	中贸圣佳	2011.4.29
清 青花花卉纹杯(三只)	直径6.7cm	437,000	中国嘉德	2011.09.17
清 青花花卉寿字纹碗	直径17.8cm	207,000	北京翰海	2011.11.19
清 青花樊红吉祥如意碗	直径14.9cm	246,400	未来四方	2011.6.11
清 青花松竹梅碗(一对)	直径9.5cm	63,250	北京保利	2011.7.27
清 青花云龙盘	直径17cm	67,200	北京翰海	2011.4.9
清 青花一把莲纹盘	直径31cm	80,000	红太阳	2011.5.28
清 青花庭院人物盘	直径18.3cm	53,760	中贸圣佳	2011.1.23
清 青花桃纹盘	直径15.5cm	161,000	中国嘉德	2011.3.19
清 青花老少乐盘	直径28cm	62,000	红太阳	2011.5.28
清 青花花卉纹盘	直径20cm	130,000	红太阳	2011.5.28
清 青花风景纹盘	直径20cm	62,000	红太阳	2011.5.28
清 青花缠枝莲纹盘	直径21.0cm	87,360	未来四方	2011.6.11
清 青花八宝花卉纹盘	直径18cm	550,000	红太阳	2011.5.28
清 嘉庆青花花鸟纹花盆	高32cm	67,200	山东德道	2011.11.09
清 青花荷塘图六方花盆(一对)	尺寸不一	57,500	中国嘉德	2011.6.18
清 青花三足水洗	直径8.5cm	61,600	北京保利	2011.1.15
清 青花人物风景纹笔筒	高15cm	60,000	红太阳	2011.5.28
清 青花八宝纹笔筒	高20cm	52,000	红太阳	2011.5.28
清 青花山水人物笔海	高17cm	392,000	山东德道	2011.11.09
清 青花花鸟纹鼓樱座(四张)	高45cm	124,384	香港富得	2011.6.24
清 豆青地开光青花花鸟 福在眼前纹六角形鼓凳(四件)	高50cm	224,000	苏州东方	2011.4.28
18世纪 青花鹤鹿同春大地瓶	高77.5cm	138,000	北京华辰	2011.5.20
18世纪/19世纪 黄地青花八宝高足碗(一对)	直径19cm	95,680	香港富得	2011.6.24
19世纪 蓝地青花罗汉纹双狮耳瓶	高34.5cm	68,890	香港富得	2011.6.24
19世纪 青花缠枝莲纹鼓凳	高73cm	71,654	香港富得	2011.4.9
19世纪 青花花鸟纹缸(一对)	直径36.5cm	109,250	北京保利	2011.4.17
19世纪 青花山水人物棒槌瓶	高43cm	129,168	香港富得	2011.6.24

拍品名称	尺寸	成交价RMB	拍卖公司	拍卖日期
民国 曾龙升 青花孔子像	高67.5cm	805,000	北京匡时	2011.6.7
民国 王步(传) 青花山水花鸟小瓶(一对)	高15.5cm	897,000	长风拍卖	2011.12.20
民国 王步 青花嬉禽图笔洗	高7.5cm	7,130,000	北京匡时	2011.6.7
民国 王步 青花双禽图水盂	高9cm	207,000	北京匡时	2011.12.02
民国 王步 青花双禽图观音瓶	高23.5cm	4,600,000	长风拍卖	2011.6.21
民国 青花松鼠葡萄图碗 (一对)	直径21.3cm	69,440	太平洋	2011.6.18
民国 青花龙纹花盆	直径16.5cm	61,600	天津文物	2011.5.13
民国 青花花鸟纹水盂	高9cm	103,224	香港淳浩	2011.11.26
民国 豆青青花山水尊	高32.6cm	89,600	十竹斋	2011.5.29
民国 "愿闻吾过之斋" 款青花人物笔筒	直径15.2cm	299,000	中国嘉德	2011.5.23
王步 1963年 青花《文治武功图》菱形笔筒	高16cm	3,976,000	长风拍卖	2011.1.20
王步 青花灵禽春夏秋冬四屏	高37.5cm×4	27,025,000	北京保利	2011.12.07
汪野亭 青花风景纹瓶	高25.8cm	70,000	红太阳	2011.5.28
青釉加青花人物纹象耳瓶	高36cm	315,780	中博文化	2011.7.10
青花折枝瑞果纹罐	高27cm	4,986,000	中博文化	2011.7.10
青花折枝花卉纹盘	口径27cm	332,400	中博文化	2011.7.10
青花折枝花卉纹六方瓶	高58.9cm	3,324,000	中博文化	2011.7.10
青花折枝花果纹天球瓶	高51cm	6,564,900	中博文化	2011.7.10
青花云龙纹瓶	高17cm	59,800	北京纳高	2011.7.6
青花云龙鼓式罐	高27cm	184,000	北京翰海	2011.12.18
青花云鹤纹碗	直径21.7cm	134,400	北京翰海	2011.4.9
青花玉壶春瓶	高36cm	87,360	历博国际	2011.5.7
青花游春图卷缸	直径52cm	230,000	印千山	2011.6.3
青花携琴访友罐	高36cm	67,200	北京翰海	2011.09.18
青花松竹梅纹盘	高33cm	2,493,000	中博文化	2011.7.10
青花寿山福海云龙纹罐	高14.2cm	55,200	北京纳高	2011.7.6
青花狮子滚绣球纹梅瓶	高28cm	664,800	中博文化	2011.7.10
青花山水人物纹笔筒	高11.5cm	67,200	海士德	2011.6.17
青花山水人物凤尾尊	高46.5cm	55,200	北京歌德	2011.7.30
青花三多纹葫芦瓶	高21cm	66,700	北京纳高	2011.7.6
青花人物故事纹缸	高42cm	280,000	未来四方	2011.6.11
青花人物故事棒槌瓶	高46.5cm	51,750	北京纳高	2011.7.6
青花麒麟芭蕉图花觚	直径44cm	71,300	北京纳高	2011.7.6
青花麒麟芭蕉瑞兽图粥罐	高20.2cm	517,500	北京纳高	2011.7.6
青花鸟食罐	长9cm	498,600	中博文化	2011.7.10
青花卢本斯人物像大盘	直径52cm	180,000	中都国际	2011.3.13
青花龙纹盖罐	高60cm	4,155,000	中博文化	2011.7.10
青花龙纹大盘	口径22.5cm	2,908,500	中博文化	2011.7.10
青花龙纹大盘	口径25.5cm	216,060	中博文化	2011.7.10
青花莲塘芦雁纹莲子盖罐	高33cm	216,060	中博文化	2011.7.10
青花开光花卉人物故事大罐	高32.5cm	86,000	印千山	2011.6.3
青花花卉纹莲子罐	高19cm	57,500	北京歌德	2011.7.30
青花花卉纹蜡烛台	高21cm	1,495,800	中博文化	2011.7.10
青花花卉纹豆	高11cm	623,250	中博文化	2011.7.10
青花花卉缸	高26cm	92,000	北京翰海	2011.12.18
青花海水海兽纹高足杯	口径9.8cm	997,200	中博文化	2011.7.10
青花洞石花卉图罐	高40.5cm	103,500	北京纳高	2011.7.6
青花赤壁赋人物诗文四方棒槌瓶	高52.5cm	138,000	北京纳高	2011.7.6
青花缠枝莲纹烛台	高21cm	552,000	北京纳高	2011.7.6
青花缠枝莲纹洗口瓶	高35cm	80,000	印千山	2011.6.3
青花缠枝莲纹盘口瓶	高43cm	997,200	中博文化	2011.7.10
青花缠枝莲纹盘	直径32cm	112,000	江苏万达	2011.5.28
青花缠枝莲纹盘	直径11.4cm	98,900	北京纳高	2011.7.6
青花缠枝莲纹棱口盘	口径36cm	3,905,700	中博文化	2011.7.10
青花缠枝莲纹高足盘 (一对)	直径15.4cm	59,800	北京纳高	2011.7.6
青花缠枝莲托八宝纹瓶	高28cm	565,080	中博文化	2011.7.10
青花缠枝莲双耳瓶	高42cm	89,600	山东德道	2011.11.09
青花缠枝菊纹瓶	高38cm	95,200	未来四方	2011.6.11
青花缠枝花卉纹罐	高36cm	80,500	北京九歌	2011.6.10
青花缠技莲纹碗	口径21cm	997,200	中博文化	2011.7.10
"斯干草堂" 款青花福寿龙纹缠枝花卉大盘	高27.5cm	103,500	长风拍卖	2011.6.21
白磊 江南湿地 青花箭筒	高97cm	1,058,000	中国嘉德	2011.5.25
白明 瑞屿祥云 青花瓷瓶	高47.5cm	483,000	中国嘉德	2011.5.25
陈显林 粉青印花盖罐	高30cm	115,000	中国嘉德	2011.5.25
方国兴 四君子纹盘 (一套四件)	宽36cm	235,750	中翰清花	2011.09.10

拍品名称	尺寸	成交价RMB	拍卖公司	拍卖日期
干道甫 青花瓷板		69,000	北京保利	2011.6.5
何炳钦 青花情侣瓷板	38cm×38cm	55,200	北京保利	2011.6.5
何叔水 高瞻远瞩 青花瓷瓶	高43cm	78,200	中国嘉德	2011.5.25
黄地青花外仙鹤内龙纹盘 (一对)	直径15cm	69,000	北京纳高	2011.7.6
黄焕义 青花镶器	高57.3cm	138,000	中国嘉德	2011.5.25
黄焕义 青花 "祥和" 瓶	高56.5cm	115,000	北京保利	2011.12.07
黄景藏 青花瓷板《竹林七贤》	112cm×57cm	110,000	广州银通	2011.3.12
蓝地青花龙纹梅瓶	高28cm	110,000	红太阳	2011.5.28
李一新 青花色釉仕女瓶	高37cm	253,000	北京保利	2011.12.07
廖志丹 青花瑞雪迎春雪景瓶	高63cm	55,200	北京保利	2011.6.5
刘演良刻青花冰纹砚	宽22cm	106,400	上海驰翰	2011.11.27
陆如 品似梅花香在骨 青花瓷板	54.2cm×35cm	138,000	中国嘉德	2011.5.25
陆如 青花东草瓶	高25cm	97,750	北京保利	2011.6.5
陆如 铁骨报春 青花瓷瓶	高35.5cm	78,200	中国嘉德	2011.5.25
陆如 虚心傲节 青花瓷瓶	高33cm	97,750	中国嘉德	2011.5.25
陆如 青花寿梅园瓶	高42cm	230,000	北京保利	2011.12.07
吕金泉 童趣 青花瓷瓶	高51cm	977,500	中国嘉德	2011.5.25
罗小聪 山村 青花瓷板	直径78cm	161,000	中国嘉德	2011.5.25
文革 青花花鸟瓶	高50cm	425,600	苏州东方	2011.4.28
文革 文革青花瓶	高39cm	57,500	苏州吴门	2011.6.12
夏春秋 青花 "家山硕果" 瓷板	55.5cm×55.5cm	63,250	北京保利	2011.12.07
王锡良 2007年作 青花《逍遥游》瓶	高40cm	322,000	长风拍卖	2011.12.20
张国君 奇石意象 青花瓷板 (四件)	111cm×32cm	138,000	中国嘉德	2011.5.25
当代 汪桂英 青花山水瓷板	80.5cm×45.5cm	63,250	北京匡时	2011.6.7
当代 秦锡麟 青花瓷盘	高32cm	115,000	北京匡时	2011.6.7
当代 秦锡麟 青花 "竞翔" 瓶	高26cm	230,000	北京匡时	2011.6.7
当代 陆如 青花 "幽竹雅洁" 瓶	高41cm	253,000	北京匡时	2011.6.7
当代 黄卖九 青花文房 (五件套)	尺寸不一	230,000	北京匡时	2011.6.7
当代 黄卖九 青花 "美人蕉小鸡" 花瓶	高43cm	356,500	北京匡时	2011.6.7
当代 何炳钦 青花装饰 "路路荣华" 瓶	高36cm	63,250	北京匡时	2011.6.7
釉里红				
元 釉里红龙纹盖缸	高16cm	84,000	北京保利	2011.1.15
明洪武 釉里红岁寒三友玉壶春瓶连红木原装旧盒	高33cm	27,600,000	北京匡时	2011.6.8
明洪武 釉里红牡丹花卉玉壶春瓶	高32cm	2,242,500	北京保利	2011.12.06
明洪武 釉里红花卉纹棱口杯托	直径19.7cm	4,058,440	香港苏富比	2011.4.7
明洪武 釉里红缠枝莲纹盖罐	高10.5cm	1,840,000	荣宝斋(沪)	2011.11.25
明洪武 釉里红缠枝莲纹人物故事大盘	直径60cm	660,000	中都国际	2011.08.28
明洪武 釉里红开光式「寿鞠图」棱口折沿大盘	直径45.5cm	34,505,160	香港苏富比	2011.4.7
明洪武 釉里红缠枝花卉纹碗	直径21cm	392,000	辽宁中正	2011.4.17
明洪武 釉里红缠枝牡丹纹碗	直径20.2cm	9,200,000	中拍国际	2011.7.17
明洪武 釉里红花卉纹大碗	直径20.5cm	4,945,000	北京匡时	2011.12.05
明洪武 釉里红牡丹纹碗	直径21cm	517,500	北京保利	2011.12.06
明永乐 釉里红三鱼纹碗	直径15.2cm	719,820	香港佳士得	2011.6.1
清康熙 洒兰釉釉里红龙纹摇铃尊	高21cm	201,600	云南典藏	2011.5.14
清康熙 釉里红图龙纹杯	直径14.6cm	1,492,400	香港苏富比	2011.10.05
清康熙 釉里红 "团龙" 图盘 (一对)	直径14.5cm	572,560	香港苏富比	2011.4.8
清康熙 釉里红「云龙图」莱菔尊	高21.5cm	1,197,200	香港苏富比	2011.10.05
清康熙 釉里红加彩花卉马蹄尊	直径13cm	460,000	北京保利	2011.12.08
清康熙 釉里红加彩芍药纹水盂	长9cm	483,000	北京诚轩	2011.5.22
清康熙 釉里红夔凤纹水盂	高9cm	115,000	中拍国际	2011.7.17
清康熙釉里红绿彩「折枝玫瑰」纹水盂	直径8.8cm	2,037,640	香港苏富比	2011.4.7
清康熙 釉里红牡丹纹苹果尊 (一对)	直径9.5cm	20,700,000	北京保利	2011.6.5
清康熙 釉里红三鱼纹盘 (一对)	直径23cm	89,600	云南典藏	2011.5.14
清康熙 釉里红团凤纹茶圆	直径9.2cm	1,207,500	北京诚轩	2011.11.12
清康熙 釉里红摇铃尊	高22.8cm	9,677,760	香港佳士得	2011.11.30
清乾隆 豆青青花釉里红盘 (一对)	直径24.3cm	56,000	十竹斋	2011.5.29
清乾隆 釉里红抱耳瓶	高29.3cm	11,154,577	伦敦苏富比	2011.5.11
清乾隆 釉里红螭龙穿花双系小尊	高10cm	17,250,000	北京保利	2011.6.5
清乾隆 釉里红螭龙纹方形委角印泥盒	长6.5cm	313,600	北京永乐	2011.5.24
清乾隆 釉里红道教暗八仙梅瓶	高33cm	230,000	北京保利	2011.10.22
清乾隆 釉里红凤穿牡丹纹梅瓶	高36.5cm	230,000	中国嘉德	2011.11.14
清乾隆 釉里红福禄万代纹葫芦瓶	高34.5cm	649,600	北京永乐	2011.5.24
清乾隆 釉里红海水云龙梅瓶	高38cm	2,070,000	北京保利	2011.6.5
清乾隆 釉里红花卉纹瓶	高28cm	149,500	北京保利	2011.7.27
清乾隆 釉里红龙纹洗口瓶	高26.5cm	345,000	北京保利	2011.12.08

2011瓷器拍卖成交汇总

(成交价RMB：5万元以上)

拍品名称	尺寸	成交价RMB	拍卖公司	拍卖日期
清乾隆 釉里红龙纹锥把瓶	高20.5cm	345,000	中国嘉德	2011.11.14
清乾隆 釉里红山水人物纹方印盒	长6cm	78,400	天津文物	2011.11.12
清乾隆 釉里红双凤纹象耳方瓶	高23.2cm	10,580,000	中国嘉德	2011.11.14
清乾隆 釉里红团凤纹碗	直径14.5cm	149,500	北京保利	2011.12.08
清乾隆 釉里红团凤纹碗(一对)	直径14.5cm	897,000	北京东正	2011.11.17
清乾隆 釉里红云龙纹灯笼瓶	高36cm	575,000	北京翰海	2011.5.21
清雍正 柠檬黄釉里红三鱼碗	直径15.3cm	2,645,000	中国嘉德	2011.5.23
清雍正 青釉釉里红蝠纹碗(一对)	直径15.3cm	184,000	中国嘉德	2011.3.19
清雍正 釉里红“三鱼”图卧足碗	直径15.2cm	1,229,320	香港苏富比	2011.4.8
清雍正 釉里红「三多」图盘	直径19.7cm	205,000	香港苏富比	2011.10.05
清雍正 釉里红仿木纹桶式套盆	直径28.7cm	74,750	中拍国际	2011.12.06
清雍正 釉里红九龙杯(一对)	直径6cm	8,050,000	北京保利	2011.6.5
清雍正 釉里红三多碗	直径12cm	552,000	北京保利	2011.7.26
清雍正 釉里红三多纹碗	直径19cm	1,456,000	北京荣宝	2011.11.11
清雍正 釉里红三鱼纹盘	直径14.9cm	57,500	中国嘉德	2011.09.17
清雍正 豆青釉里红五福纹碗	直径15cm	145,245	香港富得	2011.4.9
清中期 釉里红缠枝莲纹赏瓶	高42cm	280,000	北京荣宝	2011.08.13
清中期 釉里红龙纹罐	高18cm	57,500	中国嘉德	2011.09.17
清中期 釉里红龙纹洗	直径26.5cm	74,750	北京保利	2011.7.26
清道光 豆青地釉里红团凤碗	直径14.4cm	149,500	中国嘉德	2011.11.13
清道光 釉里红苍龙教子图笔筒	高12.2cm	3,105,000	中国嘉德	2011.11.13
清道光 釉里红海水云龙纹碗	直径10.8cm	517,500	中国嘉德	2011.11.13
清道光 釉里红六龙戏珠纹折肩瓶	高27cm	1,955,000	北京诚轩	2011.5.22
清道光 釉里红山水方瓶	高30.8cm	690,000	中国嘉德	2011.11.14
清道光 釉里红双龙争珠纹洗	直径11cm	805,000	中国嘉德	2011.11.13
清道光 釉里红团凤碗	直径14.5cm	126,500	北京保利	2011.4.16
清道光 釉里红团凤碗(一对)	直径14.6cm	287,500	北京东正	2011.6.5
清道光 釉里红团凤纹碗	直径14.8cm	88,000	天津文物	2011.11.12
清道光 釉里红团凤纹碗(一对)	直径14cm	224,000	辽宁中正	2011.1.14
清道光 釉里红团凤纹碗(一对)	直径14.5cm	287,500	中国嘉德	2011.11.13
清晚期 釉里红缠枝牡丹双耳尊(一对)	高25cm	402,500	北京保利	2011.12.08
清 釉里红缠枝莲花纹葫芦瓶	高19cm	5,800,000	红太阳	2011.5.28
清 釉里红鱼藻纹长颈瓶	高22cm	240,000	红太阳	2011.5.28
清 釉里红锥把瓶	高36cm	149,500	北京翰海	2011.12.18
清18世纪 釉里红穿花祥凤图梅瓶	高33cm	357,850	香港苏富比	2011.4.8
清18世纪 釉里红凤楼牡丹图梅瓶	高37.5cm	770,040	香港佳士得	2011.6.1
釉里红缠枝花卉纹琵琶尊	高30.5cm	218,500	北京纳高	2011.7.6
釉里红花卉纹方印盒	长6cm	457,050	中博文化	2011.7.10
釉里红三鱼纹高足碗	高8.9cm	112,000	辽宁建投	2011.5.12
釉里红团龙纹葫芦瓶	高28cm	5,401,500	中博文化	2011.7.10
陈家泠 釉里红花鸟瓶	高40cm	57,500	北京保利	2011.6.5
当代 涂翼报 釉里红“水仙”瓶	高52cm	80,500	北京匡时	2011.6.7
当代 余效团 釉里红“仙鹤”瓶	高34cm	71,300	北京匡时	2011.6.7
民国王步影青暗刻釉里红《虾趣图》盘	直径24.5cm	1,092,500	长风拍卖	2011.12.20
青花釉里红				
元 青花釉里红堆塑缠枝花卉纹梅瓶	高29cm	1,840,000	中翰清花	2011.09.10
明 青花釉里红穿花凤纹炉	高8cm	160,000	红太阳	2011.5.28
明 青花釉里红凤纹玉壶春瓶	高35.8cm	350,000	红太阳	2011.5.28
明万历 青花釉里红团龙纹碗(一对)	直径11.6cm	253,000	北京东正	2011.11.17
明中期 青花釉里红海水鱼纹高足杯	直径15cm	230,000	中国嘉德	2011.12.17
清康熙 青花釉里红团花纹摇铃尊(一对)	高22cm	24,150,000	中国嘉德	2011.5.23
清康熙 蓝釉青花釉里红龙纹摇铃尊	高22cm	190,400	太平洋	2011.6.18
清康熙 青花釉里红鳜鱼纹长颈瓶	高24.5cm	78,400	北京荣宝	2011.08.13
清康熙 青花釉里红葫芦瓶	高17cm	115,000	北京华辰	2011.5.20
清康熙 青花釉里红人物纹胆瓶	高38cm	112,000	北京荣宝	2011.08.13
清康熙 青花釉里红象耳瓶	高60cm	72,600	房政拍卖	2011.09.07
清康熙 青花釉里红云龙纹琵琶尊	高44.2cm	1,150,000	中拍国际	2011.7.17
清康熙 釉里红地青花云龙纹花觚	高45.3cm	287,500	中国嘉德	2011.11.14
清康熙 青花釉里红牡丹雄鹰鱼缸	直径51.8cm	575,000	中国嘉德	2011.11.14
清康熙 青花釉里红鱼藻纹缸	直径27cm	828,000	北京东正	2011.11.17
清康熙 青花釉里红鱼藻纹小卷缸	直径22.5cm	103,500	北京保利	2011.10.23
清康熙 青花釉里红暗刻云纹豆青线条罐	长25.5cm	2,070,000	北京东正	2011.11.17
清康熙 青花釉里红三鱼纹盘(一对)	直径23cm	172,500	中拍国际	2011.12.06
清康熙 青花釉里红庭院人物纹盘(一对)	直径 11.2cm	80,500	中国嘉德	2011.3.19
清雍正 青花釉里红“梅鹊报喜”图梅瓶	高22cm	2,037,640	香港苏富比	2011.4.8
清雍正 青花釉里红八仙过海小杯(一对)	直径6.7cm	184,000	福建拍卖	2011.7.3
清雍正 青花釉里红鹤鹿同春玉壶春瓶	高28.5cm	1,150,000	中贸圣佳	2011.11.06

拍品名称	尺寸	成交价RMB	拍卖公司	拍卖日期
清雍正 青花釉里红三多纹高足碗	高16.6cm	569,160	香港佳士得	2011.6.1
清雍正 青花釉里红三多纹高足碗	直径16.5cm	483,000	中国嘉德	2011.09.17
清雍正 青花釉里红三鱼图盘(一对)	直径15cm	632,500	北京东正	2011.6.5
清雍正 青花釉里红竹石图笔筒	高13.7cm	71,300	北京东正	2011.6.5
清乾隆 豆青地青花釉里红松鹤延年天球瓶	高41cm	123,200	太平洋	2011.09.17
清乾隆 青花红彩折枝番莲纹小杯(一对)	直径8cm	313,875	香港佳士得	2011.6.1
清乾隆 青花釉里红“花果”图杯托	直径17cm	168,400	香港苏富比	2011.4.8
清乾隆 青花釉里红「花果」图杯托	直径17cm	246,000	香港苏富比	2011.10.05
清乾隆 青花釉里红八仙大碗	直径22.5cm	345,000	北京保利	2011.6.7
清乾隆 青花釉里红八仙人物盖碗(一对)	直径17.4cm	1,380,000	中国嘉德	2011.11.14
清乾隆 青花釉里红八仙图碗	直径22.7cm	437,000	中国嘉德	2011.09.17
清乾隆 青花釉里红八仙纹碗	直径12.7cm	115,000	中拍国际	2011.12.06
清乾隆 青花釉里红缠枝花卉弦纹瓶	高26cm	402,500	北京东正	2011.11.17
清乾隆 青花釉里红缠枝莲纹梅瓶	高23.4cm	552,000	北京东正	2011.6.5
清乾隆 青花釉里红串花双凤纹象耳方壶	高15.5cm	5,750,000	中国嘉德	2011.5.22
清乾隆 青花釉里红瓜果罐	高22cm	115,000	北京保利	2011.4.17
清乾隆 青花釉里红海水八仙人物碗	直径22.9cm	230,000	北京翰海	2011.5.21
清乾隆 青花釉里红海水龙纹抱月瓶	高39cm	20,700,000	中国嘉德	2011.11.13
清乾隆 青花釉里红海水龙纹抱月瓶	高39cm	13,800,000	中国嘉德	2011.11.13
清乾隆 青花釉里红海水龙纹扁瓶	高26cm	5,290,000	北京匡时	2011.12.05
清乾隆 青花釉里红海水云龙纹抱月瓶	高32.3cm	19,550,000	北京翰海	2011.5.19
清乾隆 青花釉里红海涛云龙纹瓶	高55cm	69,000	江苏万达	2011.5.28
清乾隆 青花釉里红九龙闹海图玉壶春瓶	高34cm	2,070,000	华艺国际	2011.12.11
清乾隆 青花釉里红梅瓶	高33cm	38,009,280	香港佳士得	2011.11.30
清乾隆 青花釉里红狮子戏球蒜口瓶	高33.3cm	3,220,000	北京翰海	2011.11.19
清乾隆 青花釉里红水波云龙纹抱月瓶	高38.7cm	1,207,500	中国嘉德	2011.5.23
清乾隆 青花釉里红竹石纹瓶	高46.5cm	1,150,000	中国嘉德	2011.11.14
清乾隆 松石绿地青花釉里红云龙纹抱月瓶	高30cm	21,280,000	江苏爱涛	2011.5.8
清晚期 青花釉里红山水大瓶	高84cm	89,600	安华白云	2011.3.6
清中期 青花釉里红团龙团凤纹灯笼瓶	高35cm	69,000	广州嘉德	2011.6.11
清中期 青花釉里红云龙纹荸荠瓶	高28.7cm	161,000	北京中汉	2011.3.19
清道光 青花凡红彩海水龙纹盘(一对)	直径17.7cm	619,380	香港佳士得	2011.6.1
清光绪 黄地青花釉里红山水纹大天球瓶	高59cm	51,750	北京保利	2011.4.17
清光绪 青花矾红彩描金云蝠纹荸荠瓶	高34cm	69,000	广州嘉德	2011.6.11
清 青花釉里红过墙龙纹盘	直径28cm	52,000	红太阳	2011.5.28
清 青花釉里红龙纹盘	直径29.5cm	129,950	中信国际	2011.3.13
清 青花釉里红龙纹赏瓶	高30cm	180,000	红太阳	2011.5.28
清 青花釉里红龙纹蒜头瓶	高25cm	115,000	北京保利	2011.10.23
清 青花釉里红人物纹瓶	高44cm	330,000	红太阳	2011.5.28
清 青花釉里红三多纹瓶	高32cm	220,000	红太阳	2011.5.28
清 青花釉里红松鹤纹梅瓶	高24.8cm	60,000	红太阳	2011.5.28
清 青花釉里红太白醉酒纹瓶	高18.8cm	56,000	红太阳	2011.5.28
清 青花釉里红云龙纹长颈瓶	高31cm	1,265,000	江苏万达	2011.5.28
清19世纪 青花釉里红海水瑞兽纹棒槌瓶(一对)	高61cm	253,000	广州嘉德	2011.6.11
青花釉里红浮雕花卉凤纹葫芦盖瓶	高51cm	5,484,600	中博文化	2011.7.10
青花釉里红灵仙祝寿纹盘(一对)	直径13.5cm×2	69,000	北京九歌	2011.6.10
秦锡麟 2007年 青花釉里红《春韵》花卉瓶	高21.5cm	195,500	长风拍卖	2011.6.21
秦锡麟 青花釉里红“芦荡竞翔”瓶	高25cm	322,000	北京匡时	2011.6.7
秦锡麟 青花釉里红芦苇深外瓶	高30cm	690,000	北京保利	2011.6.5
陈军 青花釉里红秋趣瓶	高57cm	109,250	北京保利	2011.6.5
当代 赖德全 青花釉里红花瓶	高42cm	103,500	北京匡时	2011.6.7
当代 饶晓晴 青花釉里红“婴戏”瓶	高37cm	69,000	北京匡时	2011.6.7
当代 熊钢如 青花釉里红“松鹤”花瓶	高38cm	63,250	北京匡时	2011.6.7
当代 徐庆庚 青花釉里红“婴戏图”瓶	高34cm	138,000	北京匡时	2011.6.7
方国兴 青花釉里红花鸟纹四方瓶	高45cm	126,500	中翰清花	2011.09.10
胡小军 海上春情之一 青花釉里红瓷板	122cm×64cm	80,500	中国嘉德	2011.5.25
黄卖九 青花釉里红花鸟纹笔筒	高14cm	74,750	北京保利	2011.6.5
赖德全 青花釉里红“乡村秋雨”瓶	高37.5cm	230,000	北京保利	2011.12.07
李菊生 青花釉里红花鸟壶	长22cm	69,000	北京保利	2011.6.5
李峻 钟馗 青花釉里红人物瓷盘	直径35.5cm	82,800	中国嘉德	2011.5.25
王恩怀 1993年作 青花釉里红《双贵图》瓶	高39cm	218,500	长风拍卖	2011.12.20
王恩怀 春晓 青花釉里红瓷瓶	高25.7cm	82,800	中国嘉德	2011.5.25

拍品名称	尺寸	成交价RMB	拍卖公司	拍卖日期
王隆夫 2010年作 青花釉里红《大寿三千年图》瓷板(一套)	110.5cm×38.5cm	1,840,000	长风拍卖	2011.12.20
王锡良 峰峰削出青芙蓉 青花釉里红瓷板	58cm×58cm	517,500	中国嘉德	2011.5.25
王锡良 奇峰三十六 青花釉里红瓷瓶	高34cm	920,000	中国嘉德	2011.5.25
王锡良 清奇古怪 青花釉里红瓷瓶	高49.5cm	345,000	中国嘉德	2011.5.25
张景辉 众人皆醉 青花釉里红瓷瓶	高53cm	138,000	中国嘉德	2011.5.25
张志安 2008年 青花釉里红《暑日柳荫凉》瓶	高24cm	86,250	长风拍卖	2011.6.21
钟莲生 青花釉里红山水瓶	高39.3cm	172,500	北京保利	2011.12.07
周国桢 1997年作 青花釉里红《龙世界》瓶	高39.8cm	57,500	长风拍卖	2011.12.20
周国桢 青花釉里红"百桃献瑞"瓶	高47cm	575,000	北京保利	2011.12.07
周国桢 青花釉里红"雏鸡"天球瓶	高56.5cm	1,150,000	北京保利	2011.12.07
清花加彩				
明宣德 青花矾红暗云龙纹盉碗		920,000	北京保利	2011.12.08
明成化 青花红彩云龙纹碗	直径18cm	690,000	中拍国际	2011.7.17
明正德 青花矾红「云龙」纹直口碗	15.5cm	3,654,280	香港苏富比	2011.4.7
明正德 黄地绿彩青花龙纹碗	直径15.6cm	4,025,000	中国嘉德	2011.5.22
明嘉靖 青花加彩龙纹大缸	直径47cm	161,000	北京保利	2011.10.23
明嘉靖 青花矾红九龙纹大碗	口径38.2cm	3,584,000	江苏万达	2011.5.28
明万历 青花五彩龙纹方花觚	高48cm	2,185,000	北京保利	2011.12.06
明万历 青花五彩龙纹兽首方尊	高34.6cm	3,565,000	中拍国际	2011.7.17
明万历 青花五彩人物故事图小罐	高11.5cm	3,220,000	中国嘉德	2011.3.19
明万历 青花五彩小罐	高8.5cm	80,500	北京保利	2011.10.23
明万历 青花五彩龙凤纹盖盒	宽9.8cm	368,000	北京东正	2011.6.5
明万历 青花五彩洞石花卉纹盒	长22cm	161,000	北京歌德	2011.6.3
明万历 青花五彩折枝花卉开光人物纹盖盒	31.2cm×22cm	667,000	北京东正	2011.11.17
明万历 青花五彩张天师除五毒图小盘	直径10.7cm	195,500	北京中汉	2011.5.23
明万历 青花五彩龙凤纹小盘	直径10cm	322,000	北京中汉	2011.5.23
明万历 青花五彩群仙贺寿盘	径35cm	537,600	上海嘉泰	2011.4.1
明万历 青花五彩钟馗捉鬼图盘	直径21cm	51,750	北京保利	2011.4.17
明万历 青花五彩龙凤纹盘	直径16cm	313,600	天津文物	2011.5.13
明万历 青花矾红九龙盘	直径18.5cm	1,495,000	北京保利	2011.6.5
明万历 青花五彩进宝图盘	直径20.8cm	230,000	北京保利	2011.12.06
明万历 青花五彩南极寿星坐像	高39.5cm	820,260	香港佳士得	2011.6.1
明万历 青花五彩寿星	高33.5cm	50,600	上海拍卖	2011.4.23
明万历 青花五彩外人物内龙纹洗	直径11.3cm	483,000	中国嘉德	2011.3.19
明万历 青花五彩胡人献宝小碗	直径11.3cm	287,500	江苏省拍	2011.12.10
明万历 青花五彩花卉大花瓢	高69cm	2,760,000	北京保利	2011.6.5
明万历青花五彩道教在川知乐故事鱼缸	直径46cm	506,000	北京保利	2011.10.22
明万历青花五彩折枝花卉双耳杯及盏托	宽7cm	470,400	北京保利	2011.1.15
明万历 青花五彩龙纹笔架	高11cm	672,000	未来四方	2011.6.11
明 青花五彩云龙纹蟋蟀罐	高16cm	207,000	北京匡时	2011.09.17
明 青花五彩花卉纹香炉	宽37cm	103,500	中国嘉德	2011.11.14
明 青花描金福禄寿纹碗	高9.5cm	56,000	辽宁建投	2011.5.11
明 青花加彩人物纹壶	高21cm	412,050	伊斯特	2011.11.28
明 斗彩青花夔龙纹盘	直径21cm	1,126,080	澳门中信	2011.11.25
清初 青花五彩五伦图象腿瓶	高36cm	106,400	中贸圣佳	2011.1.23
清初 青花五彩人物图花觚	高39cm	184,000	广州嘉德	2011.6.11
清顺治 青花五彩人物花觚	高51cm	201,600	云南典藏	2011.10.31
清顺治 青花五彩八仙祝寿纹盘	直径36cm	276,000	中拍国际	2011.7.17
清顺治 青花五彩八仙祝寿纹花觚	高51cm	437,000	中拍国际	2011.7.17
清康熙 青花加金彩云龙纹橄榄瓶	高42.5cm	218,500	北京诚轩	2011.11.12
清康熙 青花加彩人物故事凤尾瓶	高45.5cm	805,000	北京翰海	2011.5.21
清康熙 豆青暗刻花卉开光青花加紫山水凤尾尊	高45.5cm	345,000	北京翰海	2011.5.21
清康熙 青花五彩人物纹将军罐	高29.5cm	78,400	北京荣宝	2011.3.18
清康熙 青花五彩花神杯	直径6.7cm	437,000	北京东正	2011.6.5
清康熙 青花五彩花神杯	直径6.5cm	345,000	中国嘉德	2011.6.18
清康熙 青花五彩花神杯	直径6.4cm	276,000	北京保利	2011.6.7
清康熙 青花五彩芙蓉花神杯	直径6.8cm	368,000	北京中汉	2011.5.23
清康熙 青花加五彩花神杯(一对)	直径6cm	391,000	北京保利	2011.7.26
清康熙 青花五彩鱼藻纹盘	直径20.3cm	253,000	北京保利	2011.4.16
清康熙 青花五彩龙凤穿花盘	直径32cm	690,000	北京保利	2011.6.5
清康熙 青花五彩荷塘纹盘	直径17.1cm	71,300	北京中汉	2011.3.19
清康熙 青花黄彩"赶珠云龙"图盘	直径25.3cm	2,441,800	香港苏富比	2011.4.8

拍品名称	尺寸	成交价RMB	拍卖公司	拍卖日期
清康熙 青花矾红暗刻龙纹海水立龙盘	直径20cm	402,500	北京保利	2011.12.08
清康熙 青花地绿彩龙纹大盘	直径37.5cm	207,000	北京保利	2011.10.22
清康熙 矾红青花海水龙纹碗	直径18cm	1,150,000	北京匡时	2011.6.8
清康熙 外珊瑚红内青花一鹭莲科碗	直径11cm	149,500	北京保利	2011.10.22
清康熙 青花暗刻云纹绿龙碗(一对)	直径13.6cm	4,600,000	北京东正	2011.11.17
清康熙 青花五彩云龙纹碗	直径13.7cm	437,000	北京翰海	2011.5.21
清康熙 青花五彩云龙纹碗	直径14cm	402,500	北京翰海	2011.5.21
清康熙 青花黄釉云龙纹碗	直径13.2cm	644,000	北京匡时	2011.12.05
清康熙 青花黄彩云龙纹碗(一对)	直径10.5cm	56,000	江苏爱涛	2011.1.16
清康熙 青花矾红云龙纹碗	直径18cm	115,000	中贸圣佳	2011.11.06
清中期 青花矾红团花纹长颈瓶	高40cm	230,000	北京中汉	2011.3.19
清雍正 青花五彩团花纹罐	高19cm	1,380,000	北京保利	2011.6.7
清雍正 青花苜蓿花加粉彩八宝盘	直径21cm	460,000	北京保利	2011.12.08
清雍正 青花红彩云龙纹盘(一对)	直径16cm	53,760	苏州东方	2011.4.28
清雍正 青花粉彩八鹤九桃盘	直径18.7cm	1,610,000	北京保利	2011.6.7
清雍正 青花矾红龙纹高足杯	直径14.3cm	115,000	北京保利	2011.12.08
清雍正 青花矾红花卉小碗	直径8.2cm	207,000	中国嘉德	2011.11.14
清雍正 青花矾红佛莲杯	直径8cm	69,000	北京保利	2011.10.22
清雍正 青花矾红"折枝蕃莲"图杯(一对)	直径8.1cm	572,560	香港苏富比	2011.4.8
清雍正 青花斗彩团龙纹印泥盒	长8.3cm	115,000	福建拍卖	2011.7.3
清雍正 黄地青花福寿龙纹碗(一对)	直径18.4cm	552,000	中拍国际	2011.7.17
清乾隆/嘉庆 青花矾红云龙纹七孔花插	高25.3cm	690,000	北京中汉	2011.5.23
清乾隆 胭脂红青花云龙纹双夔龙耳抱月瓶	高26.5cm	8,510,000	北京匡时	2011.6.8
清乾隆 青花红彩点金云龙纹四方扁瓶	高22.6cm	1,689,120	澳门中信	2011.11.25
清乾隆 青花矾红彩夔凤纹尊(一对)	高12.7cm×2	12,739,140	香港佳士得	2011.6.1
清乾隆 青花矾红云龙纹温酒壶	高18.5cm	3,220,000	中国嘉德	2011.5.22
清乾隆 青花墨彩诗文印盒	宽8.7cm	368,000	中国嘉德	2011.11.14
清乾隆 青花胭脂红缠枝莲纹罐(一对)	高20cm×2	241,500	北京匡时	2011.12.05
清乾隆 青花水波纹矾红彩「洪福齐天」图罐	高19.5cm	2,279,600	香港苏富比	2011.10.05
清乾隆 青花矾红云龙纹缸	直径16cm	224,000	苏州东方	2011.4.28
清乾隆 青花矾红云龙纹盏托	直径12cm	86,250	中国嘉德	2011.6.18
清乾隆 青花五彩龙凤纹碗(一对)	直径12.8cm×2	805,000	北京匡时	2011.6.8
清乾隆 青花五彩龙凤纹碗	直径13cm	224,000	十竹斋	2011.5.29
清乾隆 官窑龙凤纹碗	直径15.5cm	66,000	上海拍卖	2011.4.23
清乾隆 青花加彩花卉盘(一对)	直径11.5cm	115,000	北京保利	2011.4.16
清乾隆 青花矾红云龙纹盘(一对)	直径15.5cm	134,400	苏州东方	2011.4.28
清乾隆 青花海水矾红龙纹盘(一对)	直径17.5cm	552,000	北京诚轩	2011.11.12
清乾隆 青花矾红云龙纹盘(一对)	直径16.3cm	264,500	北京东正	2011.6.5
清乾隆 青花矾红云龙盘(一对)	直径16cm	287,500	北京保利	2011.6.7
清乾隆 青花矾红万福纹盘(一对)	直径15.5cm	345,000	北京东正	2011.11.17
清乾隆 青花矾红龙纹盘(一对)	直径17.5cm	575,000	北京保利	2011.4.16
清乾隆 青花红彩云龙纹盘(二件)	直径9cm	69,000	北京翰海	2011.11.19
清乾隆 青花胭脂水五蝠捧寿纹盘	直径24cm	184,000	北京翰海	2011.5.21
清乾隆 青花胭脂红龙纹盘	直径15.8cm	103,500	中国嘉德	2011.3.19
清乾隆 青花五彩忍冬纹盘	直径15.5cm	173,600	辽宁中正	2011.1.14
清乾隆 青花五彩忍冬纹大盘	直径21cm	134,400	辽宁中正	2011.1.14
清乾隆 青花绿彩龙纹盘	口径17.5cm	69,000	上海崇源	2011.7.6
清乾隆 青花黄彩云龙纹盘	直径25cm	805,000	北京匡时	2011.12.05
清乾隆 青花黄彩云龙纹盘	直径25cm	575,000	中国嘉德	2011.6.18
清乾隆 青花黄彩"赶珠云龙"图盘	直径25cm	1,027,240	香港苏富比	2011.4.8
清乾隆 青花红彩海水龙纹盘	直径17.4cm	184,000	中国嘉德	2011.6.18
清乾隆 青花矾红九龙纹大盘	直径47.5cm	23,000,000	中拍国际	2011.12.06
清乾隆 青花矾红九龙闹海纹盘	直径17.6cm	241,500	中拍国际	2011.7.17
清乾隆 青花矾红海水龙纹盘	直径17cm	380,800	云南典藏	2011.5.14
清乾隆 青花矾红海水龙纹盘	直径17cm	310,500	北京保利	2011.10.22
清乾隆 青花矾红海水龙纹盘	直径17.4cm	134,400	云南典藏	2011.5.14
清乾隆 青花矾红海水龙纹盘	直径17.5cm	89,600	苏州东方	2011.4.28
清乾隆 青花矾红云龙纹格碟	直径13.2cm	89,600	天津文物	2011.11.12
清乾隆 青花矾红缠枝莲纹小杯(一对)	高8.2cmcm	414,000	广州艺拍	2011.6.12
清嘉庆 青花红彩花卉碗	直径8cm	126,500	北京翰海	2011.5.21
清嘉庆 青花矾红描金苍龙教子纹「懋勤殿」玺印盒	直径23cm	17,020,000	北京保利	2011.12.06
清嘉庆 青花矾红龙纹盘	直径17.5cm	276,000	广州艺拍	2011.6.12
清嘉庆 青花矾红海水龙纹盘	直径17.5cm	195,500	中国嘉德	2011.3.19

2011瓷器拍卖成交汇总

(成交价RMB：5万元以上)

拍品名称	尺寸	成交价RMB	拍卖公司	拍卖日期
清嘉庆 青花矾红海水龙纹盘	直径17.8cm	115,000	北京永乐	2011.11.15
清嘉庆 青花矾红缠枝莲纹折沿杯(一对)	直径6.8cm	66,700	北京东正	2011.6.5
清嘉庆 青花矾红缠枝莲纹碗(一对)	直径14.6cm×2	2,012,500	北京匡时	2011.12.05
清嘉庆 青花矾红彩"龙凤呈祥"图盖碗	直径10.9cm	421,000	香港苏富比	2011.4.8
清道光 青花红彩龙纹赏瓶	高38.7cm	253,000	中国嘉德	2011.5.23
清道光 胭脂红釉青花三羊开泰碗	直径15cm	287,500	中国嘉德	2011.11.13
清道光 胭脂红青花八仙纹碗	直径22cm	134,400	太平洋	2011.09.17
清道光 青花粉彩安居乐业双耳瓶	高30cm	8,280,000	北京保利	2011.12.07
清道光 青花缠枝莲纹粉彩十八罗汉图扁方瓶	高30.5cm	31,050,000	中国嘉德	2011.5.22
清道光 胭脂地海水青花八仙人物纹碗	直径22.4cm	195,500	中国嘉德	2011.3.19
清道光 青花胭脂红八仙祝寿碗	直径22.3cm	402,500	中国嘉德	2011.11.13
清道光 青花胭脂红八仙过海碗	直径22cm	78,400	北京保利	2011.1.15
清道光 青花五彩忍冬纹莲子碗	直径10.4cm	230,000	北京诚轩	2011.5.22
清道光 青花五彩龙凤纹碗	直径15.8cm	299,000	北京东正	2011.6.5
清道光 青花五彩龙凤纹碗	直径15cm	235,200	辽宁中正	2011.1.14
清道光 青花五彩龙凤纹碗	直径15.5cm	230,000	江苏省拍	2011.12.10
清道光 青花黄彩龙纹碗	直径10.3cm	126,500	中国嘉德	2011.6.18
清道光 青花粉彩荷花纹碗	直径14.7cm	97,750	北京中汉	2011.5.23
清道光 青花矾红描金五福碗	直径9.2cm	92,000	上海崇源	2011.7.6
清道光 青花矾红海八怪纹碗(一对)	直径21.5cm	138,000	中国嘉德	2011.11.14
清道光 青花矾红缠枝莲托八宝纹碗(一对)	直径10.3cm	149,500	中国嘉德	2011.6.18
清道光 青花地绿龙纹碗(一对)	直径10.3cm	460,000	北京东正	2011.11.17
清道光 青花五彩忍冬纹盘	直径21cm	78,200	中拍国际	2011.12.06
清道光 青花绿彩龙纹盘	直径17.5cm	86,250	北京匡时	2011.12.05
清道光 青花黄彩龙纹盘	直径25cm	56,000	北京保利	2011.1.15
清道光 青花矾红云龙纹盘	直径16.1cm	89,700	北京东正	2011.6.5
清道光 青花红彩缠枝莲纹六方盖盒	直径8.5cm	322,000	中国嘉德	2011.6.18
清道光 青花绿彩龙纹瓷罐	直径20cm	345,000	福建拍卖	2011.7.3
清道光 青花矾红彩八宝纹杯(一对)	直径10cm×2	402,500	北京匡时	2011.6.8
清咸丰 青花矾彩云龙纹碗	口径13.5cm	115,000	上海崇源	2011.7.6
清同治 青花矾红海兽纹碗	直径21.5cm	115,000	中国嘉德	2011.3.19
清光绪 青花矾红百蝠纹荸荠瓶	高33cm	97,750	北京九歌	2011.6.10
清光绪 青花矾红云蝠纹四方花盆(一对)	高19.8cm	112,000	云南典藏	2011.10.30
清光绪 青花矾红云蝠纹鹿头尊	高45.5cm	138,000	中拍国际	2011.12.06
清光绪 青花矾红云蝠茶壶	宽22cm	207,000	北京保利	2011.12.07
清光绪 胭脂斛海水青花八仙人物纹碗	直径22cm	89,700	北京翰海	2011.11.19
清光绪 胭脂地海水青花八仙图碗	直径21.8cm	69,000	中国嘉德	2011.09.17
清光绪 青花胭脂红八仙纹碗	直径22cm	69,000	中拍国际	2011.12.06
清光绪 青花胭脂红八仙纹碗	直径22.1cm	66,700	北京中汉	2011.3.19
清光绪 青花胭脂红八仙大碗	直径22cm	74,750	北京保利	2011.4.17
清光绪 青花珊瑚红"洪福齐天"纹小碟(八件)	直径7.5cm	60,352	香港拍得高	2011.10.06
清光绪 青花描金云龙纹碗(二件)	直径14cm	138,000	北京翰海	2011.5.21
清光绪 青花粉彩花卉草虫纹碗	直径17.8cm	69,000	北京翰海	2011.11.19
清光绪 青花粉彩荷莲纹碗(二件)	直径17.5cm	207,000	北京翰海	2011.11.19
清光绪 青花矾红云蝠纹对碗	直径13.5cm	69,000	福建拍卖	2011.7.3
清光绪 青花矾红五蝠纹碗(一对)	直径13.8cm	103,500	北京东正	2011.11.17
清光绪 青花矾红海水龙纹碗(一对)	直径17cm	126,500	中国嘉德	2011.11.14
清光绪 青花矾红海八怪大碗	直径20cm	63,250	北京保利	2011.10.22
清光绪 青花粉彩鸡缸杯	直径7.5cm	1,725,000	北京匡时	2011.6.8
清光绪 青花地黄彩云龙纹盘	高31.8cm	89,700	中拍国际	2011.12.06
清光绪 青花红彩蝠纹盘(二件)	直径14.6cm	63,250	北京翰海	2011.11.19
清宣统 青花矾红云蝠纹碗	直径14.5cm	89,600	天津文物	2011.5.13
清 枣红釉青花芭蕉云头纹橄榄赏瓶	高42cm	190,000	中都国际	2011.3.13
清 青花五彩人物纹瓶	高35cm	320,000	红太阳	2011.5.28
清 青花五彩博古纹瓶(一对)	高34cm	50,000	红太阳	2011.5.28
清 青花加彩开光花鸟纹瓶	高39.8cm	84,029	台北富博斯	2011.12.18
清 青花粉彩花卉纹天球瓶	高65.5cm	313,600	辽宁中正	2011.4.17
清 青花矾红花卉碗(一对)	高10cm	360,000	红太阳	2011.5.28
清 黄地青花五彩龙纹碗	直径11cm	55,200	北京保利	2011.4.17
清 仿万历青花五彩人物碗(一对)	直径14.5cm	67,200	十竹斋	2011.5.29
清 宣统 青花珊红描金云蝠碗(一对)	直径13cm	100,800	上海新华	2011.6.25
清 青花五彩龙凤纹碗	直径15cm	67,200	北京保利	2011.1.15
清 青花粉彩花卉云鹤纹碗	直径15.5cm	115,000	华艺国际	2011.12.11
清 青花五彩花卉盘	直径19.6cm	224,000	江苏万达	2011.5.28

拍品名称	尺寸	成交价RMB	拍卖公司	拍卖日期
清 青花描金菊蝶纹印泥盒	宽10cm	230,000	上海崇源	2011.7.6
清 青花开光矾红云鹤纹花盆(一对)	高20cm	84,000	云南典藏	2011.10.30
青花五彩牡丹统瓶	高19cm	61,600	安华白云	2011.3.6
青花加红彩云蝠纹螭耳尊	高42cm	415,500	中博文化	2011.7.10
民国 青釉暗刻开光青花花鸟纹画缸	直径53cm	95,200	云南典藏	2011.10.30
邹俊［当代］18世纪学士青花对杯	高7.6cm	69,000	西泠拍卖	2011.7.19
喻冬华 青花斗彩花卉瓶	高38cm	74,750	北京保利	2011.12.07
王恩怀 鸟语花香 青花斗彩瓷盘	直径30.5cm	66,700	中国嘉德	2011.5.25
陆涛 青花斗彩《硕果图》	高40cm	62,000	广州银通	2011.3.12
龚华 青花五彩牵牛花瓶	高41cm	92,000	北京保利	2011.12.07
龚华 青花斗彩虞美人瓶	高45.5cm	138,000	北京保利	2011.6.5
斗彩				
明成化 斗彩高足杯	高8.9cm	4,600,000	上海崇源	2011.7.6
明成化 斗彩海水纹杯	直径5.7cm	2,709,120	澳门中信	2011.11.25
明成化 斗彩鸡缸杯	直径8cm	2,530,000	北京保利	2011.6.5
明成化 斗彩龙纹天字罐	高10.5cm	172,500	中国嘉德	2011.3.19
明成化 斗彩团莲纹高足杯	高7.7cm	19,301,220	香港佳士得	2011.6.1
明成化 斗彩团莲纹高足杯	高7.9cm	3,472,080	澳门中信	2011.11.25
明成化 斗彩婴戏图罐	高19cm	1,722,240	澳门中信	2011.6.25
明嘉靖 斗彩灵芝纹盘	直径14.8cm	970,920	香港佳士得	2011.6.1
明嘉靖 斗彩婴戏纹杯	直径6.1cm	1,725,000	北京中汉	2011.5.23
明万历 斗彩八吉祥碗	直径16.5cm	2,932,500	北京保利	2011.12.06
明万历 斗彩灵芝杯(一对)	直径6.7cm	103,500	北京保利	2011.4.16
明万历 斗彩如意纹小杯(一对)	直径6.5cm	126,500	广州嘉德	2011.6.11
明 斗彩花卉水盂	高70cm	1,120,000	江苏万达	2011.5.28
清康熙 斗彩人物纹葫芦瓶	高27cm	207,000	华艺国际	2011.12.11
清康熙 斗彩岁寒三友图罐	高12.3cm	2,845,960	香港苏富比	2011.4.8
清康熙 斗彩人物盖罐(一对)	高39cm	920,000	荣宝斋(沪)	2011.11.25
清康熙 斗彩花卉纹花觚 罐(一组五件)	尺寸不一	55,200	中国嘉德	2011.3.19
清康熙 官窑斗彩凤竹纹杯	口径6.9cm	179,200	琴岛荣德	2011.5.15
清康熙 仿成化斗彩折枝团花卉纹小杯(一对)	直径7.3cm	690,000	北京保利	2011.6.6
清康熙 仿成化斗彩鸡缸杯	直径7cm	920,000	北京保利	2011.6.6
清康熙 斗彩葡萄纹小杯(二件)	直径6cm	667,000	北京翰海	2011.11.19
清康熙 斗彩鸡觅食小杯(一对)	直径7.1cm	1,610,000	福建拍卖	2011.7.3
清康熙 斗彩鸡缸杯	直径6.5cm	1,035,000	北京保利	2011.10.23
清康熙 斗彩鸡缸杯	直径8cm	517,500	华艺国际	2011.12.11
清康熙 斗彩鸡缸杯	直径6.9cm	138,000	中国嘉德	2011.6.18
清康熙 斗彩花卉杯	直径11.9cm	368,000	北京翰海	2011.5.21
清康熙 斗彩荷花杯(一对)	直径6cm	3,220,000	北京保利	2011.6.5
清康熙 斗彩桂花诗文杯	高7cm	230,000	北京保利	2011.4.16
清康熙 斗彩杯	直径6.3cm	1,974,720	香港佳士得	2011.11.30
清康熙 黄地斗彩龙凤纹盘	口径21.2cm	1,232,000	江苏万达	2011.5.28
清康熙 斗彩鸳鸯荷塘图盘(一对)	直径17.8cm	97,750	北京诚轩	2011.5.22
清康熙 斗彩喜上眉梢盘	直径16cm	138,000	上海大众	2011.08.25
清康熙 斗彩五子莲盘(一对)	直径20cm	69,000	北京保利	2011.10.23
清康熙 斗彩三多石榴纹盘(一对)	直径20.5cm	109,250	中拍国际	2011.7.17
清康熙 斗彩三多石榴图盘(一对)	直径20.8cm	231,550	香港苏富比	2011.4.8
清康熙 斗彩人物纹盘(一对)	直径16cm	517,500	北京东正	2011.11.17
清康熙 斗彩花鸟纹盘	直径16cm	149,500	中国嘉德	2011.3.19
清康熙 斗彩鹤寿长春图盘	直径31.9cm	368,000	北京中汉	2011.3.19
清康熙 斗彩荷塘鸳鸯纹盘	直径15cm	63,250	北京中汉	2011.5.23
清康熙 斗彩海水龙纹盘(一对)	直径21cm	195,500	北京匡时	2011.6.8
清康熙 斗彩缠枝花卉盘(一对)	直径16cm	69,000	北京保利	2011.6.7
清康熙 斗彩八卦盘	直径20.8cm	161,000	中国嘉德	2011.5.23
清康熙 斗彩八卦海兽纹盘	直径20.6cm	172,500	北京中汉	2011.5.23
清康熙 斗彩云龙纹马蹄碗	直径16.1cm	253,000	北京诚轩	2011.11.12
清康熙 斗彩人物纹碗	直径18.2cm	55,200	中拍国际	2011.12.06
清康熙 斗彩菊花纹碗	直径11.5cm	138,000	北京翰海	2011.5.21
清康熙 斗彩花草团鹤纹碗	直径15cm	1,623,780	香港佳士得	2011.6.1
清康熙 斗彩荷塘鸳鸯图碗(一对)	直径15.2cm	1,128,280	香港苏富比	2011.4.8
清康熙 斗彩过枝竹凤纹笠式碗	高6.7cm	522,040	香港苏富比	2011.4.8
清康熙 斗彩福寿纹盖碗	直径12.6cm	713,000	中国嘉德	2011.6.18
清康熙 斗彩凤竹纹斗笠碗	直径6.8cm	56,000	云南典藏	2011.5.14
清康熙 斗彩螭龙纹碗	直径9.5cm	977,500	北京保利	2011.6.6
清康熙 斗彩「花蝶图」碗(一对)	直径8.6cm	902,000	香港苏富比	2011.10.05
清康熙 斗彩人物纹折沿洗	直径31.5cm	57,500	中国嘉德	2011.12.17

拍品名称	尺寸	成交价RMB	拍卖公司	拍卖日期
清康熙 斗彩指日高升笔筒	直径17.8cm	920,000	北京保利	2011.12.08
清康熙 斗彩魁星点斗题诗笔筒	高12.5cm	172,500	北京保利	2011.12.08
清康熙 斗彩开光四爱图方笔筒	高13.5cm	155,250	北京中汉	2011.5.23
清康熙 斗彩高士印盒	直径6.1cm	57,500	北京保利	2011.6.6
清雍正 斗彩花卉纹瓜棱瓶	高26cm	483,000	中翰清花	2011.09.10
清雍正 斗彩狩猎图盘口瓶	高37cm	414,000	北京保利	2011.7.26
清雍正 斗彩缠枝花卉观音瓶	高23.8cm	168,000	北京翰海	2011.09.18
清雍正 斗彩龙纹花觚	高35cm	425,600	辽宁建投	2011.5.11
清雍正 斗彩花蝶纹盖罐(一对)	高10.6cm	280,000	中鸿信	2011.6.26
清雍正 斗彩龙纹罐	高19cm	3,833,460	香港佳士得	2011.6.1
清雍正 仿成化斗彩折枝花卉纹罐	直径14cm	3,622,500	北京东正	2011.11.17
清雍正 斗彩八宝纹小盖罐	高16.7cm	840,000	江苏万达	2011.5.28
清雍正 斗彩夔凤纹盖罐	高5.6cm	368,000	北京中汉	2011.5.23
清雍正 仿成化斗彩云龙纹天字罐	高15cm	345,000	中翰清花	2011.09.10
清雍正 斗彩鸡缸杯一对连座	直径6.4cm×2	3,105,000	北京匡时	2011.12.05
清雍正 斗彩三多小杯(一对)	直径7cm	690,000	北京保利	2011.7.26
清雍正 斗彩“如日方中”高足杯	高8.6cm	12,480,400	香港苏富比	2011.10.05
清雍正 斗彩花鸟纹杯	直径8.2cm	1,824,660	香港佳士得	2011.6.1
清雍正 斗彩缠枝莲托梵文小杯	直径6cm	1,495,000	北京保利	2011.6.5
清雍正 斗彩福寿三多杯	直径7.2cm	1,422,900	香港佳士得	2011.6.1
清雍正 斗彩松竹梅压手杯	直径8.5cm	621,000	北京保利	2011.10.23
清雍正 斗彩花卉纹高足杯	高7.7cm	560,000	辽宁建投	2011.5.11
清雍正 仿成化斗彩莲托五珍宝卧小杯	直径6.9cm	468,720	香港佳士得	2011.6.1
清雍正 斗彩鸡缸杯	直径8.2cm	246,400	中鸿信	2011.6.26
清雍正 斗彩花纹小杯	高5cm	190,400	雍和嘉诚	2011.6.1
清雍正 官窑内斗彩外粉彩龙纹杯	直径5.8cm	136,500	上海拍卖	2011.4.23
清雍正 斗彩缠枝花卉纹杯	直径7.6cm	103,500	北京中汉	2011.3.19
清雍正 斗彩三多杯	径7cm	74,750	上海嘉泰	2011.10.17
清雍正 斗彩螭龙纹杯	直径5.7cm	57,500	中国嘉德	2011.6.18
清雍正 斗彩「皮球花」纹碗(一对)	直径10.2cm	9,514,600	香港苏富比	2011.4.7
清雍正 斗彩西洋花卉碗(一对)	直径12.3cm	4,830,000	中国嘉德	2011.5.22
清雍正 斗彩暗八仙福寿碗(一对)	直径13.3cm	4,140,000	北京保利	2011.12.06
清雍正 斗彩团龙图碗(一对)	高7.5cm	501,832	香港苏富比	2011.4.8
清雍正 斗彩花卉碗(一对)	直径12.5cm	492,800	雍和嘉诚	2011.6.1
清雍正 斗彩莲托团花纹斗笠碗	直径22.4cm	5,520,000	北京东正	2011.11.17
清雍正 斗彩碗	直径20.6cm	3,149,760	香港佳士得	2011.11.30
清雍正 斗彩红蝠花果寿山福海碗	直径14.5cm	2,072,000	上海新华	2011.6.25
清雍正 斗彩「三多」图撇口碗	直径16.2cm	2,037,640	香港苏富比	2011.4.7
清雍正 斗彩缠枝花卉碗	直径15cm	1,955,000	北京保利	2011.6.5
清雍正 斗彩碗	直径15.6cm	1,485,120	香港佳士得	2011.11.30
清雍正 斗彩团花纹碗	直径22.3cm	1,222,020	香港佳士得	2011.6.1
清雍正 斗彩「木兰瑞鸟」图碗	直径14.3cm	1,197,200	香港苏富比	2011.10.05
清雍正 斗彩郁金花卉纹小碗	直径12cm	1,150,000	北京华辰	2011.5.20
清雍正 斗彩龙纹斗笠盖碗	直径21cm	1,150,000	浙商拍卖	2011.08.28
清雍正 斗彩龙纹斗笠碗	直径20.5cm	1,012,000	北京保利	2011.4.16
清雍正 斗彩海浪腾龙纹斗笠碗	直径20.5cm	828,000	北京保利	2011.10.22
清雍正 斗彩团菊碗	直径11cm	805,000	北京保利	2011.4.17
清雍正 斗彩团花纹碗	直径15.3cm	803,600	香港苏富比	2011.10.05
清雍正斗彩开光四季花卉团蝶纹斗笠碗	直径22.2cm	713,000	北京中汉	2011.5.23
清雍正斗彩内「戏珠云龙」外人物图碗	直径9.8cm	557,600	香港苏富比	2011.10.05
清雍正 斗彩道教暗八仙纹碗	直径13cm	506,000	北京保利	2011.10.22
清雍正 斗彩卷草纹碗	直径13cm	448,500	中拍国际	2011.12.06
清雍正斗彩内彩蝶外四季团花图直口碗	直径22.4cm	441,208	香港苏富比	2011.4.8
清雍正斗彩内彩蝶外四季团花图直口碗	直径22.4cm	441,208	香港苏富比	2011.4.8
清雍正 斗彩海水云龙纹花口斗笠碗	直径19.5cm	437,000	北京东正	2011.6.5
清雍正 斗彩花卉纹碗	直径10.2cm	403,200	天津文物	2011.11.12
清雍正 斗彩道教团鹤碗	直径12cm	356,500	北京保利	2011.10.22
清雍正 斗彩福禄寿三星碗	直径20cm	103,500	北京保利	2011.4.17
清雍正 斗彩团花纹碗	直径14.8cm	95,200	云南典藏	2011.5.14
清雍正 斗彩团花碗	直径14cm	92,000	北京保利	2011.10.22
清雍正 斗彩松树葡萄纹小碗	直径6.5cm	67,200	北京保利	2011.1.15
清雍正 斗彩暗刻团龙纹碗	直径13.2cm	67,200	长风拍卖	2011.1.20
清雍正 斗彩寿字碗	直径14.4cm	66,700	中国嘉德	2011.09.17
清雍正 斗彩岁寒三友碗	直径18cm	63,800	上海拍卖	2011.4.23
清雍正 斗彩荷塘鸳鸯盘(一对)	直径17.5cm	3,029,940	香港佳士得	2011.6.1
清雍正 斗彩绿龙盘(一对)	直径21cm	2,300,000	北京保利	2011.6.5
清雍正 斗彩花卉纹盘(一对)	直径15.7cm	1,725,000	中国嘉德	2011.09.17

拍品名称	尺寸	成交价RMB	拍卖公司	拍卖日期
清雍正 斗彩寿翁乘槎图盘(一对)	直径17.6cm	1,092,500	北京诚轩	2011.5.22
清雍正 斗彩团菊纹盘(一对)	直径11.2cm	862,500	中国嘉德	2011.09.17
清雍正 斗彩并蒂莲盘(一对)	直径15.5cm	805,000	北京保利	2011.6.6
清雍正 斗彩火焰龙纹盘(一对)	直径11cm	610,000	中都国际	2011.3.13
清雍正 斗彩缠枝西番莲纹盘(一对)	直径20.2cm	575,000	北京中汉	2011.5.23
清雍正 斗彩花果纹盘(一对)	直径11.4cm	368,000	北京诚轩	2011.5.22
清雍正 斗彩花卉盘(一对)	直径11.5cm	336,000	雍和嘉诚	2011.6.1
清雍正 斗彩龙纹盘(一对)	直径16cm	161,000	中国嘉德	2011.3.19
清雍正 斗彩过枝梅小盘(一对)	直径8.5cm	110,000	中都国际	2011.6.12
清雍正 斗彩缠枝莲纹盘(一对)	直径15.6cm	96,320	太平洋	2011.09.17
清雍正 斗彩龙纹盘(一对)	直径11.3cm	86,250	北京九歌	2011.6.10
清雍正 斗彩荷花鸳鸯纹盘(一对)	口径16cm	57,500	上海大众	2011.08.25
清雍正 斗彩荷莲鸳鸯纹卧足盘(二件)	直径17.5cm	1,380,000	北京翰海	2011.5.19
清雍正 斗彩夔凤纹八宝大盘	直径50.5cm	6,670,000	中国嘉德	2011.5.22
清雍正 斗彩盘	直径20cm	2,366,400	香港佳士得	2011.11.30
清雍正 斗彩灵仙祝寿盘	口径20.8cm	1,792,000	江苏万达	2011.5.28
清雍正 斗彩菊花捧寿纹盘	直径20cm	1,380,000	北京诚轩	2011.5.22
清雍正 斗彩龙凤纹大盘	直径43.5cm	1,344,000	雍和嘉诚	2011.6.1
清雍正 斗彩太极八卦纹盘	直径20cm	690,000	北京东正	2011.11.17
清雍正 斗彩寿山福海盘	直径17cm	644,000	北京保利	2011.6.7
清雍正 斗彩鸳鸯莲纹窝足盘	口径17cm	560,000	江苏万达	2011.5.28
清雍正 斗彩里山水外竹灵芝纹盘	直径15.8cm	483,000	北京华辰	2011.5.20
清雍正 斗彩洞石花卉纹盘	直径21.3cm	437,000	北京九歌	2011.6.10
清雍正 斗彩缠枝花卉纹盘	直径20.6cm	368,000	北京翰海	2011.11.19
清雍正 斗彩花卉盘	直径20cm	322,000	长风拍卖	2011.6.21
清雍正 斗彩缠枝灵芝捧寿纹花口盘	直径20.7cm	224,000	天津文物	2011.11.12
清雍正 斗彩八卦海浪纹盘	直径20cm	184,000	北京保利	2011.6.7
清雍正 斗彩花卉纹盘	直径16.6cm	161,000	中国嘉德	2011.6.18
清雍正 斗彩缠枝花卉纹盘	直径11cm	138,000	北京匡时	2011.12.05
清雍正 斗彩鱼化龙纹盘	直径15.9cm	126,500	中拍国际	2011.12.06
清雍正 斗彩松鹿纹盘	直径15.6cm	89,600	长风拍卖	2011.1.20
清雍正 斗彩忍冬纹盘	直径21.5cm	69,000	北京中汉	2011.5.23
清雍正 斗彩花卉盘	直径27cm	69,000	北京保利	2011.4.17
清雍正 斗彩花卉盘	直径20.7cm	59,800	中国嘉德	2011.11.14
清雍正 斗彩缠枝花卉纹花插	高15cm	437,000	上海大众	2011.08.25
清雍正 斗彩高士图四方笔筒	高15.5cm	632,500	中拍国际	2011.7.17
清雍正 斗彩团花纹镗锣洗	直径15.4cm	299,000	北京中汉	2011.5.23
清雍正 斗彩云龙纹水丞	高3.3cm	224,000	中鸿信	2011.6.26
清雍正 斗彩龙纹水盂	直径8.5cm	179,200	北京保利	2011.1.15
清雍正 斗彩花卉纹小碟	直径8.6cm	72,800	北京保利	2011.1.15
清乾隆 斗彩团花纹瓶	高22.5cm	3,910,000	广州艺拍	2011.6.12
清乾隆 斗彩龙凤呈祥瓶	高36.3cm	805,000	中国嘉德	2011.5.22
清乾隆 斗彩缠枝花卉纹双耳瓶	高18.5cm	1,150,000	北京匡时	2011.6.8
清乾隆 斗彩缠枝花卉凤凰纹瓶	高20cm	363,860	中信国际	2011.3.13
清乾隆 斗彩百子闹龙灯洗口梅瓶	高25.5cm	3,136,000	北京翰海	2011.09.18
清乾隆 斗彩缠枝莲纹贯耳尊	高57cm	402,500	北京歌德	2011.4.24
清乾隆 斗彩香炉 烛台 花觚(五件)	尺寸不一	23,061,297	伦敦苏富比	2011.5.11
清乾隆 斗彩团菊纹罐(一对)	高12.2cm	4,704,000	北京永乐	2011.5.24
清乾隆 斗彩团菊罐(一对)	高11cm	1,725,000	北京保利	2011.6.7
清乾隆 斗彩团菊纹小盖罐	高11.6cm	448,000	江苏万达	2011.5.28
清乾隆 斗彩团菊纹罐	高11.1cm	920,000	中国嘉德	2011.11.13
清乾隆 斗彩团菊纹罐	高11.5cm	690,000	中国嘉德	2011.11.14
清乾隆 斗彩团菊纹罐	高11cm	437,000	北京中汉	2011.5.23
清乾隆 斗彩团花盖罐	高12cm	2,415,000	北京匡时	2011.6.8
清乾隆 斗彩花卉盖罐	高12cm	51,750	北京九歌	2011.6.10
清乾隆 斗彩缠枝团花纹罐	高12.3cm	1,265,000	北京东正	2011.11.17
清乾隆 斗彩八吉祥「赶珠云龙」图罐	高20cm	1,886,000	香港苏富比	2011.10.05
清乾隆 斗彩团花卷草纹缸	直径32.5cm	9,200,000	中国嘉德	2011.11.13
清乾隆 斗彩花卉纹缸	直径33cm	5,535,225	纽约佳士得	2011.3.24
清乾隆 斗彩缠枝花卉缸	直径33cm	575,000	北京保利	2011.12.08
清乾隆 斗彩花卉碗(一对)	直径9.5cm	64,960	雍和嘉诚	2011.6.1
清乾隆 斗彩荷塘鸳鸯纹小碗(一对)	直径10.2cm	1,380,000	北京中汉	2011.5.23
清乾隆 斗彩缠枝莲纹碗(一对)	直径17.2cm	57,500	广州艺拍	2011.6.12
清乾隆 斗彩缠枝花卉碗(一对)	直径14.5cm	1,092,500	北京保利	2011.6.6
清乾隆 斗彩并蒂莲纹碗(一对)	直径12.6cm	172,500	中国嘉德	2011.11.14
清乾隆 斗彩暗八仙纹碗(一对)	口径17cm	57,500	上海崇源	2011.7.6
清乾隆 官窑斗彩折枝花卉纹碗	直径15.7cm	199,500	上海拍卖	2011.4.23

2011瓷器拍卖成交汇总

(成交价RMB：5万元以上)

拍品名称	尺寸	成交价RMB	拍卖公司	拍卖日期
清乾隆 斗彩团花纹马蹄碗	直径15.2cm	112,700	中拍国际	2011.12.06
清乾隆 斗彩团花瑞果图卧足马蹄碗	直径15.5cm	1,027,240	香港苏富比	2011.4.8
清乾隆 斗彩团花马蹄碗	直径15.1cm	287,500	中国嘉德	2011.5.23
清乾隆 斗彩寿字纹碗	直径12.5cm	425,600	北京荣宝	2011.3.18
清乾隆 斗彩花卉纹碗	直径14.3cm	97,750	中国嘉德	2011.11.14
清乾隆 斗彩花卉纹碗	直径14.2cm	69,000	中国嘉德	2011.11.14
清乾隆 斗彩花卉碗	直径17cm	97,750	北京保利	2011.10.23
清乾隆 斗彩贯套花卉纹碗	直径15cm	190,400	天津文物	2011.11.12
清乾隆 斗彩缠枝花卉纹碗	直径14.2cm	172,500	北京翰海	2011.5.21
清乾隆 官窑斗彩缠枝莲盘(一对)	直径15.7cm	69,300	上海拍卖	2011.4.23
清乾隆 斗彩寿字纹盘(一对)	直径20.8cm	598,000	北京东正	2011.6.5
清乾隆 斗彩寿字纹盘(一对)	直径20.5cm	537,600	云南典藏	2011.5.14
清乾隆 斗彩寿字纹盘(一对)	直径14.5cm	460,000	北京诚轩	2011.5.22
清乾隆 斗彩绿龙纹盘(一对)	尺寸不一	896,000	北京荣宝	2011.11.11
清乾隆 斗彩龙纹五蝠盘(一对)	直径16cm	322,000	北京保利	2011.4.17
清乾隆 斗彩灵芝寿字盘(一对)	直径14.5cm	460,000	中国嘉德	2011.3.19
清乾隆 斗彩夔凤盘(一对)	直径19cm	517,500	北京保利	2011.10.22
清乾隆 斗彩花卉纹盘(一对)	直径16cm	172,500	上海大众	2011.08.25
清乾隆 斗彩贯穿花卉寿字纹盘(一对)	直径20.5cm	414,000	中拍国际	2011.7.17
清乾隆 官窑斗彩捧寿纹盘	直径20.7cm	262,500	上海拍卖	2011.4.23
清乾隆 斗彩云鹤纹盘	直径14.5cm	287,500	北京东正	2011.11.17
清乾隆 斗彩西番莲纹盘	直径19cm	257,600	辽宁中正	2011.1.14
清乾隆 斗彩团寿纹盘	直径20.8cm	212,800	苏州东方	2011.4.28
清乾隆 斗彩套环花寿字盘	直径21cm	276,000	北京匡时	2011.12.05
清乾隆 斗彩寿字纹盘	直径14.7cm	172,500	北京东正	2011.6.5
清乾隆 斗彩寿字纹盘	直径20.8cm	82,800	中国嘉德	2011.6.18
清乾隆 斗彩寿纹盘	直径14.5cm	728,000	天津文物	2011.11.12
清乾隆 斗彩寿石灵芝纹盘	直径14.7cm	168,000	云南典藏	2011.10.31
清乾隆 斗彩忍冬纹盘	直径15.5cm	161,000	北京东正	2011.11.17
清乾隆 斗彩忍冬纹盘	直径21cm	80,500	中国嘉德	2011.6.18
清乾隆 斗彩夔凤纹盘	直径19cm	230,000	北京中汉	2011.5.23
清乾隆 斗彩夔凤纹盘	直径19cm	126,500	中国嘉德	2011.11.14
清乾隆 斗彩夔凤盘	直径19cm	414,000	北京保利	2011.4.16
清乾隆 斗彩花卉大盘	直径39cm	56,000	苏州东方	2011.4.28
清乾隆 斗彩贯套捧寿纹盘	直径20.6cm	291,200	天津文物	2011.11.12
清乾隆 斗彩凤穿花纹盘	直径19cm	184,000	北京翰海	2011.5.21
清乾隆 斗彩道教暗八仙折沿盘	直径19.5cm	483,000	北京保利	2011.10.22
清乾隆 斗彩穿花祥凤图纹盘	直径19cm	252,600	香港苏富比	2011.4.8
清乾隆 斗彩暗八仙折纹腰盘	直径20cm	437,000	北京东正	2011.11.17
清乾隆 斗彩花卉纹杯(一对)	直径6.9cm	66,700	中拍国际	2011.12.06
清乾隆 斗彩团莲纹高足杯	高7.9cm	9,725,200	香港苏富比	2011.10.05
清乾隆 斗彩卷草纹铺首棱形三足水盂	高5.8cm	230,000	北京东正	2011.6.5
清乾隆 斗彩海屋添筹盏托(一对)	直径12cm	483,000	北京保利	2011.6.6
清乾隆 斗彩宝杵纹镗锣洗	直径15.5cm	460,000	中国嘉德	2011.09.17
清嘉庆 斗彩折枝团花纹碗	直径15cm	230,000	北京东正	2011.11.17
清嘉庆 斗彩双龙捧寿葫芦瓶	高16.5cm	86,250	北京保利	2011.10.23
清嘉庆 斗彩花卉纹盘(一对)	直径26cm	168,000	北京荣宝	2011.08.13
清嘉庆 斗彩花卉碗	直径14.3cm	87,360	雍和嘉诚	2011.6.1
清嘉庆 斗彩缠枝花纹碗(一对)	直径14.5cm	184,000	华艺国际	2011.12.11
清嘉庆 斗彩缠枝花卉暗八仙纹折腰盘(一对)	直径20cm	918,400	北京永乐	2011.5.24
清道光斗彩团菊图盖罐(一对)		2,037,640	香港苏富比	2011.4.8
清道光斗彩云龙纹盖罐	高21.6cm	1,552,500	北京东正	2011.6.5
清道光斗彩团菊纹罐	高11.5cm	368,000	中国嘉德	2011.09.17
清道光斗彩绿龙纹盖罐	高21cm	1,568,000	北京永乐	2011.5.24
清道光斗彩花卉寿字小杯(一对)	直径5.4cm	161,000	北京保利	2011.6.6
清道光 青花斗彩团花马蹄碗(一对)	直径15.2cm	828,000	福建拍卖	2011.7.3
清道光斗彩团花纹马蹄式碗(一对)	直径15.2cm	820,260	香港佳士得	2011.6.1
清道光斗彩寿字纹碗(一对)	直径13cm	345,000	北京东正	2011.11.17
清道光斗彩寿字碗(一对)	直径13cm	460,000	北京保利	2011.12.07
清道光斗彩花卉马蹄碗(一对)	直径15.3cm	368,000	北京保利	2011.6.7
清道光斗彩荷塘鸳鸯纹碗(一对)	直径10.2cm	112,700	中拍国际	2011.12.06
清道光斗彩荷塘鸳鸯图碗(一对)	直径10.3cm	368,000	中国嘉德	2011.11.13
清道光斗彩佛莲纹碗(一对)	直径14cm	667,000	北京保利	2011.10.22
清道光斗彩缠枝花卉纹碗(一对)	直径14.3cm	598,000	北京中汉	2011.5.23
清道光斗彩缠枝花卉纹碗(一对)	直径14.3cm	437,000	中国嘉德	2011.11.13
清道光斗彩缠枝花卉碗(一对)	直径15cm	517,500	中国嘉德	2011.11.14

拍品名称	尺寸	成交价RMB	拍卖公司	拍卖日期
清道光 斗彩缠枝花卉碗(一对)	直径14cm	460,000	北京保利	2011.6.7
清道光 斗彩暗八仙图束腰碗(一对)	直径20.2cm	294,700	香港苏富比	2011.4.8
清道光 斗彩「荷塘鸳鸯」图碗(一对)	直径10.2cm	266,500	香港苏富比	2011.10.05
清道光 斗彩花卉纹碗(二件)	直径12.2cm	736,000	北京翰海	2011.5.21
清道光 斗彩缠枝花卉纹碗(二件)	直径14.1cm	483,000	北京翰海	2011.11.19
清道光 斗彩折枝花卉纹碗	直径15cm	366,188	香港佳士得	2011.6.1
清道光 斗彩团花马蹄碗	直径9cm	230,000	北京保利	2011.6.6
清道光 斗彩忍冬纹碗	直径10.1cm	172,500	中国嘉德	2011.11.13
清道光 斗彩莲纹碗	直径14.4cm	334,800	香港佳士得	2011.6.1
清道光 斗彩莲池鸳鸯图卧足碗	直径16.5cm	873,600	北京永乐	2011.5.24
清道光 斗彩莲池鸳鸯图墩式碗	直径16.5cm	168,000	辽宁中正	2011.4.17
清道光 斗彩开光博古图碗	直径15cm	184,000	中国嘉德	2011.11.13
清道光 斗彩花卉纹碗	直径15cm	460,000	北京翰海	2011.5.21
清道光 斗彩花卉纹碗	直径14.8cm	336,000	苏州东方	2011.4.28
清道光 斗彩花卉碗	直径15cm	172,500	北京保利	2011.12.07
清道光 斗彩花卉碗	直径13.8cm	57,500	中国嘉德	2011.5.23
清道光 斗彩荷塘鸳鸯卧足碗	直径16.6cm	896,000	北京永乐	2011.5.24
清道光 斗彩荷塘鸳鸯卧足碗	直径16.7cm	828,000	北京保利	2011.12.07
清道光 斗彩荷塘鸳鸯纹卧足碗	直径16.4cm	336,000	天津文物	2011.11.12
清道光 斗彩荷塘鸳鸯纹墩式碗	直径16.9cm	299,000	北京中汉	2011.5.23
清道光 斗彩荷塘图碗	直径10.1cm	105,800	中国嘉德	2011.6.18
清道光 斗彩缠枝莲纹碗	直径14.3cm	292,950	香港佳士得	2011.6.1
清道光 斗彩缠枝莲纹碗	直径15.5cm	92,000	北京华辰	2011.5.20
清道光 斗彩缠枝莲纹碗	直径14cm	89,600	东方艺都	2011.7.6
清道光 斗彩缠枝花卉纹碗	直径14.2cm	172,500	中国嘉德	2011.3.19
清道光 斗彩缠枝花卉纹碗	直径14cm	168,000	天津文物	2011.5.13
清道光 斗彩缠枝花卉纹碗	直径14.3cm	97,750	北京中汉	2011.3.19
清道光 斗彩缠枝花卉碗	直径14.3cm	334,800	香港佳士得	2011.6.1
清道光 斗彩并蒂花卉纹碗	直径15.4cm	529,000	北京中汉	2011.5.23
清道光 斗彩暗八仙纹折腰碗	直径20.2cm	268,800	天津文物	2011.11.12
清道光 斗彩暗八仙纹折腰碗	直径21cm	161,000	华艺国际	2011.12.11
清道光 斗彩「荷塘鸳鸯」图卧足碗	直径16.5cm	389,500	香港苏富比	2011.10.05
清道光 斗彩寿字纹盘(一对)	直径14.7cm	218,500	广州艺拍	2011.6.12
清道光 斗彩寿字盘(一对)	直径14.1cm	184,000	北京保利	2011.12.08
清道光 斗彩花卉盘(一对)	直径20.8cm	161,000	中国嘉德	2011.5.23
清道光 斗彩凤穿花纹盘(一对)	直径19.2cm	672,000	北京荣宝	2011.11.11
清道光 斗彩凤穿花纹盘(一对)	直径19.2cm×2	582,400	北京荣宝	2011.08.13
清道光 斗彩道教暗八仙折腰笠式盘(一对)	直径20cm	437,000	北京保利	2011.10.22
清道光 斗彩暗八仙纹折腰盘(一对)	直径20cm	575,000	北京东正	2011.11.17
清道光 斗彩寿字盘(二件)	直径14.8cm	230,000	北京翰海	2011.5.21
清道光 斗彩团寿纹盘	直径21cm	112,700	中国嘉德	2011.11.13
清道光 斗彩寿字纹盘	直径14.4cm	138,000	中拍国际	2011.12.06
清道光 斗彩忍冬纹盘	直径21cm	115,000	北京东正	2011.11.17
清道光 斗彩忍冬纹盘	直径21.1cm	89,700	中国嘉德	2011.09.17
清道光 斗彩忍冬纹盘	直径21cm	59,800	广州嘉德	2011.6.11
清道光 斗彩夔凤纹盘	直径19.2cm	57,500	北京匡时	2011.6.8
清道光 斗彩凤纹盘	直径19.3cm	56,000	中鸿信	2011.6.26
清道光 斗彩缠枝花卉暗八仙折腰盘	直径20cm	299,000	北京保利	2011.6.6
清道光 斗彩八宝折腰盘	直径20cm	241,500	北京保利	2011.7.26
清道光 斗彩暗八仙纹折腰盘	直径20.5cm	161,000	中国嘉德	2011.3.19
清道光 外浅降内斗彩山水人物纹洗(一对)	直径12cm×2	156,800	东方艺都	2011.7.6
清道光 斗彩龙纹缶	高20cm	483,000	江苏省拍	2011.12.10
清中期 斗彩云龙纹双龙耳扁瓶	高48cm	3,220,000	北京保利	2011.12.08
清中期 斗彩西厢人物梅瓶	高39cm	230,000	北京保利	2011.12.08
清中期 斗彩如意云头卷口缠枝花卉瓶	高20.3cm	322,000	中国嘉德	2011.11.14
清中期 斗彩花卉梵文盘(一对)	直径16cm	138,000	中国嘉德	2011.12.17
清中期 斗彩仿青铜双耳瓶	高33cm	230,000	北京保利	2011.12.08
清中期 斗彩螭龙纹方花盆	长34cm	109,250	北京保利	2011.12.08
清中期 斗彩缠枝莲纹长方花盆	直径45.5cm	425,600	天津文物	2011.11.12
清咸丰 斗彩暗八仙折腰碗	直径20.3cm	418,500	香港佳士得	2011.6.1
清咸丰 斗彩「暗八仙」图束腰盘	直径20.4cm	429,680	香港苏富比	2011.10.05
清同治 斗彩夔龙蝠纹花口碗(一对)	直径20.2cm	172,500	中国嘉德	2011.11.14
清同治 斗彩花卉纹杯(一对)	直径5.9cm	69,000	中国嘉德	2011.5.23
清同治 斗彩暗八仙折腰碗	直径20.3cm	251,100	香港佳士得	2011.6.1
清光绪 官窑十二花神斗彩杯(十二件)	直径6.5cm	189,000	上海拍卖	2011.4.23

拍品名称	尺寸	成交价RMB	拍卖公司	拍卖日期
清光绪 斗彩竹石芭蕉图玉壶春瓶	高30.5cm	115,000	中国嘉德	2011.11.14
清光绪 斗彩三友纹玉壶春瓶	高32cm	233,910	中信国际	2011.3.13
清光绪 斗彩花卉纹盘	直径21cm	51,750	江苏省拍	2011.12.10
清光绪 斗彩荷塘鸳鸯图盘(一对)	直径24.6cm	92,000	中国嘉德	2011.3.19
清光绪 斗彩道教暗八仙折沿盘(一对)	直径21cm	241,500	北京保利	2011.10.22
清光绪 斗彩八仙大碗	直径22cm	63,250	北京保利	2011.7.27
清光绪 斗彩八吉祥折腰盘(一对)	直径20.7cm	57,500	北京保利	2011.6.7
清光绪 斗彩暗八仙纹折腰碗	直径20.8cm	218,400	天津文物	2011.11.12
清光绪 斗彩暗八仙纹折腰盘(二件)	直径20.1cm	126,500	北京翰海	2011.5.21
清光绪 斗彩暗八仙纹折腰盘	直径20.5cm	57,500	中国嘉德	2011.6.18
清18世纪 斗彩锦鸡花石图盘	直径61cm	1,936,600	香港苏富比	2011.4.8
清18世纪 斗彩鸣凤在竹纹小碗	直径10cm	222,709	香港富得	2011.4.9
清 斗彩小杯(一对)	直径6.1cm	257,600	十竹斋	2011.5.29
清 斗彩双鱼纹斗笠碗	直径20cm	57,500	北京华辰	2011.5.20
清 斗彩狮子纹盘	直径19cm	480,000	红太阳	2011.5.28
清 斗彩山水人物纹大瓶	高93cm	115,000	中拍国际	2011.7.17
清 斗彩山水人物纹大笔筒	高15cm	103,224	香港淳浩	2011.11.26
清 斗彩人物罐	高17cm	112,000	江苏万达	2011.5.28
清 斗彩葡萄纹盘	直径26cm	380,000	红太阳	2011.5.28
清 斗彩龙凤纹双耳瓶	高36.8cm	250,000	红太阳	2011.5.28
清 斗彩龙凤纹高足盘	直径26.8cm	300,000	红太阳	2011.5.28
清 斗彩花卉纹洗	长11cm	59,800	中国嘉德	2011.6.18
清 斗彩花卉纹梅瓶	高26cm	200,000	红太阳	2011.5.28
清 斗彩花卉马蹄碗	直径18cm	149,500	北京保利	2011.4.17
清 斗彩荷塘鸳鸯纹盘(一对)	直径15.2cm	95,200	中鸿信	2011.6.26
清 斗彩福在眼前鼓墩(一对)	高48cm	207,000	上海嘉泰	2011.10.17
清 斗彩福纹碗(一对)	高15cm	170,000	红太阳	2011.5.28
清 斗彩蝶恋花纹碗(一对)	直径14cm	280,000	红太阳	2011.5.28
清 斗彩缠枝莲纹小缸	直径21.5cm	57,500	江苏万达	2011.5.28
清 斗彩缠枝花卉纹碗	直径16cm	480,000	红太阳	2011.5.28
清 斗彩缠枝蝠纹双耳瓶	高32cm	784,000	未来四方	2011.6.11
清 斗彩八宝麒麟纹盘(一对)	直径17.8cm	600,000	红太阳	2011.5.28
斗彩海鱼龙纹盘	直径16cm	134,400	北京翰海	2011.4.9
斗彩福寿纹盘	口径26.5cm	1,745,100	中博文化	2011.7.10
斗彩缠枝花卉碗	直径14.3cm	87,360	北京翰海	2011.09.18
斗彩"梅雀报喜"图盘	直径16cm	74,750	北京纳高	2011.7.6
饶晓晴 斗彩吉祥童子瓶	高47cm	109,250	北京保利	2011.6.5
三彩				
辽 三彩印鱼藻纹海棠式盘	长7.5cm	138,000	北京保利	2011.6.7
辽 三彩印花盘	直径24.5cm	195,500	北京保利	2011.6.7
辽 三彩放风筝纹枕	高10cm	90,000	红太阳	2011.5.28
明万历 黄地素三彩龙纹盘	直径13cm	230,000	北京保利	2011.12.08
明19世纪 三彩观音坐像	高89.8cm	3,833,460	香港佳士得	2011.6.1
明 素三彩麒麟纹大盘	直径48.5cm	67,200	辽宁中正	2011.4.17
明 三彩如来像	高110cm	253,000	西泠拍卖	2011.7.19
17世纪 天王三彩立像	高64cm	145,600	四川嘉禾	2011.1.23
清康熙 釉下三彩松竹纹棒槌瓶	高43.5cm	2,875,000	北京东正	2011.11.17
清康熙 釉下三彩山水纹案缸	直径23cm	201,250	中拍国际	2011.12.06
清康熙 釉下三彩山水花觚	高44.5cm	92,000	北京翰海	2011.12.18
清康熙 釉下三彩海水龙纹观音瓶	高45cm	345,000	中拍国际	2011.7.17
清康熙 釉下三彩"风云际会"橄榄瓶	高45.5cm	1,380,000	中拍国际	2011.7.17
清康熙 釉里三彩玉堂富贵图笔筒	高18.4cm	2,645,000	北京诚轩	2011.5.22
清康熙 釉里三彩剔刻玉兰牡丹单凤图笔筒	高15.5cm	828,000	北京永乐	2011.11.15
清康熙 素三彩雉鸡花卉纹罐	高21.5cm	2,025,540	香港佳士得	2011.6.1
清康熙 素三彩折枝花蝶暗刻龙纹碗(一对)	直径14.8cm	667,000	北京中汉	2011.5.23
清康熙 素三彩云龙纹盘(一对)	直径13.3cm	138,000	北京诚轩	2011.11.12
清康熙 素三彩送子观音坐像	高17.5cm	1,150,000	中国嘉德	2011.11.14
清康熙 素三彩龙纹盏托(一对)	长13cm	403,200	北京保利	2011.1.15
清康熙 素三彩龙纹盘	直径13cm	109,250	北京保利	2011.10.23
清康熙 素三彩龙纹花觚	高41.5cm	69,000	中国嘉德	2011.6.18
清康熙 素三彩花卉草虫花口洗	直径13.6cm	2,875,000	北京保利	2011.6.5
清康熙 素三彩花果暗刻龙纹盘	直径24.5cm	977,500	北京保利	2011.4.16
清康熙 素三彩海水天马纹观音尊	高54.5cm	517,500	中拍国际	2011.7.17
清康熙 素三彩观音莲座	高43cm	115,506	华辉拍卖	2011.5.28
清康熙 素三彩二龙竞珠图折沿盘	直径41cm	774,640	香港苏富比	2011.4.8

拍品名称	尺寸	成交价RMB	拍卖公司	拍卖日期
清康熙 素三彩暗刻龙纹盘	直径25cm	552,000	北京保利	2011.7.27
清康熙 素三彩暗刻龙纹花卉碗	直径15cm	402,500	北京保利	2011.6.6
清康熙 墨地素三彩喜鹊登梅图小罐	高8cm	115,000	中国嘉德	2011.3.19
清康熙 绿地素三彩花卉云龙纹大盘	直径35.2cm	230,000	北京中汉	2011.5.23
清康熙 黄地素三彩双龙戏珠纹盘	直径32.2cm	1,150,000	中国嘉德	2011.11.14
清康熙 黄地素三彩龙纹折沿大盘	直径40.5cm	5,635,000	北京保利	2011.12.06
清光绪 素三彩龙纹贲巴壶	高18.4cm	109,250	北京中汉	2011.3.19
清光绪 黄地素三彩云龙纹折沿大盘	直径47.2cm	672,000	北京永乐	2011.5.24
清光绪 黄地素三彩龙纹盘(一对)	直径10.5cm	86,250	北京保利	2011.6.7
清晚期 素三彩文官像(三件)	高22cm	63,250	北京保利	2011.7.26
清晚期 瓷塑素三彩关公 关平 周仓立像(一套)	尺寸不一	772,800	北京永乐	2011.5.24
清 釉下三彩笔筒	高14.5cm	62,117	香港淳浩	2011.7.30
清 素三彩释迦牟尼坐像	高25cm	89,600	十竹斋	2011.5.29
清 素三彩狮纹瓶	高12.8cm	350,000	红太阳	2011.5.28
清 素三彩梅纹瓶	高38cm	86,000	红太阳	2011.5.28
清 素三彩花鸟纹撇口瓶	高46cm	120,000	红太阳	2011.5.28
素三彩碗(一对)	直径12.7cm	92,000	北京纳高	2011.7.6
五彩				
元 五彩花卉异兽纹天球瓶	高43.2cm	43,056,000	澳门中信	2011.6.25
明宣德 五彩鸳鸯纹八角玉壶春	高40.6cm	5,740,800	澳门中信	2011.6.25
明弘治 五彩海水鱼纹盘	直径17.6cm	920,000	中国嘉德	2011.11.13
明嘉靖 五彩鱼藻纹大罐	高34.5cm	17,250,000	北京翰海	2011.5.19
明嘉靖 五彩团龙纹大罐	高37.6cm	3,450,000	北京中汉	2011.3.19
明嘉靖 五彩葡萄纹小杯	直径8.3cm	897,000	中国嘉德	2011.5.23
明嘉靖 五彩龙纹罐	高14cm	57,500	浙商拍卖	2011.08.28
明嘉靖 五彩龙纹盖罐	高18cm	460,000	北京保利	2011.12.06
明嘉靖 五彩莲托八宝盖罐	高22.5cm	53,760	太平洋	2011.09.17
明嘉靖 五彩「灵芝游龙」如方碗	直径13.4cm	1,633,480	香港苏富比	2011.4.7
明嘉靖 雕填漆龙纹嵌五彩人物印盒	直径11cm	207,000	北京保利	2011.4.16
明万历 五彩龙纹撇口盘	直径19.7cm	844,560	澳门中信	2011.11.25
明万历 五彩云龙纹瓜棱罐	高13cm	224,000	云南典藏	2011.5.14
明万历 五彩云龙透角方盒	直径16cm	97,750	上海嘉泰	2011.10.17
明万历 五彩云龙格式洗	直径23.5cm	218,500	北京保利	2011.12.08
明万历 五彩婴戏图碗	直径10.8cm	770,040	香港佳士得	2011.6.1
明万历 五彩献瑞进宝图撇口碗	直径11cm	673,600	香港苏富比	2011.4.8
明万历 五彩寿星像	高33.6cm	138,000	荣宝斋(沪)	2011.11.25
明万历 五彩人物图小碟	直径9.3cm	483,000	中国嘉德	2011.5.23
明万历 五彩内「云龙」外「童子献寿」图碗	直径10.5cm	429,680	香港苏富比	2011.10.05
明万历 五彩模印缠枝花卉纹鼎式炉	高16.5cm	943,000	北京诚轩	2011.11.12
明万历 五彩龙纹洗	长27.5cm	126,500	北京保利	2011.12.08
明万历 五彩龙纹花觚	高38.7cm	4,370,000	北京东正	2011.6.5
明万历 五彩龙纹盒	长30.4cm	138,000	北京中汉	2011.3.19
明万历 五彩龙纹盒	长24cm	69,000	上海崇源	2011.10.12
明万历 五彩龙凤纹盘	直径16cm	207,000	北京匡时	2011.6.8
明万历 五彩开光龙纹方格洗	直径22cm	100,800	江苏爱涛	2011.5.8
明万历 五彩花鸟盘	直径15.8cm	368,000	北京保利	2011.6.7
明万历 五彩花鸟莲池蒜头瓶	高53.9cm	5,068,840	香港苏富比	2011.4.8
明万历 五彩花卉洞石图盘	直径23cm	115,000	北京诚轩	2011.11.12
明万历 五彩荷塘鸳鸯纹盘	直径25.4cm	64,960	天津文物	2011.11.12
明万历 五彩道教人物碗	直径11.2cm	253,000	中国嘉德	2011.5.23
明万历 五彩八仙祝寿图大盘	直径29.8cm	2,628,180	香港佳士得	2011.6.1
明万历 五彩「雄鸡飞凤」图葫芦壁瓶	高30.5cm	1,098,800	香港苏富比	2011.10.05
明万历 五彩「舞蹈人物」图鼓式盖罐	高16cm	8,854,472	香港苏富比	2011.4.7
明万历 五彩「龙凤呈祥」图盘	直径9.9cm	673,600	香港苏富比	2011.4.7
明万历 五彩"水波云龙"图笔管	长18.5cm	4,444,400	香港苏富比	2011.10.05
明万历 红地花卉凤纹壶	高14.3cm	363,584	澳门中信	2011.6.25
明 五彩云龙纹双耳三足炉	高30cm	550,000	红太阳	2011.5.28
明 五彩人物罐	9cm	134,400	雍和嘉诚	2011.6.1
明 五彩龙纹葫芦瓶	高34.8cm	390,000	红太阳	2011.5.28
明 五彩龙凤纹瓶	高50cm	50,000	红太阳	2011.5.28
明 五彩龙凤呈祥纹花觚	高28cm	800,000	红太阳	2011.5.28
明 "大明万历年制"五彩龙纹方盘	高3.5cm 径15cm	172,500	上海崇源	2011.10.12
清康熙 五彩狮子塑像(一对)	高36.7cm	92,000	中国嘉德	2011.11.14
清康熙 五彩庭院侍女图筒瓶	高36.9cm	207,000	北京永乐	2011.11.15

2011瓷器拍卖成交汇总

(成交价RMB：5万元以上)

拍品名称	尺寸	成交价RMB	拍卖公司	拍卖日期
清康熙 五彩三星图棒槌瓶	高45.9cm	94,300	中国嘉德	2011.6.18
清康熙 五彩人物诗文小棒槌瓶	高17.5cm	97,750	中国嘉德	2011.11.14
清康熙 五彩人物故事象腿瓶	高47cm	103,500	福建拍卖	2011.7.3
清康熙 五彩人物故事纹棒槌瓶	高43cm	1,265,000	北京保利	2011.6.6
清康熙 五彩人物故事瓶	高46cm	80,500	北京匡时	2011.6.8
清康熙 五彩人物故事棒槌瓶	高47cm	1,058,000	北京保利	2011.12.06
清康熙 五彩人物故事棒槌瓶	高48cm	805,000	北京保利	2011.7.26
清康熙 五彩人物棒槌瓶	高20cm	56,000	安华白云	2011.3.6
清康熙 五彩开光花鸟报春图棒槌瓶	高43cm	368,000	北京保利	2011.12.08
清康熙 五彩花鸟纹观音瓶	高42cm	179,200	云南典藏	2011.10.31
清康熙 五彩花鸟纹长颈瓶	高19cm	56,000	北京荣宝	2011.08.13
清康熙 五彩道教吹箫引凤棒槌瓶	高43.5cm	483,000	北京保利	2011.10.22
清康熙 五彩"穆桂英挂帅"图棒槌瓶	高46.5cm	402,500	中国嘉德	2011.11.14
清康熙 五彩"福寿"开光人物 纹棒槌瓶	高46cm	448,500	中拍国际	2011.12.06
清康熙 五彩人物纹凤尾尊	高43.6cm	494,500	中拍国际	2011.12.06
清康熙 五彩人物故事大凤尾尊	高78.5cm	1,035,000	北京保利	2011.6.5
清康熙 五彩加粉彩松鼠葡萄凤尾尊	高45cm	184,000	北京保利	2011.6.6
清康熙 五彩刀马人物故事大观音尊	直径61cm	690,000	北京保利	2011.6.6
清康熙 五彩四妃十六子将军罐	高25cm	168,000	北京荣宝	2011.08.13
清康熙 五彩人物纹将军罐	高35.5cm	97,750	北京中汉	2011.3.19
清康熙 五彩人物将军罐	高25cm	52,800	上海拍卖	2011.4.23
清康熙 五彩人物故事罐		145,600	中贸圣佳	2011.4.29
清康熙 五彩开光四季花卉纹罐	高23cm	172,500	上海崇源	2011.7.6
清康熙 五彩佛莲托八宝大花盆	直径50cm	552,000	北京保利	2011.10.22
清康熙 五彩莲塘清趣大缸	直径66.3cm	3,450,000	北京保利	2011.6.6
清康熙 珊瑚地五彩「九秋同庆」图碗 (一对)	直径10.9cm	11,872,200	香港苏富比	2011.4.7
清康熙 五彩荷塘鸳鸯纹碗	直径17cm	336,000	云南典藏	2011.10.31
清康熙 五彩「果鸟图」卧足碗	直径12.8cm	12,815,240	香港苏富比	2011.4.7
清康熙 珊瑚红地五彩九秋图碗	直径10.5cm	2,070,000	北京匡时	2011.6.8
清康熙 五彩云龙纹盘 (一对)	直径10.5cm	333,500	华艺国际	2011.12.11
清康熙 五彩鱼藻纹盘 (一对)	直径20.6cm	5,239,620	香港佳士得	2011.6.1
清康熙 五彩鱼藻纹盘 (一对)	直径20.5cm	1,322,500	北京保利	2011.6.6
清康熙 五彩麻姑献寿纹大盘 (一对)	直径39.5cm	1,092,500	中拍国际	2011.7.17
清康熙 五彩「寿桃」盘 (一对)	直径9.5cm	501,832	香港苏富比	2011.4.7
清康熙 五彩"麻姑献寿"图百寿字大盘 (一对)	直径39.5cm×2	2,352,000	北京荣宝	2011.11.11
清康熙 五彩云龙纹盘 (二件)	直径10.8cm	207,000	北京翰海	2011.5.21
清康熙 五彩雉鸡牡丹纹大盘	直径39cm	55,200	北京诚轩	2011.5.22
清康熙 五彩鱼藻图盘	直径20.3cm	3,220,000	北京东正	2011.11.17
清康熙 五彩庭园仕女纹盘	宽34cm	182,885	华辉拍卖	2011.5.28
清康熙 五彩宋人笔意花鸟纹盘	直径19cm	1,610,000	北京中汉	2011.5.23
清康熙 五彩麒麟凤纹大盘	直径36.4cm	57,500	中国嘉德	2011.09.17
清康熙 五彩麻姑献寿大盘	直径29cm	92,000	北京保利	2011.4.16
清康熙 五彩龙凤纹盘	直径32cm	2,240,000	北京荣宝	2011.11.11
清康熙 五彩龙凤纹盘	直径24.5cm	64,960	雍和嘉诚	2011.6.1
清康熙 五彩龙凤盘	直径25cm	92,000	北京翰海	2011.12.18
清康熙 五彩龙凤呈祥纹盘	直径32cm	345,000	中国嘉德	2011.11.14
清康熙 五彩莲池鱼藻纹盘	直径20.2cm	2,760,000	中国嘉德	2011.5.23
清康熙 五彩花鸟盘	直径20.3cm	3,910,000	北京保利	2011.6.5
清康熙 五彩荷塘图盘	直径20cm	333,500	中国嘉德	2011.09.17
清康熙 五彩过枝花鸟纹盘	直径19cm	358,400	辽宁中正	2011.4.17
清康熙 五彩对凤纹盘	直径21.5cm	69,000	北京匡时	2011.12.05
清康熙 五彩刀马人物纹大盘	宽46cm	11,270,000	中翰清花	2011.09.10
清康熙 五彩穿花龙凤纹盘	直径32cm	207,000	北京中汉	2011.5.23
清康熙 矾红五彩游鱼纹盘	直径20.2cm	66,700	北京中汉	2011.3.19
清康熙 五彩人物大碟	直径34.5cm	176,732	中信国际	2011.3.13
清康熙五彩「饮中八仙」卧足杯(一对)	高6cm	6,043,140	香港佳士得	2011.6.1
清康熙 五彩花神杯「七月」	高6.6cm	1,886,000	香港苏富比	2011.10.05
清康熙 御制五彩花神杯	直径7cm	448,500	北京匡时	2011.6.8
清康熙 五彩五月石榴花神杯	直径6.5cm	713,000	北京保利	2011.6.6
清康熙 五彩人物仕女小杯	直径9.3cm	851,000	北京保利	2011.6.7
清康熙 五彩花神杯	直径6.6cm	575,000	北京翰海	2011.11.19
清康熙 五彩花神杯	高6.5cm	115,000	广州艺拍	2011.6.12
清康熙 五彩花蝶纹杯	直径6.3cm	69,000	中国嘉德	2011.11.14
清康熙 五彩叱石成羊小杯	直径9.8cm	345,000	北京保利	2011.6.7

拍品名称	尺寸	成交价RMB	拍卖公司	拍卖日期
清康熙 五彩八月花神杯	直径6.3cm	402,500	北京保利	2011.6.5
清康熙 五彩樊红开光双龙纹元宝形杯	高7cm	67,200	琴岛荣德	2011.5.15
清康熙 五彩花鸟纹笔筒	高13.6cm	66,700	北京东正	2011.6.5
清康熙 五彩花鸟题诗大笔筒	直径19.7cm	667,000	北京保利	2011.6.7
清康熙 五彩花鸟笔筒	高14.5cm	97,750	北京保利	2011.4.17
清康熙 釉里红五彩花卉纹水盂	高8.2cm	3,450,000	北京中汉	2011.5.23
清康熙 五彩镂空万字锦纹狮纽方熏	高33.5cm	1,288,000	北京永乐	2011.5.24
清康熙 五彩赤鲤朝日纹洗	直径14.5cm	1,127,000	北京东正	2011.11.17
清康熙 五彩海水云龙纹斗笔	长42cm	468,720	香港佳士得	2011.6.1
清雍正 五彩山水人物罐	高18cm	264,500	北京保利	2011.12.08
清雍正 五彩加金饮中八仙张旭图马蹄杯	直径9.9cm	253,000	北京永乐	2011.11.15
清雍正 五彩加金饮中八仙李白图马蹄杯	直径10cm	287,500	北京永乐	2011.11.15
清雍正 五彩加金万寿图盘 (一对)	直径13cm	253,000	广州嘉德	2011.6.11
清雍正 五彩加粉彩踏雪寻梅图碗	直径9.6cm	598,000	北京中汉	2011.5.23
清雍正 五彩加粉彩道教福禄寿三星观音瓶	高48cm	69,000	北京保利	2011.10.22
清雍正 五彩博古图卷缸	直径22.5cm	57,500	中国嘉德	2011.3.19
清雍正 珊瑚红地五彩西番莲纹碗	直径11.6cm	2,415,000	北京中汉	2011.5.23
清雍正 珊瑚红地五彩牡丹纹碗(一对)		9,926,820	香港佳士得	2011.6.1
清雍正 墨地五彩花卉盘 (一对)	直径15cm	1,725,000	北京保利	2011.4.16
清雍正 墨地五彩花卉盘	直径15cm	184,000	北京保利	2011.6.7
清乾隆 五彩瑞兽纹葫芦瓶	高31.5cm	218,500	福建拍卖	2011.7.3
清乾隆 五彩龙凤纹碗 (一对)	直径13cm	943,000	北京诚轩	2011.5.22
清乾隆 五彩龙凤纹碗 (一对)	直径12.9cm	97,750	中国嘉德	2011.09.17
清乾隆 五彩龙凤纹碗	直径15.3cm	402,500	北京中汉	2011.5.23
清乾隆 五彩龙凤纹碗	直径15.6cm	402,500	北京翰海	2011.5.21
清乾隆 五彩龙凤纹碗	直径15cm	253,000	中国嘉德	2011.6.18
清乾隆 五彩龙凤纹碗	直径15.5cm	138,000	华艺国际	2011.12.11
清乾隆 五彩龙凤纹碗	直径13cm	95,200	北京保利	2011.1.15
清乾隆 五彩龙凤纹碗	直径15.4cm	69,000	北京中汉	2011.5.23
清乾隆 五彩龙凤碗 (一对)	直径15cm	1,012,000	北京保利	2011.6.7
清乾隆 五彩龙凤碗	直径15.5cm	63,250	北京翰海	2011.12.18
清乾隆 五彩穿花龙凤纹碗	直径13cm	218,500	北京保利	2011.6.6
清乾隆 青花五彩龙凤纹碗 (一对)	口径13cm	345,000	上海大众	2011.08.25
清嘉庆 珊瑚红地五彩描金婴戏图碗	直径21cm	1,222,020	香港佳士得	2011.6.1
清嘉庆 五彩庭园婴戏图碗	直径20.8cm	437,000	中国嘉德	2011.5.23
清嘉庆 五彩龙凤碗	直径15cm	69,000	北京保利	2011.7.26
清嘉庆 法轮	高27.5cm	805,000	北京翰海	2011.5.21
清道光 五彩忍冬纹盘 (一对)	直径21.2cm	115,000	北京诚轩	2011.11.12
清道光 五彩龙凤纹碗 (一对)	直径15.5cm	920,000	华艺国际	2011.12.11
清道光 五彩龙凤纹碗 (一对)	直径13cm	517,500	中国嘉德	2011.11.13
清道光 五彩龙凤纹碗 (二件)	直径13cm	690,000	北京翰海	2011.11.19
清道光 五彩龙凤纹碗 (二件)	直径13cm	690,000	北京翰海	2011.11.19
清道光 五彩龙凤纹碗	直径15.7cm	598,000	北京中汉	2011.5.23
清道光 五彩龙凤纹碗	直径15.7cm	345,000	北京中汉	2011.5.23
清道光 五彩龙凤纹碗	直径15.6cm	184,000	中国嘉德	2011.09.17
清道光 五彩龙凤纹碗	直径14.8cm	172,500	北京东正	2011.11.17
清道光 五彩龙凤纹玩	直径15.6cm	334,800	香港佳士得	2011.6.1
清道光 五彩龙凤碗 (三件)	直径14.7cm	747,500	北京保利	2011.12.07
清道光 五彩龙凤碗	直径15.5cm	172,500	北京保利	2011.4.16
清道光 五彩花神杯 (一对)	直径5.8cm	384,134	台北富博斯	2011.12.18
清道光 五彩花神杯 (一对)	直径5.8cm	253,000	中国嘉德	2011.11.13
清道光 五彩佛花盘 (二件)	直径20.9cm	149,500	北京翰海	2011.11.19
清道光 五彩佛花盘	直径20.9cm	80,500	北京翰海	2011.11.19
清道光 五彩「山水楼廊人物」图大尊	高82.3cm	459,200	香港苏富比	2011.10.05
清道光 珊瑚红地五彩九秋碗	直径12.6cm	1,725,000	中国嘉德	2011.5.22
清宣统3年 醴陵釉下五彩花卉瓶	高31cm	575,000	北京保利	2011.12.07
清咸丰 矾红五彩桃花鳜鱼图长颈瓶	高43.5cm	115,000	北京东正	2011.6.5
清晚期 五彩花鸟纹小赏瓶	高17cm	56,000	北京荣宝	2011.3.18
清光绪 五彩轧道八仙纹八棱瓶	高38.5cm	89,600	太平洋	2011.09.17
清光绪 五彩团龙凤纹瓶	高44.5cm	51,750	广州艺拍	2011.6.12
清光绪 五彩龙凤纹碗 (一对)	直径15cm	103,500	北京诚轩	2011.11.12
清光绪 五彩龙凤纹碗 (二件)	直径14.5cm	172,500	北京翰海	2011.5.21
清光绪 五彩开光花鸟瓶 (一对)	高46.5cm	86,250	广州艺拍	2011.6.12
清光绪 五彩雕瓷花卉四方瓶	高38.5cm	86,250	广州艺拍	2011.6.12
清光绪 五彩百蝶图梅瓶	高20cm	57,500	中国嘉德	2011.6.18
清 雪花地套五彩料花卉瓶	高25cm	53,760	蓝天国拍	2011.11.25

拍品名称	尺寸	成交价RMB	拍卖公司	拍卖日期
清 五彩折枝花纹碗	直径10cm	235,200	未来四方	2011.6.11
清 五彩婴戏图花觚	高43cm	61,600	天津文物	2011.5.13
清 五彩团罐(一对)	高26cm	106,400	浙江民和	2011.08.14
清 五彩人物纹碗	直径10cm	260,000	红太阳	2011.5.28
清 五彩人物六方瓶	高50cm	63,250	雍和嘉诚	2011.11.27
清 五彩人物故事纹盘	高54cm	69,440	天津文物	2011.5.13
清 五彩人物故事图花觚	高55.8cm	230,000	广州艺拍	2011.6.12
清 五彩龙凤纹碗	直径15.5cm	53,760	中贸圣佳	2011.1.23
清 五彩龙凤纹碗	直径15cm	51,750	北京保利	2011.7.27
清 五彩龙凤纹盘	直径29cm	260,000	红太阳	2011.5.28
清 五彩花卉纹摇铃尊	高23cm	582,400	未来四方	2011.6.11
清 五彩花卉草虫笔筒	高14.5cm	51,750	北京匡时	2011.6.8
清 五彩刀马人物图鼓凳(一对)	高48cm	190,400	苏州东方	2011.4.28
清 五彩八仙贺寿纹盖罐	高39cm	80,000	红太阳	2011.5.28
清 珊瑚红地五彩开光山水人物瓶	高46cm	84,000	云南典藏	2011.10.31
19世纪 黄地五彩花鸟纹双耳方形大瓶(一对)	高61cm	51,667	香港富得	2011.6.24
易武 釉下五彩“年年有餘”瓶	高38.5cm	80,500	北京保利	2011.12.07
五彩月季花纹苹果尊	高8.6cm	1,680,000	江苏万达	2011.5.28
五彩花鸟纹棒槌瓶	高42cm	1,911,300	中博文化	2011.7.10
五彩螭龙纹梅瓶	高58cm	1,495,800	中博文化	2011.7.10
陆涛 釉下五彩“岁寒三友”瓶	高40.5cm	149,500	北京保利	2011.12.07
郭文连 春庭捕蝶 五彩瓷瓶	高46.5cm	89,700	中国嘉德	2011.5.25
戴玉梅 风静荷香 五彩瓷瓶	高27cm	207,000	中国嘉德	2011.5.25
粉彩				
清康熙 五彩仙女献寿纹盘	直径39.4cm	1,021,140	香港佳士得	2011.6.1
清康熙 粉彩碗	直径19cm	2,758,080	香港佳士得	2011.11.30
清康熙 粉彩描金无量寿佛像	高32cm	3,450,000	上海崇源	2011.7.6
清雍正 粉彩渔家乐撇口瓶	高43cm	336,000	太平洋	2011.09.17
清雍正 粉彩四妃十六子纹撇口瓶	高43.5cm	632,500	中拍国际	2011.7.17
清雍正 粉彩仕女纹筒瓶	高20cm	95,200	天津文物	2011.5.13
清雍正 粉彩人物棒槌瓶	高42.9cm	460,000	北京东正	2011.6.5
清雍正 粉彩农家乐图棒槌瓶	高49.8cm	172,500	中国嘉德	2011.6.18
清雍正 粉彩牡丹纹橄榄瓶	高36.5cm	201,600	中翰清花	2011.4.10
清雍正 粉彩花鸟纹玉壶春瓶	高24.3cm	4,504,320	澳门中信	2011.11.25
清雍正 粉彩胡人戏狮图盘口瓶	高38cm	92,000	中国嘉德	2011.3.19
清雍正 粉彩荷塘水鸟观音瓶	高45.5cm	805,000	北京保利	2011.12.08
清雍正 粉彩荷花纹玉壶春瓶	高23.3cm	4,222,800	澳门中信	2011.11.25
清雍正 粉彩富贵白头纹瓶	高42.3cm	575,000	中翰清花	2011.09.10
清雍正 粉彩“西皇母祝寿”图撇口尊	高37.8cm	2,239,720	香港苏富比	2011.4.8
清雍正 粉彩八仙人物花觚	高44cm	246,400	北京荣宝	2011.3.18
清雍正 粉彩人物纹壶	高12.8cm	253,000	中国嘉德	2011.6.18
清雍正 粉彩描金开光花鸟纹龙首执壶	高44.5cm	11,760,000	中翰清花	2011.4.10
清雍正 粉彩皮球花纹罐	高16.7cm	6,670,000	北京中汉	2011.5.23
清雍正 粉彩黄地云龙纹罐	直径21cm	218,500	长风拍卖	2011.6.21
清雍正 粉彩花鸟纹大罐	高35cm	896,000	北京荣宝	2011.11.11
清雍正 人物粉彩罐(一对)	高39.5cm	126,000	上海拍卖	2011.4.23
清雍正 粉彩山水将军罐(一对)	高36cm	63,250	北京保利	2011.4.17
清雍正 粉彩刘海戏蟾印泥盒	直径8cm	575,000	北京保利	2011.12.08
清雍正 粉彩三星图铃铛杯	高10.6cm	138,000	北京东正	2011.6.5
清雍正 粉彩“福寿双全”图杯	直径14.3cm	18,909,200	香港苏富比	2011.10.05
清雍正 粉彩花卉纹小杯(一对)	直径6cm×2	575,000	北京匡时	2011.12.05
清雍正 粉彩过枝“粉蝶牡丹”图直口杯(一对)	直径9cm	6,281,320	香港苏富比	2011.4.8
清雍正 外销粉彩人物大盘	直径55cm	283,500	上海拍卖	2011.4.23
清雍正 粉彩清供图盘	直径15.3cm	276,000	北京诚轩	2011.5.22
清雍正 粉彩牡丹灵芝纹盘	直径15.2cm	138,000	中拍国际	2011.12.06
清雍正 粉彩花鸟纹盘	直径36.2cm	51,750	北京中汉	2011.3.19
清雍正 粉彩花卉纹盘	直径14.8cm	161,000	北京翰海	2011.5.21
清雍正 粉彩花卉纹菊瓣盘	直径17.4cm	2,645,000	北京东正	2011.11.17
清雍正 粉彩花卉盘	直径16.5cm	84,000	雍和嘉诚	2011.6.1
清雍正 粉彩花蝶纹盘	直径15.8cm	368,000	北京匡时	2011.12.05
清雍正 粉彩过枝月季梅花图大盘	直径50.2cm	40,950,800	香港苏富比	2011.10.05
清雍正 粉彩过枝花卉纹盘	直径29.1cm	11,500,000	北京翰海	2011.11.17
清雍正 粉彩过枝花卉大盘	直径50.5cm	6,325,000	北京保利	2011.6.5
清雍正 粉彩过枝芙蓉盘	直径13.5cm	12,075,000	北京保利	2011.6.5
清雍正 粉彩福寿盘	直径20.5cm	575,000	浙商拍卖	2011.08.28

拍品名称	尺寸	成交价RMB	拍卖公司	拍卖日期
清雍正 粉彩博古纹盘	直径15cm 高3.2cm	144,050	台北富博斯	2011.12.18
清雍正 粉彩“仕女垂钓”图盘	直径20.3cm	315,750	香港苏富比	2011.4.8
清雍正 粉彩“长命富贵”图盘	直径18.5cm	774,640	香港苏富比	2011.4.8
清雍正 粉彩加料彩鸡缸盘(一对)	直径11.5cm×2	667,000	北京匡时	2011.6.8
清雍正 粉彩花蝶纹盘(一对)	直径15.6cm	460,000	中国嘉德	2011.11.14
清雍正 粉彩过枝「秋葵蜻蜓」图盘(一对)	直径13.4cm	18,473,480	香港苏富比	2011.4.7
清雍正 粉彩过墙花盘(一对)	直径14cm	389,850	中信国际	2011.3.13
清雍正 粉彩水波游鱼图花盆	34cm×13.2cm	391,000	北京诚轩	2011.11.12
清雍正 粉彩“吕布戏貂蝉”纹折沿大盆	直径39cm	91,840	北京荣宝	2011.11.11
清雍正 胭脂红地粉彩花卉纹碗	直径7.4cm	575,000	北京匡时	2011.6.8
清雍正 胭脂红地粉彩花蝶纹碗盘一套	直径16.5cm	230,175	香港佳士得	2011.6.1
清雍正 珊瑚红粉彩花卉纹碗	直径14.8cm	287,500	中国嘉德	2011.5.23
清雍正 蓝地粉彩“佛日常明”花卉纹碗	宽14.5cm	1,380,000	中翰清花	2011.09.10
清雍正 黄底粉彩绿龙纹碗	直径14cm	1,725,000	北京东正	2011.11.17
清雍正 粉彩团蝶纹碗	直径14.5cm	552,000	北京东正	2011.6.5
清雍正 粉彩鹿纹碗	宽16.2cm	100,800	中翰清花	2011.4.10
清雍正 粉彩花卉卧足碗	直径13.7cm	78,200	中国嘉德	2011.11.14
清雍正 粉彩花卉纹碗	直径11.7cm	230,000	中国嘉德	2011.11.14
清雍正 粉彩花卉鸡心碗	直径16cm	207,000	北京保利	2011.6.7
清雍正 粉彩花卉蝴蝶纹碗	直径11.8cm	55,200	北京匡时	2011.12.05
清雍正 粉彩花卉彩蝶图碗	直径12cm	508,400	香港苏富比	2011.10.05
清雍正 粉彩花蝶纹碗	直径11.5cm	379,500	北京匡时	2011.12.05
清雍正 粉彩福寿纹碗	直径14.4cm	14,950,000	北京翰海	2011.11.17
清雍正 粉彩“山水庭廓”图碗	直径12.8cm	210,500	香港苏富比	2011.4.8
清雍正 粉彩折枝花卉纹碗(一对)	直径12cm	690,000	中国嘉德	2011.11.14
清雍正 粉彩花卉纹碗(一对)	直径18.5cm	368,000	中拍国际	2011.7.17
清雍正 粉彩荷塘鸳鸯碗(一对)	直径14.5cm	368,000	福建拍卖	2011.7.3
清雍正 木釉开光粉彩花卉笔筒	高14.5cm	782,000	北京保利	2011.6.7
清雍正 粉彩人物笔筒	高17cm	97,750	北京九歌	2011.6.10
清雍正 粉彩开光花鸟笔筒	高15cm	230,000	北京保利	2011.7.26
清雍正 粉彩花草纹笔筒	高16cm	56,000	辽宁中正	2011.4.17
清雍正 粉彩花卉小碟(一对)	直径8cm	57,500	上海嘉泰	2011.10.17
清雍正 粉彩花卉纹小碟(一对)	直径9cm	470,400	北京永乐	2011.5.24
清雍正 粉彩八桃折沿洗	直径37.8cm	828,000	北京保利	2011.12.08
清乾隆–嘉庆 外粉彩青花内松石绿釉蝠寿缠枝莲盆托(一对)	宽17cm 宽19cm	920,000	北京保利	2011.12.06
清乾隆 粉彩镂空开光鱼戏水纹瓶	高40cm	191,360,000	澳门中信	2011.6.25
清乾隆 紫红地粉彩开光式「灵仙寿庆」图御制诗葫芦壁瓶	高20.3cm	410,000	香港苏富比	2011.10.05
清乾隆 胭脂红轧道锦地洋彩缠枝花卉套炉钧窑釉双象耳转心瓶	高40cm	59,024,200	香港苏富比	2011.4.8
清乾隆 胭脂红黄地粉彩花卉纹干支转心瓶	高19cm	12,650,000	北京九歌	2011.6.10
清乾隆 胭脂红地轧道粉彩缠枝莲纹瓶	高25cm	9,200,000	北京匡时	2011.6.8
清乾隆 胭脂红地粉彩缠枝莲纹绶带如意耳葫芦瓶	高21cm	4,600,000	北京匡时	2011.6.8
清乾隆 松石绿地粉彩描金花卉蝙蝠纹梅瓶	高20.6cm	356,592	澳门中信	2011.11.25
清乾隆 松石绿地粉彩描金缠枝莲纹铺首小瓶	高11.5cm	345,000	北京东正	2011.6.5
清乾隆 松石绿地粉彩花卉纹双耳瓶	高33.8cm	1,173,000	澳门中信	2011.11.25
清乾隆 松绿地粉彩香莲福寿纹撇口瓶	高34.6cm	4,536,540	香港佳士得	2011.6.1
清乾隆 松绿地粉彩缠枝花卉纹渣斗形壁瓶	高25.3cm	410,000	香港苏富比	2011.10.05
清乾隆 青花黄地粉彩八宝纹双耳瓶	高35cm	920,000	北京翰海	2011.12.18
清乾隆 青花粉彩暗花缠枝花卉纹螭龙耳抱月瓶	高49cm	5,060,000	北京东正	2011.6.5
清乾隆 绿地粉彩折枝花蝶葫芦瓶	高38.7cm	5,175,000	北京翰海	2011.5.21
清乾隆 绿地粉彩开光人物故事壁瓶	高18.5cm	51,750	北京保利	2011.10.23
清乾隆 绿地粉彩花卉开光诗文象耳壁瓶	高22.5cm	4,830,000	北京翰海	2011.5.19
清乾隆 蓝地描金粉彩群仙贺寿双耳大瓶	高82cm	4,140,000	北京保利	2011.12.06
清乾隆 祭蓝描金开光粉彩海屋添筹双螭耳扁瓶	高28cm	12,420,000	北京保利	2011.12.06
清乾隆 黄地粉彩轧道山水图壁瓶	高21cm	460,000	中国嘉德	2011.5.23
清乾隆 黄地粉彩八宝纹贲巴瓶	高26.7cm	460,000	长风拍卖	2011.6.21

2011瓷器拍卖成交汇总

(成交价RMB：5万元以上)

拍品名称	尺寸	成交价RMB	拍卖公司	拍卖日期
清乾隆 黄底粉彩开光花卉虫草纹瓶	高35cm	1,219,920	澳门中信	2011.11.25
清乾隆 粉青釉蒜头口瓶	高16cm	920,000	北京翰海	2011.12.18
清乾隆 粉彩轧道开光双鹿双马纹瓶	高42.5m	21,275,000	中翰清花	2011.09.10
清乾隆 粉彩云鹤纹长颈瓶	高29.3cm	1,126,080	澳门中信	2011.11.25
清乾隆 粉彩御题诗文壁瓶	高20.7cm	713,000	中国嘉德	2011.5.23
清乾隆 粉彩胭脂红剔地花蝶瓶	高24cm	53,760	上海新华	2011.6.25
清乾隆 粉彩旋转瓶	高21cm	7,900,425	纽约苏富比	2011.3.23
清乾隆 粉彩五子登科三星祝寿纹瓶	高39cm	2,760,000	北京匡时	2011.12.05
清乾隆 粉彩山水赏瓶	高37.5cm	138,000	北京保利	2011.4.17
清乾隆 粉彩山水人物狮耳大瓶	高47.5cm	336,000	上海新华	2011.6.25
清乾隆 粉彩青釉花蝶纹赏瓶	高34.5cm	134,400	东方艺都	2011.7.7
清乾隆 粉彩九桃天球瓶	高51cm	74,013,200	香港苏富比	2011.10.05
清乾隆 粉彩花卉纹玉壶春瓶	高24.2cm	469,200	澳门中信	2011.11.25
清乾隆 粉彩花卉蝠纹象耳瓶	高28cm	4,370,000	北京保利	2011.6.5
清乾隆 粉彩瓜蝶葫芦瓷瓶	高15cm	368,000	北京保利	2011.6.7
清乾隆 粉彩洞石花卉灯笼瓶	高31.5cm	759,000	北京保利	2011.4.16
清乾隆粉彩缠枝花卉开光山水海棠式瓶	高47cm	1,955,000	北京保利	2011.6.5
清乾隆 粉彩"仕女童子"图瓶	高22.8cm	3,048,040	香港苏富比	2011.4.8
清乾隆 粉彩"杞菊延年"图梅瓶	高32.4cm	3,250,120	香港苏富比	2011.4.8
清乾隆 粉彩"锦上添花"图橄榄瓶	高64.5cm	6,584,440	香港苏富比	2011.4.8
清乾隆 仿松绿石地粉彩「花蝶瑞鸟」圆式壁瓶	高34cm	410,000	香港苏富比	2011.10.05
清乾隆 仿绿松石釉粉彩"折枝花卉"图灯笼瓶	高39.7cm	976,720	香港苏富比	2011.4.8
清乾隆 凡红地开光粉彩牡丹纹轿瓶	高21.6cm	770,040	香港佳士得	2011.6.1
清乾隆 淡绿地粉彩缠枝花卉开光式「御制诗文」双螭耳壁瓶	高20.5cm	1,984,400	香港苏富比	2011.10.05
清乾隆 白地套粉红料「折枝花卉」图长颈瓶	高20.3cm	705,200	香港苏富比	2011.10.05
清乾隆 松石绿地粉彩花卉万寿如意耳瓶(一对)	高33cm	16,675,000	中国嘉德	2011.5.22
清乾隆 青花粉彩暗花莲托八吉祥纹贲巴瓶(一对)	高25.4cm	20,700,000	北京东正	2011.6.5
清乾隆 粉彩莲托宝瓶佛供	高38.2cm	575,000	北京中汉	2011.5.23
清乾隆 粉彩四方瓶四季花卉	高24.2cm	96,600	上海拍卖	2011.4.23
清乾隆霁蓝描金粉彩折枝花果三多纹尊	高69cm	7,245,000	北京中汉	2011.5.23
清乾隆粉彩山水楼阁如意万代耳琵琶尊	高37cm	54,625,000	北京保利	2011.12.06
清乾隆 粉彩群仙祝寿图尊	高34.4cm	1,610,000	北京中汉	2011.3.19
清乾隆 粉彩霁蓝描金花果纹尊	高69cm	9,520,000	辽宁中正	2011.4.17
清乾隆 粉彩百鹿尊	高45cm	4,692,000	澳门中信	2011.11.25
清乾隆 松石绿地粉彩缠枝莲纹花觚	高37cm	1,380,000	北京匡时	2011.6.8
清乾隆 珊瑚红地粉彩缠枝花卉八吉祥花觚	高28cm	1,840,000	北京保利	2011.12.08
清乾隆 松石绿地粉彩缠枝莲纹茶壶	高18.2cm	2,300,000	北京诚轩	2011.11.12
清乾隆 粉彩通景「百子图」贯耳方壶	高32.5cm	8,806,800	香港苏富比	2011.10.05
清乾隆 粉彩百子图烟壶	高5.3cm	51,750	北京九歌	2011.6.10
清乾隆 堆金开光美女图纹燕子罐	高27.7cm	24,640,000	中翰清花	2011.4.10
清乾隆 粉彩皮球花罐	高17cm	345,000	北京保利	2011.6.7
清乾隆 粉彩花蝶纹罐	高21.3cm	599,346	伊斯特	2011.11.28
清乾隆 粉彩锦地"乐善堂制"印盒	长9.2cm	172,500	福建拍卖	2011.7.3
清乾隆 仿石釉开光粉彩山水纹盖盒	长5.5cm	92,000	中国嘉德	2011.09.17
清乾隆 天蓝地粉彩"折枝蕃莲"纹棱口盆	长19.3cm	210,500	香港苏富比	2011.4.8
清乾隆 粉彩描金八宝纹水仙盆	长23.5cm	805,000	上海大众	2011.08.25
清乾隆 粉彩花卉水仙盆	高18.3cm	106,400	安华白云	2011.3.6
清乾隆 紫地粉彩花卉纹花盆(二件)	高7.5cm	287,500	北京翰海	2011.11.19
清乾隆 粉彩花卉花口盆(一对)	直径23cm	230,000	北京保利	2011.10.23
清乾隆 御制粉彩宝相花福寿六角六如意足花盆(连托)	高13cm	1,150,000	广东古今	2011.7.10
清乾隆 粉彩盂兰盆供器(七件)	高28.5cm	38,525,000	中国嘉德	2011.5.23
清乾隆 胭脂地轧道粉彩花卉纹小杯	直径6.3cm	345,000	中国嘉德	2011.5.23
清乾隆 天蓝釉粉彩花蝶纹杯	直径6cm	66,700	北京东正	2011.6.5
清乾隆 唐英制粉彩山水题诗双耳方杯	宽11cm	1,955,000	北京保利	2011.6.5
清乾隆 粉彩御题诗鸡缸杯	直径8cm	3,450,000	北京保利	2011.6.5
清乾隆 粉彩杏花杯	宽7.7cm	218,500	中国嘉德	2011.5.23
清乾隆 粉彩三多杯	直径9.8cm	299,000	北京保利	2011.6.7
清乾隆 粉彩开光人物诗文小杯	直径7.4cm	138,000	中国嘉德	2011.5.23

拍品名称	尺寸	成交价RMB	拍卖公司	拍卖日期
清乾隆 粉彩鸡缸杯(一对)	直径6.5cm	672,000	江苏爱涛	2011.1.16
清乾隆 御题粉彩花卉墨彩诗文盖碗	直径10.9cm	2,415,000	北京翰海	2011.11.17
清乾隆 松石绿地粉彩九秋图碗	直径11cm	1,610,000	北京东正	2011.6.5
清乾隆 珊瑚红地粉彩开光牡丹纹碗	直径10.8cm	619,380	香港佳士得	2011.6.1
清乾隆 柠檬黄地粉彩「洋花图」碗	直径18.5cm	1,787,600	香港苏富比	2011.10.05
清乾隆 黄地洋彩花卉纹宫碗	直径14.9cm	230,000	北京中汉	2011.3.19
清乾隆 黄地洋彩花卉纹大碗	直径18.2cm	2,070,000	北京华辰	2011.5.20
清乾隆 粉彩折枝花卉纹直口碗	直径12cm	230,000	北京保利	2011.6.6
清乾隆 粉彩西湖十景诗文花口碗	直径16cm	69,000	北京匡时	2011.6.8
清乾隆 粉彩三多墩式碗	直径15cm	632,500	中国嘉德	2011.11.13
清乾隆 粉彩三多墩式碗	直径15cm	460,000	福建拍卖	2011.7.3
清乾隆 粉彩三多墩式碗	直径15cm	310,500	北京匡时	2011.6.8
清乾隆 粉彩三多墩式碗	直径15cm	69,000	北京保利	2011.12.08
清乾隆 粉彩赖瓜纹碗	直径11.2cm	184,000	中国嘉德	2011.3.19
清乾隆 粉彩花卉纹碗	直径9.3cm	55,200	中国嘉德	2011.3.19
清乾隆 粉彩过枝桃枝纹碗	高9cm 宽18cm	89,600	中翰清花	2011.4.10
清乾隆 粉彩过枝籁瓜纹碗	直径11.1cm	172,500	中国嘉德	2011.12.17
清乾隆 粉彩过枝籁瓜碗	直径11cm	782,000	北京保利	2011.4.16
清乾隆 粉彩过枝癞瓜碗	直径11cm	414,000	北京保利	2011.6.7
清乾隆 粉彩过枝癞瓜碗	直径11cm	172,500	北京保利	2011.12.08
清乾隆 粉彩过枝癞瓜碗	直径11cm	72,800	北京保利	2011.1.15
清乾隆 粉彩过枝瓜蝶石榴纹碗	直径11cm	402,500	北京匡时	2011.6.8
清乾隆粉彩过枝「石榴粉蝶」图撇口碗	直径11cm	656,000	香港苏富比	2011.10.05
清乾隆 粉彩八吉祥纹碗	直径10.5cm	313,875	香港佳士得	2011.6.1
清乾隆 仿木釉内粉彩御题诗鸡缸碗	直径12cm	69,000	北京保利	2011.6.7
清乾隆 豆青釉粉彩花卉纹碗	直径19cm	92,000	北京华辰	2011.5.20
清乾隆 粉彩过枝瓜蝶纹碗(二件)	直径11cm	1,092,500	北京翰海	2011.5.19
清乾隆 外粉彩内青花开光博古纹碗(一对)	直径15cm×2	224,000	北京荣宝	2011.11.11
清乾隆 松石绿地粉彩描金开光龙纹碗(一对)	口径9.5cm	57,500	上海崇源	2011.7.6
清乾隆 粉彩玲珑花卉小碗(一对)	直径8.5cm	172,500	北京保利	2011.6.7
清乾隆 粉彩籁瓜纹盖碗(一对)	直径11cm	517,500	中国嘉德	2011.11.14
清乾隆 粉彩过枝"石榴粉蝶"图撇口碗(一对)		3,048,040	香港苏富比	2011.4.8
清乾隆冬青釉粉彩安居乐业图碗(一对)	直径14.3cm	287,500	中国嘉德	2011.5.23
清乾隆 黄地绿彩龙纹花口盘	直径13.3cm	896,000	北京永乐	2011.5.24
清乾隆 粉彩五福捧寿纹盘	直径10.6cm	334,800	香港佳士得	2011.6.1
清乾隆 粉彩如意吉祥纹盘	直径17.6cm	280,000	北京荣宝	2011.3.18
清乾隆 粉彩花卉纹五福捧寿高足盘	直径17cm	713,000	北京匡时	2011.12.05
清乾隆 粉彩花卉纹方盘	长20.2cm	161,000	北京东正	2011.11.17
清乾隆 粉彩花卉盘	直径15.5cm	218,500	北京保利	2011.7.26
清乾隆 粉彩过枝「玉堂富贵」图盘	直径19.4cm	2,771,600	香港苏富比	2011.10.05
清乾隆 粉彩缠枝西番莲纹盘	直径15.4cm	74,750	北京中汉	2011.3.19
清乾隆 粉彩缠枝莲纹盘	直径10.5cm	71,300	中国嘉德	2011.3.19
清乾隆 粉彩大吉图盘(二件)	直径15.6cm	460,000	北京翰海	2011.5.19
清乾隆 胭脂红地轧道粉彩蔬果纹盘(一对)	直径15.5cm	168,000	中鸿信	2011.6.26
清乾隆 粉彩喜鹊牡丹纹盘(一对)	直径18.8cm	805,000	北京东正	2011.11.17
清乾隆 淡绿彩地粉彩"缠枝莲纹"内矾红彩"五蝠"图盘(一对)	直径15.7cm	471,520	香港苏富比	2011.4.8
清乾隆 锦地粉彩描金折枝瑞果纹如意洗	直径19cm	805,000	北京东正	2011.6.5
清乾隆 粉彩天蓝釉地缠枝花卉纹洗	直径19.5cm	126,500	北京东正	2011.11.17
清乾隆 粉彩捏塑童子捧寿桃式洗	长13cm	517,500	北京中汉	2011.5.23
清乾隆 粉彩福禄万代洗	直径25.5cm	299,000	北京保利	2011.12.08
清乾隆 粉彩福禄花蝶四足洗	直径15.6cm	517,500	北京翰海	2011.5.21
清乾隆 粉彩缠枝花卉纹折沿洗	直径18cm	253,000	北京东正	2011.11.17
清乾隆 唐英制山水诗文笔筒	高11.7cm	1,725,000	北京匡时	2011.12.05
清乾隆 唐英"陶铸"款粉彩山水笔筒	高11cm	460,000	北京保利	2011.6.7
清乾隆 粉彩山水人物纹笔筒	高8.5cm	885,500	北京中汉	2011.5.23
清乾隆 粉彩山水人物笔筒	高11.8cm	190,400	苏州东方	2011.4.28
清乾隆 粉彩山水人物笔筒	高8.8cm	63,250	苏州吴门	2011.6.12
清乾隆粉彩绿里红金开光四季山水笔筒	直径8.4cm	184,000	福建拍卖	2011.7.3
清乾隆 粉彩山水人物笔筒	高9.5cm	50,352	香港富得	2011.4.9
清乾隆 粉彩缠枝花卉纹开光式御制诗「四季花卉」图六方笔筒	高9.4cm	557,600	香港苏富比	2011.10.05

拍品名称	尺寸	成交价RMB	拍卖公司	拍卖日期
清乾隆 粉彩人物故事纹瓷板	长47cm	302,400	天津文物	2011.5.13
清乾隆 粉彩九老图瓷板	长74cm	598,000	北京保利	2011.12.08
清乾隆 粉彩雕瓷金山寺图大瓷板	66.5cm×37.8cm	1,008,000	北京永乐	2011.5.24
清乾隆 粉彩道教八仙过海瓷板	长38cm	115,000	北京保利	2011.10.22
清乾隆 粉彩山石瓷板(一对)	长29.5cm	80,500	北京保利	2011.7.26
清乾隆 粉彩人物山水瓷板红木插景	高76.5cm	246,400	上海新华	2011.6.25
清乾隆 粉彩凤穿花纹鼓墩	高45cm	1,380,000	中国嘉德	2011.5.23
清乾隆 粉彩描金万花纹绣墩(一对)	高31cm	86,250	上海崇源	2011.7.6
清乾隆 粉彩无量寿佛坐像	高12cm	115,000	中国嘉德	2011.5.23
清乾隆 粉彩七珍人物像(一件)	高14.2cm	101,200	中国嘉德	2011.11.14
清乾隆 黄地粉彩折枝西番莲纹托八吉祥纹烛台(一对)	高27.5cm	5,824,000	北京永乐	2011.5.24
清乾隆 粉彩宝相花纹石榴果枣红马烛台瓷塑	高29cm	84,000	上海拍卖	2011.4.23
清乾隆 唐英制粉彩荔枝	长6.3cm	598,000	中国嘉德	2011.5.23
清乾隆 青花粉彩花卉纹器座	长17.7cm	89,600	天津文物	2011.11.12
清乾隆 绿里粉彩人物墨床	长9cm	402,500	福建拍卖	2011.7.3
清乾隆 绿地粉彩缠枝花卉海棠盏托	直径15cm	920,000	中国嘉德	2011.11.14
清乾隆 蓝地粉彩云鹤干支转心筒	高14cm	552,000	北京翰海	2011.12.18
清乾隆 祭兰釉开光粉彩花鸟纹轴缸	直径61cm	7,130,000	福建拍卖	2011.7.3
清乾隆 黄地粉彩轧道花蝶纹帽筒(一对)	高27.8cm	56,000	中翰清花	2011.4.10
清乾隆 粉青釉粉彩莲托八吉祥纹双炉	高25cm	368,000	北京中汉	2011.3.19
清乾隆 粉彩斋戒佩	长6.2cm	67,200	北京翰海	2011.4.9
清乾隆 粉彩太平有象(一对)	高24cm	460,000	中拍国际	2011.12.06
清乾隆 粉彩太平有象	高11cm	161,000	中国嘉德	2011.3.19
清乾隆 粉彩镂雕卷书几形笔搁	长9.4cm	63,250	福建拍卖	2011.7.3
清乾隆 粉彩加料彩葫芦形斋戒牌	长6.5cm	862,500	北京匡时	2011.6.8
清乾隆 粉彩花卉海棠盏托(一对)	宽14.8cm	1,150,000	中国嘉德	2011.11.13
清乾隆 粉彩带钩(两件)	长12cm	1,322,460	香港佳士得	2011.6.1
清乾隆 粉彩八宝佛供摆件(一对)	高50cm	1,380,000	福建拍卖	2011.7.3
清乾隆 粉彩安居乐业碟	直径15.8cm	51,612	香港淳浩	2011.11.26
清乾隆 豆青釉粉彩三多纹水盂(一件)	高5.5cm	67,200	天工艺苑	2011.6.26
清嘉庆 胭脂紫地粉彩八吉祥贲巴瓶	高25.2cm	6,325,000	北京保利	2011.12.06
清嘉庆 松石绿地粉彩吉庆有余进宝图双螭耳大瓶	高76cm	21,275,000	北京保利	2011.12.06
清嘉庆 松石绿地粉彩花卉胭脂红盘螭龙纹瓶	高30cm	17,250,000	北京保利	2011.6.5
清嘉庆 绿地粉彩山水方瓶	高40.7cm	57,500	中国嘉德	2011.11.14
清嘉庆绿地粉彩缠枝莲托喜字纹云耳瓶	高31cm	2,530,000	上海大众	2011.08.25
清嘉庆 黄地粉彩八吉祥贲巴瓶	高27.5cm	667,000	中国嘉德	2011.5.23
清嘉庆 粉彩胭脂红灯笼瓶	高29cm	2,932,500	苏州吴门	2011.6.12
清嘉庆 粉彩书卷兽耳瓶	高37cm	207,000	雍和嘉诚	2011.11.27
清嘉庆 粉彩群仙祝寿图瓶	高45.4cm	1,610,000	中国嘉德	2011.5.23
清嘉庆 粉彩缠枝花卉"团莲"纹双耳夔龙耳撇口瓶	高34.3cm	7,594,840	香港苏富比	2011.4.8
清嘉庆 粉彩博古花卉纹梅瓶	高38.5cm	345,000	中翰清花	2011.09.10
清嘉庆 淡绿彩地粉彩缠枝花卉"福耋连连"图撇口瓶	高35cm	623,080	香港苏富比	2011.4.8
清嘉庆 绿地粉彩花卉瓶(一对)	高26cm	7,935,000	中国嘉德	2011.5.23
清嘉庆 孔雀绿地粉彩缠枝花卉"吉岁年年"图象耳琮式瓶(一对)	高16.6cm 高16.8cm	11,562,000	香港苏富比	2011.10.05
清嘉庆 粉彩万花纹瓶(一对)	高29cm	138,000	朵云轩	2011.7.4
清嘉庆 粉彩婴戏图小尊	高24cm	86,250	中国嘉德	2011.5.23
清嘉庆 松石绿地粉彩缠枝莲纹开光御题诗文壶	高15cm	6,325,000	北京匡时	2011.6.8
清嘉庆 青花加粉彩缠枝花卉贲巴壶	高18.7cm	4,025,000	北京保利	2011.12.06
清嘉庆 粉彩缠枝莲纹壶	长20.1cm	92,000	中国嘉德	2011.09.17
清嘉庆 淡绿彩地粉彩缠枝花卉开光式御制诗盖壶	长15cm	1,532,440	香港苏富比	2011.4.8
清嘉庆 粉彩婴戏图罐	高32.3cm	747,500	中国嘉德	2011.11.14
清嘉庆 粉彩绿地福寿喜纹罐		1,680,000	中贸圣佳	2011.4.29
清嘉庆 粉彩加料彩花卉纹罐	高20.5cm	782,000	北京匡时	2011.12.05
清嘉庆 绿地粉彩缠枝花卉福寿纹罐(一对)	高24cm	2,352,000	北京荣宝	2011.11.11
清嘉庆 黄地粉彩缠枝花卉纹花盆	直径28cm	156,800	辽宁中正	2011.1.14
清嘉庆 黄地粉彩缠枝花卉纹花口盆	直径19cm	172,500	北京匡时	2011.12.05
清嘉庆 粉彩竹纹杯	直径5.1cm	138,000	中国嘉德	2011.3.19

拍品名称	尺寸	成交价RMB	拍卖公司	拍卖日期
清嘉庆 粉彩万花锦纹杯	高8.2cm	345,000	北京中汉	2011.5.23
清嘉庆 粉彩花卉纹杯	直径6.3cm	97,750	中国嘉德	2011.6.18
清嘉庆 粉彩高士折枝花卉纹六方杯	直径7.6cm	414,000	北京东正	2011.6.5
清嘉庆 粉彩"南浦归帆"诗文杯	直径8.2cm	345,000	北京保利	2011.6.7
清嘉庆 粉彩花卉杯(一对)	高5.5cm	179,200	长风拍卖	2011.1.20
清嘉庆 粉彩百子婴戏图缸	直径32.5cm	575,000	北京保利	2011.12.08
清嘉庆 轧道开光外粉彩内青花花卉纹碗	直径15cm	201,600	苏州东方	2011.4.28
清嘉庆 胭脂地粉彩花卉小碗	直径9cm	184,000	中国嘉德	2011.5.23
清嘉庆 青花粉彩纹碗		56,000	中贸圣佳	2011.4.29
清嘉庆 青花粉彩忍冬纹鸡心碗	直径10cm	207,000	北京东正	2011.6.5
清嘉庆 内青花外粉彩花卉纹碗	直径14.7cm	168,000	天津文物	2011.11.12
清嘉庆 黄地粉彩八吉祥纹碗	直径11cm	322,000	北京永乐	2011.11.15
清嘉庆 黄底粉彩开光山水纹碗	直径15cm	828,000	北京东正	2011.11.17
清嘉庆 红地粉彩花卉纹大碗	直径28cm	92,000	中国嘉德	2011.3.19
清嘉庆 粉红地洋彩缠枝花卉吉庆有余纹碗	直径18.1cm	149,500	北京中汉	2011.3.19
清嘉庆 粉彩御制三清茶诗盖碗	直径11.3cm	4,600,000	北京保利	2011.12.06
清嘉庆 粉彩婴戏纹碗	直径11.8cm	82,800	北京中汉	2011.5.23
清嘉庆 粉彩通景山水人物纹碗	直径17.5cm	168,000	天津文物	2011.5.13
清嘉庆 粉彩十二月花卉大盖碗	宽18cm	115,000	北京保利	2011.10.22
清嘉庆 粉彩江西十景之藤阁高风图碗	直径14.6cm	82,800	北京中汉	2011.5.23
清嘉庆 粉彩江西十景之南浦飞云图碗	直径15cm	161,000	北京中汉	2011.5.23
清嘉庆 粉彩黄地花卉碗	直径15cm	280,000	上海新华	2011.6.25
清嘉庆 粉彩花卉纹碗	直径10.6cm	356,500	北京中汉	2011.5.23
清嘉庆 粉彩花卉吉庆年年花口碗	直径17.5cm	57,500	北京保利	2011.7.26
清嘉庆 粉彩过枝簌瓜纹碗	直径11.2cm	276,000	广州艺拍	2011.6.12
清嘉庆 粉彩过枝瓜蝶碗	直径11.1cm	391,000	北京东正	2011.6.5
清嘉庆 粉彩百子碗	直径11.5cm	69,000	雍和嘉诚	2011.11.27
清嘉庆 粉彩八宝纹碗	直径10.5cm	246,400	云南典藏	2011.10.30
清嘉庆 粉彩"南浦飞云"纹碗	直径15cm	67,200	长风拍卖	2011.1.20
清嘉庆 粉彩"麻姑仙坛"山水纹碗	直径14.5cm	728,000	北京荣宝	2011.3.18
清嘉庆 黄地粉彩折枝香莲间八吉祥纹碗(一对)	直径9.5cm	1,610,000	北京永乐	2011.11.15
清嘉庆 黄地粉彩开光佛日常明纹碗(一对)	直径10cm	2,817,500	北京永乐	2011.11.15
清嘉庆 黄地粉彩佛日常明碗(一对)	直径10cm	1,897,500	北京保利	2011.6.6
清嘉庆 黄地粉彩八吉祥小碗(一对)	直径9.5cm	632,500	北京保利	2011.6.7
清嘉庆 粉彩四季花卉纹碗(一对)	直径19cm	460,000	北京东正	2011.11.17
清嘉庆 粉彩皮球花纹碗(一对)	直径14.6cm×2	985,600	北京荣宝	2011.11.11
清嘉庆 粉彩描金花果彩蝶纹盖碗(一对)	直径11cm	172,500	华艺国际	2011.12.11
清嘉庆 粉彩过枝癞瓜纹碗(一对)	直径11cm	920,000	北京永乐	2011.11.15
清嘉庆 粉彩过枝癞瓜碗(一对)	直径11cm	414,000	北京保利	2011.6.7
清嘉庆 粉彩过枝瓜果纹碗(一对)	直径11cm	897,000	中拍国际	2011.12.06
清嘉庆 粉彩福寿纹碗(一对)	直径11.9cm	517,500	北京中汉	2011.5.23
清嘉庆 粉彩江西十景碗(一对)	直径14.5cm	1,610,000	北京保利	2011.12.06
清嘉庆 粉彩江西十景碗一套「浔阳九派」「藤阁高风」「徐亭烟柳」「百花春晓」「上清腾境」「麻姑仙壇」「庐山瀑布」「西山叠翠」「庚岭积雪」「南浦飞云」	直径14.5cm～14.7cm	9,986,120	香港苏富比	2011.4.7
清嘉庆-道光 江正隆制粉彩楼阁盘	直径23.5cm	115,000	北京保利	2011.12.07
清嘉庆 绿地粉彩外金地八仙纹菱口盘	直径24cm	212,800	云南典藏	2011.10.31
清嘉庆 绿地粉彩开光御制诗茶盘	16.3cm×11.8cm	460,000	北京诚轩	2011.5.22
清嘉庆 江正隆制粉彩加金彩才子佳人六方盘	直径24cm	89,600	北京保利	2011.1.15
清嘉庆 黄地粉彩万寿无疆盘	直径15.7cm	94,300	北京翰海	2011.5.21
清嘉庆 粉彩描金开光清供图盘	直径16.5cm	268,800	辽宁中正	2011.1.14
清嘉庆 粉彩开光五谷丰登纹盘	直径16.7cm	184,000	北京东正	2011.11.17
清嘉庆 粉彩金玉满堂人物高足水果盘	长26cm	224,000	北京荣宝	2011.3.18
清嘉庆 粉彩缠枝莲纹海棠盘	长16.2cm	51,750	中国嘉德	2011.6.18
清嘉庆 粉彩百蝶纹菱口盘	直径21cm	105,800	中国嘉德	2011.5.23
清嘉庆 绿地粉彩缠枝花卉茶盘(一对)	长15cm	667,000	北京保利	2011.6.6
清嘉庆 粉彩五蝠捧寿盘(一对)	直径15.3cm	138,000	中国嘉德	2011.5.23
清嘉庆 粉彩万寿无疆盘(一对)	直径15.5cm×2	517,500	北京匡时	2011.12.05
清嘉庆 粉彩花卉开光"万寿无疆"纹盘(一对)	直径15.5cm	437,000	北京东正	2011.6.5

2011瓷器拍卖成交汇总

(成交价RMB：5万元以上)

拍品名称	尺寸	成交价RMB	拍卖公司	拍卖日期
清嘉庆 粉彩花卉福寿纹盘(一对)	直径15.5cm	78,400	云南典藏	2011.5.14
清嘉庆 粉彩御题诗海棠洗	15.8cm×11.7cm	212,800	十竹斋	2011.5.29
清嘉庆 绿地粉彩御制海棠洗(一对)	长15.5cm	943,000	北京保利	2011.6.5
清嘉庆 粉彩高士婴戏渣斗	高9.5cm	138,000	北京保利	2011.7.26
清嘉庆 绿地粉彩花卉福寿喜字渣斗(二件)	高9cm	103,500	北京翰海	2011.5.21
清嘉庆珊瑚红地粉彩七珍供器马宝象宝	象高29cm 马高30cm	805,000	北京东正	2011.11.17
清嘉庆 粉彩西番莲福寿图赏船	长15.5cm	95,200	太平洋	2011.09.17
清嘉庆 粉彩太平有象纹香插	直径13.3cm	80,500	北京东正	2011.11.17
清嘉庆 粉彩七珍供器(一件)	高30.5cm	368,000	中国嘉德	2011.11.14
清嘉庆 粉彩莲托八宝佛供(一对)	高28.1cm	575,000	北京中汉	2011.5.23
清嘉庆 粉彩仿贝式笔砚	长8.6cm	315,750	香港苏富比	2011.4.8
清道光 松石绿地开光粉彩四季花卉纹长颈瓶	高56.6cm	5,750,000	北京中汉	2011.5.23
清道光 松石绿地粉彩福寿纹葫芦瓶	高27.2cm	4,370,000	中国嘉德	2011.11.13
清道光 松绿地粉彩番莲纹双耳瓶	高16.5cm	292,950	香港佳士得	2011.6.1
清道光 慎德堂款粉彩贯耳瓶	高64cm	1,725,000	荣宝斋(沪)	2011.11.25
清道光米色釉粉彩缠枝莲花纹玉壶春瓶	高28.6cm	1,725,000	北京诚轩	2011.5.22
清道光 绿地粉彩三阳开泰象耳瓶	高33.5cm	896,000	北京翰海	2011.09.18
清道光 绿地粉彩花卉瓶	高29cm	943,000	中国嘉德	2011.5.23
清道光 绿地粉彩缠枝莲纹双耳瓶	高28.5cm	2,185,000	中国嘉德	2011.11.13
清道光 黄地粉彩福寿纹双耳瓶	高26.5cm	10,350,000	中国嘉德	2011.11.13
清道光黄地粉彩缠枝莲八吉祥纹贲巴瓶	高26cm	2,990,000	中国嘉德	2011.5.22
清道光 粉红地粉彩缠枝花卉双联瓶	高25.6cm	9,200,000	中国嘉德	2011.5.22
清道光 粉彩云龙纹象耳瓶	高39.7cm	115,000	中拍国际	2011.7.17
清道光 粉彩仙人献寿方瓶	高30cm	18,400,000	中国嘉德	2011.11.13
清道光 粉彩庭院婴戏图双耳瓶	高28.3cm	4,600,000	中国嘉德	2011.11.13
清道光 粉彩寿山福海瓶	高31cm	4,600,000	中国嘉德	2011.5.22
清道光 粉彩三羊开泰竹节贯耳大瓶	高62cm	2,760,000	北京保利	2011.6.6
清道光 粉彩秋庭嬉乐图吉庆瓶	高29cm	3,105,000	中国嘉德	2011.5.22
清道光 粉彩落花流水游鱼图瓶	高30cm	4,715,000	中国嘉德	2011.5.22
清道光 粉彩花卉纹双联瓶	高30cm	2,990,000	北京东正	2011.11.17
清道光 粉彩花卉瓶	高23cm	257,600	雍和嘉诚	2011.6.1
清道光 粉彩花卉榴开百子图双螭耳瓶	高28.7cm	5,750,000	中国嘉德	2011.11.13
清道光 粉彩花卉开光百子婴戏图瓶	高33cm	437,000	中国嘉德	2011.6.18
清道光 粉彩福寿纹双耳瓶	高31.3cm	4,370,000	北京中汉	2011.5.23
清道光 粉彩缠枝花卉双联瓶	高25.7cm	6,900,000	北京翰海	2011.11.17
清道光 粉彩八蛮进宝图双耳瓶	高28.7cm	9,200,000	中国嘉德	2011.11.13
清道光淡绿地粉彩“三羊启泰”象耳瓶	高34cm	192,510	华辉拍卖	2011.5.28
清道光 松石绿地粉彩缠枝莲寿字葫芦瓶(一对)	高30.5cm	17,250,000	中国嘉德	2011.5.22
清道光 绿地粉彩云龙纹瓶(一对)	高31cm	17,250,000	中国嘉德	2011.5.22
清道光 粉彩洞石花卉瓶(一只)	高22.5cm	67,200	江苏万达	2011.5.28
清道光 胭脂紫地粉彩缠枝莲纹“吉祥如意”双耳瓶	高38.7cm	5,980,000	中国嘉德	2011.11.13
清道光 粉彩百鹿尊	高45.5cm	4,255,000	中国嘉德	2011.5.22
清道光 粉彩山水人物图花盆	长37.5cm	460,000	中国嘉德	2011.11.13
清道光青花粉彩缠枝花卉纹花盆(一对)	宽18.8cm	1,265,000	中国嘉德	2011.5.22
清道光 黄地粉彩福寿花盆(一对)	宽23cm	115,000	北京保利	2011.7.26
清道光 粉彩花卉花盆(一对)	长22cm	218,500	中国嘉德	2011.11.14
清道光 松石绿地粉彩加金双喜宝相花茶壶	宽20.5cm	2,530,000	北京保利	2011.6.5
清道光 绿地粉彩缠枝莲纹壶	宽20.3cm	2,070,000	中国嘉德	2011.11.13
清道光 白地粉彩八吉祥贲巴壶	高19.5cm	4,830,000	中国嘉德	2011.5.22
清道光 松石绿地粉彩缠枝莲纹杯	直径7.5cm	103,500	中国嘉德	2011.3.19
清道光 花神杯	直径5.8cm	82,800	北京东正	2011.6.5
清道光 粉彩枇杷纹杯	直径6.5cm	109,760	天津文物	2011.11.12
清道光 粉彩描金梅花杯	高7cm	84,000	长风拍卖	2011.1.20
清道光 绿地粉彩寿字花卉纹杯(一对)	直径8.3cm	690,000	中国嘉德	2011.5.22
清道光 粉彩太平有象图杯(一对)	直径8.2cm	138,000	中国嘉德	2011.09.17
清道光 粉彩太平景象纹杯(一对)	高6.5cm×2	156,800	北京荣宝	2011.3.18
清道光 粉彩人物八角杯(一对)	直径6.7cm	67,223	台北富博斯	2011.12.18
清道光 粉彩皮球花盖杯(一对)	直径9cm	115,000	中国嘉德	2011.11.14
清道光 粉彩描金石榴蝴蝶杯(一对)	直径7.5cm	418,500	香港佳士得	2011.6.1
清道光 绿地粉彩缠枝莲八宝纹笔筒	直径21.8cm	782,000	中国嘉德	2011.11.13
清道光 陈国治粉彩山水人物纹笔筒	高12.6cm	253,000	北京东正	2011.11.17

拍品名称	尺寸	成交价RMB	拍卖公司	拍卖日期
清道光 松石绿地粉彩缠枝莲福寿纹折沿盘	直径38.5cm	2,300,000	中国嘉德	2011.11.13
清道光 粉地粉彩西番莲纹海棠式茶盘	宽14.5cm	345,000	中国嘉德	2011.11.13
清道光 粉彩折枝花卉纹盘	直径14.7cm	59,800	北京翰海	2011.11.19
清道光 粉彩松竹梅纹盘	直径16cm	402,500	中国嘉德	2011.11.13
清道光 粉彩四季花卉纹盘	直径17.3cm	101,200	中国嘉德	2011.3.19
清道光 粉彩描金五蝠捧寿盘	直径16cm	230,000	北京翰海	2011.5.21
清道光 粉彩梅竹草虫纹盘	直径19cm	57,500	北京翰海	2011.5.21
清道光 粉彩猫戏花蝶纹盘	直径17cm	322,000	中国嘉德	2011.11.13
清道光 粉彩莲花纹盘	直径20.6cm	172,500	中国嘉德	2011.11.14
清道光 粉彩八宝纹盘	直径25cm	195,500	中拍国际	2011.7.17
清道光 粉彩寿字红彩五蝠捧寿盘(二件)	直径24cm	126,500	北京翰海	2011.5.21
清道光 粉彩梅竹纹盘(二件)	直径17cm	103,500	北京翰海	2011.5.21
清道光 粉彩过枝花卉草虫盘(二件)	直径14.5cm	345,000	北京翰海	2011.5.21
清道光 苹果绿地粉彩描金牛郎织女盘(一对)	直径19.5cm	345,000	北京保利	2011.6.6
清道光 粉彩五福花卉盘(一对)	直径17.5cm	230,000	北京保利	2011.4.16
清道光 粉彩双清纹盘(一对)	直径17cm	126,500	华艺国际	2011.12.11
清道光 粉彩描金瓔珞“七政宝”纹盘(一对)	直径22cm	218,400	北京荣宝	2011.08.13
清道光 粉彩描金五福捧寿盘(一对)	直径16cm	575,000	北京保利	2011.12.07
清道光 粉彩梅花翠竹纹盘(一对)	直径17cm	94,300	中国嘉德	2011.11.14
清道光 粉彩麻姑献寿盘(一对)	直径19cm	69,000	北京保利	2011.6.7
清道光 粉彩加金花鸟盘(一对)	直径22cm	57,500	北京保利	2011.6.7
清道光 粉彩花卉五蝠纹盘(一对)	直径17.4cm	368,000	中国嘉德	2011.5.22
清道光 粉彩花卉纹盘(一对)	直径16.8cm	322,000	北京东正	2011.6.5
清道光 粉彩花蝶纹盘(一对)	直径13cm	218,500	广州艺拍	2011.6.12
清道光 粉彩过枝桃纹蜜蜂盘(一对)	直径12.5cm	402,500	中国嘉德	2011.5.22
清道光 粉彩过枝花卉纹盘(一对)	尺寸不一	470,400	北京荣宝	2011.11.11
清道光 粉彩过墙花纹盘(一对)	直径12.5cm	481,600	云南典藏	2011.10.31
清道光 粉彩草虫盘(一对)	直径19cm	92,000	上海大众	2011.08.25
清道光轧道胭脂紫地粉彩开光博古图碗	直径14.5cm	368,000	中国嘉德	2011.5.23
清道光 轧道粉彩麻姑献寿图墩式碗	直径16.6cm	57,500	中国嘉德	2011.12.17
清道光御制洋彩珊瑚红地开光牡丹纹碗	直径11cm	690,000	中国嘉德	2011.11.14
清道光 洋彩花卉纹碗	直径18.6cm	69,000	中国嘉德	2011.6.18
清道光胭脂紫地轧道粉彩开光山水纹碗	直径15cm	368,000	中国嘉德	2011.11.13
清道光 胭脂紫地粉彩轧道开光四季山水图碗	直径15cm	896,000	北京永乐	2011.5.24
清道光 胭脂红轧道锦地粉彩缠枝花卉开光式“四季花果”图碗	直径14.5cm	1,330,360	香港苏富比	2011.4.8
清道光 胭脂红轧道锦地粉彩缠枝花卉开光式“四季花果”图碗	直径15cm	421,000	香港苏富比	2011.4.8
清道光胭脂红地轧道粉彩开光花卉纹碗	直径14.8cm	63,250	北京中汉	2011.3.19
清道光 万寿节御用外柠檬黄地粉彩轧道开光内青花四季花卉纹万寿无疆碗	直径15cm	784,000	北京永乐	2011.5.24
清道光 外粉彩内青花金玉满堂纹碗	直径14.7cm	649,600	北京荣宝	2011.3.18
清道光 外粉彩内青花花卉纹碗	直径14.8cm	402,500	中国嘉德	2011.6.18
清道光 外粉彩内青花花卉纹碗	直径14.8cm	115,000	中国嘉德	2011.6.18
清道光 外粉彩内青花花卉纹碗	直径14.8cm	82,800	中拍国际	2011.7.17
清道光 松石绿地粉彩莲花八宝纹碗	直径13cm	322,000	中国嘉德	2011.11.13
清道光 珊瑚红粉彩花卉纹碗	直径11cm	58,098	香港富得	2011.4.9
清道光 珊瑚红地开光粉彩花卉纹碗	直径11cm	575,000	北京诚轩	2011.5.22
清道光 内青花外粉彩牛郎织女图碗	直径14.8cm	51,750	广州艺拍	2011.6.12
清道光 内青花外粉彩花卉纹碗	直径14.6cm	184,000	中国嘉德	2011.11.13
清道光 内青花外粉彩本固枝荣纹碗	直径14.6cm	313,600	天津文物	2011.11.12
清道光 蓝地轧道开光粉彩花卉纹碗	直径15cm	672,000	天津文物	2011.11.12
清道光 蓝地轧道粉彩开光牛郎织女碗	直径14.5cm	598,000	北京保利	2011.4.16
清道光 蓝地轧道开光粉彩人物故事碗	直径15cm	437,000	北京翰海	2011.5.21
清道光 黄地轧道粉彩开光花卉纹碗	直径14.8cm	460,000	中国嘉德	2011.11.13
清道光 黄地洋彩五福洋花纹碗	直径14.8cm	667,000	中国嘉德	2011.11.13
清道光 黄地洋彩花卉纹五福宫碗	直径14.8cm	287,500	北京中汉	2011.5.23
清道光 黄地洋彩佛日常明碗	直径16.5cm	287,500	北京九歌	2011.6.10
清道光 黄地粉彩开光花卉纹碗	直径11.4cm	483,000	北京翰海	2011.5.21
清道光 黄地粉彩花卉五福宫碗	直径14.9cm	770,040	香港佳士得	2011.6.1
清道光 黄地粉彩花卉纹碗	直径14.3cm	598,000	中国嘉德	2011.11.13
清道光 黄地粉彩花卉纹宫式碗	直径15.3cm	207,000	华艺国际	2011.12.11
清道光 黄地粉彩花卉碗	直径15.5cm	575,000	中国嘉德	2011.5.23

拍品名称	尺寸	成交价RMB	拍卖公司	拍卖日期
清道光 黄地粉彩缠枝花卉五福碗	直径17.5cm	345,000	北京翰海	2011.11.19
清道光 黄地粉彩“佛日常明”碗	直径11.6cm	483,000	中国嘉德	2011.11.13
清道光 黄地粉彩“佛日常明”碗	直径16.5cm	184,000	中国嘉德	2011.09.17
清道光 红地粉彩开光山水纹碗	直径11.5cm	287,500	中国嘉德	2011.11.13
清道光 粉色地轧道粉彩开光花卉纹碗	直径14cm	345,000	中国嘉德	2011.11.13
清道光 粉彩竹报平安婴戏图碗	直径14cm	368,000	北京保利	2011.10.22
清道光 粉彩雉鸡牡丹纹碗	直径18.1cm	161,000	北京翰海	2011.11.19
清道光 粉彩渔家乐图碗	直径13cm	69,000	广州艺拍	2011.6.12
清道光 粉彩婴戏图小碗	高12.5cm	72,800	广州嘉德	2011.5.2
清道光 粉彩婴戏图碗	直径14cm	368,000	中国嘉德	2011.11.13
清道光 粉彩仙鹤寿桃纹碗	直径14.1cm	207,000	中国嘉德	2011.11.13
清道光 粉彩万国来朝纹碗	直径17cm	230,000	荣宝斋(沪)	2011.11.25
清道光 粉彩四季花卉六方花口碗	直径15cm	345,000	中国嘉德	2011.11.13
清道光 粉彩双蝠耳碗	宽18cm	69,000	北京保利	2011.7.26
清道光 粉彩三羊开泰墩式碗	直径15cm	368,000	中国嘉德	2011.11.13
清道光 粉彩三果纹墩式碗	直径15.2cm	552,000	中国嘉德	2011.11.13
清道光 粉彩皮球花纹碗	直径14.8cm	246,400	天津文物	2011.11.12
清道光 粉彩皮球花碗	直径11.3cm	172,500	中国嘉德	2011.11.13
清道光 粉彩描金璎珞“七政宝”图碗	直径23cm	231,550	香港苏富比	2011.4.8
清道光 粉彩描金人物瓜棱碗	直径17.8cm	69,000	北京翰海	2011.5.21
清道光 粉彩描金莲瓣纹盖碗	直径11.5cm	1,725,000	北京东正	2011.6.5
清道光 粉彩莲花托八宝纹碗		179,200	中贸圣佳	2011.4.29
清道光 粉彩莲瓣纹盖碗	直径10.8cm	86,250	中国嘉德	2011.3.19
清道光 粉彩籁瓜纹盖碗	直径11cm	230,000	中国嘉德	2011.5.23
清道光 粉彩夔凤穿花纹碗	直径21.5cm	103,500	中国嘉德	2011.11.13
清道光 粉彩开光牛郎织女纹碗		89,600	中贸圣佳	2011.4.29
清道光 粉彩加金四季花卉斗方碗	长17.3cm	57,500	北京保利	2011.12.08
清道光 粉彩花鸟纹盖碗	直径10.5cm	126,500	华艺国际	2011.12.11
清道光 粉彩花鸟纹盖碗	直径11cm	51,750	北京匡时	2011.12.05
清道光 粉彩花鸟碗	直径15.3cm	59,800	中国嘉德	2011.5.23
清道光 粉彩花卉纹碗	直径15cm	392,000	天津文物	2011.5.13
清道光 粉彩花卉纹碗	直径21.1cm	345,000	中国嘉德	2011.09.17
清道光 粉彩花卉纹碗	直径17.2cm	195,500	中国嘉德	2011.11.13
清道光 粉彩花卉纹碗	直径14.7cm	57,500	北京中汉	2011.3.19
清道光 粉彩花卉纹盖碗	直径10.5cm	94,300	中国嘉德	2011.6.18
清道光 粉彩花卉纹敦式碗	直径17.5cm	230,000	北京中汉	2011.5.23
清道光 粉彩花卉诗文碗	直径9cm	322,000	中国嘉德	2011.11.13
清道光 粉彩荷塘鸳鸯纹盖碗	直径10.3cm	253,000	中国嘉德	2011.11.13
清道光 粉彩荷莲纹碗	直径14.5cm	138,000	江苏省拍	2011.12.10
清道光 粉彩过枝梅花碗	直径16.5cm	95,200	北京保利	2011.1.15
清道光 粉彩过枝癞瓜纹碗	直径10.9cm	280,000	天津文物	2011.11.12
清道光 粉彩过枝癞瓜碗	直径10.5cm	230,000	北京保利	2011.10.22
清道光 粉彩过枝花卉纹碗	直径14.5cm	69,000	北京匡时	2011.12.05
清道光粉彩过枝「石榴粉蝶」图撇口碗	直径10.7cm	328,000	香港苏富比	2011.10.05
清道光 粉彩冠上加冠碗	直径11cm	230,000	北京保利	2011.4.16
清道光 粉彩福寿喜字大碗	直径21cm	195,500	北京保利	2011.7.26
清道光 粉彩芙蓉桂花万寿无疆大碗	直径21cm	529,000	北京保利	2011.10.22
清道光 粉彩缠枝莲托八宝纹碗	直径17.4cm	207,000	中国嘉德	2011.09.17
清道光 粉彩草虫花卉盖碗	直径10.8cm	322,000	中国嘉德	2011.11.13
清道光 粉彩八宝纹大碗	直径21cm	123,200	十竹斋	2011.5.29
清道光 粉彩“池塘香荷”图直口碗	直径15cm	673,600	香港苏富比	2011.4.8
清道光 豆青釉模印粉彩花卉纹碗	直径21.5cm	358,400	云南典藏	2011.5.14
清道光 雕瓷粉彩缠枝花卉碗	直径22cm	184,000	北京保利	2011.10.22
清道光 道光粉彩夔凤碗	直径17.5cm	218,500	北京保利	2011.10.22
清道光 粉彩过墙花果纹碗	直径10.5cm	150,087	香港富得	2011.4.9
清道光 绿地粉彩花卉碗(二件)	直径10.8cm	53,760	北京翰海	2011.4.9
清道光 黄地粉彩开光三羊开泰博古纹碗(二件)	直径14.8cm	586,500	北京翰海	2011.11.19
清道光 粉彩喜鹊登梅纹碗(二件)	直径10.5cm	287,500	北京翰海	2011.11.19
清道光 粉彩花卉蝉纹盖碗(二件)	直径10.9cm	402,500	北京翰海	2011.11.19
清道光 粉彩过枝瓜蝶盖碗(二件)	直径10.8cm	1,552,500	北京翰海	2011.5.19
清道光 胭脂紫地轧道粉彩开光花卉纹碗(一对)	直径15cm	805,000	中国嘉德	2011.5.22
清道光 胭脂紫地轧道粉彩开光博古图碗(一对)	直径14.8cm	1,092,500	中国嘉德	2011.5.22
清道光 胭脂红地轧道粉彩开光五谷丰登纹碗(一对)	直径14.9cm	1,150,000	北京中汉	2011.5.23

拍品名称	尺寸	成交价RMB	拍卖公司	拍卖日期
清道光 胭脂红地粉彩缠枝花卉喜字纹碗(一对)	口径21cm	82,800	上海崇源	2011.7.6
清道光 珊瑚红地粉彩开光西洋花卉纹碗(一对)	直径11cm	782,000	中国嘉德	2011.5.22
清道光 珊瑚红地粉彩花卉碗(一对)	直径11cm	253,000	中国嘉德	2011.5.23
清道光珊瑚红地粉彩凤竹纹盖碗(一对)	直径11cm	1,780,800	云南典藏	2011.10.31
清道光 青花粉彩花卉纹碗(一对)	直径15cm	828,000	中国嘉德	2011.5.22
清道光 浅兰色地粉彩轧道开光花卉纹碗(一对)	直径14.7cm	2,990,000	中国嘉德	2011.5.22
清道光 柠檬黄地粉彩「洋花」图碗(一对)	直径18.4cm	2,181,200	香港苏富比	2011.10.05
清道光 绿地粉彩开光人物碗(一对)	直径10.5cm	805,000	中国嘉德	2011.5.22
清道光 料彩福寿碗(一对)	直径10.7cm	184,000	中国嘉德	2011.5.23
清道光 蓝地轧道粉彩开光人物碗(一对)	直径14.7cm	747,500	中国嘉德	2011.5.22
清道光 蓝地轧道粉彩开光花卉碗(一对)	直径18cm	57,500	中国嘉德	2011.11.14
清道光 金地粉彩花卉纹碗(一对)	直径10.7cm	57,500	中国嘉德	2011.3.19
清道光 黄地轧道粉彩开光三羊开泰图碗(一对)	直径14.7cm	1,955,000	中国嘉德	2011.5.22
清道光 黄地轧道粉彩开光花卉纹碗(一对)	直径14.8cm	920,000	中国嘉德	2011.11.14
清道光 黄地轧道粉彩开光故事图碗(一对)	直径14.8cm	598,000	中国嘉德	2011.5.22
清道光 黄地粉彩牡丹纹碗(一对)	直径11.2cm	78,400	江苏爱涛	2011.1.16
清道光 黄地粉彩花卉纹碗(一对)	直径18.5cm	3,029,940	香港佳士得	2011.6.1
清道光 黄地粉彩缠枝西番莲纹碗(一对)	直径11.3cm	2,300,000	中国嘉德	2011.5.22
清道光 黄地粉彩缠枝开光“佛日常明”碗(一对)	直径16cm	840,000	云南典藏	2011.10.31
清道光 粉红地轧道粉彩九秋玉兔纹碗(一对)	直径14.7cm	2,530,000	北京保利	2011.12.06
清道光 粉底粉彩双喜花卉纹碗(一对)	直径21cm×2	313,600	北京荣宝	2011.3.18
清道光 粉彩紫藤盖碗(一对)	直径10.7cm	483,000	中国嘉德	2011.5.22
清道光 粉彩折枝花卉碗(一对)	直径10.5cm	103,500	福建拍卖	2011.7.3
清道光 粉彩轧道花卉碗(一对)	直径15cm	168,000	雍和嘉诚	2011.6.1
清道光 粉彩鱼藻纹碗(一对)	直径14.8cm	483,000	中国嘉德	2011.5.22
清道光 粉彩婴戏竹报平安图碗(一对)	直径14.3cm	517,500	中国嘉德	2011.11.13
清道光 粉彩一路荣华图碗(一对)	直径14.7cm	598,000	中国嘉德	2011.5.22
清道光 粉彩胭脂紫地轧道开光博古图碗(一对)	直径14.7cm	805,000	北京诚轩	2011.11.12
清道光 粉彩喜鹊卧鹿寿桃纹碗(一对)	直径14cm	402,500	中国嘉德	2011.11.13
清道光 粉彩西洋犬纹碗(一对)	直径10.8cm	943,000	中国嘉德	2011.5.22
清道光 粉彩山水纹大碗(一对)	直径18cm	517,500	中国嘉德	2011.5.22
清道光 粉彩三羊开泰诗文碗(一对)	直径13.8cm	1,265,000	中国嘉德	2011.5.22
清道光 粉彩七珍八宝纹碗(一对)	直径16.5cm	224,000	太平洋	2011.09.17
清道光 粉彩七珍八宝纹碗(一对)	直径14.2cm	166,750	北京诚轩	2011.11.12
清道光 粉彩描金苹果绿釉十二花神碗(一对)	直径10.5cm	460,000	北京保利	2011.6.6
清道光 粉彩籁瓜纹碗(一对)	直径10.9cm	460,000	中国嘉德	2011.5.23
清道光 粉彩籁瓜碗(一对)	直径11cm	828,000	中国嘉德	2011.5.22
清道光 粉彩夔凤穿花纹碗(一对)	直径14.3cm	368,000	中国嘉德	2011.11.13
清道光 粉彩金玉满堂红福碗(一对)	直径13cm	72,800	上海嘉泰	2011.08.28
清道光 粉彩花卉纹碗(一对)	直径10.9cm	402,500	中国嘉德	2011.5.22
清道光 粉彩花卉草虫碗(一对)	直径14.8cm	517,500	中国嘉德	2011.11.13
清道光 粉彩荷花鹭鸶纹碗(一对)	直径14.6cm	713,000	中国嘉德	2011.5.22
清道光 粉彩荷花盖碗(一对)	直径11cm	92,000	北京保利	2011.7.26
清道光 粉彩海棠双燕图小碗(一对)	直径9.5cm	138,000	中国嘉德	2011.5.23
清道光 粉彩鸽子图盖碗(一对)	直径10.8cm	575,000	中国嘉德	2011.11.13
清道光 粉彩福寿纹碗(一对)	直径12.8cm	402,500	江苏省拍	2011.12.10
清道光 粉彩凤穿花卉纹小碗(一对)	直径10.7cm	56,000	苏州东方	2011.4.28
清道光 粉彩八吉祥碗(一对)	直径17cm	230,000	北京保利	2011.6.7
清道光 粉彩八吉祥盖碗(一对)	直径10.8cm	805,000	中国嘉德	2011.5.22
清道光 粉彩八宝纹碗(一对)	直径17.3cm	345,000	北京东正	2011.11.17
清道光 粉彩八宝纹盖碗(一对)	直径11cm	436,800	云南典藏	2011.5.14
清道光 粉彩八宝盖碗(一对)	直径11cm	212,800	长风拍卖	2011.1.20
清道光 粉彩「虞美人」图盖碗(一对)	直径11.1cm	307,500	香港苏富比	2011.10.05
清道光 粉彩“金玉满堂”洪福纹碗(一对)	直径13cm	138,000	中拍国际	2011.12.06
清道光 粉彩一路连科洗	直径17cm	230,000	中国嘉德	2011.11.13

2011瓷器拍卖成交汇总

(成交价RMB：5万元以上)

拍品名称	尺寸	成交价RMB	拍卖公司	拍卖日期
清道光 粉彩五蝠捧寿四方倭角洗	直径23cm	448,500	北京匡时	2011.6.8
清道光 粉彩井字洗	12cm×6.5cm	63,250	苏州吴门	2011.6.12
清道光 松石绿地粉彩莲托八宝纹烛台	高41.7cm	126,500	北京中汉	2011.3.19
清道光 兽耳粉彩缸带座	高34cm	157,500	上海拍卖	2011.4.23
清道光 浅绿地粉彩八宝纹五供(一套)	尺寸不一	3,680,000	中国嘉德	2011.5.22
清道光 米黄地粉彩竹菊纹蟋蟀缸(一对)	高10.5cm	537,600	云南典藏	2011.10.31
清道光 锦地粉彩玉堂富贵纹盖盒	直径24.5cm	739,200	北京永乐	2011.5.24
清道光 黄地粉彩西番莲托喜字盒	直径9.8cm	368,000	中国嘉德	2011.11.13
清道光 黄地粉彩螭龙纹仿青铜器三足炉	直径16.3cm	276,000	北京保利	2011.12.07
清道光 粉彩描金八吉祥供器(两件)	高28cm	690,000	中国嘉德	2011.11.14
清道光 粉彩花卉喜字纹渣斗	高9cm	92,000	上海大众	2011.08.25
清道光 粉彩花蝶大盖盒	直径33.5cm	74,750	北京保利	2011.7.26
清道光 粉彩蝴蝶纹水呈	高8.5cm	322,000	中国嘉德	2011.11.13
清道光 粉彩福寿纹匙(一对)	长18cm	345,000	中国嘉德	2011.11.13
清道光 淡绿地粉彩缠枝花卉纹「八吉祥」图花觚(一对)	高42.5cm	803,600	香港苏富比	2011.10.05
清中期 墨彩龙纹椎把瓶	高23.7cm	437,000	中国嘉德	2011.5.23
清中期 绿地粉彩三星图瓶	高51.7cm	59,800	中国嘉德	2011.6.18
清中期 粉彩心想事成图大瓶	高90cm	230,000	北京诚轩	2011.11.12
清中期 粉彩凸雕“海屋添筹”纹笔筒	高11.7cm	161,000	北京东正	2011.6.5
清中期 粉彩山水图瓷板	21.8cm×8.9cm	91,840	北京永乐	2011.5.24
清中期 粉彩人物故事双耳大瓶	高91cm	84,000	北京保利	2011.1.15
清中期 粉彩罗汉瓷板	直径38cm	195,500	中国嘉德	2011.5.23
清中期 粉彩锦地百花葫芦形盖盒	高25cm	322,000	北京保利	2011.4.16
清中期 粉彩花卉碗	直径19.3cm	103,500	中国嘉德	2011.5.23
清中期 粉彩花卉搬指	直径3cm	57,500	北京保利	2011.6.6
清中期 粉彩百子戏春图缸	直径20.7cm	94,300	北京东正	2011.6.5
清中期 粉彩“四妃十六子”观音瓶	高63.5cm	72,800	北京荣宝	2011.08.13
清咸丰 外粉彩内青花荷花碗(一对)	直径17cm	713,000	北京保利	2011.12.07
清咸丰 黄地粉彩开光山水人物碗	直径17.1cm	713,000	北京翰海	2011.11.19
清咸丰 粉彩钟馗嫁妹笔筒	高15cm	115,000	北京翰海	2011.12.18
清咸丰 粉彩花卉碗(一对)	直径12cm	55,200	雍和嘉诚	2011.11.27
清咸丰 粉彩海兽纹碗(一对)	直径12cm×2	56,000	辽宁建投	2011.5.11
清咸丰 粉彩八宝纹小杯	高5.2cm	55,200	广州艺拍	2011.6.12
清同治 黄地粉彩开光抱月瓶	高48cm	80,500	上海崇源	2011.7.6
清同治 粉彩人物六角瓶	高58cm	56,790	华辉拍卖	2011.5.28
清同治 粉彩鹤鹿同春荸荠瓶	高34.5cm	448,000	辽宁中正	2011.4.17
清同治 黄地粉彩喜上眉梢纹杯	直径9.2cm	83,700	香港佳士得	2011.6.1
清同治 黄地粉彩绿竹纹杯(一对)	直径9cm	207,000	北京保利	2011.12.07
清同治 黄地粉彩蝴蝶纹小杯(二件)	直径6.5cm	78,200	北京翰海	2011.5.21
清同治 锦地粉彩福禄寿喜纹盘(二件)	直径17.2cm	115,000	北京翰海	2011.11.19
清同治 黄地粉彩喜鹊登梅纹盘	直径14.9cm	69,440	天津文物	2011.11.12
清同治 黄地粉彩描金万寿无疆盘	口径22cm	92,000	上海崇源	2011.7.6
清同治 黄地粉彩百蝶纹盘	直径28.5cm	67,200	辽宁中正	2011.1.14
清同治 粉彩缠枝花卉八吉祥纹盘	直径15cm	71,300	北京翰海	2011.5.21
清同治 粉彩八吉祥纹盘(一对)	直径15cm×2	276,000	北京匡时	2011.12.05
清同治 粉彩八吉祥纹盘	直径24.8cm	91,840	北京永乐	2011.5.24
清同治 粉彩八宝纹盘	直径24.5cm	56,000	天津文物	2011.5.13
清同治 金品卿绘粉彩花鸟图碗	直径15.3cm	241,500	北京永乐	2011.11.15
清同治 黄地粉彩喜上眉梢纹碗(一对)	直径9.1cm	207,000	北京中汉	2011.5.23
清同治 粉彩暗八仙纹碗(一对)	高14cm	69,000	广州嘉德	2011.6.11
清同治 粉彩龙纹大碗(一对)	尺寸不一	77,464	香港淳浩	2011.4.1
清同治 黄地粉彩喜上眉梢纹渣斗	直径8.5cm	136,013	香港佳士得	2011.6.1
清同治 黄地粉彩寿字纹蝠式花盆(一对)	高26.8cm	1,058,000	北京中汉	2011.5.23
清同治 黄地粉彩花卉盆(一对)	直径20.5cm	336,000	云南典藏	2011.10.31
清同治 粉彩人物故事图瓷板(一套八件)	69cm×15cm	52,900	广州艺拍	2011.6.12
清同治 粉彩开光人物帽筒(一对)	高28cm	106,400	云南典藏	2011.10.31
清光绪 松石绿地粉彩仙芝祝寿大天球瓶	高55cm	575,000	北京保利	2011.12.07
清光绪 绿地粉彩缠枝莲纹开光镂空岁寒三友转心瓶	高35cm	517,500	北京匡时	2011.6.8
清光绪 蓝釉粉彩籁瓜纹赏瓶	高38.5cm	149,500	中国嘉德	2011.3.19
清光绪 黄地粉彩龙凤瓶	高44cm	115,000	北京保利	2011.7.26
清光绪 黄地粉彩开光龙凤纹大赏瓶	高55.8cm	470,400	北京永乐	2011.5.24
清光绪 黄地粉彩花卉寿字赏瓶	高40cm	149,500	北京保利	2011.7.26
清光绪 黄地粉彩花卉蝴蝶葫芦瓶	高22.3cm	690,000	北京翰海	2011.5.21
清光绪 粉彩云龙纹赏瓶	高38.8cm	368,000	北京东正	2011.11.17
清光绪 粉彩云龙纹赏瓶	高39.3cm	276,000	北京翰海	2011.5.21
清光绪 粉彩云蝠纹赏瓶	高39cm	172,500	北京翰海	2011.11.19
清光绪 粉彩云蝠纹瓶	高33cm	368,000	北京保利	2011.6.7
清光绪 粉彩云蝠纹荸荠瓶	高33.3cm	253,000	北京诚轩	2011.11.12
清光绪 粉彩云蝠荸荠扁瓶	高32.7cm	437,000	北京翰海	2011.5.21
清光绪 粉彩云蝠荸荠扁瓶	高32.8cm	414,000	北京翰海	2011.5.21
清光绪 粉彩凸瓷天球瓶	高42cm	296,608	香港富得	2011.6.24
清光绪 粉彩人物瓶	高38cm	57,178	中信国际	2011.3.13
清光绪 粉彩龙纹赏瓶	高39cm	87,360	云南典藏	2011.10.30
清光绪 粉彩龙凤纹赏瓶	高39cm	224,000	天津文物	2011.11.12
清光绪 粉彩龙凤纹赏瓶	高40cm	184,000	北京保利	2011.10.23
清光绪 粉彩料釉贯耳瓶	高26.8cm	50,400	十竹斋	2011.5.29
清光绪 粉彩开光龙纹贯耳瓶	宽30.5cm	179,200	苏州东方	2011.4.28
清光绪 粉彩九桃瓶	高55cm	134,400	雍和嘉诚	2011.6.1
清光绪 粉彩九桃瓶	高43cm	52,900	广东古今	2011.7.10
清光绪 粉彩福寿绵长纹赏瓶	高38.8cm	264,500	北京东正	2011.6.5
清光绪 粉彩百蝠纹瓶	高33.5cm	207,000	北京东正	2011.11.17
清光绪 粉彩百蝠瓶	高34cm	184,000	荣宝斋(沪)	2011.11.25
清光绪 粉彩百福赏瓶	高39cm	57,500	雍和嘉诚	2011.11.27
清光绪 粉彩百蝶纹赏瓶	高39.3cm	504,000	天津文物	2011.11.12
清光绪 粉彩百蝶纹赏瓶	高39.5cm	126,500	北京匡时	2011.6.8
清光绪 粉彩百蝶纹赏瓶	高38.6cm	115,000	北京翰海	2011.11.19
清光绪 粉彩百蝶纹赏瓶	高39cm	80,640	江苏爱涛	2011.1.16
清光绪 粉彩百蝶赏瓶	高41cm	218,500	北京保利	2011.12.07
清光绪 粉彩百蝶赏瓶	高39cm	89,600	十竹斋	2011.5.29
清光绪 粉彩百蝶赏瓶	高40cm	61,600	浙江民和	2011.08.14
清光绪 粉彩百蝶赏瓶	高39cm	55,200	北京保利	2011.4.17
清光绪 豆青地粉彩寿桃贯耳方瓶	高28cm	299,000	北京保利	2011.12.07
清光绪 黄地粉彩缠枝莲花开光龙凤纹赏瓶(一对)	高39cm×2	672,000	中贸圣佳	2011.4.29
清光绪 粉彩吉庆福寿纹赏瓶(二件)	高38.7cm	437,000	北京翰海	2011.11.19
清光绪粉彩祥云「百福」荸荠瓶(一对)	高32.8cm	459,200	香港苏富比	2011.10.05
清光绪 粉彩九桃玉壶春瓶(一对)	高36.2cm×2	207,000	中贸圣佳	2011.11.06
清光绪 粉彩花卉荸荠瓶(一对)	高32cm	264,500	北京保利	2011.10.23
清光绪 粉彩百蝶纹赏瓶(一对)	高39cm×2	336,000	北京荣宝	2011.3.18
清光绪 粉彩百蝶赏瓶(一对)	高39cm×2	782,000	中贸圣佳	2011.11.06
清光绪 粉彩松鹤延年图鹿头尊	高44.8cm	632,500	中国嘉德	2011.11.14
清光绪 粉彩百鹿尊	高45.5cm	138,000	中国嘉德	2011.5.23
清光绪 粉彩百鹿尊	高46cm	92,000	江苏省拍	2011.12.10
清光绪 大雅斋粉彩花鸟铺首尊	高55cm	560,000	辽宁中正	2011.4.17
清光绪 粉彩开光皮球花花鸟海棠式大尊(一对)	高50.5cm	4,025,000	北京保利	2011.12.07
清光绪 粉彩百鹿尊(一对)	高47.5cm	713,000	中拍国际	2011.12.06
清光绪 粉彩百花图鹿头尊(一对)	高40.5cm	747,500	中国嘉德	2011.11.14
清光绪 粉彩松石绿地墨彩龙纹缸	高45.5cm	168,000	辽宁中正	2011.4.17
清光绪 御制松石绿地粉彩“大雅斋”仙芝寿桃大缸(一对)	高43cm	7,015,000	北京保利	2011.12.07
清光绪 紫地粉彩牡丹纹六方花盆	23.2cm×15cm	287,500	中国嘉德	2011.11.14
清光绪 黄地粉彩寿山福海纹花盆	直径31cm	632,500	中拍国际	2011.12.06
清光绪 黄地粉彩花鸟纹双连亚腰花盆	22cm×13.4cm	287,500	中国嘉德	2011.11.14
清光绪 官窑暗八宝粉彩水仙盆	长47.5cm	220,500	上海拍卖	2011.4.23
清光绪 粉彩双龙佛教八宝大折沿盆	直径40cm	184,000	北京保利	2011.10.22
清光绪 粉彩花鸟花盆	19.5cm×15cm	115,000	苏州吴门	2011.6.12
清光绪 大雅斋款绿地粉彩花鸟纹梅花式水仙盆	长17.5cm	190,400	天津文物	2011.11.12
清光绪 紫地粉彩花鸟纹花盆(一对)	长28.3cm	92,000	中国嘉德	2011.6.18
清光绪 黄地粉彩喜鹊登梅纹花盆(一对)	高14cm	57,500	中拍国际	2011.7.17
清光绪 黄地粉彩花卉花盆(一对)	直径17cm	138,000	北京保利	2011.6.7
清光绪 粉彩花鸟纹花盆(一对)	高15cm×2	92,000	北京匡时	2011.6.8
清光绪 粉彩雕瓷福寿花盆(一对)	宽17.5cm	115,000	北京保利	2011.12.08
清光绪 黄地粉彩福寿纹格盒	直径16cm	115,000	北京翰海	2011.5.21
清光绪 粉彩九桃纹捧盒	直径25.5cm	313,600	北京荣宝	2011.3.18
清光绪 粉彩花鸟捧盒	直径25.5cm	89,600	北京翰海	2011.4.9
清光绪 粉彩花卉捧盒(一对)	直径25.5cm	89,600	北京保利	2011.1.15
清光绪松石绿地粉彩佛莲托福寿钟式杯	直径8cm	57,500	北京保利	2011.10.22
清光绪 粉彩秋操杯(一对)	长19cm	172,500	北京华辰	2011.5.20
清光绪 粉彩鸡缸杯(一对)	直径6.7cm	563,500	中国嘉德	2011.5.23
清光绪 粉彩荷花秋操杯(一对)	长20cm	230,000	北京保利	2011.12.07

拍品名称	尺寸	成交价RMB	拍卖公司	拍卖日期
清光绪 粉彩荷花秋操杯(一对)	长14.5cm×2	168,000	北京荣宝	2011.3.18
清光绪 外胭脂红内黄地粉彩九龙纹碟(一对)	直径24cm	75,527	香港淳浩	2011.4.1
清光绪 万寿无疆纹碗	直径19.2cm	74,750	长风拍卖	2011.6.21
清光绪 外粉彩内青花莲纹碗	直径17.5cm	149,500	北京匡时	2011.6.8
清光绪珊瑚红地粉彩开光折枝牡丹纹碗	直径11cm	86,250	中拍国际	2011.7.17
清光绪 内青花外粉彩缠枝荷塘纹碗	直径17.5cm	82,800	广州嘉德	2011.6.11
清光绪 黄地粉彩五福捧寿纹碗	直径11.5cm	72,800	辽宁中正	2011.1.14
清光绪 红地粉彩花卉碗	直径11cm	69,000	广州艺拍	2011.6.12
清光绪 粉彩胭脂红团凤高足温碗	直径19cm	92,000	北京保利	2011.12.07
清光绪 粉彩枇杷纹碗	直径14cm	69,440	天津文物	2011.11.12
清光绪 粉彩莲瓣纹盖碗	直径11.7cm	287,500	北京华辰	2011.5.20
清光绪 粉彩夔龙纹碗	直径21cm	92,000	广州艺拍	2011.6.12
清光绪 粉彩夔凤纹碗	直径20.7cm	126,500	中拍国际	2011.7.17
清光绪 粉彩夔凤纹高足温碗	高20cm	63,250	北京保利	2011.6.6
清光绪 粉彩夔凤碗	直径20.5cm	115,000	北京保利	2011.4.16
清光绪 粉彩花卉纹碗		89,600	中贸圣佳	2011.4.29
清光绪 粉彩花卉碗	直径14cm	69,000	北京保利	2011.4.17
清光绪 粉彩荷花盖碗	直径11cm	149,500	北京翰海	2011.5.21
清光绪 粉彩凤穿牡丹花卉纹碗	直径20.7cm	86,250	福建拍卖	2011.7.3
清光绪 粉彩二龙戏珠大碗	直径37cm	230,000	北京保利	2011.12.07
清光绪 粉彩八吉祥纹碗	直径14.2cm	67,200	天津文物	2011.11.12
清光绪 黄地粉彩万寿无疆碗(二件)	直径16.8cm	138,000	北京翰海	2011.5.21
清光绪 粉彩三多纹碗(二件)	直径20.5cm	138,000	北京翰海	2011.5.21
清光绪 粉彩夔凤纹碗(二件)	直径12.6cm	94,300	北京翰海	2011.5.21
清光绪 粉彩九桃碗(二件)	直径20.6cm	56,000	北京翰海	2011.09.18
清光绪 粉彩蝴蝶纹盖碗(二件)	直径11.3cm	55,200	北京翰海	2011.5.21
清光绪 仿乾隆粉彩佛教八宝碗(六只)	直径12cm	63,250	北京保利	2011.10.22
清光绪 紫金釉粉彩皮球花碗(一对)	直径13.2cm	224,000	北京荣宝	2011.08.13
清光绪 外粉彩内青花龙纹碗(一对)	直径15cm×2	84,000	北京荣宝	2011.3.18
清光绪 外粉彩内青花花卉纹碗(一对)	直径15.2cm	71,300	中国嘉德	2011.6.18
清光绪 外粉彩内青花缠枝莲纹碗(一对)	直径15cm	78,400	北京荣宝	2011.11.11
清光绪 珊瑚红地开光粉彩牡丹纹碗(一对)	直径11.3cm	172,500	北京诚轩	2011.11.12
清光绪内青花外粉彩荷塘花卉碗(一对)	直径15.2cm	126,500	中国嘉德	2011.5.23
清光绪 黄地粉彩开光“五谷丰登”大碗(一对)	直径19.5cm	51,750	北京保利	2011.6.6
清光绪 黄地粉彩福寿纹碗(一对)	直径11.2cm	74,750	中国嘉德	2011.3.19
清光绪 黄地粉彩缠枝莲万寿无疆碗(一对)	直径15.5cm	69,000	北京保利	2011.6.7
清光绪 黄地粉彩缠枝开光花卉纹碗(一对)	直径16cm×2	67,200	北京荣宝	2011.08.13
清光绪 粉彩花卉纹碗(一对)	直径16.5cm×2	392,000	北京荣宝	2011.11.11
清光绪 粉彩花卉碗(一对)	直径14.8cm	57,500	中国嘉德	2011.5.23
清光绪 粉彩二龙戏珠纹碗(一对)	直径15cm	161,000	北京东正	2011.11.17
清光绪 粉彩八宝纹盖碗(一对)	直径10.5cm	103,500	北京东正	2011.6.5
清光绪 珊瑚红地开光粉彩龙凤纹盘	直径16.9cm	53,760	天津文物	2011.11.12
清光绪 墨地粉彩开光花卉纹盘	直径34cm	61,600	天津文物	2011.5.13
清光绪 黄地粉彩花卉五蝠纹盘	直径16.9cm	72,800	云南典藏	2011.5.14
清光绪 黄地粉彩缠枝花卉纹盘	直径16.5cm	78,400	天津文物	2011.5.13
清光绪 官窑粉彩莲托八宝纹大盘	直径44cm 直径29cm	441,000	上海拍卖	2011.4.23
清光绪 粉彩云蝠纹盘	直径34cm	80,640	天津文物	2011.11.12
清光绪 粉彩龙凤纹盘	直径15.5cm	69,440	天津文物	2011.5.13
清光绪 粉彩九桃大盘	直径94.3cm	172,500	北京翰海	2011.12.18
清光绪 粉彩花篮大盘	直径48cm	575,000	北京保利	2011.12.07
清光绪 粉彩花卉盘	直径15.5cm	53,760	长风拍卖	2011.1.20
清光绪 粉彩花卉过枝盘	直径22cm	115,000	北京匡时	2011.6.8
清光绪 粉彩过枝九桃盘	直径22cm	529,000	北京保利	2011.12.07
清光绪 粉彩过墙九桃纹盘	直径22cm	448,000	北京荣宝	2011.3.18
清光绪 粉彩矾红花卉蝴蝶龙纹莲瓣盘	直径42cm	138,000	北京华辰	2011.5.20
清光绪 粉彩万代寿字盘(二件)	直径27.9cm	126,500	北京翰海	2011.11.19
清光绪外蓝釉内粉彩花卉双雀盘(一对)	直径18.5cm	69,000	北京保利	2011.6.7
清光绪 粉彩云蝠纹大盘(一对)	直径34.7cm	138,000	北京保利	2011.6.7
清光绪 粉彩鸳鸯戏水纹盘(一对)	直径18.3cm	72,800	云南典藏	2011.5.14
清光绪 粉彩五蝠捧寿盘(一对)	直径18.8cm	80,500	北京保利	2011.6.7
清光绪 粉彩寿桃五福寿字盘(一对)	直径19cm×2	246,400	北京荣宝	2011.11.11

拍品名称	尺寸	成交价RMB	拍卖公司	拍卖日期
清光绪 粉彩葡萄纹盘(一对)	直径10.2cm	61,600	长风拍卖	2011.1.20
清光绪 粉彩龙凤皮球花盘(一对)	直径16cm	69,000	北京保利	2011.6.7
清光绪 粉彩缠枝花卉八宝纹盘(一对)	直径15cm	161,000	北京东正	2011.6.5
清光绪 粉彩缠枝花卉八宝纹盘(一对)	直径15.2cm	103,500	北京东正	2011.11.17
清光绪 粉彩八宝纹盘(一对)	直径15cm	78,400	长风拍卖	2011.1.20
清光绪 粉彩花卉纹水盂	直径22.5cm	63,250	上海工美	2011.6.26
清光绪 粉彩花鸟折沿洗	直径38cm	80,500	北京匡时	2011.6.8
清光绪 粉彩喜鹊花卉纹罐(一对)	高30.5cm	552,000	北京东正	2011.11.17
清光绪 粉彩万字形四方花卉笔筒(一对)	高17cm	67,200	云南典藏	2011.10.31
清光绪 粉彩花鸟纹帽筒	高28.5cm	56,000	天津文物	2011.5.13
清光绪 粉彩花鸟笔筒	高14.5cm	57,500	北京保利	2011.6.5
清光绪 粉彩雕瓷花鸟笔筒	高13.5cm	109,250	北京保利	2011.7.26
清光绪 粉彩关公像	高26cm	103,500	中国嘉德	2011.6.18
清宣统 粉彩云蝠纹赏瓶	高39.5cm	100,800	苏州东方	2011.4.28
清宣统 粉彩百蝶赏瓶	高39.5cm	172,500	北京保利	2011.12.07
清宣统 外粉彩内青花荷塘纹碗	直径15cm	101,200	中国嘉德	2011.11.14
清宣统 外粉彩内青花荷塘碗(一对)	直径15cm	287,500	中国嘉德	2011.11.14
清宣统 内青花外粉彩荷花碗	直径17.6cm	95,200	江苏爱涛	2011.1.16
清宣统 官窑外粉彩内青花大碗	直径17.5cm	73,500	上海拍卖	2011.4.23
清宣统 粉彩万寿无疆纹碗	直径20.9cm	115,000	北京中汉	2011.3.19
清宣统 粉彩夔凤纹碗(一对)	直径18.8cm	80,500	北京中汉	2011.3.19
清宣统 粉彩九桃碗	直径18cm	92,000	北京保利	2011.12.07
清宣统 粉彩花卉纹碗(一对)	直径14.5cm	59,800	中国嘉德	2011.6.18
清宣统 粉彩花蝶纹碗(一对)	直径13.5cm	63,250	广州艺拍	2011.6.12
清宣统 粉彩“万寿无疆”大碗(一对)	直径21cm	345,000	北京保利	2011.12.07
清宣统 粉彩花卉过枝盘	直径22cm	115,000	北京匡时	2011.6.8
清宣统 粉彩八吉祥纹盘	16.8cm	67,200	天津文物	2011.11.12
清宣统 粉彩八宝盘	直径34cm	172,500	北京保利	2011.12.07
清晚期 粉彩通景八棱花盆(一对)	高30cm	253,000	江苏省拍	2011.12.10
清晚期 粉彩镂空开光缠枝花卉蝠盘转心瓶	高30.5cm	529,000	北京保利	2011.12.08
清晚期 粉彩花卉瓶	高36cm	63,250	北京保利	2011.4.17
清晚期 粉彩葫芦形镂空转心瓶	高36.5cm	483,000	北京保利	2011.6.7
清末 粉彩八桃纹瓶	高32cm	345,000	北京东正	2011.11.17
清19世纪 粉彩「春宫图」瓷片(八件)	17.5cm×24cm	410,000	香港苏富比	2011.10.05
清18世纪 天蓝釉粉彩“福囊图”菊瓣式盏托	长18cm	1,229,320	香港苏富比	2011.4.8
清18世纪 黄地粉彩矾红云龙纹罐	高21cm	207,000	广州嘉德	2011.6.11
清19世纪 松绿地粉彩缠枝莲纹五子登科瓶	高31cm	3,220,000	北京匡时	2011.6.8
清 珊瑚红地轧道粉彩多宝纹贲巴瓶	高25.5cm	56,000	未来四方	2011.6.11
清 青花地开光粉彩山水人物纹瓶	高31.5cm	152,904	香港淳浩	2011.7.30
清 绿地粉彩开光龙凤双耳转心瓶	高29.3cm	115,000	北京翰海	2011.11.19
清 黄地粉彩开光花鸟纹瓶	高26cm	103,040	未来四方	2011.6.11
清 黄地粉彩九桃纹大天球瓶	高51cm	197,064	香港淳浩	2011.11.26
清 黄地粉彩八仙贺寿图双耳瓶	高31cm	784,000	云南典藏	2011.5.14
清 黄底粉彩八宝图贲巴瓶		2,016,000	中贸圣佳	2011.4.29
清 粉彩云龙纹长颈瓶	高19.5cm	135,000	江苏万达	2011.5.28
清 粉彩婴戏纹瓶	高20cm	1,500,000	红太阳	2011.5.28
清 粉彩婴戏纹瓶	高21cm	280,000	红太阳	2011.5.28
清 粉彩喜鹊纹瓶	高22cm	900,000	红太阳	2011.5.28
清 粉彩喜鹊登梅直颈瓶	高54cm	168,000	北京翰海	2011.4.9
清 粉彩喜鹊登梅小天球瓶	高17cm	74,750	北京保利	2011.4.16
清 粉彩天蓝釉地彩蝶花卉葫芦瓶	高32cm	1,407,600	澳门中信	2011.11.25
清 粉彩桃花灯笼瓶	高26.6cm	84,000	中鸿信	2011.6.26
清 粉彩寿字缠枝莲纹瓶	高27cm	67,200	未来四方	2011.6.11
清 粉彩山水人物纹瓶	高21cm	300,000	红太阳	2011.5.28
清 粉彩山水风景纹长颈瓶	高26cm	380,000	红太阳	2011.5.28
清 粉彩瑞兽纹瓶	高50cm	320,000	红太阳	2011.5.28
清 粉彩群仙拜寿纹撇口瓶	高45cm	50,000	红太阳	2011.5.28
清 粉彩龙纹双耳瓶	高30.3cm	50,400	十竹斋	2011.5.29
清 粉彩龙凤呈祥纹大瓶	高41cm	55,200	中拍国际	2011.7.17
清 粉彩九桃天球瓶	高49cm	483,000	江苏省拍	2011.12.10
清 粉彩花鸟玉壶春瓶	高37cm	74,750	雍和嘉诚	2011.11.27
清 粉彩花鸟天球瓶	高56cm	134,400	雍和嘉诚	2011.6.1
清 粉彩花卉纹双耳瓶	高31.2cm	57,500	中国嘉德	2011.3.19
清 粉彩花卉纹撇口瓶	高45cm	160,000	红太阳	2011.5.28

2011瓷器拍卖成交汇总

(成交价RMB：5万元以上)

拍品名称	尺寸	成交价RMB	拍卖公司	拍卖日期
清 粉彩堆花鸟纹大天球瓶	高55cm	81,230	香港淳浩	2011.7.29
清 粉彩刀马人物抱月瓶	高49cm	92,000	荣宝斋(沪)	2011.11.25
清 粉彩缠枝莲福寿双耳瓶	高29.5cm	402,500	北京匡时	2011.09.17
清 粉彩百鸟朝凤天球瓶	高56cm	184,000	上海大众	2011.08.25
清 粉彩百鸟朝凤如意耳瓶	高54cm	74,750	广州艺拍	2011.6.12
清 粉彩百花不落地纹瓶	高31cm	120,000	红太阳	2011.5.28
清 粉彩百蝶赏瓶	高40cm	287,500	江苏万达	2011.5.28
清 粉彩暗八宝纹长颈瓶	高42cm	100,000	红太阳	2011.5.28
清 百花不落地繁花似锦粉彩梅瓶	高20cm	207,000	江苏万达	2011.5.28
清 粉彩开光钟鼎花卉棒槌瓶 (二件)	高45cm	80,500	北京翰海	2011.5.21
清 黄地粉彩婴戏纹大瓶 (一对)	高44cm	620,000	红太阳	2011.5.28
清 粉彩团蝶纹瓶 (一对)	高11.8cm	3,800,000	红太阳	2011.5.28
清 粉彩山水风景纹瓶 (一对)	高24.8cm	2,500,000	红太阳	2011.5.28
清 粉彩人物山水纹瓶 (一对)	高19cm	950,000	红太阳	2011.5.28
清 粉彩人物大瓶 (一对)	高56cm	51,750	苏州吴门	2011.6.12
清 粉彩莲生贵子图瓶 (一对)		57,500	中国嘉德	2011.3.19
清 粉彩开光钟鼎花卉棒槌瓶 (一对)	高44cm	105,800	华艺国际	2011.12.11
清 粉彩花鸟纹瓶 (一对)	高25cm	200,000	红太阳	2011.5.28
清 粉彩花鸟纹长颈瓶 (一对)	高36cm	1,600,000	红太阳	2011.5.28
清 粉彩花鸟纹壁瓶 (一对)	高25cm	580,000	红太阳	2011.5.28
清 粉彩和合二仙瓶 (一对)	高29cm	172,500	江苏万达	2011.5.28
清 粉彩堆塑博古图瓶 (一对)	高62.7cm	51,750	中国嘉德	2011.6.18
清 粉彩兵阵图大瓶 (一对)	高70cm	115,000	中国嘉德	2011.3.19
清 嘉庆粉彩百鸟朝凤四方瓶 (一件)	高44.5cm	560,000	山东德道	2011.11.09
清 青釉描金粉彩开光人物双耳尊	高15.2cm	112,000	中鸿信	2011.6.26
清 粉彩婴戏纹衔环四方尊	高32cm	180,000	红太阳	2011.5.28
清 粉彩万花锦地底开光山水纹鹿头尊	高34cm	92,000	上海大众	2011.08.25
清 粉彩双螭龙耳百鹿尊	高45cm	448,000	辽宁中正	2011.7.24
清 粉彩仕女纹尊	高37.5cm	124,235	香港淳浩	2011.7.30
清 粉彩石榴尊	高9cm	459,264	澳门中信	2011.6.25
清 粉彩开光云福狮子绣球纹象耳尊	高25.5cm	2,800,000	红太阳	2011.5.28
清 粉彩八仙祝寿敞口尊	高53cm	51,750	北京匡时	2011.09.17
清 “大清乾隆年製”款上下剔红粉彩尊	高58cm	1,120,000	东方艺都	2011.7.6
清 粉彩对弈纹石榴尊 (一对)	高12.8cm	900,000	红太阳	2011.5.28
清 粉彩牡丹纹执壶	高21cm	103,500	苏州吴门	2011.6.12
清 道光粉彩绿地描金云龙纹飘带香炉	高26.5cm	448,000	上海新华	2011.6.25
清 绿地粉彩龙凤纹花觚	高45.5cm	59,322	香港富得	2011.6.24
清 粉彩五伦图大缸	高55cm	409,128	香港淳浩	2011.4.1
清 粉彩山水缸	高13.8cm	67,200	北京翰海	2011.4.9
清 粉彩三多纹鸡心小缸	直径8cm	97,750	福建拍卖	2011.7.3
清 粉彩花鸟纹八角形大缸	宽42cm	60,996	香港淳浩	2011.11.26
清 粉彩婴戏纹盖罐	高16cm	520,000	红太阳	2011.5.28
清 粉彩群仙祝寿罐	高19cm	64,960	北京翰海	2011.4.9
清 粉彩婴戏纹盖罐 (一对)	高18cm	86,000	红太阳	2011.5.28
清 粉彩仙人祝寿纹盖罐 (一对)	高39cm	280,000	红太阳	2011.5.28
清 粉彩人物莲子罐 (一对)	高33cm	51,980	中信国际	2011.3.13
清 兰地粉彩花卉四方花盆 (一对)	高18cm	100,800	云南典藏	2011.10.30
清 黄地粉彩描金福寿万年花盆 (一对)	宽23cm	89,084	香港淳浩	2011.4.1
清 粉彩花鸟花盆 (一对)	高11cm	313,600	山东德道	2011.11.09
清 粉彩诗文鸡缸杯 (二件)	直径6.9cm	690,000	北京翰海	2011.11.19
清 粉彩婴戏御题诗鸡缸杯 (一对)	直径8.3cm	132,000	上海新华	2011.6.25
清 紫地粉彩花卉幅纹杯 (二件)	直径6.2cm	437,000	北京翰海	2011.11.19
清 珊瑚红地粉彩花卉纹碗	直径11cm	55,494	香港富得	2011.6.24
清 粉彩轧道蝴蝶纹大碗	直径32cm	95,000	红太阳	2011.5.28
清 粉彩梅花纹碗	直径14.8cm	460,000	红太阳	2011.5.28
清 粉彩花鸟纹碗	高9cm	120,000	红太阳	2011.5.28
清 粉彩花卉纹碗	直径18cm	345,000	中国嘉德	2011.6.18
清 粉彩蝶恋花纹折腰碗	直径15.5cm	63,250	华艺国际	2011.12.11
清 珊瑚红地洋彩九秋纹碗 (一对)	直径13.4cm	747,500	北京东正	2011.11.17
清 珊瑚红地粉彩九秋碗 (一对)	直径12cm	7,360,000	中国嘉德	2011.5.23
清 黄地粉彩莲托八宝纹碗 (一对)	直径11.7cm	57,500	中国嘉德	2011.3.19
清 粉彩三羊开泰图碗 (一对)	直径13.2cm	51,750	中国嘉德	2011.6.18
清 粉彩藩王进宝碗 (一对)	直径13.5cm×2	517,500	北京匡时	2011.09.17
清 粉彩八吉祥纹碗 (一对)	直径12.5cm×2	51,750	北京匡时	2011.09.17
清 大雅斋粉彩花卉碗 (一对)	直径12.5cm	100,800	雍和嘉诚	2011.6.1
清 光绪 粉彩花果折腰碗 (一对)	直径20cm	78,400	上海新华	2011.6.25
清 福寿粉彩大赏盘	直径40cm	134,400	江苏万达	2011.5.28

拍品名称	尺寸	成交价RMB	拍卖公司	拍卖日期
清 粉彩松鹿大盘	直径47cm	168,000	北京翰海	2011.09.18
清 粉彩鲤鱼跃龙门花口盘	直径20cm	150,000	红太阳	2011.5.28
清 粉彩福寿盘	直径20cm	800,000	红太阳	2011.5.28
清 粉彩多子多福纹盘	直径23cm	480,000	红太阳	2011.5.28
清 粉彩百鸟朝凤纹盘	直径17cm	200,000	红太阳	2011.5.28
清 豆青粉彩红梅百鹊大盘	直径47.5cm	53,760	上海新华	2011.6.25
清 外胭脂红内粉彩花卉纹盘 (一对)	直径19cm	920,000	红太阳	2011.5.28
清 粉彩十八罗汉水盂 (一对)	直径11cm	168,000	江苏万达	2011.5.28
清 粉彩西游纹笔筒	高20cm	80,000	红太阳	2011.5.28
清 粉彩剔地开光花卉海棠形笔筒	高10.3cm	72,800	上海新华	2011.6.25
清 粉彩仕女婴戏笔筒	直径18.5cm	97,750	北京保利	2011.7.27
清 粉彩山水小笔筒	高10cm	69,000	中国嘉德	2011.11.14
清 粉彩花虫诗句纹书卷形笔筒	高14.4cm	100,800	天津文物	2011.11.12
清 粉彩出关图瓷板	49.5cm×37.5cm	218,500	中拍国际	2011.12.06
清 粉彩 “徐天梅” 刘海瓷板	39cm×26cm	55,200	苏州吴门	2011.6.12
清 福建会馆粉彩弥勒坐像	高28cm	71,300	北京匡时	2011.09.17
清 粉彩描金人物像	高30cm	103,500	雍和嘉诚	2011.11.27
清 粉彩观音像	高28.2cm	63,250	中国嘉德	2011.6.18
清 粉彩文房 (一套十件)	尺寸不一	90,896	香港富得	2011.6.24
清 粉彩太平有象 (一对)	高17.7cm	57,500	中国嘉德	2011.3.19
清 粉彩书枕一队	高22cm	126,500	苏州吴门	2011.6.12
清 粉彩人物花口洗	高12cm	118,000	红太阳	2011.5.28
清 粉彩描金山水人物纹砚屏	高21.8cm	172,500	北京翰海	2011.5.21
清 粉彩开光花鸟纹花浇	高26cm	580,000	红太阳	2011.5.28
清 粉彩花鸟诗文砚屏 (一对)	高26.5cm	115,000	上海大众	2011.08.25
清 粉彩春宫水注	高6cm	76,160	浙江民和	2011.08.14
清 粉彩八宝香插	直径12.5cm	67,223	台北富博斯	2011.12.18
19世纪 粉彩花鸟天球瓶 (一对)	高59cm	62,192	香港富得	2011.6.24
19世纪 金地粉彩花卉纹转心瓶 (一件)	高41cm	84,000	东方艺都	2011.7.7
民国 粉彩 “秋江芦雁” 图撇口瓶	高34.8cm	1,027,240	香港苏富比	2011.4.8
民国 徐仲南 粉彩《虎视眈眈》小赏瓶	高21.5cm	575,000	长风拍卖	2011.6.21
民国 张景寿 粉彩瓷瓶	高46.5cm	71,300	北京匡时	2011.6.7
民国 延庆楼款粉彩花鸟纹盘口瓶	高22.7cm	118,800	天津文物	2011.11.12
民国 徐仲南款粉彩仕女纹蒜头瓶	高15.3cm	2,688,000	天津文物	2011.11.12
民国徐仲南粉彩《春枝栖禽图》小赏瓶	高11.5cm	402,500	长风拍卖	2011.12.20
民国 王琦款粉彩行旅图瓶		425,600	天津文物	2011.11.12
民国 王大凡粉彩绘纳福迎祥图蒜头瓶	高35cm	224,000	北京永乐	2011.5.24
民国 王步款粉彩花卉纹象耳瓶	高26.5cm	5,600,000	天津文物	2011.11.12
民国 田鹤仙款粉彩山水人物纹唇口瓶	高22.6cm	1,680,000	天津文物	2011.11.12
民国 田鹤仙 粉彩《渔村夕照》小赏瓶	高13cm	166,750	长风拍卖	2011.6.21
民国 墨地万花粉彩开光四爱图葫芦瓶	高47cm	201,600	天津文物	2011.5.13
民国 兰釉粉彩九桃纹象耳琮式瓶	高29cm	112,000	云南典藏	2011.10.30
民国 锦地开光粉彩人物故事图观音瓶	高41cm	100,800	云南典藏	2011.5.14
民国 锦地开光粉彩描金山水人物纹瓶	高33.2cm	58,098	香港淳浩	2011.4.1
民国 黄底粉彩缠枝花卉开光婴戏纹瓶	高19.5cm	138,000	北京东正	2011.6.5
民国 粉彩竹报平安瓶	高32.5cm	71,674	香港淳浩	2011.7.30
民国 粉彩轧道开光花卉纹天球瓶	高20.5cm	50,400	天津文物	2011.5.13
民国 粉彩渊明爱菊图瓶	高33cm	67,200	天津文物	2011.5.13
民国 粉彩玉兔纹瓶	高13.4cm	78,200	中国嘉德	2011.3.19
民国 粉彩婴戏纹瓶	高27.3cm	168,000	天津文物	2011.11.12
民国 粉彩婴戏图瓶	高33cm	52,800	天津文物	2011.5.13
民国 粉彩雪景图瓶	高44cm	690,000	北京保利	2011.10.23
民国 粉彩凸龙天球瓶	高55cm	156,800	安华白云	2011.3.6
民国 粉彩通景山水人物纹唇口瓶	高33.2cm	336,000	天津文物	2011.11.12
民国 粉彩庭院婴戏图瓶	高24.8cm	94,163	香港佳士得	2011.6.1
民国 粉彩桃纹天球瓶	高56cm	59,800	中国嘉德	2011.6.18
民国 粉彩山水纹球瓶	高33.3cm	138,000	广州艺拍	2011.6.12
民国 粉彩山水纹瓶	高35cm	253,000	北京东正	2011.11.17
民国 粉彩山水人物通景瓶	高25.5cm	203,343	香港富得	2011.4.9
民国 粉彩人物纹瓶	高23cm	200,687	香港淳浩	2011.7.29
民国 粉彩人物故事图瓶	高38cm	92,000	广州艺拍	2011.6.12
民国 粉彩人物故事图瓶	高34.5cm	76,160	天津文物	2011.5.13
民国 粉彩人物风景纹琮式瓶	高35cm	100,000	红太阳	2011.5.28
民国 粉彩人物大瓶	高42cm	217,868	香港富得	2011.4.9
民国 粉彩木纹釉山水诗文方瓶	高23.5cm	56,000	十竹斋	2011.5.29
民国 粉彩描金开光牡丹花卉双耳瓶	高41.3cm	118,276,425	纽约苏富比	2011.3.22
民国 粉彩罗汉伏虎图瓶	高40cm	115,000	广州艺拍	2011.6.12

拍品名称	尺寸	成交价RMB	拍卖公司	拍卖日期
民国 粉彩开光人物如意双耳瓶	高19cm	70,803	香港富得	2011.6.24
民国 粉彩开光人物故事琮式瓶	高30cm	345,000	上海大众	2011.08.25
民国 粉彩九桃天球瓶	高54cm	103,500	华艺国际	2011.08.14
民国 粉彩花鸟纹象耳瓶	高39cm	261,441	香港淳浩	2011.4.1
民国 粉彩花鸟纹天球瓶	高31cm	97,750	中国嘉德	2011.09.17
民国 粉彩花鸟纹瓶	高19.3cm	69,000	中国嘉德	2011.3.19
民国 粉彩花鸟纹撇口瓶	高28cm	90,000	红太阳	2011.5.28
民国 粉彩花鸟诗文瓶	高32cm	401,373	香港淳浩	2011.7.30
民国 粉彩花卉纹蒜头瓶	高28.5cm	51,750	中拍国际	2011.7.17
民国 粉彩花卉开光镂空十八罗汉图转心瓶	高26.3cm	402,500	北京东正	2011.6.5
民国 粉彩花卉观音瓶	高37cm	161,000	广州艺拍	2011.6.12
民国 粉彩花卉橄榄瓶	高30.5cm	8,636,265	纽约苏富比	2011.3.22
民国 粉彩富贵牡丹纹瓶	高32cm	598,000	北京翰海	2011.5.21
民国 粉彩堆瓷人物天球瓶	高31.5cm	67,200	十竹斋	2011.5.29
民国 粉彩百花葫芦瓶	高22cm	168,000	雍和嘉诚	2011.6.1
民国 粉彩百蝶玉壶春瓶	高38cm	149,500	广州艺拍	2011.6.12
民国 粉彩“喜鹊登梅”梅瓶	高14cm	74,750	北京保利	2011.4.17
民国 程意亭款粉彩花鸟纹瓶	高23.2cm	918,400	天津文物	2011.11.12
民国 毕伯涛绘粉彩花鸟纹瓶	高8.5cm	77,967	华辉拍卖	2011.5.28
民国 “王大凡”绘粉彩花鸟人物图双龙耳方瓶	高33cm	3,450,000	中国嘉德	2011.11.14
民国 “居仁堂”款粉彩人物观音瓶	高23.5cm	172,500	上海崇源	2011.7.6
民国 张志汤绘粉彩山水通景瓶(一对)	高45cm	57,178	中信国际	2011.3.13
民国王大凡绘粉彩刘海戏金蟾瓶(一对)	高20cm	69,000	上海崇源	2011.7.6
民国 汪晓棠 粉彩《东坡赏砚图》瓶(一对)	高23.5cm	134,400	长风拍卖	2011.1.20
民国 蒋中正定制金地粉彩开光四季山水双耳瓶(一对)	高40cm	6,210,000	北京保利	2011.12.06
民国 粉彩羊纹小瓶(一对)	高15.8cm	85,000	红太阳	2011.5.28
民国 粉彩人物故事纹双耳瓶(一对)	高61cm	62,000	红太阳	2011.5.28
民国 粉彩人物故事纹灯笼瓶(一对)	高24cm	80,640	太平洋	2011.09.17
民国 粉彩人物故事诗文图棒槌瓶(一对)	高31.8cm	115,000	广州艺拍	2011.6.12
民国 粉彩开光人物纹瓶(一对)	高18cm	149,500	中国嘉德	2011.3.19
民国 粉彩开光鸟兽象腿瓶(一对)	高33.5cm	61,600	浙江民和	2011.08.14
民国 粉彩花卉纹双耳瓶(一对)	高58cm	66,080	太平洋	2011.09.17
民国 粉彩花卉瓶(一对)	高20cm	69,440	十竹斋	2011.5.29
民国 粉彩红楼故事图棒槌瓶(一对)	高40cm	112,000	云南典藏	2011.10.30
民国 粉彩《婴戏图》胆瓶(一对)	高23.5cm	56,000	长风拍卖	2011.1.20
民国 粉彩《红楼梦图》灯笼瓶(一对)	高33cm	89,600	长风拍卖	2011.1.20
民国 粉彩镂空龙纹套瓶连木座	高35cm	188,600	香港拍得高	2011.10.06
民国 汪晓棠款粉彩人物故事纹鹿头尊	高16.3cm	1,736,000	天津文物	2011.11.12
民国 珊瑚红描金开光粉彩山水纹尊	高26.2cm	78,200	中拍国际	2011.12.06
民国 黑地描金粉彩开光如意耳尊	高32.5cm	368,000	北京保利	2011.12.07
民国古铜彩开光粉彩山水人物纹双耳尊	高21.2cm	134,400	天津文物	2011.11.12
民国 粉彩雪景山水小尊	高8cm	109,250	北京保利	2011.7.27
民国 粉彩百鹿尊	高47.5cm	115,000	中国嘉德	2011.3.19
民国 豆青釉开光粉彩四季图象耳尊	高35cm	336,000	云南典藏	2011.10.31
民国 粉彩司马光砸缸图石榴尊(一对)	高14.5cm×2	336,000	中贸圣佳	2011.4.29
民国 粉彩黄地开光花卉仕女灯笼尊(一对)	高36.5cm	100,800	上海新华	2011.6.25
民国 余翰青 粉彩《虾戏图》壶	长15cm	64,400	长风拍卖	2011.12.20
民国 王锡良 粉彩《琴操参禅》壶	长15cm	747,500	长风拍卖	2011.12.20
民国 粉彩山水纹壶	高13cm	140,000	红太阳	2011.5.28
民国 粉彩缠枝莲纹龙柄壶	长18.3cm	69,000	中国嘉德	2011.6.18
民国 张志汤 粉彩《秋山行旅图》盖缸	直径9.5cm	67,200	长风拍卖	2011.1.20
民国 黄地粉彩开光花鸟人物缸(一对)	高45cm	190,400	云南典藏	2011.10.30
民国 粉彩花鸟纹莲子罐	高18cm	92,000	红太阳	2011.5.28
民国 粉彩花鸟将军罐	高33.5cm	145,600	安华白云	2011.3.6
民国 刘雨岑 粉彩《蜂舞迭香》印盒	直径4.5cm	575,000	长风拍卖	2011.12.20
民国 何许人 粉彩雪景印尼盒	直径9cm	138,000	北京匡时	2011.6.7
民国 粉彩山水纹印盒(六件)	尺寸不一	103,500	北京歌德	2011.09.17
民国 红地粉彩开光花卉纹四方花盆	长21.5cm	56,000	天津文物	2011.5.13
民国 粉彩轧道水仙盆	长16.6cm	57,500	中拍国际	2011.7.17
民国 粉彩婴戏诗文方形花盆(一对)	高22cm	264,500	江苏省拍	2011.12.10
民国 粉彩四季花卉纹花盆(一对)	高20.1cm	69,000	中国嘉德	2011.3.19
民国 粉彩兰料团龙 团凤纹花盆(一对)	直径25cm	78,400	云南典藏	2011.10.30

拍品名称	尺寸	成交价RMB	拍卖公司	拍卖日期
民国 余文襄 粉彩雪景薄胎碗	直径29.5cm	172,500	北京匡时	2011.6.7
民国 料彩开光粉彩花卉纹马蹄碗	直径15.6cm	392,000	浙江佳宝	2011.6.23
民国 粉彩轧道花卉龙纹碗	直径31cm	50,000	红太阳	2011.5.28
民国 粉彩牛郎织女图碗	直径15.2cm	345,000	中国嘉德	2011.5.23
民国 粉彩开光花鸟纹碗	直径20cm	90,000	红太阳	2011.5.28
民国 粉彩荷莲盖碗	直径10.8cm	89,600	北京翰海	2011.4.9
民国 薄胎粉彩八仙人物纹碗	直径13cm	149,500	北京翰海	2011.11.19
民国 粉彩花卉纹碗(一对)	直径12.5cm×2	53,760	北京荣宝	2011.3.18
民国 徐天梅 粉彩雪景瓷盘	直径24.5cm	138,000	北京匡时	2011.6.7
民国 粉彩济公纹盘	直径28cm	70,000	红太阳	2011.5.28
民国 粉彩花鸟纹盘	直径17.3cm	195,500	中国嘉德	2011.5.23
民国 黄地粉彩花卉纹盘(一对)	直径19.1cm	418,500	香港佳士得	2011.6.1
民国 曾龙昇制粉彩布袋和尚坐像	高31.5cm	483,000	北京诚轩	2011.11.12
民国 粉彩罗汉坐像	高35cm	207,000	福建拍卖	2011.7.3
民国 汪野亭粉彩山水纹笔筒	高13.5cm	166,750	中拍国际	2011.12.06
民国 何许人作粉彩雪景前后出师表方笔筒	高19.5cm	805,000	北京保利	2011.6.7
民国 程意亭 粉彩《以介眉寿》笔筒	高14.5cm	575,000	长风拍卖	2011.12.20
民国 粉彩山水人物大方笔筒(一对)	高20cm×2	56,304	香港淳浩	2011.11.26
民国 粉彩“年年有余”洗	直径23cm	184,000	福建拍卖	2011.7.3
民国 毕伯涛 粉彩仿新罗山人花鸟水盂	高8cm	172,500	北京匡时	2011.12.02
民国 毕伯涛 1936年 粉彩《碧枝蝉鸣图》水盂	高7.5cm	460,000	长风拍卖	2011.12.20
民国 粉彩山水瓷板	高37cm	126,500	北京保利	2011.6.5
民国石宇初粉彩《以介眉寿》长条瓷板	70cm×20cm	161,000	长风拍卖	2011.6.21
民国 张志汤绘粉彩访友图大瓷板	101cm×45.5cm	918,400	北京永乐	2011.5.24
民国 余文襄 粉彩《春节雪后图》瓷板	56cm×31cm	805,000	北京匡时	2011.6.7
民国 吴霭生绘粉彩草虫图瓷板	20.4cm×12.4cm	190,400	北京永乐	2011.5.24
民国 王大凡绘粉彩谢公对奕图瓷板	80cm×20cm	115,000	上海崇源	2011.7.6
民国 王大凡绘粉彩江东二乔图瓷板	39cm×26cm	92,000	上海崇源	2011.7.6
民国 王步绘粉彩人物图瓷板	39cm×25cm	115,000	上海崇源	2011.7.6
民国 汪野亭款粉彩山水人物纹四条屏瓷板	80.3cm	18,928,000	天津文物	2011.11.12
民国 汪野亭绘粉彩深山探梅图瓷板	37cm×24cm	97,750	上海崇源	2011.7.6
民国 汪大沧款粉彩山水人物纹瓷板	尺寸不一	425,600	天津文物	2011.11.12
民国 潘匋宇绘粉彩高士图瓷板	20.7cm×12.5cm	224,000	北京永乐	2011.5.24
民国 粉彩夜读纹瓷板	26cm×28cm	200,000	红太阳	2011.5.28
民国 粉彩寿献蟠桃纹瓷板	长36cm	112,000	蓝天国拍	2011.11.25
民国 粉彩人物纹瓷板	30cm×28cm	68,000	红太阳	2011.5.28
民国 粉彩梅花名家瓷板	高38.8cm	126,500	福建拍卖	2011.7.3
民国 粉彩江边垂钓纹瓷板	38cm×25cm	72,000	红太阳	2011.5.28
民国 粉彩绘鸡纹瓷板	38cm×25cm	190,400	蓝天国拍	2011.11.25
民国 程意亭绘粉彩花鸟图瓷板	39cm×25cm	82,800	上海崇源	2011.7.6
民国 碧珍(款) 粉彩《大富贵亦寿考图》瓷板	38.5cm×24.5cm	89,700	长风拍卖	2011.6.21
民国 周筱松绘粉彩四爱瓷板(四块)	13cm×20.5cm	91,840	十竹斋	2011.5.29
民国 毕伯涛 粉彩花鸟纹瓷板(一对)	38cm×25cm	291,200	长风拍卖	2011.1.20
民国 章仕保 粉彩《鸳鸯戏莲》、《芙蓉翠鸟》瓷板(一对)	19.5cm×12.5cm	92,000	长风拍卖	2011.6.21
民国 刘雨岑 粉彩花卉瓷板(一对)	17cm×43.5cm	1,150,000	长风拍卖	2011.12.20
民国 邓碧珊 粉彩鱼藻纹瓷板(一套)	39.5cm×25.5cm	2,070,000	长风拍卖	2011.6.21
民国 程意亭 粉彩四季花鸟瓷板(一套)	42cm×27cm	1,610,000	长风拍卖	2011.6.21
民国 王云泉 粉彩山水瓷板(一套四件)	75cm×21cm×4	368,000	北京匡时	2011.6.7
民国 毕伯涛 粉彩花鸟瓷板册页	19.5cm×6.7cm	224,000	长风拍卖	2011.1.20
民国 张志汤 粉彩拟古山水瓷板册页	19.8cm×12.8cm	246,400	长风拍卖	2011.1.20
民国 余竹青 粉彩拟古山水瓷板册页	19.8cm×12.2cm	61,600	长风拍卖	2011.1.20
民国 毕伯涛 粉彩《晚香禽语图》瓷板册页	19.5cm×13cm	57,500	长风拍卖	2011.6.21
民国 毕伯涛 粉彩花鸟瓷板册页(一套)	尺寸不一	89,700	长风拍卖	2011.6.21
民国 “王琦”、“徐仲南”绘粉彩瓷板画	25.2cm×21.8cm	391,000	中国嘉德	2011.11.14
民国 何许人 粉彩《雪霁暮归图》瓷板砚屏	23cm×18cm	172,500	长风拍卖	2011.6.21
民国 章仕保 粉彩《秋菊佳色图》等文房一套(五件)	尺寸不一	112,700	长风拍卖	2011.6.21
民国 王琦、王大凡、徐仲南、毕伯涛 粉彩人物花鸟合配册页	尺寸不一	313,600	长风拍卖	2011.1.20

(成交价RMB：5万元以上)

拍品名称	尺寸	成交价RMB	拍卖公司	拍卖日期
民国 汪野亭 粉彩《杏林春晓》文房一套(七件)	尺寸不一	161,000	长风拍卖	2011.6.21
民国 汪大沧 粉彩山水中堂一套	38.5cm×25.5cm 38.5cm×12.5cm	747,500	长风拍卖	2011.6.21
民国 田鹤仙 1938年作 粉彩梅清图文房(七件套)	尺寸不一	7,015,000	北京匡时	2011.12.02
民国 粉彩镂空开光山水纹台灯(一对)	高45cm×2	67,200	中贸圣佳	2011.1.23
民国 粉彩开光山水百花不露地五供	尺寸不一	253,000	华艺国际	2011.12.11
民国 粉彩锦地花卉海水龙纹女相三星(一套三个)	高50cm	156,800	上海新华	2011.6.25
粉彩百蝶赏瓶	高39cm	235,200	安华白云	2011.3.6
粉彩百福如意云纹勃荠瓶	高34.5cm	149,580	中博文化	2011.7.10
粉彩蝴蝶纹瓶	高15cm	249,300	中博文化	2011.7.10
粉彩蝴蝶纹赏瓶(一对)	高36.5cm×2	184,000	北京九歌	2011.6.10
粉彩花果纹瓶(一对)	高21cm	71,300	香港普艺	2011.09.24
粉彩花卉纹长颈瓶	高27cm	55,200	北京九歌	2011.6.10
粉彩花鸟纹琮瓶	高30cm	277,139	香港淳浩	2011.7.30
粉彩刘海戏金蟾纹灯笼瓶(蟾浮雕)	高25.5cm	357,330	中博文化	2011.7.10
粉彩人物大瓶(一对)	高77cm2	310,500	北京九歌	2011.6.10
粉彩瑞兽花卉纹梅瓶	高24.4cm	731,280	中博文化	2011.7.10
粉彩山水纹双耳瓶	高43cm	66,896	香港淳浩	2011.7.29
粉彩仕女薄胎瓶	高28.5cm	92,000	长风拍卖	2011.12.20
粉彩松鹤延年梅瓶	高26cm	11,200,000	未来四方	2011.6.11
粉彩一品清廉扁瓶	高31.5cm	57,500	北京翰海	2011.12.18
粉彩婴戏图瓶	高40cm	114,678	香港淳浩	2011.7.29
粉彩婴戏图纹赏瓶	高32cm	498,600	中博文化	2011.7.10
粉地轧道开光大吉连年梅瓶	高19cm	62,720	北京翰海	2011.4.9
粉彩莲塘鸳鸯纹缸	口径48cm	3,324,000	中博文化	2011.7.10
粉彩折技花卉纹罐	高22cm	498,600	中博文化	2011.7.10
粉彩八哥碗	直径13cm	92,000	北京翰海	2011.12.18
粉彩花卉纹大碗	口径25cm	132,960	中博文化	2011.7.10
粉彩描金福寿碗(一对)	直径13.8cm	55,200	北京纳高	2011.7.6
粉彩牡丹凤纹碗	口径15.5cm	124,650	中博文化	2011.7.10
粉彩牡丹纹蜻蜓碗(一对)	口径15cm	4,986,000	中博文化	2011.7.10
粉彩万国来朝图碗	直径13.8cm	105,800	北京纳高	2011.7.6
粉彩鹤纹鹿头尊	高45cm	80,000	印千山	2011.6.3
粉彩雕塑寿星	高22cm	166,200	中博文化	2011.7.10
黄地粉彩花卉纹小碗	直径10.2cm	56,000	未来四方	2011.6.11
黄地粉彩开光花卉纹内青花花果图碗	直径15cm	57,500	北京纳高	2011.7.6
黄地粉彩竹纹扎斗	高9.5cm	53,760	海士德	2011.6.17
1977年 文革粉彩蔬果纹蛋壳胎小瓶	高13.5cm	92,000	长风拍卖	2011.6.21
1987年作 王声怀 粉彩暗刻《展翅》瓶	高31cm	69,000	长风拍卖	2011.12.20
20世纪 粉彩描金开光花鸟琮式瓶	高24cm	96,033	台北富博斯	2011.12.18
20世纪50年代 粉彩人物故事图筒瓶	高34.5cm	55,200	广州艺拍	2011.6.12
20世纪50年代 汪小亭 粉彩《湖上飞帆》民主壶	长17cm	55,200	长风拍卖	2011.6.21
50年代 粉彩山水田园图水洗	直径39cm	172,500	北京保利	2011.12.07
毕德芳 1979年作 粉彩《双虎图》瓷板	54cm×33cm	138,000	长风拍卖	2011.12.20
毕德芳 1979年作 粉彩《松猴图》瓷板	54cm×33cm	115,000	长风拍卖	2011.12.20
毕德芳 粉彩松荫闲步瓶	高43cm	92,000	北京保利	2011.12.07
毕渊明 粉彩《双虎图》瓶	高19.5cm	356,500	长风拍卖	2011.6.21
毕渊明、邹甫仁等 1980年作 粉彩花卉山水小盘(四件)	尺寸不一	184,000	长风拍卖	2011.12.20
曹木林 粉彩姜太公瓶	高45.5cm	55,200	北京保利	2011.6.5
曹木林 粉彩"梅妻鹤子"瓶	高35cm	149,500	北京保利	2011.12.07
长征图 粉彩瓷板	50cm×30cm	218,500	中国嘉德	2011.5.25
陈善模 一路荣华 粉彩文房(一套五件)	尺寸不一	63,250	中国嘉德	2011.5.25
陈耀星(传)1974年作 粉彩《太湖之晨》瓷板 曹达柏、雷罗汉合作 粉彩《因地制宜结硕果》瓷板	77cm×46cm 77cm×45cm	1,955,000	长风拍卖	2011.12.20
程意亭 粉彩花鸟瓶	高30cm	86,250	北京保利	2011.6.5
戴荣华 2005年 粉彩《清风明月一壶酒》瓶	高37.5cm	345,000	长风拍卖	2011.6.21
戴荣华 此曲只应天上有 粉彩瓷板	45cm×45cm	322,000	中国嘉德	2011.5.25
戴荣华 粉彩《含情》人物盘	直径26cm	138,000	长风拍卖	2011.6.21
戴荣华 粉彩仕女瓶	高35cm	368,000	北京保利	2011.6.5
戴荣华 相思如豆 粉彩人物瓷瓶	高33cm	368,000	中国嘉德	2011.5.25

拍品名称	尺寸	成交价RMB	拍卖公司	拍卖日期
戴荣华 粉彩"吴女图"瓶	高30cm	437,000	北京保利	2011.12.07
戴荣华 粉彩浣纱女瓶	高36cm	575,000	北京保利	2011.12.07
邓必浩 1958年 粉彩山水纹四方瓶	高22cm	83,000	广州银通	2011.3.12
邓碧珊 粉彩"富贵寿考"、"品茶枕翠"瓷板(二件)	43cm×75cm 43cm×75cm	4,600,000	北京保利	2011.12.07
邓肖禹 百鸟朝凰 粉彩薄胎瓷碗	直径72cm	437,000	中国嘉德	2011.5.25
邓肖禹 百鸟朝凰 粉彩瓷板(四件)	75.2cm×2cm	690,000	中国嘉德	2011.5.25
豆青地粉彩开光婴戏图海棠龙耳瓶	高33.6cm	2,493,000	中博文化	2011.7.10
方伯卿 粉彩大吉图茶壶	长16.5cm	57,500	北京保利	2011.12.07
傅长敏 粉彩瓷雾绕山涧瓷板	长115cm	253,000	北京保利	2011.6.5
傅长敏 粉彩仕女赏菊瓶	高45.5cm	172,500	北京保利	2011.6.5
傅尧笙 粉彩《花好月圆图》瓷板	53.5cm×31.5cm	368,000	长风拍卖	2011.6.21
傅尧笙 粉彩《竹林七贤》碗	直径26cm	299,000	长风拍卖	2011.6.21
傅尧笙 西施浣纱 粉彩人物瓷瓶	高50.5cm	149,500	中国嘉德	2011.5.25
龚循明 山涧春歌 粉彩瓷板	80cm×48cm	92,000	中国嘉德	2011.5.25
龚耀庭、黄晓邨等 粉彩花鸟山水瓷板册页	19.5cm×13cm	460,000	长风拍卖	2011.12.20
郭文连2004年作粉彩《茶圣陆羽》瓷板	54cm×44cm	57,500	长风拍卖	2011.12.20
郭文连 四季娃 粉彩瓷板	49cm×49cm	322,000	中国嘉德	2011.5.25
何叔水 粉彩《喜鹊繁花图》大瓶	高78cm	1,092,500	长风拍卖	2011.12.20
何许人 粉彩雪景瓶	高38cm	402,500	北京保利	2011.6.5
何许人 粉彩"加官进爵"瓷板	75cm×44cm	3,220,000	北京保利	2011.12.07
江金承 重工粉彩"十二喜"瓶	高54cm	74,750	北京保利	2011.12.07
江联 粉彩《引吭高歌》大盘	直径46cm	230,000	长风拍卖	2011.12.20
金釉洋彩藏式法轮(一对)	高28cm	345,000	北京纳高	2011.7.6
李进 2000年作 粉彩《三阳开泰》瓷板	高48cm	690,000	长风拍卖	2011.12.20
李进2003年作粉彩《达摩面壁图》瓷板	55cm×57cm	483,000	长风拍卖	2011.12.20
李峻 采菊图 粉彩瓷瓶	高33.5cm	218,500	中国嘉德	2011.5.25
李峻 粉彩仕女盘	直径32cm	184,000	北京保利	2011.6.5
李峻 梅花小鸟 粉彩瓷瓶	高55.5cm	322,000	中国嘉德	2011.5.25
李峻 粉彩"幽竹深处"瓶	高54cm	517,500	北京保利	2011.12.07
李磊颖 2010年 粉彩《秋趣》笔筒	高19cm	69,000	长风拍卖	2011.6.21
李磊颖 青草池塘 粉彩瓷板	34.5cm×34.5cm	92,000	中国嘉德	2011.5.25
李磊颖 粉彩"一路春风"瓶	高31.5cm	115,000	北京保利	2011.12.07
李磊颖 粉彩婴戏瓶	高60.5cm	80,500	北京保利	2011.12.07
李盛春(传)粉彩《仕女婴戏图》瓶	高25cm	92,000	长风拍卖	2011.12.20
李文跃 春风得意 粉彩瓷板	47cm×47cm	149,500	中国嘉德	2011.5.25
李祥东 粉彩"在水一方"瓷板	67cm×43cm	69,000	北京保利	2011.12.07
李小聪 粉彩《松溪草堂图》瓶	高42cm	276,000	长风拍卖	2011.12.20
李小聪粉彩春夏秋冬瓷板(一套四块)	74cm×21cm	1,610,000	北京保利	2011.12.07
李小聪款 1998年 粉彩清风闲逸图笔筒	直径18.8cm	55,200	中国嘉德	2011.6.18
梁兑石 鸟语花香 粉彩薄胎碗	直径12cm	172,500	中国嘉德	2011.5.25
刘平 粉彩水点桃花瓶	高33cm	69,000	北京保利	2011.6.5
刘雨岑 粉彩大吉图瓷板	39cm×25cm	287,500	北京保利	2011.6.5
刘雨岑 粉彩花鸟瓷板	长38.5cm	115,000	北京保利	2011.6.5
刘雨岑 粉彩花鸟瓶	高33.5cm	69,000	北京保利	2011.6.5
刘雨岑、张志汤 粉彩《双栖》、《秋艳》耳杯(二件)	直径9.5cm 直径8.5cm	115,000	长风拍卖	2011.12.20
刘仲卿 粉彩锦鸡纹瓶	高29cm	138,000	北京保利	2011.6.5
陆云山(传)粉彩《松鹤延年图》瓷板	37.5cm×25cm	69,000	长风拍卖	2011.12.20
绿地粉彩八宝纹贲巴壶	高29cm	4,570,500	中博文化	2011.7.10
绿地轧道粉彩皮球花金彩八宝纹葫芦瓶	高23cm	1,163,400	中博文化	2011.7.10
马庆云 粉彩仙人故事纹双耳大瓶(一对)	58cm×20cm×2	115,000	北京九歌	2011.6.10
聂杏生 粉彩人物故事盘(一对)	直径24.6cm	126,500	长风拍卖	2011.12.20
宁钢 岁岁平安 色釉粉彩瓷瓶	高51.5cm	253,000	中国嘉德	2011.5.25
宁钢 一路连科 色釉粉彩瓷瓶	高51cm	218,500	中国嘉德	2011.5.25
潘文候 粉彩山水文具(一套九件)	尺寸不一	195,500	北京保利	2011.6.5
群仙会 粉彩双鹿耳扁瓶	高33cm	80,500	中国嘉德	2011.5.25
饶晓晴 2005年 粉彩《独钓寒江雪》瓶	高38cm	414,000	长风拍卖	2011.6.21
饶晓晴 吉祥人间 粉彩瓷	高63cm	287,500	中国嘉德	2011.5.25
任义平、付发生合作 1988年作 粉彩薄胎《西厢记》人物故事瓶	高33cm	207,000	长风拍卖	2011.12.20
舒慧娟 醉春风 粉彩瓷瓶	高40cm	138,000	中国嘉德	2011.5.25
田鹤仙 粉彩梅花瓶	高21cm	57,500	北京保利	2011.6.5
田鹤仙 粉彩梅花诗文瓷板	38cm×25cm	92,000	北京保利	2011.6.5
汪大沧 粉彩《渔归图》山水挂盘	直径15.5cm	55,200	长风拍卖	2011.6.21
汪桂英 碧空帆影 粉彩瓷瓶	高36cm	253,000	中国嘉德	2011.5.25

拍品名称	尺寸	成交价RMB	拍卖公司	拍卖日期
汪桂英 边塞万里长 粉彩山水瓷瓶	高36cm	552,000	中国嘉德	2011.5.25
汪桂英 山高水长 粉彩瓷瓶	高38.5cm	230,000	中国嘉德	2011.5.25
汪桂英 粉彩薄胎山水碗	直径12cm	138,000	北京保利	2011.12.07
汪昆荣 粉彩开光四季山水双耳瓶	高29cm	805,000	长风拍卖	2011.12.20
汪平孙 长风万里破洪涛 粉彩山水瓷瓶	高36.8cm	82,800	中国嘉德	2011.5.25
汪小亭 秋山红树 粉彩山水挂盘(一对)	直径19cm	149,500	中国嘉德	2011.5.25
汪小亭 粉彩山水茶壶	长17cm	57,500	北京保利	2011.12.07
汪晓棠 粉彩高士人物灯笼尊	高20cm	126,500	北京保利	2011.6.5
汪野亭 粉彩山水茶壶	长14.5cm	368,000	北京保利	2011.6.5
汪野亭 粉彩山水人物天球瓶	高24cm	69,000	北京保利	2011.6.5
汪野亭 粉彩山水人物瓷板(一套四块)	38cm×25.5cm	1,610,000	北京保利	2011.12.07
王步、王希怀 粉彩《仕女婴戏图》方瓶(一对)	高23cm	345,000	长风拍卖	2011.12.20
王大凡 1949年作 粉彩《太白醉酒图》瓶	高20cm	3,680,000	长风拍卖	2011.12.20
王大凡 粉彩“大富贵”瓷板	39cm×62.5cm	1,150,000	北京保利	2011.6.5
王大凡 粉彩访友纹瓷板	31cm×25cm	72,000	红太阳	2011.5.28
王大凡 米颠拜石 粉彩瓷瓶	高11.5cm	230,000	中国嘉德	2011.5.25
王大凡 禹王治水图 粉彩瓷板	101cm×46cm	9,200,000	中国嘉德	2011.5.25
王大凡粉彩“福寿无疆”人物大瓷板	86.5cm×44.5cm	9,200,000	北京保利	2011.12.07
王大凡绘 1933年作 粉彩人物瓷板画(四件)	长38cm 宽26cm	92,000	上海崇源	2011.10.12
王恩怀 一夜东风 粉彩瓷板	40cm×40cm	184,000	中国嘉德	2011.5.25
王恩怀 粉彩花鸟瓷板	39.5cm×39.5cm	253,000	北京保利	2011.12.07
王鹤亭 六合同春 粉彩瓷板	47cm×28.5cm	86,250	中国嘉德	2011.5.25
王鹤亭 粉彩“天寒有鹤守梅花”瓷板	109cm×37cm	264,500	北京保利	2011.12.07
王鹤亭 粉彩梅花瓷板	长70cm×41.5cm	92,000	北京保利	2011.12.07
王隆夫 1979年 粉彩《瑶池赴会》小瓶	高16.3cm	299,000	长风拍卖	2011.6.21
王隆夫 1999年作 粉彩《琴高跨鲤图》瓶	高42.5cm	1,380,000	长风拍卖	2011.12.20
王奇 粉彩渔翁与小孩瓷片	25.5cm×39.5cm	267,904	香港富得	2011.6.24
王琦 粉彩福在眼前瓶	高24cm	230,000	北京保利	2011.6.5
王琦 粉彩仕女瓷板	高39cm	322,000	北京保利	2011.6.5
王琦 粉彩渔樵耕读瓷板(一套)	37.5cm×25cm	4,025,000	北京保利	2011.6.5
王秋霞 1998年作 粉彩《童趣》瓶	高38cm	92,000	长风拍卖	2011.12.20
王秋霞2010年 粉彩《啼鸟弄花疏》笔筒	高16.5cm	57,500	长风拍卖	2011.6.21
王秋霞 2011年作 粉彩《花好月圆》瓶	高46cm	184,000	长风拍卖	2011.12.20
王秋霞 牧牛图/奇峰竞秀 双面粉彩瓷板	55cm×32cm	322,000	中国嘉德	2011.5.25
王锡良 1990年作 粉彩《风和日丽》四方瓶	高28cm	3,335,000	长风拍卖	2011.12.20
王锡良 春牧图 粉彩瓷瓶	高32cm	782,000	中国嘉德	2011.5.25
王锡良 粉彩“大富贵”瓶(一对)	高40.5cm	1,725,000	北京保利	2011.6.5
王锡良 高白釉粉彩人物皿字壶	宽17cm	138,000	北京保利	2011.6.5
王锡良 元夜窃金杯 粉彩瓷盘	直径13.5cm	138,000	中国嘉德	2011.5.25
王锡良 竹里煎茶 粉彩人物瓷壶	高10.8cm	345,000	中国嘉德	2011.5.25
王锡良 粉彩花鸟盘	直径20.5cm	115,000	北京保利	2011.12.07
王锡良 粉彩山水纹瓶	高39cm	345,000	北京保利	2011.12.07
王锡良(款)1958年 粉彩《喂鸡图》人物瓷板	37cm×23.5cm	74,750	长风拍卖	2011.6.21
王锡良款 1980年 粉彩童子牧牛图笔筒	直径20cm	86,250	中国嘉德	2011.6.18
王晓帆 卧马图 粉彩把壶	长17cm	55,200	中国嘉德	2011.5.25
王筱兰 粉彩《嫦娥奔月图》盘	直径25.5cm	345,000	长风拍卖	2011.12.20
王云泉、黄周生合作 粉彩山水人物故事开光双耳瓶	高35cm	460,000	长风拍卖	2011.12.20
吴惠明 2011年作 粉彩描金《长眉罗汉》瓶	高41cm	92,000	长风拍卖	2011.12.20
吴锦华 2004年 粉彩《静读文章淡若仙》人物瓶	高43cm	414,000	长风拍卖	2011.6.21
吴康 粉彩毛主席像瓷板	31.5cm×22cm	69,000	长风拍卖	2011.12.20
徐焕文 1979年作 粉彩山水瓷板	43cm×26.5cm	207,000	长风拍卖	2011.12.20
徐焕文(传) 粉彩《独坐敬亭山》瓶	高17.5cm	97,750	长风拍卖	2011.12.20
徐庆庚 1993年作 粉彩《松石藤花图》瓶	高19.4cm	92,000	长风拍卖	2011.12.20
徐亚凤 2010年作 粉彩《国色天香》瓷板(一套)	66cm×22.5cm	460,000	长风拍卖	2011.12.20
徐仲南 粉彩竹纹瓷板	38cm×25cm	287,500	北京保利	2011.6.5
徐仲南 粉彩 花鸟瓶	高19.5cm	299,000	北京保利	2011.12.07

拍品名称	尺寸	成交价RMB	拍卖公司	拍卖日期
胭脂红地粉彩八宝纹贲巴瓶	高26.5cm	664,800	中博文化	2011.7.10
胭脂红粉彩石榴纹瓶	高36cm	3,157,800	中博文化	2011.7.10
胭脂紫地粉彩花卉御制诗文海棠盘	长17cm	105,800	北京纳高	2011.7.6
叶震嘉 矾红开光粉彩仕女、花卉如意耳尊	高42cm	782,000	北京保利	2011.12.07
余翰青 粉彩御兔纹瓶	高19.5cm	57,500	北京保利	2011.6.5
余文襄 粉彩雪景人物茶壶	长16.5cm	69,000	北京保利	2011.12.07
袁世文 2011年作 粉彩《雪映》双耳瓶	高34cm	57,500	长风拍卖	2011.12.20
袁世文 粉彩“梁园飞雪”瓷板	110cm×58cm	172,500	北京保利	2011.12.07
袁智勇 粉彩“秀水青山分外娇”瓷板	54.5cm×54.5cm	63,250	北京保利	2011.12.07
曾福庆 粉彩人物瓷板	高81cm	109,250	北京保利	2011.6.5
张景辉 粉彩山水四条屏	110cm×30.5cm	552,000	北京保利	2011.12.07
张松茂 1994年 粉彩绘《庐山圆佛殿》挂盘	直径26cm	276,000	长风拍卖	2011.6.21
张松茂 1997年作 粉彩《春意浓》盘	直径26cm	287,500	长风拍卖	2011.12.20
张松茂 2000年 粉彩《三顾茅庐》雪景瓷板	42cm×102cm	4,370,000	长风拍卖	2011.6.21
张松茂 蝶恋花 粉彩瓷盘	直径31cm	943,000	中国嘉德	2011.5.25
张松茂 粉彩“黄山温泉”大瓷板	124cm×51cm	4,830,000	北京保利	2011.6.5
张松茂 粉彩白梅石榴大碗	直径27cm	862,500	北京保利	2011.6.5
张松茂 孤山放鹤 粉彩山水瓷壶	高8.5cm	448,500	中国嘉德	2011.5.25
张松茂 粉彩白梅纹大盘	直径45.8cm	920,000	北京保利	2011.12.07
张松茂 粉彩玉梅瓶	高44.5cm	1,840,000	北京保利	2011.12.07
张松涛 胜似春光 粉彩瓷板	79.5cm×43cm	115,000	中国嘉德	2011.5.25
张吟玲 2004年作 粉彩《竹翠四时春》罐	高30cm	74,750	长风拍卖	2011.12.20
张育贤 1997年作粉彩《蒲松龄像》瓷塑	高35.2cm	172,500	长风拍卖	2011.12.20
张志汤 粉彩双骏图瓶	高15.5cm	74,750	北京保利	2011.6.5
张志汤 粉彩山水楼阁人物小瓶(一对)	高13cm	138,000	北京保利	2011.12.07
张志汤 粉彩山水人物大瓷板	100.5cm×44cm	3,450,000	北京保利	2011.12.07
章鉴 薄胎粉彩“八骏图”大梅瓶	高71cm	2,300,000	北京保利	2011.12.07
赵惠民 1987年作 粉彩《红楼四美图》六管瓶	高18cm	552,000	长风拍卖	2011.12.20
赵惠民 粉彩“贵妃出浴”大瓷板	80cm×43cm	1,150,000	北京保利	2011.12.07
赵紫云 贵妃图 粉彩瓷瓶	高44.5cm	126,500	中国嘉德	2011.5.25
钟莲生 烈马嘶风 粉彩瓷板	111cm×55cm	3,450,000	中国嘉德	2011.5.25
周岐山 花鸟四季 粉彩花鸟瓷板(四件)	23.5cm×36.7cm	126,500	中国嘉德	2011.5.25
朱祖森 万年团结永久常青 粉彩瓷板	85cm×47.5cm	230,000	中国嘉德	2011.5.25
邹宝林 小庭深院 粉彩四方瓷瓶	高43.8cm	92,000	中国嘉德	2011.5.25
邹甫仁 雪竹雀鸣 粉彩瓷板	54.8cm×31.8cm	69,000	中国嘉德	2011.5.25
邹国钧(传) 粉彩《革命胜地》瓷板	88cm×49cm	345,000	长风拍卖	2011.12.20
邹晓松 鹭栖芦荡 粉彩瓷瓶	高31cm	161,000	中国嘉德	2011.5.25
当代 戴荣华 粉彩《仕女抚琴图》瓷板	73cm×65cm	667,000	北京匡时	2011.6.7
当代 戴荣华 粉彩仕女瓶	高35cm	345,000	北京匡时	2011.6.7
当代 杜浩生 粉彩仕女瓷板	53cm×88.5cm	172,500	北京匡时	2011.6.7
当代 李进 粉彩《东方朔献寿》瓷板	58cm×41.5cm	747,500	北京匡时	2011.6.7
当代 李小聪 粉彩云中信步山水瓷板	81cm×35cm	218,500	北京匡时	2011.6.7
当代 陆如 粉彩“梅兰竹菊”瓷板	22.5cm×34.5cm×4	517,500	北京匡时	2011.6.7
当代 舒惠娟 粉彩人物瓶	高38cm	149,500	北京匡时	2011.6.7
当代 涂序生 粉彩人物“万紫千红总是春”瓶	高43cm	109,250	北京匡时	2011.6.7
当代 王恩怀 粉彩春韵图盘	高26cm	109,250	北京匡时	2011.6.7
当代 王隆夫 粉彩仕女瓷瓶	高53cm	747,500	北京匡时	2011.6.7
当代 王锡良 戴荣华 王怀俊 粉彩瓷板	111cm×55cm	345,000	北京匡时	2011.6.7
当代 王锡良 粉彩“琴箫合音”人物壶	长21cm	299,000	北京匡时	2011.6.7
当代王锡良粉彩“秋月梧桐仕女”扁瓶	高34.5cm	517,500	北京匡时	2011.6.7
当代 王锡良 粉彩《雀屏中选》瓷板	71cm×65cm	3,910,000	北京匡时	2011.6.7
当代 吴锦华 粉彩《金钱豹》瓷板	42.5cm×35cm	253,000	北京匡时	2011.6.7
当代 徐亚凤 粉彩《花鸟争艳》瓷板	80cm×43.5cm	632,500	北京匡时	2011.6.7
当代 袁世文 特艺粉彩雪景瓷板	55.5cm×31cm	94,300	北京匡时	2011.6.7
当代 张松茂 粉彩《国色天香》瓷板	55cm×32cm	2,070,000	北京匡时	2011.6.7
当代 张松茂 粉彩《和靖咏梅》瓷板	75cm×41cm	4,945,000	北京匡时	2011.6.7
当代 张松茂 粉彩《黄山清凉台》瓷板	44cm×44cm	368,000	北京匡时	2011.6.7
当代 张松茂 徐亚凤 粉彩“牡子莲心”图瓶	高36.5cm	253,000	北京匡时	2011.6.7
白花				
辽 黑釉螭龙錾刻花皮囊壶	高36cm	80,000	红太阳	2011.5.28

2011瓷器拍卖成交汇总

(成交价RMB：5万元以上)

拍品名称	尺寸	成交价RMB	拍卖公司	拍卖日期
明嘉靖 钴蓝地留白云鹤纹罐	高35.5cm	230,000	中国嘉德	2011.11.14
明嘉靖 蓝地白花寿鹤纹盘	口径33.5cm	728,000	江苏万达	2011.5.28
明晚期 酱釉白花松竹梅梅瓶(2件)	高27.5cm	69,000	北京翰海	2011.12.18
清雍正 矾红彩留白佛莲纹盘(一对)	直径14.9cm	1,403,000	北京东正	2011.11.17
清雍正 蓝釉堆白鱼藻纹盖碗	直径18.8cm	345,000	中国嘉德	2011.09.17
清雍正 洒蓝地留白「栀子花」图盘	直径33.5cm	2,845,960	香港苏富比	2011.4.7
清雍正 洒蓝釉白花缠枝花卉纹盘	直径33.3cm	3,230,820	香港佳士得	2011.6.1
清雍正 洒蓝釉堆白花纹大盘	直径33.3cm	6,900,000	中国嘉德	2011.5.23
清雍正 霁青地白鱼藻纹合碗	口径17.6cm	313,600	江苏万达	2011.5.28
清乾隆 豆青地白釉瓶	高33cm	78,400	东方艺都	2011.7.6
清乾隆 矾红彩留白竹叶纹碗	直径12cm	138,000	北京匡时	2011.12.05
清乾隆 矾红地留白缠枝花卉纹碗	直径13cm	368,000	北京东正	2011.6.5
清乾隆 钴蓝地留白云龙纹盘	直径25cm	172,500	中国嘉德	2011.11.14
清乾隆 浆胎白瓷刻花卉纹小观音瓶	高14cm	78,200	中国嘉德	2011.5.23
清乾隆 珊瑚红地拔白竹纹碗(一对)	直径11.7cm	1,623,780	香港佳士得	2011.6.1
清乾隆 珊瑚红地留白缠枝花卉纹碗	直径12.8cm	230,000	中拍国际	2011.7.17
清乾隆 珊瑚红地留白缠枝莲纹碗	直径13cm	287,500	江苏省拍	2011.12.10
清乾隆 珊瑚红地留白竹纹碗(一对)	直径11.8cm	782,000	北京中汉	2011.5.23
清道光 矾红留白花卉碗	直径12.5cm	63,250	北京保利	2011.7.26
清道光 红地留白竹纹碗(一对)	直径10.6cm	218,500	中国嘉德	2011.09.17
清道光 抹红留白缠枝花卉纹碗	直径13cm	140,000	天津文物	2011.5.13
清道光 珊瑚红地留白缠枝花卉纹碗(一对)	直径13cm	345,000	北京东正	2011.11.17
清道光 珊瑚红地留白缠枝花卉纹碗(一对)	直径12.8cm	345,000	中国嘉德	2011.11.13
清道光 珊瑚红地留白花卉纹碗(一对)	直径12.8cm	172,500	北京中汉	2011.3.19
清道光 珊瑚红地留白竹纹碗	直径18cm	138,000	北京匡时	2011.6.8
清道光 珊瑚红留白缠枝番莲纹碗	直径13cm	178,925	香港苏富比	2011.4.8
清道光 珊瑚红留白花卉碗	直径13cm	126,500	中国嘉德	2011.5.23
清道光 珊瑚红留白花卉碗	直径13cm	184,000	中国嘉德	2011.11.14
清道光 珊瑚红留白花卉碗(一对)	直径12.5cm	345,000	北京保利	2011.7.26
清道光 珊瑚红留白花卉碗(一对)	直径13cm	138,000	中国嘉德	2011.11.14
清道光 珊瑚红留白竹纹碗(一对)	直径17.3cm	253,000	北京保利	2011.6.7
清道光 松石绿釉堆白缠枝莲纹喜字瓶	高28.5cm	3,450,000	中国嘉德	2011.11.13
清道光 松石绿釉堆白龙纹碗	直径13.4cm	368,000	中国嘉德	2011.11.13
清光绪 珊瑚红留白竹碗(一对)	直径16cm	172,500	北京保利	2011.10.22
清 蓝底白花盖碗	直径18.5cm	57,500	北京保利	2011.4.17
矾红地留白竹报平安瓶	高10cm	92,000	北京纳高	2011.7.6
黑釉剔花填白釉缠枝纹罐	高26.5cm	138,000	中国嘉德	2011.5.23
珐琅彩				
清康熙 蓝地珐琅彩“万寿长春”铭碗	高17.5cm 宽17cm	20,700,000	中翰清花	2011.09.10
清康熙 珊瑚红地珐琅彩九秋同庆小碗	直径10.8cm	4,370,000	中国嘉德	2011.11.13
清雍正-乾隆早期 红釉地画珐琅梅花山石玉壶春瓶	高26.5cm	25,300,000	北京保利	2011.6.5
清雍正 珐琅彩吉祥富贵纹长颈瓶	高17.8cm	9,800,000	红太阳	2011.5.28
清雍正 外胭脂红内珐琅彩三秋图盘	直径20.3cm	253,000	北京诚轩	2011.11.12
清雍正 胭脂红地珐琅彩九秋小碗	直径9cm	3,450,000	北京保利	2011.6.6
清乾隆 宝石红地珐琅彩寒梅争春玉壶春瓶	高29cm	4,140,000	北京匡时	2011.12.05
清乾隆 瓷胎画珐琅锦上添花人物碟	直径12.9cm	2,070,000	北京翰海	2011.11.19
清乾隆 珐琅彩芦雁小杯(一对)	高3.7cm	280,000	中鸿信	2011.6.26
清乾隆 蓝地珐琅彩双龙莲纹碗	直径16.1cm	50,236,740	香港佳士得	2011.6.1
清乾隆 料胎画珐琅湖石花卉图瓶	高10cm	672,000	浙江佳宝	2011.6.23
清乾隆 掐丝珐琅御制诗山水楼阁方瓶(一对)	高27cm	2,185,000	北京保利	2011.12.08
清乾隆 珊瑚红地珐琅彩九秋图碗	直径13.4cm	1,380,000	北京诚轩	2011.5.22
清嘉庆 胭脂红地珐琅彩九秋小碗	直径9cm	3,105,000	北京保利	2011.12.06
清 珐琅彩缠枝花卉纹碗	直径14.8cm	2,800,000	红太阳	2011.5.28
清 珐琅彩福寿纹双耳扁瓶	高34cm	400,000	红太阳	2011.5.28
清 珐琅彩花鸟纹瓶(一对)	高18cm	7,000,000	红太阳	2011.5.28
清 珐琅彩花鸟纹蒜头瓶(一对)	高20cm	1,900,000	红太阳	2011.5.28
清 珐琅彩花鸟纹蒜头瓶(一对)	高19.5cm	1,600,000	红太阳	2011.5.28
清 珐琅彩山水风景纹盘	直径22cm	1,800,000	红太阳	2011.5.28
清 珐琅彩山水风景纹碗(一对)	直径20cm	1,100,000	红太阳	2011.5.28
清 珐琅彩西洋人物四方瓶(一对)	高14.8cm	300,000	红太阳	2011.5.28
清 珐琅彩竹梅纹盘	直径22.8cm	3,800,000	红太阳	2011.5.28

拍品名称	尺寸	成交价RMB	拍卖公司	拍卖日期
清 黄地珐琅彩花卉纹碗	直径15.8cm	980,000	红太阳	2011.5.28
清 黄地珐琅彩花鸟纹瓶(一对)	高25cm	1,300,000	红太阳	2011.5.28
清 金底压花珐琅彩群蝶纹梅瓶	高35cm	545,790	中信国际	2011.3.13
清 金地珐琅彩开光仕女纹瓶	高24.5cm	1,600,000	红太阳	2011.5.28
清珊瑚地描金开光珐琅彩山水仕女扁瓶	高18cm	1,725,000	北京翰海	2011.12.18
清外胭脂红内珐琅彩花卉诗文盘(一对)	直径17.5cm	172,500	中拍国际	2011.7.17
民国 珐琅彩刀马人物观音瓶	高45cm	896,000	山东德道	2011.11.09
民国 珐琅彩富贵牡丹纹碗(一对)	直径13cm×2	78,400	东方艺都	2011.7.6
民国 珐琅彩过枝梅花纹碗(一对)	直径10.2cm	69,000	江苏省拍	2011.12.10
民国 珐琅彩花卉纹长颈瓶	高14cm	95,200	辽宁中正	2011.1.14
民国 珐琅彩花卉纹双龙耳炉(一对)	高71cm×2	87,360	辽宁建投	2011.5.11
民国 珐琅彩绘仕女图双联瓶	高13.5cm	201,600	辽宁中正	2011.4.17
民国 珐琅彩锦鸡牡丹纹琵琶尊(一对)	高17.5cm	69,000	北京华辰	2011.5.20
民国 珐琅彩开光西洋人物双耳瓶	高20.3cm	100,800	中鸿信	2011.6.26
民国 珐琅彩开光婴戏图双耳瓶	高18cm	560,000	天津文物	2011.5.13
民国 珐琅彩莲纹瓶	高14.5cm	168,000	东方艺都	2011.7.6
民国 珐琅彩人物纹瓶(一对)	高20cm×2	179,200	东方艺都	2011.7.6
民国 珐琅彩十二花神杯	口径9cm	437,000	上海大众	2011.08.25
民国 珐琅彩西洋仕女蒜头瓶(一对)	高17cm	1,069,500	北京保利	2011.12.06
民国 仿珐琅彩花鸟纹小瓶	高10.5cm	57,500	中国嘉德	2011.3.19
民国 古月轩 珐琅彩西洋人物粉盒	直径3.5cm	103,500	长风拍卖	2011.6.21
民国 古月轩珐琅彩人物盘	直径24cm	322,000	福建拍卖	2011.7.3
民国 雍正款珐琅彩“安居乐业”纹瓶(一对)	高19.5cm	322,000	华艺国际	2011.12.11
珐琅彩山水诗文盘	直径 31.4cm	92,000	北京纳高	2011.7.6
珐琅彩簪花西洋仕女图小瓶	高12cm	109,250	长风拍卖	2011.6.21
何许人 仿珐琅彩“富贵寿考”、“寿山福海”瓷板(二件)	74cm×43.5cm	10,465,000	北京保利	2011.12.07
李小聪 匡庐嶙峋图 新珐琅彩镶器	高88.5cm	2,760,000	中国嘉德	2011.5.25
佘翰青 仿珐琅彩狗趣瓶	高24.5cm	115,000	北京保利	2011.12.07
胭脂红地珐琅彩菊花纹盘	直径25.5cm	62,238	香港拍得高	2011.10.06
红绿彩				
宋 磁州窑加彩花纹盘	直径9.3cm	74,918	伊斯特	2011.11.28
元 青黑金银红绿彩凤纹八棱执壶	高27cm	11,481,600	澳门中信	2011.6.25
清雍正 红绿彩海水龙纹盘	直径20.2cm	161,000	中国嘉德	2011.12.17
清道光 红绿彩龙凤纹大碗	直径18.3cm	126,500	中国嘉德	2011.11.13
饶晓晴 高温红绿彩吉祥图瓶	高47cm	322,000	北京保利	2011.12.07
朱乐耕 新年 红绿彩瓷板	80cm×85cm	1,610,000	中国嘉德	2011.5.25
古铜彩				
清乾隆 仿古铜彩兽耳方瓶	高36cm	138,000	苏州吴门	2011.6.12
清 古铜彩竹节长颈瓶	高30cm	160,000	红太阳	2011.5.28
清乾隆 古铜彩弦纹法桶炉	高8.9cm	920,000	北京翰海	2011.11.17
清 古铜彩龙纹双耳扁瓶	高18cm	51,520	蓝天国拍	2011.11.25
金彩				
明嘉靖 珊瑚红描金佛莲高足碗	直径13cm	943,000	北京保利	2011.10.22
清康熙 矾红描金夔龙纹大盘	直径54cm	69,000	北京保利	2011.10.23
清康熙 洒红金彩龙纹琵琶尊	高40cm	322,000	北京保利	2011.12.08
清康熙 洒蓝地描金山水诗文笔筒	高15.6cm	59,800	中国嘉德	2011.6.18
清康熙 洒蓝描金山水纹笔筒	高15.5cm	172,500	中拍国际	2011.12.06
清康熙 洒蓝釉描金荷塘翠鸟纹笔筒	直径18cm	253,000	中拍国际	2011.7.17
清雍正 珊瑚红底描金八仙碗(一对)	直径17.3cm	2,185,000	北京东正	2011.6.5
清乾隆 茶叶末釉描金贴塑彩绘榴开百子图三楞瓶	高21cm	8,970,000	北京保利	2011.6.6
清乾隆 茶叶末釉描金小瓶	高8.5cm	71,300	中国嘉德	2011.5.23
清乾隆 矾红描金开光山水香薰	高5.4cm	69,000	北京华辰	2011.5.20
清乾隆 仿雕漆蓝地金彩团寿纹碗	直径12cm	55,200	中拍国际	2011.7.17
清乾隆 仿青铜釉金彩熏炉	宽21cm	2,464,320	香港佳士得	2011.11.30
清乾隆 粉青地描金彩缠枝“瑞莲捧寿”图铺兽首绣墩式花插(一对)		5,068,840	香港苏富比	2011.4.8
清乾隆 粉青釉描金缠枝花卉寿桃纹钵式洗	直径12.5cm	322,000	北京东正	2011.6.5
清乾隆 粉青釉描金鱼篓尊	高12cm	5,865,000	北京保利	2011.6.5
清乾隆 炉钧釉地金彩仿古铜浮雕「变龙捧寿」图双耳瓶		10,643,600	香港苏富比	2011.10.05
清乾隆 红釉描金婴戏图瓶	高21cm	253,000	北京保利	2011.12.08
清乾隆 祭蓝釉描金佛莲纹瓶	高31cm	632,500	北京东正	2011.11.17
清乾隆 祭蓝釉描金花虫纹长颈瓶	高9cm	92,000	中国嘉德	2011.3.19

拍品名称	尺寸	成交价RMB	拍卖公司	拍卖日期
清乾隆 祭蓝釉描金诗文壁瓶	高20.7cm	598,000	中国嘉德	2011.5.23
清乾隆 霁蓝描金银缠枝花卉开光御敉诗文葫芦形壁瓶	高21.2cm	1,495,000	北京中汉	2011.5.23
清乾隆 霁蓝描金云蝠纹小瓶	高9.2cm	138,000	北京中汉	2011.5.23
清乾隆 酱釉描金花卉纹印盒	直径8.5cm	103,040	云南典藏	2011.5.14
清乾隆 金彩仿古铜浮雕“螭龙图”双耳盖壶(一对)	高37.5cm 高38cm	36,391,240	香港苏富比	2011.4.8
清乾隆 金彩兰草诗文小蒜头瓶	高10.3cm	82,800	中国嘉德	2011.3.19
清乾隆 蓝地金彩四系小尊	高11.5cm	10,350,000	北京保利	2011.12.06
清乾隆 蓝釉描金八宝纹炉	宽14cm	644,000	北京保利	2011.7.26
清乾隆 蓝釉描金花卉纹碗(一对)	直径9.4cm	115,000	中国嘉德	2011.6.18
清乾隆 蓝釉描金花鸟瓶	高48cm	126,500	北京保利	2011.7.26
清乾隆 炉钧釉加金彩供养菩萨	高30cm	253,000	北京翰海	2011.5.21
清乾隆 抹红描金八宝寿字纹盘	直径15.5cm	246,400	天津文物	2011.5.13
清乾隆 珊瑚红地描金花鸟纹天球瓶	高42cm	2,016,000	中翰清花	2011.4.10
清乾隆 松石绿描金古稀说瓷板	长58cm	920,000	北京保利	2011.4.16
清乾隆 御制珊瑚红金彩干支时辰日晷	直径9.5cm	5,060,000	北京保利	2011.12.06
清乾隆 紫金釉描金如意纹花口瓶	高9cm	138,000	北京保利	2011.10.22
清中期 瓷胎金漆彩绘观世音菩萨像	高29cm	212,750	北京匡时	2011.12.05
清中期珊瑚红地描金五蝠捧寿花盆(一对)	直径20.3cm	517,500	中国嘉德	2011.5.23
清嘉靖珊瑚红地描金缠枝番莲纹双耳瓶	高28.8cm	705,200	香港苏富比	2011.10.05
清嘉庆 蓝釉描金双狮纹长颈瓶(一对)	高13.5cm	92,000	上海崇源	2011.7.6
清嘉庆 珊瑚红地描金番莲纹海棠式瓶	高23cm	2,025,540	香港佳士得	2011.6.1
清嘉庆 珊瑚红地描金皮球花纹斗笠碗(一对)	直径19.8cm	212,800	云南典藏	2011.10.31
清嘉庆 珊瑚红釉描金万寿无疆五蝠捧寿纹盘	直径15.8cm	313,600	云南典藏	2011.10.31
清道光 豆青釉描金花卉花盆(一对)	宽18.7cm	1,840,000	中国嘉德	2011.11.13
清道光 官窑霁蓝釉金球花方斗洗	口径6.5cm	84,000	琴岛荣德	2011.5.15
清道光 瓷胎仿漆“佛日常明”盘	直径18.2cm	172,500	北京保利	2011.12.07
清道光 粉青釉描金福寿花卉纹荸荠瓶	高27.5cm	5,488,000	北京荣宝	2011.11.11
清道光 祭蓝釉描金盖罐	高29cm	2,530,000	中国嘉德	2011.11.13
清道光 抹红彩描金缠枝莲纹碗(二件)	直径14.6cm	425,500	北京翰海	2011.5.21
清道光 珊瑚红地描金缠枝花卉海棠式洗(一对)	宽20cm	713,000	中国嘉德	2011.11.13
清道光珊瑚红地描金缠枝莲福寿纹渣斗	高9.4cm	437,000	中国嘉德	2011.11.13
清道光 珊瑚红描金宝相花寿字纹瓶	高29cm	2,070,000	中国嘉德	2011.11.13
清道光 珊瑚红描金寿字纹大花盆	直径62cm	63,250	中拍国际	2011.7.17
清道光 珊瑚红釉描金花卉纹瓶	高26.8cm	291,200	中鸿信	2011.6.26
清道光 珊瑚红釉描金莲托八宝纹碗(一对)	直径15cm	134,400	云南典藏	2011.5.14
清咸丰 祭蓝描金龙纹赏瓶	高41cm	747,500	长风拍卖	2011.6.21
清同治 黄地福寿纹描金茶杯(三件)	直径9cm	94,300	广州嘉德	2011.6.11
清同治 黄釉矾红描金喜字纹碗	直径16cm	168,000	天津文物	2011.5.13
清光绪 矾红描金赶珠龙纹大盘	直径51cm	345,000	中拍国际	2011.7.17
清光绪 矾红描金赶珠龙纹大盘	直径51cm	470,400	北京荣宝	2011.3.18
清光绪 官窑矾红描金双龙抢珠盘	直径51.5cm	294,000	上海拍卖	2011.4.23
清光绪 红地描金龙纹赏瓶(一对)	高39.8cm	92,000	中国嘉德	2011.09.17
清光绪 红地描金喜字碗	直径17.5cm	57,500	中国嘉德	2011.09.17
清光绪 黄地描金福寿纹碗(二件)	直径17.1cm	161,000	北京翰海	2011.5.21
清光绪 祭兰描金赏瓶(一对)	高37cm×2	322,000	北京匡时	2011.6.8
清光绪 祭蓝描金八宝纹盖碗(四套)	直径11cm×4	97,750	北京九歌	2011.6.10
清光绪 祭蓝釉描金皮球花纹赏瓶	高38.5cm	310,500	北京东正	2011.6.5
清光绪 霁蓝描金开光龙凤纹贯耳瓶	高31cm	178,250	北京匡时	2011.09.17
清光绪 霁蓝描金皮球花赏瓶	高38.5cm	123,200	太平洋	2011.09.17
清光绪 霁蓝釉描金龙凤纹赏瓶(一对)	高38.2cm	402,500	北京东正	2011.11.17
清光绪 霁蓝釉描金皮球花赏瓶	高38.2cm	333,500	北京翰海	2011.11.19
清光绪 霁蓝釉描金皮球花纹赏瓶	高39cm	168,000	天津文物	2011.11.12
清光绪 兰釉描金皮球花纹赏瓶	高40cm	53,760	云南典藏	2011.10.30
清光绪 蓝地金彩皮球花赏瓶	高38.6cm	253,000	中国嘉德	2011.11.14
清光绪 蓝地描金赏瓶	高38cm	287,500	江苏省拍	2011.12.10
清光绪 蓝釉描金皮球花赏瓶	高38cm	56,000	云南典藏	2011.10.31
清光绪 蓝釉描金三多纹捧盒	直径26.3cm	138,000	中国嘉德	2011.6.18
清光绪 蓝釉描金松竹梅诗 文碗(一对)	直径17.2cm	101,200	中拍国际	2011.12.06
清光绪 蓝釉描金太狮少狮贯耳瓶	高30cm	63,250	北京保利	2011.4.17
清宣统 矾红描金龙纹盘	直径18.4cm	57,500	北京中汉	2011.3.19
清宣统 矾红描金皮球花纹捧盒	直径23cm	92,000	上海大众	2011.08.25

拍品名称	尺寸	成交价RMB	拍卖公司	拍卖日期
清 红地描金缠枝莲纹系带瓶	高14.5cm	89,600	浙江佳宝	2011.6.23
清 红地描金葫芦瓶	高20cm	300,000	红太阳	2011.5.28
清 祭兰描金赏瓶	高39cm	58,240	山东德道	2011.11.09
清 祭蓝描金龙纹赏瓶	高38cm	55,200	雍和嘉诚	2011.11.27
清 霁蓝釉缠枝纹描金四系罐	高11cm	58,240	未来四方	2011.6.11
清 金彩碗	直径6.5cm	57,500	北京保利	2011.7.27
清 刻瓷填金彩山水人物胆瓶	高40cm	1,380,000	江苏万达	2011.5.28
清 蓝釉描金山水棒槌瓶	高44.5cm	63,250	北京保利	2011.7.27
清 乐善堂矾红描金镇纸	长6cm	63,250	北京匡时	2011.09.17
清 炉钧釉描金佛像	高22cm	84,000	辽宁中正	2011.4.17
清 洒蓝描金山水纹笔筒	高14cm	84,000	辽宁建投	2011.5.12
清 珊瑚红地八宝缠枝莲描金双耳瓶	高20cm	680,000	江苏万达	2011.5.28
清 珊瑚红描金两开光粉彩道教三星图砚屏	高22cm	253,000	北京保利	2011.10.22
清 珊瑚红釉描金瓷弥勒坐像	高23cm	89,600	浙江钱塘	2011.1.9
清 珊瑚红釉描金观音坐像	高17cm	56,000	云南典藏	2011.5.14
红地描金缠枝莲纹双耳瓶	高25.5cm	72,800	未来四方	2011.6.11
民国 珊瑚釉描金开光人物双耳瓶(二件)	高22cm	112,000	北京翰海	2011.09.18
花釉描金彩绘无量寿佛	高31.7cm	92,000	北京纳高	2011.7.6
霁蓝釉描金皮球花赏瓶(一对)	高38cm	368,000	北京纳高	2011.7.6
珊瑚红金彩花卉纹花觚	高28.3cm	498,600	中博文化	2011.7.10
珊瑚红描金观音	高17.5cm	179,200	安华白云	2011.3.6
周湘浦(传)矾红描金《八蛮进宝图》瓶	高24cm	1,955,000	长风拍卖	2011.12.20
红彩				
明弘治/正德 白地凡红彩五鱼盘	直径21cm	468,720	香港佳士得	2011.6.1
明嘉靖 矾红鱼纹盘	直径20.5cm	92,000	中国嘉德	2011.11.14
明嘉靖 矾红云龙纹碗	直径38cm	1,008,000	未来四方	2011.6.11
明嘉靖 黄地矾红彩“游龙瑞鹤”图高足杯	直径9.2cm	8,347,600	香港苏富比	2011.10.05
明嘉靖 黄地红彩暗刻龙纹盘	直径19.7cm	69,000	北京中汉	2011.3.19
明嘉靖 黄釉矾红「水波云龙」图罐	高13.5cm	2,037,640	香港苏富比	2011.4.7
明正德 矾红游鱼纹盘	直径20.7cm	2,760,000	北京中汉	2011.5.23
清顺治 红彩人物图狮首衔环尊	高21cm	345,000	上海崇源	2011.7.6
清康熙 矾红“洪福齐天”暗刻云龙纹盘	直径19.4cm	575,000	北京东正	2011.6.5
清康熙 矾红八仙人物碗	直径21cm	460,000	北京保利	2011.4.16
清康熙 矾红彩八仙故事纹碗(一对)	直径14.5cm×2	471,500	北京匡时	2011.6.8
清康熙 矾红彩云龙纹盘	直径17.8cm	172,500	中国嘉德	2011.11.14
清康熙 矾红洪福齐天暗刻双龙捧寿纹盘(一对)	直径17.4cm	149,500	北京中汉	2011.5.23
清康熙 矾红龙纹盘	直径21.5cm	69,000	北京保利	2011.4.17
清康熙 矾红龙纹盘	直径21.5cm	86,250	江苏省拍	2011.12.10
清康熙 矾红龙纹盘(一对)	直径15.5cm×2	95,200	北京荣宝	2011.3.18
清康熙 红彩龙纹盘	直径25cm	345,000	中国嘉德	2011.11.14
清康熙 豇豆红夔龙太白尊	直径13cm	138,000	北京保利	2011.10.22
清康熙 豇豆红团龙太白尊	直径12.7cm	414,000	上海嘉泰	2011.10.17
清雍正 矾红「三多」图碗	直径13cm	5,574,040	香港苏富比	2011.4.7
清雍正 矾红彩洪福齐天暗刻双龙捧寿纹折沿盘	直径17.2cm	560,000	北京永乐	2011.5.24
清雍正 矾红绘缠枝莲纹盘(一对)	直径15cm×2	1,035,000	北京匡时	2011.12.05
清雍正 矾红龙纹盘	口径17cm	92,000	上海崇源	2011.7.6
清雍正 矾红龙纹瓶	高42.5cm	5,891,520	香港佳士得	2011.11.30
清雍正 矾红云龙团寿纹盘(一对)	尺寸不一	1,792,000	北京荣宝	2011.11.11
清雍正 官窑三鱼纹碗	直径12.2cm	105,000	上海拍卖	2011.4.23
清乾隆暗海水纹内红彩五福外龙纹盘	直径18cm	77,326	香港拍得高	2011.10.06
清乾隆 矾红彩“赶珠云龙”图酒杯(一对)	直径6.2cm	1,128,280	香港苏富比	2011.4.8
清乾隆 矾红彩「夏日图居即事五首」御制诗笔筒	长10cm	5,068,840	香港苏富比	2011.4.8
清乾隆 矾红彩龙纹天鸡高足盖碗	高21cm	253,000	北京匡时	2011.12.05
清乾隆 矾红彩折枝番莲纹甘露瓶	高22.2cm	557,600	香港苏富比	2011.10.05
清乾隆 矾红地开光花卉碗(二件)	直径11cm	291,200	北京翰海	2011.09.18
清乾隆 矾红莲托八宝盘(一对)	直径15.5cm	123,200	北京保利	2011.1.15
清乾隆 矾红三清茶诗碗(一对)	直径10.5cm	1,897,500	北京保利	2011.4.16
清乾隆 矾红三清诗茶碗	直径10.7cm	69,000	北京保利	2011.12.08
清乾隆 矾红仕女婴戏壁瓶	高10cm	149,500	北京保利	2011.4.17
清乾隆 矾红御题诗茶碗	高9cm	126,500	上海大众	2011.08.25

2011瓷器拍卖成交汇总

(成交价RMB：5万元以上)

拍品名称	尺寸	成交价RMB	拍卖公司	拍卖日期
清乾隆 矾红御制诗文茶碗(一对)	直径10.8cm	1,840,000	中国嘉德	2011.5.23
清乾隆 矾红御制诗文茶碗(一对)	直径10.8cm	3,450,000	中国嘉德	2011.5.23
清乾隆 矾红轧道龙纹碗	直径13cm	123,200	雍和嘉诚	2011.6.1
清乾隆 红彩莲纹藏草瓶	高21.7cm	51,750	中国嘉德	2011.6.18
清乾隆 红彩云龙纹小杯(一对)	直径6.1cm	690,000	中国嘉德	2011.11.14
清乾隆 黄地蓝料彩开光矾红山水壁瓶	高23.5cm	184,000	北京保利	2011.10.22
清乾隆 娇黄釉矾红五蝠捧寿纹碗	直径16.4cm	280,000	辽宁中正	2011.1.14
清乾隆 柠檬黄釉矾红五蝠纹盘	直径16.1cm	713,000	北京中汉	2011.5.23
清乾隆 珊瑚红彩花枝盖盒	长14.2cm	508,400	香港苏富比	2011.10.05
清乾隆 胭脂红彩灵芝龙纹镗锣洗	长12.5cm	115,000	北京东正	2011.6.5
清乾隆 胭脂红云龙赶珠纹花觚	高26.5cm	2,300,000	北京匡时	2011.12.05
清乾隆 矾红龙纹折腰碗(一对)	直径11cm	224,000	江苏万达	2011.5.28
清嘉庆 矾红彩绘乾隆御制诗茶碗(一对)	直径11cm	943,000	北京保利	2011.6.5
清嘉庆 矾红凤穿花纹椭圆形水仙盆	长27.3cm	230,000	中拍国际	2011.7.17
清嘉庆 矾红三清诗茶碗	直径11.2cm	690,000	中国嘉德	2011.09.17
清嘉庆 矾红御题诗文杯(一对)	直径11cm×2	218,500	北京匡时	2011.6.8
清嘉庆 矾红云龙纹三足炉	高27cm	368,000	北京东正	2011.11.17
清嘉庆 珊瑚红缠枝纹方形水注	长4.5cm	230,000	北京东正	2011.11.17
清道光 暗刻海水矾红绘龙纹盘	直径18cm	437,000	北京匡时	2011.12.05
清道光 暗刻海水矾红龙纹盘(一对)	直径18.3cm×2	672,000	北京荣宝	2011.08.13
清道光 豆青底矾红彩团凤纹碗(一对)	直径14.3cm	368,000	北京东正	2011.11.17
清道光 豆青地矾红团凤纹碗(一对)	直径14.5cm×2	425,500	北京匡时	2011.12.05
清道光 豆青矾红团凤碗	直径14.2cm	207,000	福建拍卖	2011.7.3
清道光 豆青釉凡红彩团凤碗(一对)	直径14.5cm	366,188	香港佳士得	2011.6.1
清道光 豆青釉矾红团凤碗(一对)	直径14.5cm×2	253,000	北京匡时	2011.6.8
清道光 豆青釉矾红团凤纹碗(一对)	直径14.5cm	358,400	长风拍卖	2011.1.20
清道光 豆青釉红彩团凤纹碗(二件)	直径14.2cm	207,000	北京翰海	2011.11.19
清道光 矾红蝠纹盘	直径15.6cm	138,000	中国嘉德	2011.6.18
清道光 矾红蝠纹盘(一对)	直径15.5cm	101,200	中国嘉德	2011.6.18
清道光 矾红洪福齐天纹盘(一对)	直径15.7cm	138,000	北京诚轩	2011.11.12
清道光 矾红金鱼纹碗(一对)	直径12.5cm	322,000	北京保利	2011.7.26
清道光 矾红云龙纹碗	直径22.4cm	59,800	北京中汉	2011.3.19
清道光 梵红彩花卉八吉祥纹撇口瓶	高33cm	483,000	北京翰海	2011.11.19
清道光 红彩蝠纹盘	直径15.5cm	97,750	华艺国际	2011.12.11
清道光 红彩团龙团凤纹杯(一对)	尺寸不一	57,500	中国嘉德	2011.6.18
清道光 红料彩团凤纹碗(一对)	直径11.5cm	103,500	广州嘉德	2011.6.11
清道光 抹红彩蝠纹盘	直径15.6cm	57,500	北京翰海	2011.5.21
清道光 珊瑚红彩宝相花卉灯笼瓶	高29.7cm	552,000	中国嘉德	2011.11.13
清道光 珊瑚红金玉满堂花盆(一对)	直径23.5cm	78,400	云南典藏	2011.10.31
清道光 松石绿地蝠纹碗(一对)	直径14.3cm	126,500	北京保利	2011.6.7
清道光 胭脂红蝴蝶纹碗	直径12cm	123,200	云南典藏	2011.5.14
清道光 胭脂红龙纹悬胆瓶	高19.5cm	78,400	辽宁中正	2011.4.17
清道光 胭脂料团凤盖碗(一对)	直径12cm	207,000	北京保利	2011.6.7
清光绪 白地矾红龙纹碗(一对)	直径15.5cm	74,750	北京保利	2011.10.22
清光绪 矾红彩云龙纹小杯(二件)	直径5.8cm	51,750	北京翰海	2011.5.21
清光绪 矾红彩云龙纹小杯(六件)	直径5.8cm	207,000	北京翰海	2011.5.21
清光绪 矾红龙纹杯(一对)	直径5.5cm	51,750	北京保利	2011.7.26
清光绪 矾红龙纹盘(八只)	直径20cm	230,000	江苏省拍	2011.12.10
清光绪 矾红云龙纹盘(一对)	直径34cm	55,200	北京中汉	2011.3.19
清光绪 梵红彩云龙纹大盘	直径34.5cm	126,500	北京翰海	2011.11.19
清光绪 粉青釉开光红彩云龙贯耳瓶	高30.2cm	172,500	北京翰海	2011.5.21
清光绪 抹红彩蝠纹盘(二件)	直径15.4cm	57,500	北京翰海	2011.5.21
清同治 红彩五蝠纹盘(二件)	直径14.2cm	80,500	北京翰海	2011.5.21
清同治 黄地红彩蝠纹碗(一对)	直径14.5cm	69,000	中国嘉德	2011.09.17
清宣统 胭脂料彩夔龙纹铺首方花盆	长22cm	207,000	北京保利	2011.6.7
清 矾红花鸟纹棒槌瓶	高20cm	89,600	江苏万达	2011.5.28
清 矾红龙纹碗	直径15cm	80,500	北京保利	2011.4.17
清 矾红狮子绣球纹瓶(一对)	高48cm	60,000	红太阳	2011.5.28
清 矾红御题诗笔筒	高10.5cm	333,500	北京匡时	2011.09.17
清 矾红云蝠纹碗(一对)"康熙年制款"	直径15.5cm	92,000	荣宝斋(沪)	2011.11.25
清 清康熙黄釉红龙纹盘	直径23.8cm	280,000	中都国际	2011.3.13
清 胭脂红彩风景纹碗(一对)	直径16cm	2,500,000	红太阳	2011.5.28
民国 矾红山水纹水仙盆(一对)	长24.5cm	67,200	云南典藏	2011.10.30
天青釉矾红团凤纹水盂	高6cm	109,250	北京纳高	2011.7.6
黄彩				
明嘉靖 红地黄彩龙纹盖罐	高27cm	3,450,000	北京保利	2011.12.06
明万历 绿地黄釉龙纹罐	高17.8cm	3,922,000	上海新华	2011.6.25
清康熙 蓝地黄彩赶珠云龙纹盘	直径25.5cm	805,000	北京东正	2011.6.5
清雍正 柠檬黄彩束腰小盘(一对)	直径11cm	2,181,200	香港苏富比	2011.10.05
清雍正 胭脂红地黄菊小盘	直径10.7cm	2,025,540	香港佳士得	2011.6.1
清乾隆 霁青地黄龙盘	直径25cm	448,000	北京荣宝	2011.11.11
清道光 蓝地黄龙纹盘	直径25.1cm	138,000	广州艺拍	2011.6.12
清咸丰 蓝地黄彩云龙纹碗	直径10.4cm	356,500	北京东正	2011.6.5
绿彩				
明 黄地绿彩龙纹罐	高13.6cm	57,500	中国嘉德	2011.6.18
明 黄绿彩云龙纹瓶	高25cm	180,000	红太阳	2011.5.28
明弘治 暗刻海水绿彩龙纹碗	直径20.3cm	1,035,000	北京中汉	2011.5.23
明弘治 绿彩暗刻海水龙纹盘	直径18cm	1,150,000	北京保利	2011.12.06
明正德 绿彩暗刻龙纹盘	直径17.5cm	598,000	北京保利	2011.4.16
明正德 绿彩暗刻龙纹碗	直径18.5cm	1,725,000	北京保利	2011.6.5
明嘉靖 黄地绿彩飞凤穿花方斗杯	宽19cm	103,500	北京保利	2011.10.22
明嘉靖 黄地绿彩岁寒三友碗	直径17.8cm	1,021,140	香港佳士得	2011.6.1
明嘉靖 黄地绿彩仙人图碗	直径16.2cm	2,300,000	中国嘉德	2011.11.14
明万历 黄地绿彩龙纹碗	直径15cm	1,380,000	北京保利	2011.6.5
清康熙 黑地绿龙纹盘	直径32cm	690,000	北京东正	2011.11.17
清康熙 黄地褐绿彩龙纹盘	直径13.3cm	63,250	中国嘉德	2011.09.17
清康熙 黄地绿彩道教寿桃龙纹碗	直径11.5cm	115,000	北京保利	2011.10.22
清康熙 黄地绿彩龙凤碗	直径15cm	1,265,000	北京保利	2011.6.5
清康熙 黄地绿彩内团龙外桃纹碗	直径11.4cm	345,000	中国嘉德	2011.12.17
清康熙 黄地绿彩寿桃喜鹊纹碗	直径12.2cm	552,000	北京保利	2011.6.6
清康熙 黄地绿彩桃纹碗	直径11.5cm	138,000	北京保利	2011.4.16
清康熙 黄地绿彩云龙纹盘	直径31.2cm	460,000	北京中汉	2011.5.23
清康熙 黄地绿彩云龙纹碗	直径15.2cm	195,500	北京中汉	2011.5.23
清康熙 黄地绿彩云纹墩式浅碗	直径13.2cm	94,300	中国嘉德	2011.5.23
清康熙 黄地绿彩云纹碗	直径10.3cm	69,000	中国嘉德	2011.12.17
清康熙 黄地绿龙纹盘(一对)	直径13cm	257,600	云南典藏	2011.10.31
清康熙 黄釉绿彩百子图碗	直径15.2cm	598,000	北京匡时	2011.12.05
清康熙 蓝地绿龙碗	直径13.5cm	299,000	北京保利	2011.10.23
清康熙 蓝地绿龙纹碗(一对)	直径14cm	747,500	中国嘉德	2011.11.13
清康熙 赭绿彩龙纹盘(一对)	直径13.4cm	402,500	中国嘉德	2011.5.23
清雍正 淡绿彩直口杯(一对)	直径8.8cm	9,514,600	香港苏富比	2011.4.7
清雍正 黑地绿彩芝仙祝寿纹盘	直径16.5cm	575,000	北京保利	2011.6.6
清雍正 黄地绿彩「赶珠云龙」纹碗	直径15cm	1,229,320	香港苏富比	2011.4.7
清雍正 黄地绿彩暗刻「婴戏图」碗(一对)	直径15cm	1,886,000	香港苏富比	2011.10.05
清雍正 黄地绿彩八子闹园图碗	直径14.9cm	1,610,000	北京东正	2011.6.5
清雍正 黄地绿彩八子婴戏碗(一对)	直径15cm	4,025,000	北京保利	2011.6.6
清雍正 黄地绿彩龙纹碗	直径14.3cm	5,540,940	香港佳士得	2011.6.1
清雍正 黄地绿彩婴戏图碗	直径15cm	253,000	北京诚轩	2011.11.12
清雍正 黄地绿彩婴戏碗	直径15cm	126,500	中国嘉德	2011.5.23
清雍正 黄地绿彩婴戏碗	直径15cm	690,000	北京保利	2011.10.23
清雍正 黄地绿彩云蝠衔葫芦纹碗	直径15cm	3,048,040	香港苏富比	2011.4.8
清雍正 黄地绿彩云龙纹碗	直径14cm	1,422,900	香港佳士得	2011.6.1
清雍正 黄地绿彩云龙纹碗	直径14cm	218,500	中国嘉德	2011.11.14
清雍正 黄釉绿彩花卉纹盘(一对)	直径14.5cm	537,600	苏州东方	2011.4.28
清雍正 绿彩龙纹盖罐	高19.5cm	2,530,000	北京保利	2011.6.5
清雍正 绿地龙纹盘	直径17cm	644,000	北京保利	2011.7.26
清乾隆 白地绿彩云龙八宝纹盖罐	高21cm	1,422,900	香港佳士得	2011.6.1
清乾隆 官窑白釉暗刻海水绿彩龙纹盘	直径18cm	187,000	上海拍卖	2011.4.23
清乾隆 黄地绿彩海水云龙纹碗(一对)	直径14.4cm	1,150,000	北京中汉	2011.5.23
清乾隆 黄地绿彩九龙梅瓶	高35.5cm	460,000	北京保利	2011.4.16
清乾隆 黄地绿彩龙纹花口盘	直径13.2cm	345,000	中国嘉德	2011.5.23
清乾隆 黄地绿彩龙纹花口盘(一对)	直径13cm	920,000	中国嘉德	2011.11.13
清乾隆 黄地绿彩龙纹盘	直径18.2cm	575,000	中国嘉德	2011.5.23
清乾隆 黄地绿彩龙纹盘	直径13cm	115,000	北京保利	2011.10.23
清乾隆 黄地绿彩龙纹盘(一对)	直径13cm	598,000	北京保利	2011.7.27
清乾隆 黄地绿彩云龙寿字碗	直径10.3cm	368,000	北京翰海	2011.5.21
清乾隆 黄地绿龙菊花口盆	直径13cm	381,420	浙江民和	2011.08.14
清乾隆 黄地绿龙寿字纹碗	直径10.2cm	408,142	台北富博斯	2011.12.18
清乾隆 黄地绿龙碗(一对)	直径10.2cm	345,000	北京匡时	2011.6.8
清乾隆 黄地绿龙纹花口盘	直径13.2cm	57,500	广州艺拍	2011.6.12
清乾隆 黄地绿龙纹花口盘	直径13.5cm	103,500	中国嘉德	2011.11.14
清乾隆 黄地绿龙纹菱口碟	直径13.5cm	51,750	华艺国际	2011.12.11
清乾隆 绿彩八吉祥赶珠云龙图盖罐	直径21.5cm	1,936,600	香港苏富比	2011.4.8
清乾隆 绿彩八吉祥赶珠云龙图盖罐	直径21.5cm	2,037,640	香港苏富比	2011.4.8

拍品名称	尺寸	成交价RMB	拍卖公司	拍卖日期
清乾隆 绿彩海水龙纹盘	直径17.87cm	201,600	苏州东方	2011.4.28
清乾隆 绿彩龙纹盖罐(一对)	高22cm	3,450,000	北京保利	2011.6.5
清乾隆 绿彩龙纹罐	高20cm	302,400	雍和嘉诚	2011.6.1
清乾隆 绿彩龙纹罐	高20cm	1,322,460	香港佳士得	2011.6.1
清乾隆 绿彩龙纹罐	高20cm	943,000	中国嘉德	2011.09.17
清乾隆 绿彩龙纹罐	高20cm	287,500	中国嘉德	2011.09.17
清乾隆 绿彩龙纹盘	直径17.7cm	397,575	香港佳士得	2011.6.1
清乾隆 绿彩龙纹盘	直径17.8cm	161,000	北京保利	2011.6.7
清乾隆 绿彩双龙珠纹盘(一对)	直径17.5cm	161,000	华艺国际	2011.12.11
清乾隆 绿彩云龙纹盖罐	高21.5cm	977,500	北京诚轩	2011.11.12
清乾隆 墨底绿彩缠枝莲纹杯(一对)	直径7cm×2	207,000	北京匡时	2011.6.8
清乾隆 墨地绿彩花卉龙纹罐	高13.5cm	138,000	雍和嘉诚	2011.11.27
清乾隆 墨地绿彩灵仙祝寿图小瓶	高 14cm	161,000	广州嘉德	2011.6.11
清嘉庆 黄地绿彩团花纹碗	直径12cm	69,000	中国嘉德	2011.6.18
清嘉庆 黄釉绿彩龙纹盘	直径18.5cm	67,200	天津文物	2011.5.13
清嘉庆 绿彩龙纹盖罐	高20cm	138,000	北京保利	2011.7.26
清道光 白釉绿彩龙纹盘	直径17.5cm	115,000	中拍国际	2011.12.06
清道光 白釉绿彩云龙纹盘	直径17.5cm	97,750	北京翰海	2011.11.19
清道光 白釉绿龙纹杯(一对)	高4.2cm	632,500	江苏省拍	2011.12.10
清道光 黄地绿彩龙纹盘	直径13cm	112,000	辽宁中正	2011.4.17
清道光 黄地绿彩龙纹碗	直径13.5cm	161,000	中国嘉德	2011.5.23
清道光 黄地绿彩龙纹碗(一对)	直径11.8cm	66,700	中国嘉德	2011.3.19
清道光 黄地绿彩龙纹碗(一对)	直径10.2cm	82,800	中国嘉德	2011.11.14
清道光 黄地绿彩龙纹碗(一对)	直径11.8cm	80,500	中国嘉德	2011.11.14
清道光 黄地绿彩折枝花鸟寿桃纹碗	直径12.5cm	161,000	北京华辰	2011.5.20
清道光 黄地绿龙纹如意	长42cm	690,000	北京东正	2011.11.17
清道光 绿彩龙纹缸	直径22.5cm	115,000	北京保利	2011.12.07
清道光 绿彩龙纹盘	直径17.5cm	78,400	天津文物	2011.5.13
清道光 绿彩龙纹盘	直径17.5cm	89,700	中国嘉德	2011.5.23
清道光 绿彩龙纹盘	直径18cm	69,000	中国嘉德	2011.11.14
清道光 绿彩龙纹盘	直径16.8cm	56,000	太平洋	2011.09.17
清道光 绿彩龙纹盘(一对)	直径17.4cm	101,200	中国嘉德	2011.5.23
清道光 绿彩龙纹盘(一对)	直径18cm	109,250	中国嘉德	2011.09.17
清道光 绿彩云龙纹罐	高21.2cm	517,500	中国嘉德	2011.11.13
清道光 绿地龙纹盘	直径11.2cm	184,000	北京东正	2011.11.17
清道光 绿龙杯(一对)	高3.6cm	63,250	江苏省拍	2011.12.10
清道光 墨底绿彩龙纹盘	口径13.5cm	92,000	上海大众	2011.08.25
清道光 内矾红五蝠外绿彩龙纹盘	直径25.3cm	184,000	中国嘉德	2011.12.17
清同治 白釉暗刻海水绿彩云龙纹盘	直径18.1cm	63,250	北京翰海	2011.11.19
清同治 黄地绿彩竹纹碗	直径14cm	179,200	天津文物	2011.11.12
清光绪 黄地绿彩龙纹碗	直径10.9cm	53,760	天津文物	2011.11.12
清光绪 黄地紫绿彩龙纹碟(一对)	直径11cm	57,500	华艺国际	2011.12.11
清光绪 黄绿彩龙纹对盘	直径10.8cm	92,000	苏州吴门	2011.6.12
清宣统 黄地褐绿彩龙纹盘(一对)	直径14.4cm	89,700	中国嘉德	2011.6.18
清宣统 黄地绿彩龙凤大碗	直径23.5cm	80,500	北京保利	2011.6.7
清宣统 黄地绿彩云鹤赭绿龙纹盘(二件)	直径14.6cm	115,000	北京翰海	2011.5.21
清宣统 黄地赭绿色龙纹盘(一对)	直径14.5cm	138,000	华艺国际	2011.12.11
清 黄绿釉葵口云龙纹盘(一对)	口径13.5cm	123,200	山东大成	2011.09.29
清 绿彩龙纹葫芦瓶	高23cm	180,000	红太阳	2011.5.28
蓝彩				
清康熙 金地蓝彩双龙拱寿纹盅(一对)	高3.3cm	201,600	中鸿信	2011.6.26
清光绪 黄釉地篮彩百寿纹笔筒	高15cm	56,000	苏州东方	2011.4.28
墨彩				
宋 磁州窑白地黑花剔缠枝牡丹纹罐	高12cm	320,000	红太阳	2011.5.28
元 磁州窑黑彩花鸟虎枕	长35cm	230,000	北京保利	2011.12.08
清康熙 绿地墨彩缠枝莲花蝶盘	直径24cm	179,200	上海新华	2011.6.25
清雍正 墨彩矾红踏雪寻梅图长颈瓶	高24.7cm	149,500	北京中汉	2011.5.23
清雍正 墨彩高士图胆瓶	高22.3cm	71,300	北京中汉	2011.5.23
清雍正 墨彩山水人物瓷板	15.3cm×7.7cm	63,250	中国嘉德	2011.5.23
清雍正 墨彩山水人物纹盘口瓶	高36.3cm	94,300	中国嘉德	2011.11.14
清雍正 墨彩十八罗汉笔筒	直径17.4cm	1,840,000	中国嘉德	2011.5.22
清雍正 诗文提梁壶	高12.5cm	60,900	上海拍卖	2011.4.23
清乾隆 矾红墨彩御题诗纹墨床	长8.8cm	224,000	天津文物	2011.11.12
清乾隆 米黄地墨彩诗文杯	直径5.2cm	230,000	北京保利	2011.4.16
清乾隆 墨彩八宝花卉碗	14.3cm	380,800	雍和嘉诚	2011.6.1
清乾隆 墨彩松下高士图洗	直径19cm	69,000	北京保利	2011.10.23
清乾隆 松石绿釉墨彩山水玉壶春瓶	高29.5cm	690,000	中国嘉德	2011.11.14

拍品名称	尺寸	成交价RMB	拍卖公司	拍卖日期
清乾隆 唐英制矾红墨彩“仿木釉”题诗笔筒	高9.2cm	4,563,640	香港苏富比	2011.4.8
清乾隆 唐英制墨彩云龙纹笔筒	高13.5cm	2,530,000	北京匡时	2011.6.8
清乾隆 墨彩石竹纹碗(一对)	直径12.3cm	672,000	江苏万达	2011.5.28
清道光 黄地墨彩矾红龙纹碗(一对)	直径10.5cm×2	345,000	北京匡时	2011.6.8
清同治 “大清同治年製”墨彩山水人物纹洗	直径22.5cm	224,000	东方艺都	2011.7.6
清同治 黄地墨彩花卉小花盆	宽14.5cm	71,300	中国嘉德	2011.5.23
清同治/光绪 松绿地墨彩花鸟纹碗	直径10.6cm	156,938	香港佳士得	2011.6.1
清光绪 黄地墨彩富贵牡丹纹长方花盆(二件)	高9.5cm	161,000	北京翰海	2011.5.21
清光绪 黄地墨彩花果蝠纹盘	直径17cm	136,013	香港佳士得	2011.6.1
清光绪 黄地墨彩菊纹长方花盆(二件)	高13.5cm	402,500	北京翰海	2011.5.21
清光绪 黄地墨彩芝仙祝寿纹长方花盆	长14.7cm	134,400	天津文物	2011.11.12
清光绪 绿底墨彩花鸟纹瓶	高26cm	126,500	北京匡时	2011.6.8
清光绪 墨彩花鸟瓶	高23.3cm	80,500	中国嘉德	2011.5.23
清 白釉墨彩诗文笔筒	高10cm	112,000	云南典藏	2011.5.14
清 黄地墨彩花鸟纹天球瓶	高56cm	1,900,000	红太阳	2011.5.28
清 金釉墨彩花鸟诗文瓶(一对)	高17.5cm	57,500	上海大众	2011.08.25
清 料胎墨彩人物笔筒	高12.5cm	101,200	北京匡时	2011.09.17
清 墨彩珐琅芦雁纹直颈瓶	高14.5cm	2,252,160	澳门中信	2011.11.25
清 墨彩龙纹瓶	高18.5cm	69,000	中国嘉德	2011.11.14
清 墨彩山水四方杯(一对)	高5.5cm×2	71,300	北京匡时	2011.09.17
清 墨彩山水图盘(一对)	直径20.1cm	230,000	中国嘉德	2011.5.23
清 墨彩十八罗汉大笔筒	直径18cm	51,750	北京保利	2011.10.23
清 墨彩竹石纹碗	直径14.8cm	380,000	红太阳	2011.5.28
汪野亭 墨彩山水格洗	宽10.8cm	126,500	北京保利	2011.12.07
民国 梁兑石绘墨彩风尘三侠瓶	高28cm	172,500	朵云轩	2011.7.4
民国 墨彩山水诗文鹿头尊	高17.8cm	69,000	北京匡时	2011.6.8
民国 墨彩踏雪寻梅图瓶	高13.1cm	71,300	中国嘉德	2011.09.17
民国 汪野亭绘墨彩山水纹印泥盒	直径6.3cm	56,000	辽宁中正	2011.7.24
民国 魏塘生绘墨彩竹林七贤瓷板	37cm×19cm×4	67,200	辽宁中正	2011.4.17
当代 李文跃 墨彩《紫气东来》瓷板	56cm×31.5cm	115,000	北京匡时	2011.6.7
何许人绘雪景山水花盆	直径18cm	168,000	山东德道	2011.11.09
群仙会 墨彩描金人物瓷盘(一对)	直径27cm	69,000	中国嘉德	2011.5.25
唐英制墨彩虾趣诗文水盂	直径7cm	212,800	海士德	2011.6.17
唐英制墨彩云龙纹笔筒	高8cm	84,000	海士德	2011.6.17
王一亭 1979年作 墨彩描金《大禹治水》瓷板	53cm×32cm	299,000	长风拍卖	2011.12.20
夏忠勇 墨彩描金天女散花	高54cm	195,500	北京保利	2011.6.5
夏忠勇 墨彩描金“天生图”狮耳瓶	高44cm	356,500	北京保利	2011.12.07
熊声贵 池趣 釉下墨彩方器	高34.5cm	322,000	中国嘉德	2011.5.25
周湘浦(传) 矾红墨彩描金《西厢记》中胎瓶	高22.6cm	184,000	长风拍卖	2011.12.20
紫彩				
清康熙 绿地紫釉云龙纹小碗	直径11.2cm	145,600	上海新华	2011.6.25
清康熙 绿地紫龙小碗(一对)	直径11cm	1,150,000	北京保利	2011.12.06
清康熙 绿地紫龙纹碗	直径11.2cm	322,000	北京诚轩	2011.5.22
清康熙 绿地紫龙碗	直径15cm	402,500	北京保利	2011.6.5
清康熙 绿地紫彩暗刻云龙纹碗(一对)	直径13cm	920,000	北京保利	2011.10.22
清乾隆 绿地紫彩龙纹碗	直径11.1cm	795,200	天津文物	2011.11.12
清嘉庆 绿地紫彩龙纹碗	直径11cm	209,250	香港佳士得	2011.6.1
清道光 绿地紫龙碗(一对)	直径11cm	368,000	北京诚轩	2011.11.12
清道光 绿地紫龙赶珠纹碗	直径11.2cm	230,000	中拍国际	2011.7.17
清光绪 胭脂紫彩团凤纹碗	直径14.6cm	53,760	天津文物	2011.11.12
广彩				
清乾隆 广彩人物大碗	直径41.5cm	72,800	北京荣宝	2011.08.13
清乾隆 广彩描金锦地开光人物故事图大碗	直径36cm	57,500	华艺国际	2011.12.11
清乾隆 广彩描金人物故事六方烛台	高18cm	105,800	华艺国际	2011.12.11
清乾隆 广彩开光人物故事八宝如意耳六角瓶	高59.5cm	126,500	广东古今	2011.7.10
清 广彩开光人物堆塑寿桃瓶	高38.5cm	160,000	红太阳	2011.5.28
清 广彩人物盖瓶(一对)	高33cm×2	50,000	安华白云	2011.7.22
广彩人物大碗	直径32cm	58,000	安华白云	2011.7.22
珐华彩				
明 法华彩人物纹罐	高34.8cm	690,000	荣宝斋(沪)	2011.11.25

2011瓷器拍卖成交汇总

(成交价RMB：5万元以上)

拍品名称	尺寸	成交价RMB	拍卖公司	拍卖日期
珐华釉莲花纹罐	高43.5cm	862,500	北京九歌	2011.6.10
浅绛彩				
清光绪 程门 浅绛彩《水色松声》山水瓷板	39cm×26cm	115,000	长风拍卖	2011.6.21
清光绪 程门 浅绛彩绘画集锦琮瓶	高29cm	333,500	长风拍卖	2011.6.21
清光绪 程门 浅绛彩绘画集锦琮瓶	高30cm	145,600	长风拍卖	2011.1.20
清光绪 程门 浅绛彩山水花鸟集锦琮瓶(一对)	高28.5cm	1,725,000	长风拍卖	2011.12.20
清光绪 程门浅绛彩山水花鸟纹象耳琮式瓶	高29.2cm	230,000	中拍国际	2011.12.06
清光绪 程门浅绛彩山水纹瓷板	39cm×26.2cm	166,750	中拍国际	2011.12.06
清光绪 程言 浅绛彩山水人物纹高足豆(一对)	高15cm	161,000	长风拍卖	2011.6.21
清光绪 蒋锡臣、梁楚材合作 浅绛彩山水墨竹琮瓶	高29cm	63,250	长风拍卖	2011.6.21
清光绪罗阳谷浅绛彩《锦堂富贵》画缸	高62cm	690,000	长风拍卖	2011.12.20
清光绪 罗旸谷 浅绛彩绘画集锦花盆	长17.5cm	74,750	长风拍卖	2011.6.21
清光绪 浅绛彩 持花仕女象耳瓶	高31cm	86,250	长风拍卖	2011.6.21
清光绪 浅绛彩 绘画集锦十二面棱形瓶	高29.5cm	115,000	长风拍卖	2011.6.21
清光绪 浅绛彩 山水花鸟海棠瓶	高29cm	89,700	长风拍卖	2011.6.21
清光绪 浅绛彩人物纹盘	直径34.5cm	66,700	中拍国际	2011.12.06
清光绪 浅绛彩山水花鸟纹赏瓶(一件)	高37cm	89,600	上海国拍	2011.6.24
清光绪 任焕章 浅绛彩绘画集锦琮瓶	高29.2cm	103,500	长风拍卖	2011.6.21
清光绪 任焕章 浅绛彩绘画集锦兽耳琵琶方尊	高50cm	369,600	长风拍卖	2011.1.20
清光绪 任焕章 俞子明等 浅绛彩山水人物花鸟纹方壶(三件)	尺寸不一	112,000	长风拍卖	2011.1.20
清光绪 汪友棠 浅绛彩书画集锦琮瓶	高30cm	103,500	长风拍卖	2011.6.21
清光绪 王启明浅绛彩花盆	高24.5cm	165,000	上海拍卖	2011.4.23
清光绪王昭明浅绛彩书画集锦琮瓶(一对)	高29.5cm	92,000	长风拍卖	2011.6.21
清光绪 俞子明 浅绛彩《大富贵亦寿考》瓶	高45cm	161,000	长风拍卖	2011.6.21
清光绪 俞子明浅绛彩花鸟人物纹象耳琮式瓶	高25.8cm	115,000	中拍国际	2011.12.06
清晚期 金品卿 浅绛彩《闹春图》瓷板	直径37cm	115,000	长风拍卖	2011.6.21
清宣统 浅绛彩花卉纹案缸	直径26.5cm	67,200	太平洋	2011.09.17
程门 安贫乐道 浅绛彩山水方瓶	高32.2cm	66,700	中国嘉德	2011.5.25
程门、程崇楷 守梅图 浅绛彩琮式瓷瓶	高28cm	448,500	中国嘉德	2011.5.25
高心田 浅降彩人物灯笼瓶	高19.8cm	68,000	红太阳	2011.5.28
金品卿 松鹤遐龄 浅绛彩瓷板	39cm×28cm	368,000	中国嘉德	2011.5.25
民国 程门 浅绛彩四方瓶	高21cm	184,000	北京匡时	2011.6.7
民国 程门 山水桌屏四屏	19.5cm×11.7cm×4	207,000	北京匡时	2011.6.7
民国 何许人雪景山水笔筒	直径15.5cm	67,200	琴岛荣德	2011.5.15
民国 金品卿(款)浅绛彩五伦图	42cm×30.5cm	115,000	北京匡时	2011.6.7
民国 浅绛彩读书罗汉座像	高32cm	253,000	上海大众	2011.08.25
民国 王琦绘四爱图琮式瓶	高29cm	224,000	辽宁中正	2011.7.24
民国 曾龙升 达摩瓷塑	高54cm	690,000	长风拍卖	2011.6.21
清 程门父子绘浅绛彩琮式瓶(二件)	高29cm	840,000	苏州东方	2011.4.28
清 浅绛彩博古纹捧盒	直径27cm	61,600	苏州东方	2011.4.28
清 浅绛彩山水人物双耳瓶	高38.5cm	206,448	香港淳浩	2011.11.26
清 汪章人物山水方盆	17cm×24cm	69,000	苏州吴门	2011.6.12
汪平孙 浅绛彩《夏日江村图》双耳瓶	高35.5cm	80,500	长风拍卖	2011.12.20
汪友棠 武陵春色 浅绛彩水洗(一对)	长22.5cm	92,000	中国嘉德	2011.5.25
徐天梅 浅绛彩高士读书瓷板	39.5×25cm	126,500	北京保利	2011.12.07
洋彩				
清雍正 紫地洋彩花卉纹碗	直径9.2cm	862,500	北京翰海	2011.11.19
清雍正 洋彩开光双龙捧寿纹六方笔筒	高19.5cm	231,000	上海拍卖	2011.4.23
清雍正 珊瑚红地洋彩百蝠捧寿大盘(一对)	直径50.4cm	19,550,000	北京保利	2011.12.06
清雍正 仿官釉洋彩芦雁图绶带如意耳扁壶	高55cm	12,650,000	中国嘉德	2011.5.22
清乾隆 紫地洋彩开光御题诗纹瓶	高21cm	138,000	广州嘉德	2011.6.11
清乾隆 御制宝石蓝地洋彩莲花如意万代尊	高37cm	70,150,000	北京保利	2011.6.5
清乾隆 洋彩胭脂地轧道四团画山水纹盏托	直径16.2cm	713,000	中国嘉德	2011.5.23
清乾隆 洋彩佛莲供盘	直径17cm	368,000	北京保利	2011.10.22
清乾隆 洋彩八蛮进宝图鸡心碗	直径11.4cm	529,000	北京东正	2011.6.5
清乾隆 浅黄地洋彩锦上添花“万寿连延”图长颈葫芦瓶	高38.8cm	25,875,000	中翰清花	2011.09.10
清嘉庆 紫地洋彩花卉纹碗(二件)	直径9.2cm	5,520,000	北京翰海	2011.5.19
清嘉庆洋彩折枝瓜果纹描金花口折腰碗	直径18cm	460,000	华艺国际	2011.12.11
清嘉庆 黄地洋彩开光端午节五毒灵符图膳碗(一对)	直径17.7cm	3,450,000	中拍国际	2011.12.06
清道光 洋彩花卉纹碗	直径15cm	224,000	天津文物	2011.5.13
清道光 洋彩缠枝花卉纹碗(一对)	直径18.4cm	2,300,000	中国嘉德	2011.09.17
清道光 黄地洋彩花卉纹宫碗(一对)	直径14.6cm	2,530,000	北京保利	2011.12.06
清道光 黄地洋彩花卉蝠纹碗	直径18.4cm	1,495,000	北京保利	2011.4.16
清道光 黄地洋彩“洋花”图“五蝠”碗(一对)	直径18.2cm	1,532,440	香港苏富比	2011.4.8
清光绪 黄地洋彩花卉洪福纹碗(一对)	直径16.9cm	322,000	北京中汉	2011.5.23
清19世纪 黄地洋彩宝象花铺首尊	高39cm	149,500	广州嘉德	2011.6.11
清 洋彩六窗山水纹瓶(一对)	高15.6cm	1,126,080	澳门中信	2011.11.25
清 洋彩花卉纹碗	直径18.5cm	97,750	中国嘉德	2011.3.19
民国蓝地洋彩花卉开光花鸟纹盖瓶(一对)	高30.5cm	828,000	北京东正	2011.6.5
民国 薄胎洋彩人物碗(一对)	直径13cm	94,300	北京东正	2011.6.5
古彩				
占昌赣 古彩“喜梅图”瓶	高65cm	57,500	北京保利	2011.12.07
欧阳光(传) 古彩《鸳鸯戏水图》开光中胎瓶	高25.5cm	138,000	长风拍卖	2011.12.20
欧阳光(传) 古彩《锦上添花》莲子瓶	高68cm	1,150,000	长风拍卖	2011.12.20
欧阳光 荷塘鹭鸣 古彩瓷板	53cm×31.5cm	57,500	中国嘉德	2011.5.25
欧阳光 古彩春夏秋冬四扇屏	高75cm	345,000	北京保利	2011.6.5
欧阳光 1991年作 古彩《芙蓉鸳鸯图》小赏瓶	高16.5cm	345,000	长风拍卖	2011.12.20
刘乐君 “大丽富贵”古彩瓶	高48cm	51,750	北京匡时	2011.6.7
蓝国华 硕果园 古彩瓷瓶	高37cm	149,500	中国嘉德	2011.5.25
方复 四公 古彩瓷板(四件)	32cm×56cm×4	575,000	中国嘉德	2011.5.25
方复 2007年作 古彩《杨家有女初长成》瓷板	54cm×33cm	115,000	长风拍卖	2011.12.20
方复2007年作古彩《四美图》瓷板(一套)	56cm×33cm	345,000	长风拍卖	2011.12.20
戴荣华2010年作古彩《人面桃花相映红》瓶	高33cm	1,012,000	长风拍卖	2011.6.21
戴荣华1984年作古彩《红叶寄情图》瓶	高40cm	3,220,000	长风拍卖	2011.12.20
陈淑娟2011年作古彩《芙蓉双蝶》图瓶	高40.5cm	172,500	长风拍卖	2011.12.20
其他彩				
清康熙 御制珊瑚红地九秋同庆内绘果实碗	直径12cm	4,370,000	北京匡时	2011.6.8
清雍正 料彩橄榄瓶	高23.5cm	52,500	上海拍卖	2011.4.23
清乾隆松石绿地花卉万寿无疆大碗(一对)	直径21cm	230,000	北京保利	2011.7.27
清乾隆涅白地套四色料花蝶福寿胆式瓶	高20cm	1,380,000	北京保利	2011.6.5
清嘉庆 柠檬黄地缠枝莲纹御题诗茶盘	高16cm	90,052	香港富得	2011.4.9
清光绪 松石地花卉纹大花盆(一对)	高35.3cm×2	224,000	中贸圣佳	2011.4.29
清光绪 珊瑚红地开光碗(一对)	直径11cm	126,500	江苏省拍	2011.12.10
清光绪 洒蓝开光人物故事尊(一对)	高35.5cm	88,000	西安力邦	2011.1.8
清光绪 醴陵官窑釉下彩雉鸡樱花瓶	高42cm	552,000	北京保利	2011.7.27
清道光 开光人物长颈瓶(一对)	高42cm	92,000	北京九歌	2011.6.10
清道光黄地轧道开光山水人物图碗(一对)	直径14.8cm	2,226,420	香港佳士得	2011.6.1
清道光 黄地扎道开光三羊开泰碗(一对)	直径14.5cm×2	1,792,000	中贸圣佳	2011.4.29
清道光 雕瓷加彩山水人物笔筒	高14cm	184,000	北京保利	2011.6.7
清道光 陈国治款雕瓷四乐图瓷板	长35cm	246,400	天津文物	2011.5.13
清道光 白釉加彩福寿有余笔筒	高12.3cm	69,000	北京保利	2011.6.7
清同治 黄地喜鹊登梅纹碗	直径18cm	78,400	天津文物	2011.5.13
清宣统 醴陵官窑釉下彩耄耋图大尊	高63cm	230,000	北京保利	2011.7.27
清 宜兴加彩福禄寿碟(一对)	直径17cm	99,015	香港拍得高	2011.10.06
清 松石绿地塑桃花卉纹撇口瓶	高37cm	320,000	红太阳	2011.5.28
清 松石绿地宝相花纹如意耳瓶	高32cm	448,000	云南典藏	2011.5.14
清 松石绿缠枝花卉纹梅瓶	高34.5cm	115,000	江苏万达	2011.5.28
清 洒蓝地开光桃纹碗	直径14.5cm	241,500	中国嘉德	2011.09.17
清 料彩芦雁图杯	高6cm	32,200,000	江苏万达	2011.5.28
清 锦地开光花卉纹观音瓶	高39cm	56,000	云南典藏	2011.10.30
清 豆青地开光风景纹四方笔筒	高15.8cm	78,000	红太阳	2011.5.28
民国 赵惠民 南海观音像	高55cm	598,000	北京匡时	2011.6.7
民国 月月见喜天球瓶	高53cm	156,800	安华白云	2011.3.6
民国 余文襄 雪景直颈瓶	高13.5cm	115,000	北京匡时	2011.6.7
民国 徐仲南绘竹石图瓷板	94cm×74cm	115,000	北京保利	2011.12.08

2011瓷器拍卖成交汇总

(成交价RMB：5万元以上)

拍品名称	尺寸	成交价RMB	拍卖公司	拍卖日期
民国 彤云山房款文房用具(八件)	规格不一	280,000	云南典藏	2011.10.31
民国 山水瓷瓶	高40cm	69,000	北京匡时	2011.6.7
民国 三国人物故事胆瓶	高10cm	67,200	江苏爱涛	2011.1.16
民国 炉均釉凸瓷山水纹四屏	23cm×14cm	76,544	香港富得	2011.6.24
民国 刘希任绘钟馗出巡瓷板	106cm×36cm	172,500	北京保利	2011.12.08
民国 醴陵釉中彩花鸟瓷板(一对)	高51cm	51,750	北京保利	2011.7.27
民国 醴陵釉下彩花卉 双羊图壶(两件)	高17cm	74,750	北京保利	2011.7.27
民国 醴陵窑荷花纹瓶	高47cm	126,500	上海崇源	2011.10.12
民国 李明亮 牡丹花瓷板	31.5cm×21cm	57,500	北京匡时	2011.6.7
民国 堆花鸟纹方瓶	高45cm	55,428	香港淳浩	2011.7.30
民国 段子安 竹林七贤瓷板	47cm×31.5cm	92,000	北京匡时	2011.6.7
民国 邓碧山绘游鱼圖笔筒	高16cm	172,500	上海崇源	2011.10.12
民国 毕伯涛 花鸟瓷板	12.5cm×19.5cm	57,500	北京匡时	2011.6.7
邹甫仁 “雄视”瓷板	55cm×31cm	92,000	北京保利	2011.12.07
朱文 醉秋	高52cm	97,750	北京保利	2011.6.5
朱乐耕 陶艺“人家”花口缸	宽26.6cm	80,500	北京保利	2011.12.07
朱乐耕 “梅”瓶	高58.5cm	218,500	北京保利	2011.12.07
朱乐耕 瞻	长75cm	345,000	北京保利	2011.6.5
朱乐耕 莲趣	高43cm	862,500	北京保利	2011.6.5
朱乐耕 风系列白马	尺寸不一	8,625,000	北京保利	2011.6.5
朱建安 “乡情”瓷板	55.5cm×55cm	126,500	北京保利	2011.12.07
朱建安 山路弯弯	高67cm	115,000	北京保利	2011.6.5
朱建安 古道	高48cm	97,750	北京保利	2011.6.5
朱迪 喜马拉雅之三 高温色釉瓷板	81cm×44.5cm	66,700	中国嘉德	2011.5.25
周益军 湘西印象	高62cm	51,750	北京保利	2011.6.5
周国桢 巨龙回首	长45cm	253,000	北京保利	2011.12.07
周国桢 孙美王	高43cm	1,092,500	北京保利	2011.6.5
周国桢 圣水牛	长37cm	149,500	北京保利	2011.6.5
周国桢《沙漠风暴》瓷雕	高22cm	57,500	长风拍卖	2011.12.20
钟汝荣作 乐在其中	高16.5cm	94,300	华艺国际	2011.12.11
钟莲生 釉上彩“走进胡杨林”瓷板	110.5cm×56cm	805,000	北京保利	2011.12.07
钟莲生 “猫”瓶	高28cm	207,000	北京保利	2011.12.07
赵无极画限量版骨瓷盘	半径36.3cm	92,000	广州艺拍	2011.6.12
赵无极 2007年作 黑与红	23cm×60.5cm	389,500	香港苏富比	2011.10.03
赵美云 贵妃出浴图瓷板	112cm×58cm	552,000	北京保利	2011.6.5
章鉴 新彩《鱼乐图》瓶	高30.5cm	345,000	长风拍卖	2011.12.20
章朝辉 高温颜色釉穆桂英瓷板	长82cm	115,000	北京保利	2011.6.5
张志安 2008年 釉上彩《迎春》瓶	高37cm	161,000	长风拍卖	2011.6.21
张闻冰 “易初莲花”瓷板	108cm×50cm	172,500	北京保利	2011.12.07
张闻冰 映月荷塘	高110cm	74,750	北京保利	2011.6.5
张闻冰 花红点点春瓶	高37cm	80,500	北京保利	2011.6.5
张文冰《金碧满堂》瓶	40cm×40cm	172,500	长风拍卖	2011.12.20
张松茂、徐亚凤 富贵牡丹	直径40cm	207,000	北京保利	2011.6.5
张松茂 会当凌绝顶 釉上彩瓷盘	直径30cm	575,000	中国嘉德	2011.5.25
张婧婧 瓷说新语系列之风生水起	尺寸不一	57,500	北京保利	2011.6.5
张景辉 飞天	长85cm	172,500	北京保利	2011.6.5
张桂铭 石榴	56cm×34cm	115,000	北京保利	2011.6.5
詹伟 剑图式—江山如画	长89cm	51,750	北京保利	2011.6.5
曾维开 报春图瓶	高37cm	690,000	北京保利	2011.6.5
遇林窑 “福山寿海”铭碗	直径11.7cm	149,500	中国嘉德	2011.5.23
易炳萱 2006年 四季花鸟瓶(四件)	高40cm	632,500	长风拍卖	2011.6.21
徐亚凤 水点桃花瓶	高47cm	92,000	北京保利	2011.6.5
徐江云 晓风 色釉装饰瓷瓶	高32.3cm	86,250	中国嘉德	2011.5.25
徐朝兴 仿古釉牡丹碗	直径20.5cm	74,750	北京保利	2011.6.5
熊声贵 釉下彩松鹰小口瓶	高48cm	287,500	北京保利	2011.6.5
熊军 高温色釉流	长85cm	51,750	北京保利	2011.6.5
熊晖 釉下彩山水人物	高49.5cm	138,000	北京保利	2011.6.5
熊钢如 釉上彩大吉瓷板	40cm×40cm	109,250	北京保利	2011.6.5
现代 程十发绘制仕女瓷盘	直径24cm	92,000	西泠拍卖	2011.7.18
吴锦华 山林雪原王者威虎瓷板	高60cm	690,000	北京保利	2011.6.5
吴锦华 2010年 老虎瓶	高46cm	632,500	长风拍卖	2011.6.21
文革瓷 忠心瓷板	高55cm	138,000	北京保利	2011.6.5
文革瓷 跃马擒敌瓷板	长55cm	862,500	北京保利	2011.6.5
文革瓷 延安颂皮灯	高53.5cm	1,265,000	北京保利	2011.6.5
文革瓷 人民公社茶具	尺寸不一	74,750	北京保利	2011.6.5
文革瓷 矿山新兵瓷板	高55cm	195,500	北京保利	2011.6.5
文革瓷 春风化雨育新苗瓶	高47.5cm	230,000	北京保利	2011.6.5

拍品名称	尺寸	成交价RMB	拍卖公司	拍卖日期
文革瓷 7501主席专用釉下红梅笔筒	高14cm	1,265,000	北京保利	2011.6.5
文革 瓷加彩雷锋半身像	高55cm	57,500	苏州吴门	2011.6.12
文革 暗刻诗梅花诗文纹碗(一对)	直径11.5cm	280,000	山东德道	2011.11.09
魏墙生 1945年作绘一苇渡江图瓶(一对)		69,000	上海崇源	2011.10.12
尉涧松 “唐人诗意”镶器	高59cm	57,500	北京保利	2011.12.07
尉涧松 南湖秋水北溟鱼瓷板	高68cm	55,200	北京保利	2011.6.5
王芝文 微书山水瓶	高55cm	1,725,000	北京保利	2011.12.07
王芝文 紫檀框瓷板古文观止插屏	68.5cm×64cm	1,092,500	北京保利	2011.6.5
王芝文 微书历代名瓷	直径20cm	483,000	北京保利	2011.6.5
王芝文 汉光瓷微书《宋词》瓶	直径21cm	460,000	长风拍卖	2011.12.20
王芝文 2010年 唐诗汉光瓷	高25.5cm	195,500	长风拍卖	2011.6.21
王修功 多彩釉瓷盘	直径49.5cm	414,000	中国嘉德	2011.5.25
王锡良 金地欢庆盘	直径33cm	2,530,000	北京保利	2011.12.07
王锡良 逍遥不计年	高41.5cm	690,000	北京保利	2011.6.5
王锡良 清凉台笔筒	直径19.5cm	287,500	北京保利	2011.6.5
王锡良 春风得意瓶	高14.5cm	218,500	北京保利	2011.6.5
王锡良 彩瓷壶《韩康卖药》	8cm×11cm	201,600	广州银通	2011.11.27
王秋霞 东山行乐图瓶	高36cm	80,500	北京保利	2011.6.5
王琪 雪景瓶	高41cm	69,000	北京保利	2011.6.5
王隆夫 “钟馗图”瓷板	59.5cm×31.5cm	345,000	北京保利	2011.12.07
王怀俊 三峡屈原故里	高58cm	161,000	北京保利	2011.6.5
王恩怀 春江水暖盘	直径26cm	126,500	北京保利	2011.12.07
王恩怀 玉堂春色	高27cm	460,000	北京保利	2011.6.5
王恩怀 玉堂春晖	高35cm	690,000	北京保利	2011.6.5
王恩怀 春丽自然中瓶	高37cm	322,000	北京保利	2011.6.5
汪野亭 山水诗文扁方瓶(一对)	高23.3cm	207,000	北京保利	2011.12.07
汪平孙 江村 双面彩开光山水扁瓶	高28.5cm	69,000	中国嘉德	2011.5.25
汪桂英 山水人物瓶	高33.5cm	207,000	北京保利	2011.12.07
汪桂英 高山流水	高46cm	575,000	北京保利	2011.6.5
涂序生 春园小趣瓶	高36cm	207,000	北京保利	2011.12.07
跳刀小罐	高10.5cm	92,000	中国嘉德	2011.5.23
汤清海 春江放筏瓶	高41cm	55,200	北京保利	2011.6.5
汤清海 薄胎鸭戏碗	直径36cm	69,000	北京保利	2011.6.5
孙燕明 大江东去瓷瓶	高49cm	86,250	北京保利	2011.6.5
孙清华 堆雕《渔樵耕读》盖盒(一对)	直径20cm	345,000	长风拍卖	2011.12.20
孙清华 堆雕《对弈图》瓷板	40cm×40cm	172,500	长风拍卖	2011.12.20
孙清华 2009年 渔归雕瓶	高40.5cm	69,000	长风拍卖	2011.6.21
孙清华2009年堆雕《渔樵耕读图》笔筒	高28cm	74,750	长风拍卖	2011.6.21
双鱼瓶	长32cm	392,000	安华白云	2011.3.6
任瑞华 岁月荷莲	30cm×15cm	230,000	北京保利	2011.6.5
邱玉林 扇舞瓶	高31cm	112,000	江苏和信	2011.10.23
吕金泉 综合装饰“桂花香”婴戏图瓶	高34cm	287,500	北京保利	2011.12.07
陆云华 粉色系列	高34cm	97,750	北京保利	2011.12.07
陆如 品似梅花香在骨		1,035,000	北京保利	2011.6.5
陆如 梅兰竹菊君子瓶	高43cm	322,000	北京保利	2011.6.5
刘作东 “春眠不觉晓”瓶	高46cm	57,500	北京保利	2011.12.07
刘正 惊蛰 釉上彩瓷板	55cm×55cm	161,000	中国嘉德	2011.5.25
刘敏 多色釉《中华瓷王》	高60cm	201,600	广州银通	2011.3.12
刘超鸿 捏堆雕山水笔筒	高18cm	57,500	北京保利	2011.6.5
李小华 双面九龙薄胎碗	直径88cm	1,955,000	北京保利	2011.6.5
李小聪 谈笑间瓷板	40cm×40cm	172,500	北京保利	2011.6.5
李小聪 山水人物瓷板	高25cm	57,500	北京保利	2011.6.5
李守才 腾飞瓶	高40cm	112,000	江苏和信	2011.10.23
李守才 荷塘月色画筒	高54cm	56,000	江苏和信	2011.10.23
李守才 晨曲瓶	高54cm	145,600	江苏和信	2011.10.23
李人中 2005年 釉下彩《牵牛花》瓶	高47.5cm	101,200	长风拍卖	2011.6.21
李林洪 高温色釉山水六方箭筒	高66.5cm	460,000	北京保利	2011.12.07
李峻 “神医华佗”瓷板	60cm×44cm	667,000	北京保利	2011.12.07
李峻 花鸟	高33cm	230,000	北京保利	2011.6.5
李菊生 渭城曲 高温颜色釉瓷瓶	高55cm	3,220,000	中国嘉德	2011.5.25
李菊生 春风又绿玉门外	50cm×48cm	368,000	北京保利	2011.6.5
赖德全 珍珠彩“乡村金秋”瓶	高38cm	253,000	北京保利	2011.12.07
赖德全 乡村秋雨		184,000	北京保利	2011.6.5
赖德全 乡村金秋瓶	高35cm	253,000	北京保利	2011.6.5
赖德全 珍珠彩《金秋》瓷板	40cm×40cm	138,000	长风拍卖	2011.12.20
钧瓷大红袍-益寿瓶	高47cm	1,380,000	北京纳高	2011.7.6
钧瓷大红袍-梅瓶	高38cm	1,380,000	北京纳高	2011.7.6

2011瓷器拍卖成交汇总

(成交价RMB：5万元以上)

拍品名称	尺寸	成交价RMB	拍卖公司	拍卖日期
晶彩陶瓷龙耳月光瓶《松龄鹤寿》	高34cm	1,913,600	澳门中信	2011.6.25
晶彩陶瓷《国韵》赏瓶	高50cm	2,679,040	澳门中信	2011.6.25
近代 毕渊明绘虎啸图盘	高13cm 口径52cm	115,000	上海崇源	2011.7.6
江金承 四季花鸟方瓶	高48cm	74,750	北京保利	2011.6.5
江宏伟 鸟语花香 釉上彩瓷瓶(一对)	高37cm	322,000	中国嘉德	2011.5.25
黄小玲“郁金香”瓶	高61cm	276,000	北京保利	2011.12.07
黄小玲 绣球	高38cm	86,250	北京保利	2011.6.5
黄焕义 繁花似锦	高42cm	195,500	北京保利	2011.6.5
胡小军 海上系列		92,000	北京保利	2011.6.5
胡光震“春遣和风报消息”瓶	高41cm	161,000	北京保利	2011.12.07
何叔水 松鹰图盘	直径36cm	55,200	北京保利	2011.6.5
合作《祖国颂：锦绣前程》精品艺术瓷(一套三件)	尺寸不一	345,000	北京保利	2011.12.07
郭文连“金鸡报喜”瓶	高33.5cm	69,000	北京保利	2011.12.07
富春山居图		80,500	北京保利	2011.6.5
傅尧笙 宝石彩羲之爱鹅镶器	高39cm	253,000	北京保利	2011.6.5
方云峰 彩色开光人物瓶	高25cm	299,000	北京保利	2011.12.07
方李莉“秋韵”瓶	高58cm	299,000	北京保利	2011.12.07
邓肖禹 金地双画蝴蝶纹碗	直径26cm	460,000	长风拍卖	2011.12.20
邓文科 2006年 釉下彩白梅小鸟瓶	高40cm	207,000	长风拍卖	2011.6.21
当代 朱正荣“五福临门迎大吉”瓶	高46cm	92,000	北京匡时	2011.6.7
当代 张松茂《革命胜地井冈山》瓷板	58.5cm×61.5cm	3,680,000	北京匡时	2011.6.7
当代 曾维开“六鹤同春”瓶	高43cm	57,500	北京匡时	2011.6.7
当代 熊汉中 釉上彩“六鹤同春”瓷瓶	高21cm	218,500	北京匡时	2011.6.7
当代 吴锦华“亦吉亦利”陶瓷花瓶	高33.5cm	230,000	北京匡时	2011.6.7
当代 王芝文 微字小瓶	高13cm	109,250	北京匡时	2011.6.7
当代 舒立洪 釉上彩“花号牛郎”瓶	高42cm	109,250	北京匡时	2011.6.7
当代 宁勤征“映日荷香”瓶	高50.5cm	92,000	北京匡时	2011.6.7
当代 宁钢 高温色釉《恋》	高42cm	92,000	北京匡时	2011.6.7
当代 李文跃 丽人行瓷罐	高36cm	172,500	北京匡时	2011.6.7
当代 李尚春《祈祷》瓷板	66cm×39cm	92,000	北京匡时	2011.6.7
当代 赖德全 珍珠彩“荷”瓷板	23cm×15.5cm	55,200	北京匡时	2011.6.7
当代 何叔水“春色满园”四屏瓷板	85cm×23.5cm×4	690,000	北京匡时	2011.6.7
当代 郭文连 釉上彩装饰“婴戏”瓶	高44cm	109,250	北京匡时	2011.6.7
当代 傅尧笙 观鱼胜过富春江	56cm×32cm	552,000	北京匡时	2011.6.7
戴雨享 本空若怡系列		57,500	北京保利	2011.6.5
戴荣华 夜闻蝉鸣瓶	高18.5cm	126,500	北京保利	2011.12.07
戴荣华 仕女皮灯	高28cm	195,500	北京保利	2011.6.5
陈军 高温色釉秋韵装饰瓶	高56cm	103,500	北京保利	2011.6.5
陈家泠 荷花小鸟	高65.5cm	115,000	北京保利	2011.6.5
缠枝宝相花纹杯(一对)	口径7.5cm	100,800	山东大成	2011.5.7
毕渊明 虎瓷板(四件一套)	56cm×33cm×4	126,500	北京九歌	2011.6.10
安锐勇 非有想系列之一水骨 高温色釉瓷板	112cm×32cm	92,000	中国嘉德	2011.5.25
60年代作 英雄大寨人雕塑(景德镇)	40cm×26cm	440,000	远方国拍	2011.09.17
60年代作五个里程碑放光芒彩盘一套(唐山)	高17cm	352,000	远方国拍	2011.09.17
60年代作 葵花插盘彩盘(唐山)	高33cm	154,000	远方国拍	2011.09.17
60年代作北京光芒万丈彩盘(唐山)(四件)	高17.5cm	66,000	远方国拍	2011.09.17
50年代作 毛主席像瓷挂件	25cm×28cm	132,000	远方国拍	2011.09.17
20世纪50年代 汪小亭 青绿山水小瓶	高13.5cm	57,500	长风拍卖	2011.6.21
“风雪归庄”瓶	高36cm	166,200	中博文化	2011.7.10
色釉瓷				
青釉				
影青螭龙耳杯	口径13cm	141,270	中博文化	2011.7.10
耀州青釉刻花双龙耳瓶	高21.5cm	315,780	中博文化	2011.7.10
明永乐 青釉暗刻缠枝花卉纹碗	口径18cm	218,500	上海大众	2011.08.25
明嘉靖 回青釉碗	直径18.5cm	60,900	上海拍卖	2011.4.23
明14世纪 青釉雕缠枝莲纹直口碗	直径17.2 cm	105,250	香港苏富比	2011.4.8
清康熙款豆青釉马蹄尊茶叶罐	高8.8cm	57,500	西泠拍卖	2011.7.19
清康熙天青釉暗花“云蝠团龙”纹撇口瓶	高32.5cm	2,138,680	香港苏富比	2011.4.8
清康熙 官窑暗刻灵芝云豆青釉香草龙纹笔海	高15cm	99,000	上海拍卖	2011.4.23
清康熙 仿宣德豆青釉暗刻云纹葵口盘(一对)	直径13cm	943,000	北京保利	2011.10.22
清康熙 豆青釉碗	直径13cm	115,000	北京保利	2011.10.23
清康熙 豆青釉海浪腾龙纹观音瓶	高44cm	897,000	北京保利	2011.10.22

拍品名称	尺寸	成交价RMB	拍卖公司	拍卖日期
清康熙 豆青釉盖罐(一对)	高13cm×2	112,000	东方艺都	2011.7.6
清康熙 豆青釉暗刻云凤纹观音尊	高49cm	448,000	长风拍卖	2011.1.20
清雍正 青釉葫芦瓶	高31.8cm	920,000	中国嘉德	2011.11.14
清雍正 粉青釉穿带耳瓶	高16.6cm	483,000	北京诚轩	2011.11.12
清雍正 冬青釉琮式瓶	高29.5cm	392,000	辽宁建投	2011.5.11
清雍正 粉青釉四螭耳六方尊	高20cm	1,127,000	北京东正	2011.6.5
清雍正 粉青菊瓣纹四系花篮尊	高16cm	2,530,000	北京诚轩	2011.5.22
清雍正 粉青釉小口罐	高12.4cm	1,322,500	北京中汉	2011.5.23
清雍正 豆青釉素花觚	高17cm	89,700	福建拍卖	2011.7.3
清雍正 粉青釉仿影青浮雕牡丹花卉纹高足杯(一对)	高8.8cm	920,000	北京保利	2011.6.6
清雍正 青釉凤穿花纹高足杯	高9.3cm	322,000	中国嘉德	2011.09.17
清雍正 青釉杯	直径10cm	1,974,720	香港佳士得	2011.11.30
清雍正 冬青釉印凤穿花高足杯	直径9.7cm	92,000	中国嘉德	2011.5.23
清雍正 青釉碗	直径41.2cm	1,485,120	香港佳士得	2011.11.30
清雍正 青釉外凸雕内浅刻牡丹大碗	直径26.7cm	517,500	中国嘉德	2011.5.23
清雍正 粉青釉印花高足碗	直径20.5cm	80,500	中拍国际	2011.7.17
清雍正 粉青釉碗	直径15cm	4,520,640	香港佳士得	2011.11.30
清雍正 粉青釉模印花卉纹斗笠碗	直径21.2cm	345,000	北京中汉	2011.5.23
清雍正 粉青釉刻花大碗	直径33.7cm	5,741,820	香港佳士得	2011.6.1
清雍正粉青釉浮雕“折枝花果”图大碗	直径34.1cm	2,643,880	香港苏富比	2011.4.8
清雍正 粉青釉浮雕“牡丹”图大碗	直径26.5cm	724,120	香港苏富比	2011.4.8
清雍正 粉青釉暗刻花卉纹碗	直径15.3cm	5,842,260	香港佳士得	2011.6.1
清雍正 粉青浮雕缠枝花卉纹碗	直径11.4cm	1,128,280	香港苏富比	2011.4.7
清雍正 粉青釉浅浮雕海浪纹盘(一对)	直径16.5cm	1,380,000	广州嘉德	2011.6.11
清雍正 粉青釉盘(一对)	直径13.2cm	875,680	香港苏富比	2011.4.8
清雍正 豆青釉盘(一对)	直径15cm	184,000	北京保利	2011.6.7
清雍正 青釉印花高足盘	直径17cm	253,000	北京保利	2011.6.7
清雍正 青釉菊瓣纹盘	直径17.5cm	4,422,720	香港佳士得	2011.11.30
清雍正 青釉暗刻之福托盘	直径15.2cm	552,000	福建拍卖	2011.7.3
清雍正粉青釉浅浮雕福山寿海纹折腰盘	直径19.9cm	57,500	北京中汉	2011.3.19
清雍正 豆青釉云龙纹大盘	直径50cm	3,220,000	中国嘉德	2011.5.23
清雍正 粉青釉双系八方盖壶	高14cm	852,800	香港苏富比	2011.10.05
清雍正 粉青釉佛莲托寿字大鱼浅	直径60cm	943,000	北京保利	2011.10.22
清雍正 豆青釉三孔花插	14cm×14cm	212,750	北京九歌	2011.6.10
清乾隆 粉青釉双耳方瓶(一对)	高19cm	1,127,000	北京保利	2011.4.16
清乾隆 豆青釉葫芦瓶(一对)	高35cm	14,375,000	中国嘉德	2011.5.23
清乾隆 冬青釉刻花缠枝莲纹弦纹大瓶(一对)	高75cm	1,840,000	中拍国际	2011.7.17
清乾隆 天青釉梅瓶	高32.3cm	4,058,440	香港苏富比	2011.4.8
清乾隆 青釉葫芦瓶	高19cm	106,400	北京保利	2011.1.15
清乾隆 青釉葫芦瓶	高31.9cm	4,025,000	中国嘉德	2011.11.13
清乾隆 青釉葫芦盖瓶	高35cm	2,932,500	北京永乐	2011.11.15
清乾隆 青釉贯耳瓶	高30.6cm	1,387,200	香港佳士得	2011.11.30
清乾隆 青釉大瓶	高38.7cm	52,050,825	纽约佳士得	2011.3.24
清乾隆 粉青釉印灵芝贯耳方瓶	高31cm	5,520,000	北京保利	2011.12.06
清乾隆 粉青釉兽耳瓶	高26.5cm	8,773,233	伦敦苏富比	2011.5.11
清乾隆 粉青釉六角长颈瓶	高29.5cm	336,000	十竹斋	2011.5.29
清乾隆 粉青釉葫芦瓶	高32.3cm	2,643,880	香港苏富比	2011.4.8
清乾隆 粉青釉葫芦瓶	高25cm	380,800	蓝天国拍	2011.6.24
清乾隆 粉青釉贯耳瓶	高35cm	5,338,125	纽约苏富比	2011.3.23
清乾隆 粉青釉浮雕芭蕉叶纹镂空“缠枝牡丹图”长颈胆套瓶	高27cm	4,058,440	香港苏富比	2011.4.8
清乾隆 豆青釉六方瓶	高44cm	287,500	雍和嘉诚	2011.11.27
清乾隆 豆青釉刻福寿纹海棠式瓶	高28cm	2,070,000	中国嘉德	2011.5.23
清乾隆 豆青釉教子升天云龙天球瓶	高57cm	690,000	北京保利	2011.10.22
清乾隆 豆青釉花蝶纹瓶	高51.5cm	57,500	中贸圣佳	2011.11.06
清乾隆 豆青釉葫芦瓶	高32.5cm	368,000	北京中汉	2011.5.23
清乾隆 豆青釉葫芦瓶	高34cm	575,000	北京匡时	2011.6.8
清乾隆 冬青釉双耳瓶	高18cm	713,000	华艺国际	2011.12.11
清乾隆 冬青釉葫芦瓶	高32cm	2,645,000	北京保利	2011.12.06
清乾隆 翠青釉葫芦瓶	高32.8cm	333,500	北京诚轩	2011.5.22
清乾隆 天青釉石榴尊	高11cm	89,600	苏州东方	2011.4.28
清乾隆 豆青釉印花仿青铜兽面纹尊	高55.5cm	12,650,000	北京匡时	2011.6.8
清乾隆 豆青釉月牙罐	高19cm	179,200	苏州东方	2011.4.28
清乾隆 豆青釉月牙罐	高19cm	207,000	中国嘉德	2011.3.19
清乾隆 豆青釉日月盖罐	高21.5cm	690,000	北京保利	2011.6.6

拍品名称	尺寸	成交价RMB	拍卖公司	拍卖日期
清乾隆 豆青釉铺首罐	高16.5cm	230,000	中国嘉德	2011.11.14
清乾隆 豆青釉铺首鼓钉罐	高16.2cm	425,500	北京中汉	2011.5.23
清乾隆 豆青釉铺首鼓钉罐	高16.5cm	575,000	中国嘉德	2011.11.14
清乾隆 豆青釉鼓式罐	高16cm	95,200	太平洋	2011.6.18
清乾隆 豆青釉鼓式罐	高16.5cm	299,000	荣宝斋(沪)	2011.11.25
清乾隆 豆青釉鼓钉式罐	高15.3cm	598,000	北京华辰	2011.5.20
清乾隆 豆青釉鼓钉罐	高17cm	207,000	北京匡时	2011.6.8
清乾隆 豆青釉鼓钉罐	高16.3cm	862,500	北京保利	2011.6.7
清乾隆 豆青日月罐	高19cm	287,500	北京翰海	2011.12.18
清乾隆 冬青釉铺首耳鼓式罐	高16.3cm	287,500	中拍国际	2011.12.06
清乾隆 冬青釉罐	腹径12cm	345,000	上海大众	2011.08.25
清乾隆 粉青釉龙纹如意口花觚	高29.2cm	920,000	中贸圣佳	2011.11.06
清乾隆 粉青釉印团花纹葵口三足洗	宽15.5cm	1,725,000	北京保利	2011.6.6
清乾隆 粉青釉模印瑞果花卉大碗	直径33.5cm	1,380,000	北京保利	2011.12.06
清乾隆 粉青釉刻牡丹花纹大碗	直径26.2cm	920,700	香港佳士得	2011.6.1
清乾隆 豆青折腰盖碗	直径12.5cm	126,500	北京保利	2011.10.22
清乾隆 豆青釉刻花花口碗	直径25.7cm	146,475	香港佳士得	2011.6.1
清乾隆 豆青釉盖碗	直径12.6cm	138,000	北京翰海	2011.5.21
清乾隆 豆青釉暗刻花口大碗	直径25.6cm	184,000	中国嘉德	2011.5.23
清乾隆 豆青暗花牡丹纹大碗	直径26cm	168,000	上海新华	2011.6.25
清乾隆 粉青釉暗刻云蝠纹笔筒	高10cm	575,000	广州嘉德	2011.6.11
清乾隆 豆青釉竹节灵芝笔筒	高13.5cm	770,500	北京保利	2011.12.08
清乾隆 胭脂红水丞	直径7cm	920,000	华艺国际	2011.12.11
清乾隆 豆青釉寿桃形笔掭	7.4cm×7cm	184,000	广州艺拍	2011.6.12
清乾隆 豆青釉三孔花插	高7.5cm	138,000	北京翰海	2011.5.21
清乾隆 豆青釉灵芝型笔舔	长11cm	71,300	上海大众	2011.08.25
清乾隆 豆青釉仿竹臂搁	长16.6cm	115,000	西泠拍卖	2011.7.18
清乾隆款 豆青釉水盂	直径7.5cm	69,000	西泠拍卖	2011.7.18
清乾隆/嘉庆 青釉兽面双龙耳洗口瓶	高49cm	103,500	北京保利	2011.4.17
清嘉庆 粉青釉月牙罐	高19.5cm	161,000	北京保利	2011.4.16
清嘉庆 仿龙泉青釉印兽面纹四耳尊	高25cm	3,450,000	北京保利	2011.6.7
清嘉庆 豆青釉葫芦瓶	高32.5cm	2,415,000	北京保利	2011.12.06
清道光 粉青釉暗划缠枝蕃莲纹撇口瓶	高31.3cm	488,720	香港苏富比	2011.10.05
清道光 豆青釉月牙罐	高18.8cm	161,000	北京中汉	2011.5.23
清道光 豆青釉印花缠枝菊纹倭角印盒	直径7.1cm	230,000	中国嘉德	2011.11.13
清道光 豆青釉日月罐	高21cm	322,000	北京翰海	2011.5.21
清道光 豆青釉铺首鼓钉罐	高16.4cm	264,500	北京中汉	2011.5.23
清道光 豆青釉海棠形水仙盒	直径21.3cm	253,000	福建拍卖	2011.7.3
清道光 豆青釉暗刻缠枝菊花碗	直径15cm	138,000	北京保利	2011.6.7
清道光 豆青堆白花卉瓶	高33cm	92,000	北京翰海	2011.12.18
清中期 青釉花果纹瓶	高36.5cm	55,200	中国嘉德	2011.6.18
清中期 豆青釉拐子龙纹大瓶(一对)	高51cm	92,000	华艺国际	2011.12.11
清同治 冬青釉贯耳瓶	高30.5cm	437,000	荣宝斋(沪)	2011.11.25
清同治 翠青釉八卦琮式瓶		280,000	中贸圣佳	2011.4.29
清光绪 天青釉桃形笔洗	长20cm	130,000	中都国际	2011.3.13
清光绪 青釉凸花铺首耳大瓶	高65cm	172,500	北京诚轩	2011.11.12
清光绪 粉青釉贯耳瓶	高29cm	179,200	苏州东方	2011.4.28
清光绪 粉青釉贯耳瓶	30.2cm	336,000	天津文物	2011.11.12
清光绪 粉青釉鼓式罐	高16cm	105,800	北京诚轩	2011.5.22
清光绪 粉青釉琮式瓶	高27cm	92,000	北京保利	2011.10.23
清光绪 粉青釉八卦纹琮式瓶(一对)	高27cm 高27cm	218,500	北京东正	2011.6.5
清光绪 粉青釉八卦纹琮式瓶	27.5cm	80,640	天津文物	2011.5.13
清光绪 粉青釉八卦纹琮式瓶	27.8cm	168,000	天津文物	2011.11.12
清光绪 粉青釉八卦琮式瓶	高28cm	299,000	北京保利	2011.4.16
清光绪 粉青釉八卦琮式瓶	高27.5cm	270,250	北京翰海	2011.11.19
清光绪 豆青釉贯耳瓶	11.5cm×9.3cm×30.7cm	287,500	广州艺拍	2011.6.12
清光绪 豆青釉琮式瓶	高27.5cm	149,500	中国嘉德	2011.3.19
清光绪 豆青釉八卦琮式瓶	高27.8cm	253,000	北京翰海	2011.11.19
清光绪 豆青八卦琮式瓶	高27.5cm	103,500	北京翰海	2011.12.18
清宣统 青釉琮式瓶	高28cm	89,600	北京荣宝	2011.3.18
清宣统 豆青釉八卦琮式瓶	高27.8cm	253,000	北京翰海	2011.11.19
清18世纪初 粉青釉橄榄瓶	27.3cm	294,700	香港苏富比	2011.4.8
清 青釉水呈、小瓶(两件)	高12.3cm 高6.3cm	103,500	中国嘉德	2011.11.14
清 青釉刻花碗	直径19cm	69,000	北京保利	2011.7.27
清 青釉琮式瓶	高28cm	302,400	未来四方	2011.6.11

拍品名称	尺寸	成交价RMB	拍卖公司	拍卖日期
清 青釉暗刻缠枝花卉罐(一对)	高43cm	115,000	北京保利	2011.7.26
清 粉青釉云龙纹如意口花觚		2,016,000	中贸圣佳	2011.4.29
清 粉青釉印花吉庆有余如意形盖瓶	高27.5cm	575,000	北京匡时	2011.6.8
清 粉青釉缠枝莲纹鹿头尊	高48cm	224,000	苏州东方	2011.4.28
清 仿汝窑天青釉福禄瓶	高19cm	220,000	红太阳	2011.5.28
清 豆青釉弦纹蒜头瓶	高28cm 直径3.5cm B9.5cm	24,150,000	江苏万达	2011.5.28
清 豆青釉青花八骏图象耳瓶	高43cm	79,764	香港淳浩	2011.11.26
清 豆青釉刻花小罐	高13cm	66,000	红太阳	2011.5.28
清 豆青釉海龙纹碗(一对)	19.5cm×10cm	109,158	中信国际	2011.3.13
清 豆青釉缠枝花卉云蝠纹大钵	直径37cm 高28cm	436,800	苏州东方	2011.4.28
清 豆青釉暗刻花卉碗(一对)	直径15cm	138,000	北京保利	2011.7.26
清 冬青釉刻云纹小罐	高8.8cm	55,000	红太阳	2011.5.28
19世纪 豆青地刻花开光花鸟瓶	高33cm	172,224	香港富得	2011.6.24
青釉缠枝花卉象耳瓶	高43cm 口径14cm	299,160	中博文化	2011.7.10
青瓷管耳瓶	高23.5cm	253,000	中国嘉德	2011.5.23
民国 粉青釉梅瓶	高15cm	92,000	北京翰海	2011.12.18
徐定昌 粉青釉长颈双耳瓶	高23.5cm	172,500	中国嘉德	2011.5.25
徐定昌 粉青梵山玉音	高10cm	89,600	江苏和信	2011.10.23
天青釉暗刻祥云纹马蹄形水盂	高7.5cm	87,360	未来四方	2011.6.11
卢伟孙 紫藤花 粉青釉刻花大洗	直径49.3cm	299,000	中国嘉德	2011.5.25
卢伟孙 虾趣	直径38cm	89,600	江苏和信	2011.10.23
李进 影青雕刻鳜鱼大扁瓶	直径42cm 高22cm	598,000	长风拍卖	2011.12.20
高峰 琉华玉秀 跳刀纹朱砂胎青瓷钵	直径29.5cm	55,200	中国嘉德	2011.5.25
粉青釉贯耳瓶	高31cm	138,000	北京纳高	2011.7.6
粉青釉珐口瓶	高18cm	2,493,000	中博文化	2011.7.10
豆釉刻瓜果纹海棠象耳瓶	高38cm	1,495,800	中博文化	2011.7.10
豆青釉海浪形笔架	长20cm	86,250	北京九歌	2011.6.10
陈显林 粉青敞口尊	高24cm	78,400	江苏和信	2011.10.23
陈烈汉 龙泉粉青刻花卉夏荷瓶	高26cm	97,750	北京保利	2011.6.5
陈根 金线吉利瓶	高30cm	56,000	江苏和信	2011.10.23
陈爱明 雨荷 梅子青釉跳刀纹盘	直径29.5cm	112,700	中国嘉德	2011.5.25
陈爱明 翠青	高22cm	100,800	江苏和信	2011.10.23
60年代作 沙家浜<军民鱼水情>雕塑(景德镇)	高42cm	242,000	远方国拍	2011.09.17
1965年作 白求恩雕塑(景德镇)	高64cm	418,000	远方国拍	2011.09.17
红釉				
元 红釉暗刻云龙纹碗	直径17.5cm	89,600	辽宁建投	2011.5.11
元/明初14世纪红釉刻龙纹连盖梨式执壶	高13cm	9,266,000	香港苏富比	2011.10.05
明永乐 豇豆红海水暗刻龙纹梅瓶	高34.5cm	185,000	中都国际	2011.6.12
明永乐 红釉高足杯	高15.1cm	7,888,400	香港苏富比	2011.10.05
明宣德 宝石红釉仰钟式碗	直径15.2cm	230,000	北京中汉	2011.5.23
清早期 郎窑红尊	高32.5cm	230,000	中国嘉德	2011.3.19
清康熙 绿郎窑观音瓶		672,000	中贸圣佳	2011.4.29
清康熙 郎窑釉长颈胆瓶	高42cm	421,000	香港苏富比	2011.4.8
清康熙 郎窑红釉长颈胆瓶	高40.5cm	201,600	北京荣宝	2011.3.18
清康熙 郎窑红观音瓶	高16.2cm 直径4.5cm 直径5.7cm	212,800	辽宁建投	2011.5.11
清康熙 豇豆红釉柳叶瓶	高15.6cm	3,220,000	北京中汉	2011.5.23
清康熙 豇豆红釉柳叶瓶	高14.8cm	655,500	北京中汉	2011.3.19
清康熙 豇豆红瓶	高19.7cm	345,000	北京翰海	2011.12.18
清康熙 豇豆红柳叶瓶	高17cm	672,000	上海新华	2011.6.25
清康熙 豇豆红长颈瓶	高20cm	57,500	上海崇源	2011.7.6
清康熙 祭红釉小天球瓶	高18cm	276,000	北京匡时	2011.12.05
清康熙 红釉梅瓶	高21.8cm	126,500	北京诚轩	2011.11.12
清康熙 豇豆红釉太白尊	高8.6cm	632,500	北京翰海	2011.5.21
清康熙 豇豆红釉太白尊	直径12.7cm	460,000	福建拍卖	2011.7.3
清康熙 豇豆红釉暗刻团龙纹太白尊	长12.5cm	1,150,000	北京东正	2011.6.5
清康熙 豇豆红釉暗刻团龙纹太白尊	直径12.6cm	943,000	中国嘉德	2011.11.13
清康熙 豇豆红釉暗刻团螭纹太白尊	直径12.6cm	230,000	北京中汉	2011.5.23
清康熙 豇豆红釉暗刻团螭纹太白尊	高8.7cm	172,500	北京中汉	2011.3.19
清康熙 豇豆红釉暗刻团螭纹太白尊	高8.4cm	92,000	北京中汉	2011.3.19
清康熙 豇豆红釉暗刻龙纹太白尊	直径12.5cm	212,800	长风拍卖	2011.1.20

2011瓷器拍卖成交汇总

(成交价RMB：5万元以上)

拍品名称	尺寸	成交价RMB	拍卖公司	拍卖日期
清康熙 豇豆红团螭纹太白尊	高8.5cm	1,840,000	北京保利	2011.6.5
清康熙 豇豆红太白尊	直径12.5cm	84,000	东方艺都	2011.7.6
清康熙 豇豆红暗刻夔龙纹太白尊	直径13cm	115,000	北京保利	2011.4.16
清康熙 豇豆红暗刻夔龙太白尊	直径13cm	575,000	北京保利	2011.4.16
清康熙 豇豆红暗刻夔龙太白尊	直径12.5cm	391,000	北京保利	2011.7.26
清康熙 红釉摇铃尊	高18.5cm	115,000	北京保利	2011.6.6
清康熙 珊瑚红釉梨壶	高14.7cm	105,800	中国嘉德	2011.6.18
清康熙 豇豆红釉印泥盖盒	长7.2cm	508,400	香港苏富比	2011.10.05
清康熙 豇豆红釉洗	直径11.5cm	115,000	中国嘉德	2011.5.23
清康熙 豇豆红釉镗锣洗	长11.5cm	606,800	香港苏富比	2011.10.05
清康熙 豇豆红釉镗锣洗	直径11.5cm	517,500	北京东正	2011.11.17
清康熙 豇豆红釉镗锣洗	直径12.2cm	1,035,000	北京中汉	2011.5.23
清康熙 豇豆红釉镗锣洗	直径11.7cm	483,000	北京中汉	2011.5.23
清康熙 豇豆红洗	直径12cm	218,500	北京保利	2011.4.16
清康熙 豇豆红洗	长12cm	172,500	苏州吴门	2011.6.12
清康熙 豇豆红镗锣洗	长11.5cm	336,800	香港苏富比	2011.4.8
清康熙 豇豆红小杯(二件)	直径7cm	224,000	北京翰海	2011.4.9
清康熙 郎窑红釉碗(一对)	直径20.5cm	517,500	北京东正	2011.11.17
清康熙 郎窑红釉碗	直径11.4cm	195,500	北京中汉	2011.5.23
清康熙 霁红釉直口碗	直径13.3cm	230,000	北京保利	2011.6.6
清康熙 祭红釉墩式碗	直径13.5cm	57,500	北京保利	2011.10.22
清康熙 霁红釉盘	直径16cm	50,400	辽宁中正	2011.1.14
清康熙 祭红釉盘	直径15.5cm	69,000	北京匡时	2011.12.05
清康熙 红釉盘	直径16.1cm	80,500	中拍国际	2011.12.06
清康熙 官窑郎红釉盘	直径20.3cm	273,000	上海拍卖	2011.4.23
清康熙 郎窑红笔筒	直径12.5cm	115,000	中拍国际	2011.12.06
清康熙 郎窑红釉水盂	10.4cm×7.4cm	218,500	北京诚轩	2011.5.22
清康熙 豇豆红釉印合	直径6.5cm	207,000	北京翰海	2011.11.19
清康熙 官窑豇豆红水盂		385,000	上海拍卖	2011.4.23
清雍正 胭脂釉灯笼瓶	高24.3cm	4,370,000	北京翰海	2011.5.19
清雍正 胭脂红长颈瓶	高31.8cm	1,689,120	澳门中信	2011.11.25
清雍正 霁红釉玉壶春瓶	高24.2cm	460,000	北京诚轩	2011.11.12
清雍正 霁红釉瓶	高21.2cm	907,200	天津文物	2011.11.12
清雍正 祭红釉玉壶春瓷瓶	高34.8cm	172,500	福建拍卖	2011.7.3
清雍正 祭红釉梅瓶	高21.5cm	4,235,220	香港佳士得	2011.6.1
清雍正 祭红釉梅瓶	高21.5cm	3,029,940	香港佳士得	2011.6.1
清雍正 祭红釉橄榄瓶	高23cm	517,500	北京东正	2011.11.17
清雍正 祭红釉胆瓶	高23.1cm	287,500	北京中汉	2011.5.23
清雍正 红釉梅瓶	高16cm	1,098,800	香港苏富比	2011.10.05
清雍正 红釉荸荠瓶	高20cm	287,500	北京保利	2011.6.7
清雍正 胭脂红三桃纹碗(一对)	直径14.5cm	109,250	中拍国际	2011.7.17
清雍正 胭脂红釉碗	直径9.2cm	5,290,000	中国嘉德	2011.5.23
清雍正 胭脂红釉碗	直径12cm	161,000	中拍国际	2011.7.17
清雍正 胭脂红釉鸡心碗	直径15cm	483,000	北京保利	2011.6.7
清雍正 胭脂红暗刻云龙纹小碗	直径9.5cm	336,000	上海新华	2011.6.25
清雍正 霁红釉碗	直径15cm	126,500	北京保利	2011.6.6
清雍正 霁红釉深腹碗	直径14cm	61,600	辽宁中正	2011.1.14
清雍正 霁红釉大碗	直径16.5cm	196,000	辽宁中正	2011.1.14
清雍正 霁红碗	直径15cm	78,400	十竹斋	2011.5.29
清雍正 祭红釉碗	直径14cm	145,600	苏州东方	2011.4.28
清雍正 祭红釉高足碗	高11.4cm	195,500	福建拍卖	2011.7.3
清雍正 祭红釉高足碗	直径18.2cm	138,000	中国嘉德	2011.11.14
清雍正 祭红釉墩式碗	直径13cm	184,000	北京东正	2011.11.17
清雍正 祭红釉大碗	直径18.1cm	322,000	北京匡时	2011.12.05
清雍正 红釉碗	直径15.5cm	51,750	北京保利	2011.12.08
清雍正 红釉撇口碗	直径20.7cm	115,775	香港苏富比	2011.4.8
清雍正 清乾隆 红釉盘 斗彩花卉纹盘 青花釉里红八仙盘	尺寸不一	109,250	中拍国际	2011.12.06
清雍正 外祭红釉内粉彩花卉盘(一对)	直径15cm	460,000	中国嘉德	2011.11.14
清雍正 祭红釉盘(一对)	直径16.3cm	103,500	北京保利	2011.12.08
清雍正 红釉盘(一对)	直径20.5cm	287,500	华艺国际	2011.12.11
清雍正 胭脂釉菊瓣纹花口盘	直径17.7cm	483,000	北京翰海	2011.11.19
清雍正 胭脂红釉盘	直径14.7cm	1,330,360	香港苏富比	2011.4.7
清雍正 胭脂红釉暗花「赶珠云纹」纹撇口盘	直径9.6cm	4,563,640	香港苏富比	2011.4.7
清雍正 珊瑚红釉盘	直径14.5cm	74,750	北京华辰	2011.5.20
清雍正 豇豆红釉盘	直径15cm	71,300	中拍国际	2011.12.06

拍品名称	尺寸	成交价RMB	拍卖公司	拍卖日期
清雍正 霁红釉盘	直径16.6cm	336,000	北京荣宝	2011.3.18
清雍正 霁红釉盘	直径20.8cm	220,000	天津文物	2011.11.12
清雍正 霁红釉盘	直径16cm	168,000	天津文物	2011.5.13
清雍正 霁红釉盘	直径16.3cm	94,300	北京翰海	2011.5.21
清雍正 霁红釉盘	直径20.6cm	57,500	北京翰海	2011.11.19
清雍正 祭红釉盘	直径16.3cm	138,000	江苏省拍	2011.12.10
清雍正 祭红釉盘	直径14.8cm	115,000	北京匡时	2011.12.05
清雍正 祭红釉盘	直径16.5cm	94,300	中国嘉德	2011.09.17
清雍正 祭红釉盘	直径16.5cm	55,200	中国嘉德	2011.11.14
清雍正 宝石红釉暗刻龙纹盘	直径20.5cm	470,400	长风拍卖	2011.1.20
清雍正 外珊瑚红釉内粉彩花卉纹小碟(一对)	直径10.8cm	89,600	北京永乐	2011.5.24
清雍正 胭脂釉小杯(二件)	直径5.7cm	862,500	北京翰海	2011.11.17
清雍正 胭脂红釉小杯	直径6.3cm	1,150,000	福建拍卖	2011.7.3
清雍正 淡胭脂红釉小杯	直径6.5cm	713,000	福建拍卖	2011.7.3
清雍正 红釉盆奁(一对四件)	直径20cm	1,610,000	北京东正	2011.6.5
清雍正 红釉鼓钉纹三足洗	直径18.1cm	184,000	北京东正	2011.11.17
清乾隆 御制珊瑚红釉描金菊瓣水呈	高6.5cm	72,800	琴岛荣德	2011.5.15
清乾隆 胭脂红小盏	直径7.6cm	138,000	荣宝斋(沪)	2011.11.25
清乾隆 胭脂红盖碗(一对)	直径11cm	672,000	北京保利	2011.1.15
清乾隆 铜枣红皮蚰耳炉	长20.5cm	1,035,000	北京东正	2011.11.17
清乾隆 珊瑚红釉小鼎	高8.8cm	575,000	中国嘉德	2011.11.13
清乾隆 珊瑚红釉缠枝花卉纹碗	直径12.9cm	92,000	北京翰海	2011.11.19
清乾隆 珊瑚红双绳耳炉	宽14cm	184,000	北京保利	2011.7.26
清乾隆 珊瑚红盖碗(一对)	直径9.5cm	115,000	北京保利	2011.10.23
清乾隆 霁红釉直径瓶	高27cm	1,840,000	北京翰海	2011.5.19
清乾隆 霁红釉碗	直径9.9cm	109,760	天津文物	2011.11.12
清乾隆 霁红釉碗	直径13.2cm	74,750	北京翰海	2011.5.21
清乾隆 霁红釉撇口瓶	高30cm	246,400	北京永乐	2011.5.24
清乾隆 霁红釉盘(一对)	直径16.5cm	172,500	北京保利	2011.6.6
清乾隆 霁红釉盘(一对)	直径13.3cm×2	100,800	北京荣宝	2011.08.13
清乾隆 霁红釉盘	直径16.5cm	109,760	天津文物	2011.11.12
清乾隆 霁红釉盘	直径14.9cm	80,500	北京诚轩	2011.11.12
清乾隆 霁红釉盘	直径20cm	67,200	天津文物	2011.5.13
清乾隆 霁红釉盘	直径15.5cm	50,400	辽宁中正	2011.1.14
清乾隆 霁红釉莲子碗	直径15.3cm	537,600	北京永乐	2011.5.24
清乾隆 霁红釉鸡心碗	直径5.2cm	138,000	北京翰海	2011.11.19
清乾隆 霁红釉鸡心碗	直径15.2cm	134,400	天津文物	2011.11.12
清乾隆 霁红釉高足碗	直径15.2cm	252,600	香港苏富比	2011.4.8
清乾隆 霁红釉高足碗	直径15cm	207,000	北京保利	2011.6.7
清乾隆 霁红釉高足盘	直径20.5cm	94,300	北京翰海	2011.11.19
清乾隆 霁红釉高足盘	高9cm	76,160	十竹斋	2011.5.29
清乾隆 霁红釉胆瓶	高24.2cm	840,000	天津文物	2011.11.12
清乾隆 霁红釉荸荠瓶	高19.3cm	253,000	北京中汉	2011.5.23
清乾隆 祭红釉玉壶春瓶(一对)	高29cm	172,500	中拍国际	2011.12.06
清乾隆 祭红釉玉壶春瓶	高29.2cm	322,000	中国嘉德	2011.3.19
清乾隆 祭红釉玉壶春瓶	高29cm	230,000	北京华辰	2011.5.20
清乾隆 祭红釉玉壶春瓶	高30cm	56,000	北京翰海	2011.4.9
清乾隆 祭红釉小天球瓶	直径29.5cm	805,000	北京匡时	2011.12.05
清乾隆 祭红釉碗(一对)	直径15.5cm×2	207,000	北京匡时	2011.12.05
清乾隆 祭红釉碗	直径19cm	78,200	中国嘉德	2011.5.23
清乾隆 祭红釉盘(一对)	直径16cm×2	97,750	北京匡时	2011.12.05
清乾隆 祭红釉盘	直径16.5cm	69,000	中国嘉德	2011.11.14
清乾隆 祭红釉鸡心碗	直径15cm	138,000	北京东正	2011.6.5
清乾隆 祭红釉鸡口碗	直径15.4cm	264,500	福建拍卖	2011.7.3
清乾隆 祭红釉高足碗(一对)	直径15cm	207,000	北京保利	2011.6.7
清乾隆 祭红釉高足碗	直径21cm	172,500	上海大众	2011.08.25
清乾隆 祭红釉高足碗	直径19cm	59,800	中国嘉德	2011.5.23
清乾隆 祭红釉胆瓶	高24cm	897,000	北京东正	2011.6.5
清乾隆 祭红釉大碗	直径19.4cm	80,500	北京东正	2011.6.5
清乾隆 祭红盘	直径20.8cm	66,000	西安力邦	2011.1.8
清乾隆 红釉折腰盘(一对)	直径12cm	207,000	北京保利	2011.12.08
清乾隆 红釉玉壶春瓶	高23.5cm	897,000	北京保利	2011.12.06
清乾隆 红釉素盘(一对)	直径18.3cm	56,000	中鸿信	2011.6.26
清乾隆 红釉水盂	直径14cm	57,500	中拍国际	2011.12.06
清乾隆 红釉双耳出戟尊	高25cm	50,053	华辉拍卖	2011.5.28
清乾隆 红釉三足洗	直径6.6cm	345,000	中国嘉德	2011.11.13

拍品名称	尺寸	成交价RMB	拍卖公司	拍卖日期
清乾隆 红釉盘(一对)	直径15.9cm	157,875	香港苏富比	2011.4.8
清乾隆 红釉盘(一对)	直径14.6cm	112,750	香港苏富比	2011.10.05
清乾隆 红釉盘	直径16.5cm	51,750	北京保利	2011.4.17
清乾隆 红釉鸡心碗	直径15cm	172,500	北京保利	2011.12.08
清乾隆 红釉胆式瓶	高24cm	828,000	北京保利	2011.6.7
清乾隆 红釉胆式瓶	高34cm	690,000	北京保利	2011.12.06
清乾隆 红釉大碗	直径18.2cm	57,500	北京保利	2011.12.08
清乾隆 红釉钵	直径20cm	207,000	北京保利	2011.12.08
清乾隆 官窑祭红盘(一对)	直径20.5cm	70,350	上海拍卖	2011.4.23
清乾隆 粉青釉夔龙纹折沿八方洗	长27.4cm	211,273	台北富博斯	2011.12.18
清乾隆 仿雕漆锦地壮罐	高28.8cm	345,000	中国嘉德	2011.11.14
清乾隆 灯芯口霁红釉荸荠瓶	高18cm	632,500	福建拍卖	2011.7.3
清乾隆 宝石红釉小缸	直径21cm	109,250	北京保利	2011.4.17
清嘉庆 胭脂红香草龙纹洗	直径14cm	78,400	辽宁中正	2011.1.14
清道光 胭脂水釉胆式瓶		560,000	中贸圣佳	2011.4.29
清道光 胭脂红玉壶春瓶	高29cm	575,000	北京保利	2011.12.07
清道光 胭脂红釉梅瓶	高24.7cm	920,000	北京匡时	2011.12.05
清道光 胭脂红釉礼器"商兄丁尊"	高21cm	172,500	北京保利	2011.10.22
清道光 胭脂红釉广口瓶	高12cm	943,000	中国嘉德	2011.12.17
清道光 珊瑚红釉温酒壶	高28.5cm	345,000	中国嘉德	2011.11.13
清道光 霁红釉玉壶春瓶	高30cm	313,600	天津文物	2011.11.12
清道光 霁红釉碗	直径15.4cm	56,000	天津文物	2011.11.12
清道光 霁红橄榄瓶	高29cm	291,200	北京荣宝	2011.3.18
清道光 祭红釉玉壶春瓶(一对)	高30cm	667,000	北京保利	2011.10.22
清道光 祭红釉玉壶春瓶	高30.2cm	552,000	中国嘉德	2011.11.13
清道光 祭红釉玉壶春瓶	高30cm	460,000	北京东正	2011.6.5
清道光 祭红釉水呈(一对)	宽6.8cm	598,000	中国嘉德	2011.11.13
清道光 祭红釉盘(一对)	直径18.3cm	161,000	江苏省拍	2011.12.10
清道光 祭红釉橄榄瓶	高30cm	299,000	福建拍卖	2011.7.3
清道光 祭红釉橄榄瓶	高29.2cm	230,000	中国嘉德	2011.3.19
清道光 祭红釉笔筒	高13cm	86,250	中国嘉德	2011.11.14
清道光 祭红橄榄瓶	高29cm	470,400	北京荣宝	2011.11.11
清道光 红釉玉壶春瓶	高30.2cm	86,250	中国嘉德	2011.6.18
清道光 红釉窑变石榴瓶	高18cm	184,000	福建拍卖	2011.7.3
清中期 胭脂红釉碗(一对)	直径10.5cm	253,000	中国嘉德	2011.5.23
清中期 祭红瓶(一对)	高41cm	89,600	山东德道	2011.11.09
清咸丰 霁红釉侈口碗	直径15.8cm	82,800	福建拍卖	2011.7.3
清同治 红釉玉壶春瓶	高30.5cm	115,000	中国嘉德	2011.6.18
清光绪 胭脂红玉壶春瓶	高29cm	172,500	江苏省拍	2011.12.10
清光绪 胭脂红釉碗(一对)	直径15.6cm	138,000	广州艺拍	2011.6.12
清光绪 胭脂红釉碗(一对)	直径15.5cm	76,160	云南典藏	2011.10.31
清晚期 端方制胭脂红"商兄丁尊"	高21cm	241,500	北京诚轩	2011.5.22
清 胭脂红釉碗	直径11cm	690,000	北京保利	2011.10.23
清 胭脂红小胆瓶	高17.5cm	63,250	北京保利	2011.7.26
清 年红釉瓶	高30cm	50,352	香港淳浩	2011.4.1
清 郎窑红釉摇铃尊	高23cm	50,400	未来四方	2011.6.11
清 豇豆红菊瓣纹瓶(一对)	高18cm×2	61,600	辽宁建投	2011.5.12
清 豇豆红雕瓷夔龙长颈瓶	高19cm	218,500	北京保利	2011.10.23
清 霁红釉荸荠瓶	高29cm	470,400	未来四方	2011.6.11
清 祭红釉象耳尊	高16cm	90,000	红太阳	2011.5.28
清 祭红釉梅瓶	高30cm	210,000	红太阳	2011.5.28
清 祭红釉包袱瓶	高14cm	75,000	红太阳	2011.5.28
清 红釉苹果尊	直径13cm	230,000	中国嘉德	2011.6.18
清 红釉柳叶细颈瓶(一对)	高20cm	400,000	红太阳	2011.5.28
胭脂红釉双耳玉壶春瓶	高28cm	55,200	北京纳高	2011.7.6
胭脂红胆瓶	高39.5cm	1,229,880	中博文化	2011.7.10
民国 胭脂红釉碗(一对)	直径12.7cm	100,800	云南典藏	2011.5.14
民国 胭脂红釉马蹄碗(一对)	直径18cm	50,400	云南典藏	2011.10.30
民国 珊瑚红釉松鹤延年纹盖罐(一对)	高16cm	118,000	红太阳	2011.5.28
钧窑海棠红釉盘	直径19.4cm	280,000	未来四方	2011.6.11
豇豆红釉太白尊	高8cm	97,750	北京纳高	2011.7.6
豇豆红釉柳叶瓶	高15.5cm	98,000	印千山	2011.6.3
祭红釉梅瓶	高27.5cm	287,500	北京纳高	2011.7.6
宝石红釉碗	直径16.5cm	50,000	印千山	2011.6.3
黄釉				
五代 黄釉十二足砚	直径19cm	55,000	红太阳	2011.5.28
北宋 官窑米黄釉六足葵口洗	直径24cm	16,000,000	红太阳	2011.5.28

拍品名称	尺寸	成交价RMB	拍卖公司	拍卖日期
明弘治 娇黄釉盘	直径21.5cm	368,000	北京诚轩	2011.11.12
明弘治 黄釉碗	直径20.2cm	2,530,000	中国嘉德	2011.11.13
明弘治 黄釉碗	直径17.8cm	345,000	中国嘉德	2011.11.14
明弘治 黄釉盘	直径21cm	218,500	北京保利	2011.4.16
明弘治 黄釉盘	直径17.8cm	168,000	苏州东方	2011.4.28
明弘治 黄釉盘	直径21.7cm	218,500	中国嘉德	2011.11.14
明正德 黄釉碗	直径16.2cm	1,495,000	中国嘉德	2011.11.13
明正德 黄釉盘	直径17.7cm	1,610,000	中国嘉德	2011.11.13
明正德 黄釉凤纹瓶	高21cm	5,740,800	澳门中信	2011.6.25
明嘉靖 黄釉碗	直径19.7cm	1,495,000	中国嘉德	2011.11.13
明嘉靖 黄釉撇口碗	直径19.5cm	1,000,400	香港苏富比	2011.10.05
明嘉靖 黄釉盘	直径21cm	345,000	北京东正	2011.11.17
明嘉靖 黄釉盘	直径21.2cm	345,000	中国嘉德	2011.09.17
明嘉靖 黄釉盘	直径21.2cm	287,500	中国嘉德	2011.11.14
明嘉靖 黄釉盘	直径18cm	276,000	北京诚轩	2011.11.12
明嘉靖 黄釉盘	直径14.6cm	94,300	中国嘉德	2011.09.17
明嘉靖 黄釉铃铛杯(一对)		4,866,760	香港苏富比	2011.4.7
明嘉靖 黄釉罐	高22.5cm	287,500	中国嘉德	2011.5.23
明嘉靖 黄釉杯	直径10cm	3,149,080	香港苏富比	2011.4.7
明万历 剔黄云龙纹盘	直径22.5cm	2,226,420	香港佳士得	2011.6.1
明万历 黄釉碗	直径17.8cm	517,500	中国嘉德	2011.11.13
明万历 黄地四方碗	直径18.2cm	805,000	北京保利	2011.12.06
明 黄釉暗刻龙纹杯	高8.4cm	580,000	红太阳	2011.5.28
清康熙 黄釉苹果尊	高7.2cm	280,000	北京荣宝	2011.3.18
清康熙 黄釉罐	高12.7cm	1,035,000	广州艺拍	2011.6.12
清康熙 御制明黄釉大碗	直径31.5cm	805,000	中国嘉德	2011.11.14
清康熙 明黄釉刻云龙纹碗	直径16.3cm	552,000	北京保利	2011.6.6
清康熙 明黄釉大碗	直径31.5cm	713,000	北京保利	2011.6.6
清康熙 娇黄釉刻团龙纹碗	直径14cm	345,000	北京保利	2011.6.6
清康熙 黄釉直口碗	直径13.8cm	230,000	北京保利	2011.6.6
清康熙 黄釉碗(一对)	直径12.1cm	146,475	香港佳士得	2011.6.1
清康熙 黄釉碗(一对)	直径12cm	460,000	北京保利	2011.6.6
清康熙 黄釉碗	直径16cm	53,760	江苏爱涛	2011.1.16
清康熙 黄釉碗	直径12.5cm	268,800	北京荣宝	2011.11.11
清康熙 黄釉碗	直径16.7cm	57,500	北京保利	2011.12.08
清康熙 黄釉刻龙纹碗	直径14.8cm	92,000	北京保利	2011.12.08
清康熙 黄釉墩式碗	直径14cm	253,000	中国嘉德	2011.11.14
清康熙 黄釉暗刻龙纹碗	直径20.7cm	920,000	中国嘉德	2011.5.23
清康熙 黄釉暗刻龙纹碗	直径17cm	402,500	北京保利	2011.6.7
清康熙 官窑鸡油黄釉碗	直径16cm 高度7.5cm	50,600	上海拍卖	2011.4.23
清康熙 娇黄釉划云龙纹盘	直径17cm	172,500	北京保利	2011.6.6
清康熙 黄釉万寿齐天花口盘	直径19.4cm	345,000	中国嘉德	2011.5.22
清康熙 黄釉盘	直径17cm	92,000	上海大众	2011.08.25
清康熙黄釉划「万寿齐天」龙纹花形盘	15.9cm	1,835,560	香港苏富比	2011.4.7
清康熙 黄釉暗刻云龙纹盘	直径17.5cm	230,000	北京翰海	2011.5.21
清康熙 黄釉暗刻云龙纹盘	直径17.3cm	184,000	北京翰海	2011.11.19
清康熙 黄釉暗刻龙纹盘	直径17.4cm	246,400	北京永乐	2011.5.24
清康熙 黄釉暗刻龙纹盘	直径17.6cm	218,400	北京荣宝	2011.08.13
清康熙 黄釉夔龙纹双耳小杯	宽7.5cm	1,840,000	北京保利	2011.6.5
清康熙 黄釉花卉小杯	直径5.5cm	138,000	中国嘉德	2011.11.14
清康熙 黄釉螭耳小杯	直径7.5cm	322,000	中国嘉德	2011.3.19
清康熙 黄釉暗花鸡罩水盂	直径12.8cm	560,000	上海新华	2011.6.25
清康熙 黄釉仿古豆	长29cm	345,000	北京东正	2011.11.17
清雍正 柠檬黄直颈瓶	高32.2cm	3,659,760	澳门中信	2011.11.25
清雍正 柠檬黄釉小盘	直径8.8cm	103,500	北京九歌	2011.6.10
清雍正 柠檬黄釉碗	直径11.6cm	667,000	江苏省拍	2011.12.10
清雍正 柠檬黄釉盘	直径11.5cm	138,000	中国嘉德	2011.3.19
清雍正 柠檬黄釉盘	9cm	2,845,960	香港苏富比	2011.4.7
清雍正 柠檬黄碗(一对)	直径9.8cm	3,162,500	北京保利	2011.12.06
清雍正 柠檬黄地花口碗(一对)	直径15.5cm	3,220,000	北京保利	2011.6.5
清雍正 柠檬黄彩小盘(一对)	7.7cm	875,680	香港苏富比	2011.4.7
清雍正 米黄釉小盘(一对)	直径11.5cm	728,000	北京荣宝	2011.11.11
清雍正 黄釉玉壶春瓶	高19cm 宽11cm	69,000	中翰清花	2011.09.10
清雍正 黄釉碗	直径12.5cm 高5.5cm	53,760	安华白云	2011.3.6

2011瓷器拍卖成交汇总

(成交价RMB：5万元以上)

拍品名称	尺寸	成交价RMB	拍卖公司	拍卖日期
清雍正 黄釉碗	直径6.3cm	1,436,160	香港佳士得	2011.11.30
清雍正 黄釉碗	直径14.2cm	74,750	北京保利	2011.12.08
清雍正 黄釉素碗(一对)	直径11.4cm	224,000	中鸿信	2011.6.26
清雍正 黄釉盘(一对)	直径14cm×2	97,750	北京九歌	2011.6.10
清雍正 黄釉盘	直径14.8cm	345,000	中国嘉德	2011.09.17
清雍正 黄釉盘	直径14.2cm	69,000	中国嘉德	2011.09.17
清雍正 黄釉刻团龙小碗(一对)	直径9.7cm	230,000	北京保利	2011.12.08
清雍正 黄釉刻花海水龙纹天鸡钮合碗	直径17.5cm	5,750,000	中国嘉德	2011.11.14
清雍正 黄釉罐	高17.2cm	138,000	广州艺拍	2011.6.12
清雍正 黄釉杯(一对)	直径7cm	2,990,000	北京永乐	2011.11.15
清雍正 黄釉暗刻双龙戏珠纹碗	直径9cm	109,250	北京匡时	2011.12.05
清雍正 黄釉暗刻龙凤团寿纹盘	直径13.9cm	678,500	北京中汉	2011.5.23
清雍正 黄釉暗刻缠枝莲纹盘	直径14.8cm	333,500	北京匡时	2011.12.05
清雍正 黄釉暗刻缠枝莲盘(一对)	直径15.7cm	322,000	中国嘉德	2011.5.23
清雍正 八宝纹黄釉高足碗	直径17.5cm	552,000	朵云轩	2011.7.4
清乾隆 御用黄釉暗刻球花纹碗	直径12cm	392,000	北京荣宝	2011.08.13
清乾隆 柠檬黄釉折腰小盘(一对)	直径11.4cm	897,000	北京中汉	2011.5.23
清乾隆 柠檬黄釉折腰小盘	直径11.5cm	402,500	北京东正	2011.6.5
清乾隆 柠檬黄釉折腰盘(一对)	直径11.4cm	1,092,500	中国嘉德	2011.5.23
清乾隆 柠檬黄釉茶盅	直径8cm	134,400	上海嘉泰	2011.6.30
清乾隆 米色釉折腰碗(一对)	直径15cm	322,000	中国嘉德	2011.5.23
清乾隆 米黄釉折腰碗	直径15.8cm	126,500	中拍国际	2011.7.17
清乾隆 黄釉盘(二件)	直径14.7cm	287,500	北京翰海	2011.5.21
清乾隆 黄釉盘	直径20.7cm	163,257	台北富博斯	2011.12.18
清乾隆 黄釉暗刻龙纹碗	直径14cm	230,000	北京保利	2011.6.6
清乾隆 黄釉暗刻龙纹碗	直径17cm	57,500	北京保利	2011.6.7
清乾隆 黄釉暗刻龙纹盘(一对)	直径14.2cm	207,000	北京东正	2011.11.17
清乾隆 官窑米黄釉碗	直径15.7cm	141,750	上海拍卖	2011.4.23
清嘉庆 黄釉龙纹锥把瓶	高32.5cm	1,120,000	雍和嘉诚	2011.6.1
清光绪 黄釉双龙耳簋	宽15cm	74,750	北京保利	2011.10.23
清光绪 黄釉暗刻龙纹碗	直径14.2cm	51,750	中国嘉德	2011.5.23
清光绪 黄釉暗刻龙纹大盘	直径54.7cm	368,000	中国嘉德	2011.5.23
清光绪 黄釉暗刻花卉纹长方花盆	长14.5cm	67,200	天津文物	2011.11.12
清光绪 黄釉暗刻花卉纹八棱花盆	直径24.6cm	313,600	天津文物	2011.11.12
清道光 米色釉小笔筒	高10cm	184,000	中国嘉德	2011.5.23
清道光 黄釉云龙纹长颈瓶	高24cm	460,000	中翰清花	2011.09.10
清道光 黄釉碗(一对)	直径12cm×2	172,500	荣宝斋(沪)	2011.11.25
清道光 黄釉碗	直径16cm	145,600	北京荣宝	2011.11.11
清道光 黄釉刻龙纹碗	直径15cm	57,500	北京保利	2011.12.08
清道光黄釉开光山水人物花卉纹印泥盒	长7.4cm	115,000	福建拍卖	2011.7.2
清道光 黄釉瓜棱水盂	长7.5cm	61,600	雍和嘉诚	2011.6.1
清道光 黄釉盖罐	高24.5cm×2	782,000	北京匡时	2011.12.05
清道光 黄釉浮雕「马上高仕」图笔筒	高11.8cm	508,400	香港苏富比	2011.10.05
清道光 黄釉墩式撇口碗	直径13.8cm	287,500	北京中汉	2011.5.23
清道光 黄釉雕瓷麻姑献寿图笔筒	高12.8cm	253,000	北京诚轩	2011.11.12
清道光 黄釉暗刻云龙纹盘	直径17.2cm	115,000	北京诚轩	2011.5.22
清道光 黄釉暗刻团花碗(一对)	直径11.7cm	345,000	中国嘉德	2011.11.13
清道光 黄釉暗刻双龙戏珠纹盘	直径15cm	86,250	北京匡时	2011.12.05
清道光雕瓷黄釉山水人物竹节式笔筒	直径17.3cm	690,000	北京东正	2011.6.5
清同治 官窑黄釉莲托八宝纹盘(一对)	直径15.5cm	55,000	上海拍卖	2011.4.23
清同治 陈国治作黄釉雕瓷山水笔筒	高12.5cm	92,000	北京保利	2011.7.26
清宣统 黄釉暗刻龙纹碗	直径13.8cm	82,800	中国嘉德	2011.5.23
清 黄釉三足水盂	高7.5cm	130,000	红太阳	2011.5.28
清 黄釉笸箩形道光通宝钱纹茶船		67,200	中贸圣佳	2011.4.29
清 黄釉刻瓷八骏图笔筒	高15.8cm	63,250	中拍国际	2011.12.06
清 黄釉雕瓷山水茶壶	宽16.2cm	138,000	中国嘉德	2011.5.23
清 黄釉暗刻缠枝莲纹盘	直径17cm	138,000	上海大众	2011.08.25
黄釉盏杯(一对)	直径11.3cm	161,000	北京纳高	2011.7.6
黄釉碗	口径22cm	4,155,000	中博文化	2011.7.10
黄釉碗	高10.6cm	50,400	安华白云	2011.3.6
黄釉人物山水图瓷板	37cm×23cm	99,720	中博文化	2011.7.10
黄釉盘	口径15.1cm	1,828,200	中博文化	2011.7.10
黄釉高足杯	高8.2cm	332,400	中博文化	2011.7.10
黄釉地绿龙纹碗	高10.2cm	336,000	安华白云	2011.3.6
黄釉暗刻云龙纹碗(一对)	直径19.2cm	138,000	北京纳高	2011.7.6
绿釉				
唐 孔雀绿绞釉三足笔洗	直径31cm	246,400	江苏万达	2011.5.28
明正德 孔雀绿釉云龙纹蒜头瓶	高39cm	69,000	中翰清花	2011.09.10
明 何朝宗制绿釉狮座观音	高51cm	109,250	中翰清花	2011.09.10
明 宝石绿釉执壶	高16cm	380,000	中都国际	2011.3.13
明 宝石绿釉玉壶春瓶	高25cm	120,000	中都国际	2011.3.13
清康熙 绿釉暗刻龙纹碗	直径15.3cm	103,500	中国嘉德	2011.5.23
清康熙 瓜皮绿釉罐	高23cm	586,500	北京中汉	2011.5.23

拍品名称	尺寸	成交价RMB	拍卖公司	拍卖日期
清中期 松石绿釉博古瓦钮嵌石印章	高4.6cm	207,000	北京诚轩	2011.5.22
清雍正 天蓝釉橄榄瓶	高41.3	29,975,625	纽约佳士得	2011.3.24
清雍正 松石绿釉阴刻天鸡盘	直径15cm	425,500	北京匡时	2011.12.05
清雍正 松石绿釉天鸡纹碗	直径15.3cm	448,500	中拍国际	2011.7.17
清雍正 苹果绿釉暗刻佛莲托八宝纹盘	直径20.5cm	632,500	北京保利	2011.10.22
清雍正 绿釉碗	直径14.3cm	94,300	中国嘉德	2011.5.23
清雍正 绿釉盘	直径19cm	95,200	苏州东方	2011.4.28
清雍正 绿釉暗刻八吉祥纹盘	直径15.7cm	195,500	北京翰海	2011.11.19
清雍正 瓜皮绿釉小碟	直径14cm	109,250	北京保利	2011.4.17
清乾隆 御制孔雀绿釉象耳尊	高25.5cm	1,725,000	中国嘉德	2011.5.23
清乾隆 御制孔雀绿釉螭龙纹出戟花觚	高27.2cm	402,500	中国嘉德	2011.5.23
清乾隆 御制湖水绿釉花卉纹墨床	长7.8cm	69,000	中国嘉德	2011.5.23
清乾隆 外松石绿釉内五蝠纹盖碗	直径12.6cm	2,300,000	北京中汉	2011.5.23
清乾隆 松石绿釉小花觚	高13.5cm	230,000	北京匡时	2011.6.8
清乾隆 松石绿釉碗	直径12.1cm	57,500	中国嘉德	2011.11.14
清乾隆 苹果绿釉碗	直径19.7cm	80,500	北京九歌	2011.6.10
清乾隆 苹果绿釉暗刻云龙纹葫芦瓶	高19.5cm	280,000	辽宁中正	2011.1.14
清乾隆 苹果绿水盂	高 5.5cm	313,600	东方艺都	2011.7.6
清乾隆 绿釉碗(一对)	直径13.3cm	92,000	北京保利	2011.6.7
清乾隆 绿釉雕瓷小笔筒	高7.5cm	57,500	中国嘉德	2011.5.23
清乾隆 绿釉雕螭龙长颈瓶		313,600	中贸圣佳	2011.4.29
清乾隆绿釉八吉祥「赶珠云龙」图盖罐	高20.8cm	2,279,600	香港苏富比	2011.10.05
清乾隆 绿釉暗刻龙纹花口小盘	直径13.3cm	322,000	北京保利	2011.6.6
清乾隆 绿釉暗刻八宝纹盘(一对)	直径15.6cm	184,000	中国嘉德	2011.3.19
清乾隆 绿地印花盘	直径19.4cm	109,250	中拍国际	2011.12.06
清乾隆 蓝釉扁瓶	高30.5cm	35,862,345	纽约佳士得	2011.3.24
清乾隆 孔雀绿釉暗刻蕉叶纹花觚	高28cm	112,000	辽宁中正	2011.4.17
清乾隆 瓜皮绿釉高足盘	直径20.8cm	172,500	中拍国际	2011.7.17
清乾隆 橄榄绿釉印云龙纹双龙耳瓶	高35.5cm	8,050,000	北京保利	2011.6.5
清乾隆 仿松石绿釉花盆(一套二件)	长15.2cm 长13cm	3,105,000	北京东正	2011.6.5
清乾隆 淡绿釉葵花式洗	直径15.5cm	4,600,000	中国嘉德	2011.5.23
清嘉庆 松石绿釉碗	直径11.3cm	1,150,000	北京保利	2011.12.06
清光绪 外绿釉内青花三阳开泰图碗	直径15cm	62,775	香港佳士得	2011.6.1
清光绪 秋葵绿釉花纹碗(一对)	直径15.5cm	207,000	荣宝斋(沪)	2011.11.25
清道光 王炳荣制绿釉雕瓷柳荫双骏图委角印泥盒	长7.4cm	207,000	北京永乐	2011.11.15
清道光 外绿釉内粉彩蝠纹碗(一对)	直径13.5cm	57,500	中国嘉德	2011.11.14
清道光 松石绿釉花口花盆(一对)	宽28.5cm	1,380,000	中国嘉德	2011.11.13
清道光 松石绿釉胆式瓶	高16cm	138,000	北京保利	2011.7.26
清道光 苹果绿釉碗	直径13cm	230,000	北京保利	2011.10.22
清道光 绿釉仿青铜簋	宽20cm	460,000	中国嘉德	2011.11.13
清道光 孔雀绿釉包袱瓶	高29cm	747,500	中国嘉德	2011.5.23
清宣统 绿釉暗刻二龙戏珠纹盘	直径14.3cm	56,000	天津文物	2011.11.12
清 绿釉三足香炉	通径5.9cm	92,000	西泠拍卖	2011.7.19
清 绿釉龙纹葫芦瓶	高33cm	85,000	红太阳	2011.5.28
清 绿地暗刻缠枝莲盘(一对)	直径14.5cm	80,500	北京保利	2011.7.26
清 仿官窑绿釉瓶	高21cm	320,000	红太阳	2011.5.28
民国 绿釉开光山水纹方瓶	高50cm	54,579	中信国际	2011.3.13
绿釉画花卉纹瓶	高60cm	1,080,300	中博文化	2011.7.10
孔雀绿釉锥把瓶	高30cm	157,890	中博文化	2011.7.10
20世纪60年代建国瓷厂苹果绿釉柳叶瓶	高21cm	57,500	长风拍卖	2011.12.20
蓝釉				
明正德 孔雀蓝釉龙纹海棠盖盒	长17.5cm	78,000	中都国际	2011.3.13
明宣德 篮地花卉纹盘	高9.5cm	334,880	澳门中信	2011.6.25
明宣德 蓝釉盘	直径19.5cm	287,500	北京保利	2011.4.16
明宣德 蓝釉白彩龙纹盖罐	高11cm	89,600	中鸿信	2011.6.26
明 蓝釉梅瓶	高30.5cm	126,500	中国嘉德	2011.5.23
清初 洒蓝釉观音尊	高42.5cm	134,400	中贸圣佳	2011.1.23
清康熙 天蓝釉洗	直径11.5cm	276,000	北京保利	2011.6.7
清康熙 天蓝釉柳条纹缸	高17.2cm	5,520,000	中国嘉德	2011.11.13
清康熙 天蓝釉菊瓣罐	高18cm	1,265,000	北京匡时	2011.6.8
清康熙 洒蓝釉棒槌瓶	高45.7cm	57,500	中国嘉德	2011.09.17
清康熙 蓝釉刻四季花卉图蟋蟀罐	高14cm	747,500	北京诚轩	2011.5.22
清康熙 霁蓝釉弦纹碗	直径13.2cm	492,800	天津文物	2011.11.12
清雍正 天蓝釉碗(一对)	直径15.6cm	1,840,000	中国嘉德	2011.12.17
清雍正 天蓝釉碗	直径12cm	632,500	北京诚轩	2011.5.22
清雍正 天蓝釉撇口碗	直径13cm	429,680	香港苏富比	2011.10.05
清雍正 天蓝釉盘口镂空足瓶(一对)	高13.7cm	10,929,160	香港苏富比	2011.4.7
清雍正 天蓝釉盘	直径20.3cm	828,000	北京保利	2011.12.06
清雍正 天蓝釉六楞葫芦瓶	高26.5cm	3,755,600	香港苏富比	2011.10.05
清雍正 青金蓝釉弦纹瓶	高19.7cm	920,000	中国嘉德	2011.5.22
清雍正 青金蓝釉花盆	15cm×22.2cm	253,000	北京九歌	2011.6.10

拍品名称	尺寸	成交价RMB	拍卖公司	拍卖日期
清雍正 蓝釉水盂(一对)	高3.4cm	3,795,000	中国嘉德	2011.11.13
清雍正 蓝釉暗刻龙纹盘	直径19cm	109,250	北京保利	2011.4.17
清雍正 霁蓝釉天球瓶	高53.5cm	4,082,500	北京中汉	2011.5.23
清雍正 霁蓝釉撇口观音瓶	高38.3cm	4,936,400	香港苏富比	2011.10.05
清雍正 霁蓝釉盘(一对)	长11.5cm	56,000	浙江佳宝	2011.6.23
清雍正 霁蓝釉高足碗	直径17.9cm	179,200	天津文物	2011.11.12
清雍正 霁蓝釉橄榄瓶	高40.8cm	13,758,280	香港苏富比	2011.4.8
清雍正 祭蓝釉盘(一对)	尺寸不一	218,500	中国嘉德	2011.09.17
清雍正 祭蓝釉高足碗	直径18.7cm	230,000	中国嘉德	2011.09.17
清雍正 祭蓝釉高足碗	直径18cm	80,500	中国嘉德	2011.09.17
清雍正 宝石蓝釉小胆瓶	高13.1cm	1,150,000	北京中汉	2011.5.23
清雍正/乾隆 霁蓝釉天球瓶	高58.3cm	402,500	北京中汉	2011.5.23
清乾隆 天蓝釉锥把瓶	高30cm	184,000	北京保利	2011.6.7
清乾隆 天蓝釉水洗	直径27cm	138,000	北京匡时	2011.6.8
清乾隆 天蓝釉菊瓣式盏托	直径19cm	115,000	北京保利	2011.6.7
清乾隆 洒蓝釉大笔洗	直径27.3cm	230,000	北京翰海	2011.11.19
清乾隆 茶蓝油象耳方瓶	高29.2cm	569,160	香港佳士得	2011.6.1
清乾隆 茶蓝油象耳琮式瓶	高29.5cm	366,188	香港佳士得	2011.6.1
清乾隆 蓝釉椎把瓶	高20.3cm	86,250	中国嘉德	2011.11.14
清乾隆 蓝釉天球瓶	高43.5cm	57,500	中国嘉德	2011.3.19
清乾隆 蓝釉盘	直径19.6cm	55,200	中拍国际	2011.12.06
清乾隆 蓝釉黄龙纹盘(一对)	直径25cm	246,400	云南典藏	2011.10.31
清乾隆 蓝釉高足盘	直径16cm	51,750	北京保利	2011.4.17
清乾隆 蓝釉蝶恋花胆瓶	高50cm	89,600	江苏爱涛	2011.5.8
清乾隆 孔雀蓝釉盘	直径21.2cm	1,150,000	中国嘉德	2011.11.13
清乾隆 孔雀蓝釉刻花凤尾尊	高33cm	103,500	中国嘉德	2011.11.14
清乾隆 霁蓝釉象耳方瓶	高29cm	310,500	北京翰海	2011.5.21
清乾隆 霁蓝釉碗(二件)	直径17.1cm	138,000	北京翰海	2011.5.21
清乾隆 霁蓝釉天球瓶	高60cm	402,500	中国嘉德	2011.6.18
清乾隆 霁蓝釉盘	直径16.5cm	61,600	天津文物	2011.11.12
清乾隆 霁蓝釉几何纹豆	高27.5cm	78,400	辽宁中正	2011.4.17
清乾隆 霁蓝釉豆	高16.3cm	51,750	北京中汉	2011.3.19
清乾隆 霁蓝釉胆瓶	高40cm	103,040	天津文物	2011.5.13
清乾隆 霁兰釉对盘	直径16.3cm	161,000	福建拍卖	2011.7.3
清乾隆 祭蓝釉玉壶春瓶	高41.5cm	1,150,000	广州艺拍	2011.6.12
清乾隆 祭蓝釉天球瓶	高55cm	2,185,000	北京保利	2011.6.7
清乾隆 祭蓝釉天球瓶	高42.5cm	943,000	北京翰海	2011.12.18
清乾隆 祭蓝釉双象耳琮式瓶	高29.2cm	207,000	福建拍卖	2011.7.3
清乾隆 祭蓝釉缸	直径41.5cm	4,140,000	中国嘉德	2011.5.23
清乾隆 祭蓝釉胆式瓶	高40cm	368,000	北京保利	2011.6.7
清乾隆 祭蓝釉敞口碗	直径15cm	63,250	北京匡时	2011.12.05
清乾隆 祭蓝铀象耳方瓶	高24.5cm	345,000	北京翰海	2011.11.19
清嘉庆 天蓝釉双耳水盂	高31cm	287,500	荣宝斋(沪)	2011.11.25
清嘉庆 霁蓝釉象耳方瓶	高28.8cm	276,000	北京翰海	2011.5.21
清嘉庆 霁蓝釉象耳琮式瓶	高29cm	287,500	北京诚轩	2011.5.22
清嘉庆 祭蓝釉豆	高25.5cm	112,700	中国嘉德	2011.11.14
清嘉庆 祭蓝釉杯(一对)	直径9cm	184,000	北京保利	2011.12.08
清道光 茶蓝油天球瓶	高37.2cm	820,260	香港佳士得	2011.6.1
清道光 兰釉白花海棠洗	长14.5cm	74,750	苏州吴门	2011.6.12
清道光 霁蓝釉杯	直径9.1cm	69,440	天津文物	2011.11.12
清道光 祭蓝釉象耳方瓶	高29cm	230,000	中国嘉德	2011.11.13
清道光 祭蓝釉双牺尊	高27cm	713,000	中国嘉德	2011.11.13
清道光 祭蓝釉夔龙纹井字洗	直径8cm	230,000	中国嘉德	2011.11.13
清道光 祭蓝釉荷叶形洗	宽9.7cm	287,500	中国嘉德	2011.11.13
清道光 祭蓝釉荷蟹洗	宽10cm	345,000	中国嘉德	2011.11.13
清道光 祭蓝釉豆	高25cm	287,500	中国嘉德	2011.11.13
清道光 祭蓝釉琮式象耳瓶	高29cm	138,000	上海大众	2011.08.25
清中期 天蓝釉敞口荸荠瓶	高34.7cm	61,600	苏州东方	2011.4.28
清中期 蓝釉盘(一对)	直径23.9cm	74,750	中国嘉德	2011.6.18
清咸丰 蓝料长颈瓶	高22.2cm	57,500	北京永乐	2011.11.15
清同治 蓝釉象耳方瓶	高28cm	57,500	北京保利	2011.4.17
清同治 霁蓝釉象耳方瓶	高29.6cm	207,000	北京东正	2011.11.17
清同治 霁蓝釉象耳琮式瓶	高28.7cm	187,000	天津文物	2011.11.12
清同治 祭蓝釉象耳方瓶	高29.5cm	161,000	北京保利	2011.12.07
清同治 祭兰釉象耳琮式瓶	高30cm	179,200	苏州东方	2011.4.28
清同治 祭兰釉象耳琮式瓶	高29.7cm	123,200	苏州东方	2011.4.28
清光绪 蓝釉象耳琮式瓶	高29.5cm	78,400	云南典藏	2011.10.31
清光绪 蓝釉双铺首琮式六瓶	高28.5cm	126,500	福建拍卖	2011.7.3
清光绪 霁蓝釉玉壶春瓶	高28.7cm	78,400	中鸿信	2011.6.26
清光绪 霁蓝釉象耳琮式瓶	高29cm	126,500	中拍国际	2011.7.17
清光绪 霁蓝釉象耳琮式瓶	高29cm	212,800	天津文物	2011.11.12
清光绪 霁蓝釉象耳琮式瓶	高29.5cm	172,500	北京永乐	2011.11.15
清光绪 霁蓝釉双象耳琮式瓶	高19.5cm	138,000	北京匡时	2011.12.05

拍品名称	尺寸	成交价RMB	拍卖公司	拍卖日期
清光绪 霁蓝釉琮式瓶	高29cm	280,000	北京永乐	2011.5.24
清光绪 祭蓝釉象耳瓶	高29.2cm	138,000	中国嘉德	2011.09.17
清光绪 祭蓝釉象耳瓶	高29.2cm	63,250	中国嘉德	2011.11.14
清光绪 祭蓝釉象耳方瓶	高29cm	172,500	北京保利	2011.12.07
清光绪 祭蓝釉贯耳瓶	高29.4cm	112,000	苏州东方	2011.4.28
清光绪 祭兰釉象耳琮式瓶	高30cm	168,000	苏州东方	2011.4.28
清光绪 宝石蓝釉赏瓶	高39cm	149,500	中拍国际	2011.7.17
清宣统 蓝釉象耳方瓶	高30cm	80,500	北京保利	2011.7.27
清 宜钧窑蓝釉杯	直径7.8cm	57,500	西泠拍卖	2011.7.19
清 蓝釉琮式瓶	长28cm	160,000	浙江民和	2011.08.14
清 霁蓝釉象耳方瓶	高29.5cm	98,560	天津文物	2011.5.13
清 祭蓝釉赏瓶	高40.8cm	126,500	中拍国际	2011.12.06
天蓝釉暗刻花卉纹贯耳尊	高52cm	207,000	北京九歌	2011.6.10
蓝釉军持 匜	尺寸不一	97,750	北京纳高	2011.7.6
褐釉				
清乾隆 褐釉弦纹棱口盘	直径20.5cm	522,040	香港苏富比	2011.4.7
清乾隆 褐釉弦纹棱口盘	直径20.5cm	399,950	香港苏富比	2011.4.8
清 仿灵璧石瓷山子笔架	长16cm	59,800	中国嘉德	2011.5.23
金釉				
明嘉靖 紫金釉盘(一对)	直径13cm	94,300	北京华辰	2011.5.20
清雍正 紫金釉弦纹碗	直径17.5cm	207,000	北京保利	2011.12.08
清乾隆 紫金釉铺首耳琴炉	高5cm	58,240	云南典藏	2011.5.14
清乾隆 紫金釉碗	直径12.7cm	78,200	北京诚轩	2011.5.22
清道光 紫金釉墩式碗	直径12.4cm	82,800	北京中汉	2011.5.23
清 乌金釉花觚	高31.8cm	80,000	红太阳	2011.5.28
清 乌金釉梅瓶	高30cm	65,000	红太阳	2011.5.28
60年代作毛主席喷金瓷塑招手立像(唐山)	高50cm	220,000	远方国拍	2011.09.17
酱釉				
定窑柿釉茶托(一对)	直径12cm	713,000	中国嘉德	2011.5.23
明嘉靖 酱釉撇口杯	直径13.9cm	1,787,600	香港苏富比	2011.10.05
明嘉靖 外酱釉内回青釉碗	直径18.5cm	63,250	中国嘉德	2011.12.17
明弘治 白釉刻填酱釉花果纹盘	直径26cm	2,300,000	北京保利	2011.12.06
明 酱釉三友纹罐	高30cm	450,000	红太阳	2011.5.28
清雍正 芝麻酱釉直口束腰杯(一对)	直径15.6cm	1,590,800	香港苏富比	2011.10.05
清雍正 芝麻酱釉盘(一对)	直径11.5cm	673,600	香港苏富比	2011.4.7
清雍正 酱油盘	直径17.5cm	2,366,400	香港佳士得	2011.11.30
清乾隆 酱釉弦纹盘	直径17.1cm	273,650	香港苏富比	2011.4.8
清乾隆 酱釉碗(一对)	直径14cm	82,800	中国嘉德	2011.6.18
清乾隆 酱釉瘦骨仙雕像	高15cm	92,000	广东古今	2011.7.10
清乾隆 酱釉洒金瓜棱小瓶	高10.3cm	138,000	中国嘉德	2011.3.19
清乾隆 酱釉盖碗(二件)	直径11cm	138,000	北京翰海	2011.11.19
清道光 酱釉碗(一对)	直径11.4cm	218,500	中国嘉德	2011.11.13
清 酱釉洒金螭龙纹双耳瓶	高37.8cm	80,500	中国嘉德	2011.6.18
紫釉				
清道光 葡萄紫釉刻海水云龙纹碗(一对)	直径15cm	53,760	蓝天国拍	2011.6.24
炉均釉				
清雍正 炉钧釉双耳三足炉	宽14cm	161,000	北京保利	2011.4.16
清雍正 炉钧釉如意耳尊	高18cm	14,950,000	中国嘉德	2011.11.13
清雍正 炉钧釉瓶	高27.7cm	4,912,320	香港佳士得	2011.11.30
清雍正 炉钧釉菊瓣盘口瓶	高23.5cm	392,000	安华白云	2011.3.6
清雍正 炉钧釉观音瓶	高22cm	517,500	北京保利	2011.4.16
清雍正 炉钧釉观音瓶	高22cm	368,000	北京东正	2011.11.17
清乾隆 炉钧釉折沿洗	直径39cm	690,000	北京保利	2011.12.08
清乾隆 炉钧釉小笔筒	高8.3cm	59,800	中国嘉德	2011.5.23
清乾隆 炉钧釉小笔山	长11cm	63,250	北京保利	2011.12.08
清乾隆 炉钧釉双象耳尊	高20cm	483,000	北京保利	2011.6.7
清乾隆 炉钧釉双龙耳尊	高31.5cm	207,000	北京保利	2011.12.08
清乾隆 炉钧釉双蝙蝠耳瓶	高32.5cm	460,000	中国嘉德	2011.11.14
清乾隆 炉钧釉盘口荸荠瓶	高35cm	72,025	台北富博斯	2011.12.18
清乾隆 炉钧釉灵芝形水丞	长10.6cm	161,000	中国嘉德	2011.11.14
清乾隆 炉钧釉葵口菊瓣洗	直径21cm	800,000	红太阳	2011.5.28
清乾隆 炉钧釉海棠口花口盆	长17.5cm	178,250	北京保利	2011.12.06
清乾隆 炉钧釉观音瓶	高17.5cm	89,600	苏州东方	2011.4.28
清乾隆 炉钧釉灯笼瓶	高23.3cm	345,000	北京诚轩	2011.5.22
清乾隆 炉钧釉灯笼瓶	高23.5cm	1,035,000	中国嘉德	2011.5.23
清乾隆 炉钧釉灯笼瓶	高23.7cm	74,750	中国嘉德	2011.5.23
清乾隆 炉钧釉琮式瓶	高29.5cm	67,200	太平洋	2011.09.17
清乾隆 炉均釉天圆地方葫芦瓶	高26cm	3,220,000	北京翰海	2011.5.19
清乾隆 炉均釉兽耳小尊	高14.7cm	76,160	苏州东方	2011.4.28
清乾隆 堆点炉钧釉浮雕夔龙纹开光四季山水小罐	高11cm	3,220,000	北京保利	2011.6.6
清乾隆 炉钧釉灯笼瓶	高23cm	1,035,000	中国嘉德	2011.11.13
清道光 炉钧釉灯笼瓶	高23.5cm	368,000	中国嘉德	2011.11.13

2011瓷器拍卖成交汇总

(成交价RMB：5万元以上)

拍品名称	尺寸	成交价RMB	拍卖公司	拍卖日期
清道光 官窑炉钧羽毛釉镗锣洗	长12cm	89,600	琴岛荣德	2011.5.15
清中期 炉钧釉天球瓶	高32cm	322,000	北京永乐	2011.11.15
清中期 炉钧釉莲子壶	长16cm	66,700	北京保利	2011.12.06
清中期 炉钧釉笔	长26.2cm	51,750	中国嘉德	2011.5.23
清中期 炉均釉宜兴茶壶	高20.5cm	402,500	北京翰海	2011.5.21
清18世纪/19世纪 炉钧釉撇口瓶	高32cm	313,875	香港佳士得	2011.6.1
清18世纪 炉钧釉胆瓶	高40cm	164,250	纽约苏富比	2011.3.23
清 炉钧釉双牺耳方壶	高30cm	89,600	辽宁中正	2011.4.17
清 炉钧釉石榴尊	高27.5cm	253,000	中国嘉德	2011.5.23
清 炉钧釉茶壶	长25cm	1,380,000	北京匡时	2011.6.8
清 炉钧釉笔筒	高7.7cm	66,700	中国嘉德	2011.11.14
炉钧釉堆双耳灯笼瓶	高24cm	457,050	中博文化	2011.7.10
炉均釉三孔花插	高7.5cm	115,000	北京纳高	2011.7.6
窑变釉				
宋 钧瓷窑变釉出戟尊	高27cm	80,000	中都国际	2011.3.13
宋 钧瓷葵口窑变釉花盆及托 (一对)	直径14cm	450,000	中都国际	2011.3.13
清雍正 窑变釉鱼篓尊	高16.3cm	1,035,000	北京翰海	2011.5.21
清雍正 窑变釉弦纹瓶	高36.2cm	253,000	中国嘉德	2011.5.23
清雍正 窑变釉三羊开泰尊	高20cm	7,475,000	北京诚轩	2011.5.22
清雍正 窑变釉瓶	高26.3cm	563,500	中国嘉德	2011.09.17
清雍正 窑变釉梅瓶	高33cm	57,500	广东古今	2011.7.10
清雍正 窑变釉葵口洗	宽24cm	230,000	北京保利	2011.10.22
清雍正 窑变釉贯耳瓶	高34.5cm	5,891,520	香港佳士得	2011.11.30
清雍正 官窑窑变釉尊	高25cm	157,500	上海拍卖	2011.4.23
清乾隆 窑变釉锥把瓶	高46.3cm	1,495,000	北京翰海	2011.11.17
清乾隆 窑变釉绣凳	高22.3cm	151,200	苏州东方	2011.4.28
清乾隆 窑变釉杏圆贯耳瓶	高29.6cm	759,000	北京中汉	2011.5.23
清乾隆 窑变釉杏圆贯耳瓶	高30cm	460,000	北京中汉	2011.5.23
清乾隆 窑变釉杏园贯耳方壶	高30.5cm	334,800	香港佳士得	2011.6.1
清乾隆 窑变釉弦纹洗口瓶	高34cm	67,200	辽宁建投	2011.5.11
清乾隆 窑变釉双贯耳瓶	高29cm	761,600	北京荣宝	2011.11.11
清乾隆 窑变釉石榴尊	高18cm	632,500	北京翰海	2011.5.21
清乾隆 窑变釉石榴尊	高19.5cm	598,000	北京保利	2011.6.7
清乾隆 窑变釉石榴尊	高19.5cm	149,500	北京保利	2011.7.26
清乾隆 窑变釉石榴尊	高20cm	280,000	太平洋	2011.09.17
清乾隆 窑变釉赏瓶	高39cm	920,000	中国嘉德	2011.5.23
清乾隆 窑变釉梅瓶	高36.5cm	2,530,000	中拍国际	2011.12.06
清乾隆 窑变釉龙耳瓶	高21.8cm	448,000	苏州东方	2011.4.28
清乾隆 窑变釉贯耳瓶	高30cm	51,750	北京九歌	2011.6.10
清乾隆 窑变釉贯耳瓶	高30cm	92,000	中国嘉德	2011.6.18
清乾隆 窑变釉贯耳瓶	高30cm	268,800	云南典藏	2011.5.14
清乾隆 窑变釉贯耳瓶	高29.7cm	402,500	北京翰海	2011.5.21
清乾隆 窑变釉贯耳瓶	高34cm	1,680,000	北京荣宝	2011.3.18
清乾隆 窑变釉贯耳瓶	高29cm	437,000	中贸圣佳	2011.11.06
清乾隆 窑变釉贯耳方瓶	高30cm	368,000	北京保利	2011.4.17
清乾隆 窑变釉贯耳方瓶	高30cm	437,000	北京保利	2011.12.06
清乾隆 窑变釉贯耳方瓶	高29cm	391,000	北京保利	2011.12.08
清乾隆 窑变釉长颈胆瓶	高46cm	3,048,040	香港苏富比	2011.4.8
清乾隆 仿钧窑变釉兽耳尊	高29.5cm	4,945,000	中国嘉德	2011.11.14
清乾隆 窑变釉双耳瓶	高22.2cm	1,035,000	中国嘉德	2011.11.13
清乾隆 窑变釉石榴尊	高19.8cm	943,000	中国嘉德	2011.11.13
清嘉庆 窑变釉石榴尊	高19cm	302,400	苏州东方	2011.4.28
清道光 窑变釉杏圆贯耳瓶	高30.2cm	299,000	北京中汉	2011.5.23
清道光 窑变釉石榴尊	高19cm	103,500	北京保利	2011.6.7
清道光 窑变釉石榴尊	高19.7cm	1,344,000	天津文物	2011.11.12
清道光 窑变釉石榴尊	高19.5cm	460,000	北京匡时	2011.12.05
清道光 窑变釉贯耳瓶	高29.5cm	333,500	北京翰海	2011.5.21
清道光 窑变釉贯耳瓶	高30cm	368,000	广州艺拍	2011.6.12
清道光 窑变釉贯耳瓶	高30cm	246,400	北京保利	2011.1.15
清道光 窑变釉贯耳瓶	高30cm	632,500	中国嘉德	2011.11.13
清道光 窑变釉"杏园"贯耳方壶	高29.5cm	368,375	香港苏富比	2011.4.8
清中期 窑变釉弦纹瓶	高36.2cm	172,500	广州艺拍	2011.6.12
清中期 窑变釉弦纹瓶	高38cm	207,000	华艺国际	2011.12.11
清咸丰 窑变釉贯耳瓶	高30cm	368,000	中国嘉德	2011.11.14
清咸丰 窑变釉贯耳方瓶	高30.5cm	460,000	北京保利	2011.12.07
清同治 窑变釉贯耳瓶	高30.5cm	287,500	北京诚轩	2011.5.22
清同治 窑变釉贯耳瓶	高30cm	253,000	北京匡时	2011.12.05
清同治 窑变贯耳瓶	高30cm	95,200	雍和嘉诚	2011.6.1
清同治 钧窑窑变釉贯耳瓶		504,000	中贸圣佳	2011.4.29
清光绪 窑变釉贯耳尊 (一对)	高31cm	517,500	北京保利	2011.6.7
清光绪 窑变釉贯耳瓶	高30.5cm	145,600	辽宁中正	2011.4.17
清光绪 窑变釉贯耳瓶	高30.5cm	201,600	苏州东方	2011.4.28
清光绪 窑变釉贯耳瓶	高30.8cm	268,800	苏州东方	2011.4.28

拍品名称	尺寸	成交价RMB	拍卖公司	拍卖日期
清光绪 窑变釉贯耳瓶	高30.5cm	257,600	云南典藏	2011.5.14
清光绪 窑变釉贯耳瓶	高29.8cm	207,000	北京翰海	2011.5.21
清光绪 窑变釉贯耳瓶	高30cm	253,000	北京翰海	2011.11.19
清光绪 窑变釉贯耳瓶	高29.4cm	230,000	中国嘉德	2011.09.17
清光绪 窑变釉贯耳瓶	高30.1cm	201,600	天津文物	2011.11.12
清光绪 窑变釉贯耳瓶	高30.5cm	276,000	荣宝斋(沪)	2011.11.25
清光绪 窑变杏元贯耳尊	高30cm	53,760	上海嘉泰	2011.4.1
清宣统 窑变釉贯耳瓶	高29.8cm	593,600	天津文物	2011.11.12
清18世纪 窑变釉梅瓶	高35cm	399,950	香港苏富比	2011.4.8
清 窑变釉尊	高37cm	180,000	红太阳	2011.5.28
清 窑变釉象耳方瓶	高28.5cm	201,600	天津文物	2011.5.13
清 窑变釉双铺兽蒜头瓶	高31cm	483,000	江苏万达	2011.5.28
清 窑变釉石榴尊	高20cm	67,200	北京保利	2011.1.15
清 窑变釉山子摆件	高26cm	103,500	北京保利	2011.6.7
清 窑变釉贯耳瓶	高31cm	89,600	浙江佳宝	2011.6.23
清 窑变釉贯耳瓶	高31cm	253,000	北京匡时	2011.09.17
清 均窑窑变海棠形螭耳瓶	高25.5cm	67,200	上海新华	2011.6.25
窑变釉盘口瓶	高38.4cm	207,000	北京纳高	2011.7.6
窑变釉贯耳尊	高32cm	368,000	北京纳高	2011.7.6
当代 刘远长 窑变釉马形雕塑	30cm×26cm	57,500	北京匡时	2011.6.7
仿哥釉				
元-明 哥窑葵口洗	宽12cm	2,530,000	北京保利	2011.12.06
明宣德 仿哥釉碗	直径21cm	784,000	辽宁中正	2011.4.17
明 哥釉笔洗	直径13cm	56,000	红太阳	2011.5.28
清雍正 哥釉象耳炉	直径7cm	63,250	中拍国际	2011.7.17
清雍正 哥釉开片贯耳瓶	高24.5cm	246,400	安华白云	2011.3.6
清雍正 哥釉贯耳弦纹大方瓶	高64.2cm	17,250,000	北京保利	2011.12.06
清雍正 哥釉铺首尊	高24cm	2,070,000	北京保利	2011.4.16
清雍正 哥釉荸荠瓶	高22.5cm	649,600	雍和嘉诚	2011.6.1
清雍正 仿哥釉双耳盘口瓶	高36.5cm	56,000	云南典藏	2011.10.31
清雍正 仿哥釉双耳炉	直径7.9cm	82,800	北京中汉	2011.5.23
清雍正 仿哥釉绶带如意耳方尊	高52.5cm	11,500,000	中国嘉德	2011.5.22
清雍正 仿哥釉铺首耳壶	高25cm	1,197,200	香港苏富比	2011.10.05
清雍正 仿哥釉葵口碗 (一对)	直径12cm	126,500	中拍国际	2011.7.17
清雍正 仿哥釉琮式瓶		896,000	中贸圣佳	2011.4.29
清雍正 仿哥窑纸捶瓶	高16.8cm	4,050,800	香港苏富比	2011.10.05
清雍正 仿哥窑釉花棱双耳扁壶	高50.5cm	8,100,040	香港苏富比	2011.4.8
清雍正 仿哥双龙耳瓶		694,400	中贸圣佳	2011.4.29
清雍正 仿哥铺首洗	直径29cm	126,500	江苏省拍	2011.12.10
清雍正 仿哥镂空万字纹器座	高11cm	168,000	云南典藏	2011.10.31
清乾隆 哥釉双联象耳瓶	高32cm	72,800	江苏爱涛	2011.1.16
清乾隆 哥瓷螭耳洗口瓶	宽39cm	80,640	苏州东方	2011.4.28
清乾隆 仿哥釉直径扁瓶	高21.7cm	4,140,000	北京翰海	2011.5.19
清乾隆 仿哥釉杏圆贯耳瓶	高30.5cm	805,000	北京东正	2011.6.5
清乾隆 仿哥釉洗	直径4.8cm	78,200	中国嘉德	2011.3.19
清乾隆 仿哥釉天圆地方瓶	高27.8cm	287,500	福建拍卖	2011.7.3
清乾隆 仿哥釉双牺耳尊	高21.7cm	1,840,000	北京中汉	2011.5.23
清乾隆 仿哥釉双联瓶	高33cm	115,000	中国嘉德	2011.5.23
清乾隆 仿哥釉双耳扁瓶	高31cm	126,500	中国嘉德	2011.6.18
清乾隆 仿哥釉六方贯耳瓶	高46.5cm	1,380,000	北京保利	2011.6.7
清乾隆 仿哥釉六方贯耳瓶	高46cm	86,250	中国嘉德	2011.3.19
清乾隆 仿哥釉葵口碗	直径12cm	345,000	北京东正	2011.6.5
清乾隆 仿哥釉鸠耳尊	高35.5cm	1,495,000	北京华辰	2011.5.20
清乾隆 仿哥釉贯耳瓶	高30.5cm	896,000	苏州东方	2011.4.28
清乾隆 仿哥釉贯耳瓶	高31cm	470,400	长风拍卖	2011.1.20
清乾隆 仿哥釉贯耳穿带方壶	高49.5cm	6,210,000	北京保利	2011.12.06
清乾隆 仿哥釉方水盂	高5.8cm	50,400	天津文物	2011.11.12
清乾隆 仿哥釉灯笼尊	高23cm	448,000	辽宁中正	2011.4.17
清乾隆 仿哥釉琮式瓶	高28.5cm	268,800	北京荣宝	2011.3.18
清乾隆 仿哥釉八棱弦纹撇口瓶	高21.4cm	2,357,500	北京东正	2011.6.5
清乾隆 仿哥釉八卦琮式壁瓶	高28.2cm	468,720	香港佳士得	2011.6.1
清乾隆 仿哥釉案缸	直径21.5cm	1,035,000	北京诚轩	2011.5.22
清乾隆仿哥窑釉浮雕"八卦图"琮式瓶	高28cm	926,200	香港苏富比	2011.4.8
清乾隆 仿哥窑铺衔衔环兽首瓶	高16.5cm	6,079,240	香港苏富比	2011.4.7
清道光 哥釉琮式瓶	高28.5cm	683,200	云南典藏	2011.10.31
清道光 仿哥釉琮式瓶	高27.8cm	782,000	中国嘉德	2011.11.13
清道光 仿哥釉八卦琮式瓶	高28cm	874,000	北京保利	2011.6.7
清道光 仿哥釉八方瓶	高33.7cm	333,500	北京中汉	2011.5.23
清道光 仿哥釉八方瓶	高33cm	109,250	北京保利	2011.12.08
清道光 仿哥窑道教八卦琮式瓶	高27cm	805,000	北京保利	2011.10.22
清中期 仿哥釉八方梅瓶	高39cm	230,000	中翰清花	2011.09.10
清同治 仿哥釉八卦纹琮式瓶	高28.3cm	207,000	北京东正	2011.11.17
清 哥釉观音瓶	高20cm	55,200	北京保利	2011.4.17

拍品名称	尺寸	成交价RMB	拍卖公司	拍卖日期
清 仿哥釉梅瓶	高35.8cm	190,400	苏州东方	2011.4.28
清 仿哥釉瓜棱长颈瓶	高14cm	62,720	云南典藏	2011.10.31
清 仿哥窑元角瓶	高20cm	63,250	苏州吴门	2011.6.12
清 仿哥窑弦纹瓶	高19cm	368,000	北京匡时	2011.09.17
清 仿哥窑开片菱花洗	长16cm	50,400	中鸿信	2011.6.26
清 仿哥窑贯耳瓶	高14cm 直径4.5cm B4.5cm	853,000	江苏万达	2011.5.28
民国 哥釉太白醉酒塑像	长22cm	345,000	中国嘉德	2011.5.23
哥釉三羊尊	高29cm	1,745,100	中博文化	2011.7.10
哥釉如意耳方壶	高38cm	1,994,400	中博文化	2011.7.10
哥釉花口碗	直径11.7cm	69,000	北京纳高	2011.7.6
哥釉簋式炉	高13.6cm 直径21.5cm	253,000	北京纳高	2011.7.6
仿哥釉双耳长颈瓶	高21.5cm	115,000	北京纳高	2011.7.6
道光 仿哥窑瓣口碗(一对)	高5直径12cm	145,245	香港富得	2011.4.9
16世纪 哥釉葱管桥耳炉	高8cm	89,600	上海嘉泰	2011.6.30
仿官釉				
明成化 仿官釉瓜棱贯耳小瓶	高9.2cm	483,000	北京翰海	2011.11.19
明 官釉小葫芦瓶	高9.5cm	1,058,000	北京保利	2011.12.06
清雍正 仿官釉锥把瓶	高59cm	672,000	北京翰海	2011.4.9
清雍正 仿官釉弦纹瓶	32.4cm	224,000	天津文物	2011.11.12
清雍正 仿官釉四方倭角瓶	高17.5cm	5,712,000	北京荣宝	2011.11.11
清雍正 仿官釉双绶带耳尊	高21.8cm	437,000	北京中汉	2011.3.19
清雍正 仿官釉三山五岳三孔瓶	高50cm	2,645,000	北京保利	2011.10.23
清雍正 仿官釉如意耳尊	高50.6cm	5,060,000	北京翰海	2011.5.19
清雍正 仿官釉模印蕉叶纹铺首尊	高23.9cm	690,000	北京中汉	2011.5.23
清雍正 仿官釉六方直径瓶	高67cm	5,175,000	北京翰海	2011.5.19
清雍正 仿官釉贯耳瓶	高32.4cm	13,419,225	纽约佳士得	2011.3.24
清雍正 仿官釉贯耳瓶	高19cm	230,000	上海大众	2011.08.25
清雍正 仿官釉贯耳穿带壶	高48.2cm	1,403,000	北京中汉	2011.5.23
清雍正 仿官釉橄榄瓶	高29.8cm	977,500	北京翰海	2011.5.21
清雍正 仿官釉螭耳八方扁瓶	高48.3cm	805,000	中国嘉德	2011.3.19
清雍正 仿官窑釉如意绶带双耳壶	28cm	3,553,240	香港苏富比	2011.4.8
清雍正 仿官窑四连瓶	10cm	2,239,720	香港苏富比	2011.4.8
清乾隆 仿官釉蒜头瓶	高26.5cm	1,725,000	北京保利	2011.7.26
清乾隆 仿官釉四方直径瓶	高26.3cm	57,500	北京翰海	2011.11.19
清乾隆 仿官釉双系鱼篓尊	7.6cm	4,936,400	香港苏富比	2011.10.05
清乾隆 仿官釉双耳太白罐	高21cm	1,380,000	北京保利	2011.6.5
清乾隆 仿官釉双耳瓶	高22.5cm	138,000	北京保利	2011.10.23
清乾隆 仿官釉三足葵花形洗	23cm	1,492,400	香港苏富比	2011.10.05
清乾隆 仿官釉三羊开泰弦纹梅瓶	高23.5cm	1,046,500	北京中汉	2011.5.23
清乾隆 仿官釉三孔葫芦瓶(一对)	高20.2cm	3,220,000	北京东正	2011.11.17
清乾隆 仿官釉三孔葫芦瓶	高21cm	537,600	辽宁中正	2011.4.17
清乾隆 仿官釉铺首尊	高25.5cm	690,000	北京保利	2011.12.06
清乾隆 仿官釉撇口瓶	高37.5cm	1,725,000	北京保利	2011.6.5
清乾隆 仿官釉六棱洗	长9cm	276,000	北京翰海	2011.5.21
清乾隆 仿官釉六棱花盆	长28cm	552,000	北京中汉	2011.5.23
清乾隆 仿官釉六方贯耳瓶	高46.2cm	3,450,000	北京匡时	2011.6.8
清乾隆 仿官釉鸠耳尊	高20cm	3,335,000	中拍国际	2011.12.06
清乾隆 仿官釉花棱碗	直径12.1cm	292,950	香港佳士得	2011.6.1
清乾隆 仿官釉花口碗	直径12cm	280,000	天津文物	2011.5.13
清乾隆 仿官釉汉壶尊	高51cm	2,645,000	北京匡时	2011.6.8
清乾隆 仿官釉贯耳方瓶	高30cm	333,500	北京保利	2011.7.27
清乾隆 仿官釉橄榄尊	高19.8cm	368,000	北京中汉	2011.5.23
清乾隆 仿官釉灯笼瓶	高24.4cm	575,000	北京匡时	2011.12.05
清乾隆 仿官釉长劲八棱瓶	高21.6cm	2,326,860	香港佳士得	2011.6.1
清乾隆 仿官釉八卦琮式瓶	高28cm	402,500	北京翰海	2011.5.21
清乾隆 仿官釉八方瓶	高33cm	155,250	上海大众	2011.08.25
清乾隆 仿官窑釉“杏圆”贯耳方壶	高42.2cm	2,239,720	香港苏富比	2011.4.8
清乾隆 仿官窑三连葫芦瓶	高20.8cm	2,845,960	香港苏富比	2011.4.7
清乾隆 仿官窑花口碗(一对)	直径11.9cm	460,000	中国嘉德	2011.11.14
清乾隆 仿官窑【双桃】洗	长21.6cm	2,643,880	香港苏富比	2011.4.7
清乾隆 仿官青釉贯耳瓶	高42cm	4,370,000	雍和嘉诚	2011.11.27
清嘉庆 仿官釉贯耳瓶	高14.7cm	552,000	中国嘉德	2011.3.19
清道光 仿官釉直颈瓶	高32.5cm	828,000	中国嘉德	2011.11.13
清道光 仿官釉五孔瓶	高29.3cm	437,000	北京诚轩	2011.11.12
清道光 仿官釉花口碗	直径12.3cm	230,000	中国嘉德	2011.11.13
清道光 仿官釉琮式瓶	高27.2cm	582,400	北京永乐	2011.5.24
清道光 仿官釉八卦琮式瓶	高28cm	770,040	香港佳士得	2011.6.1
清道光 仿官釉八卦琮式瓶	高28cm	402,500	北京翰海	2011.5.21
清咸丰 仿官釉贯耳方瓶	高30.2cm	2,070,000	北京保利	2011.6.5
清咸丰 仿官釉八卦琮式瓶	高28cm	713,000	北京保利	2011.12.06
清同治 仿官釉贯耳瓶	高30.8cm	460,000	广州艺拍	2011.6.12

拍品名称	尺寸	成交价RMB	拍卖公司	拍卖日期
清同治 仿官釉贯耳方瓶	高31cm	471,500	北京保利	2011.7.26
清光绪 仿官釉琮式瓶	高27.5cm	115,000	中国嘉德	2011.3.19
清 官窑贯耳直颈瓶	高20cm	134,400	北京翰海	2011.4.9
清 仿官窑贯耳瓶	高14.5cm	224,000	未来四方	2011.6.11
清 仿官窑贯耳瓶	高30.5cm	460,000	雍和嘉诚	2011.11.27
毛正聪 仿官窑龙耳炉	长18.5cm	322,000	中国嘉德	2011.5.25
官窑单耳洗	直径12cm	112,000	未来四方	2011.6.11
仿官釉象耳双联瓶	高15.5cm	80,500	北京纳高	2011.7.6
仿官釉五岳真形图三孔扁瓶	高53cm	2,070,000	北京纳高	2011.7.6
褐釉				
钧釉柳叶瓶	高27cm	100,800	南京经典	2011.6.5
钧瓷瓶	高15cm	1,840,000	中国嘉德	2011.5.23
清雍正 仿钧窑三足莲瓣大盘	直径36.2cm	166,750	北京匡时	2011.09.17
清光绪 仿钧窑变釉贯耳方瓶	高30cm	253,000	中国嘉德	2011.11.14
达摩	高58cm	95,200	河南鸿远	2011.08.28
大画筒	高39cm	246,400	河南鸿远	2011.08.28
大克鼎	高40cm	168,000	河南鸿远	2011.08.28
凤耳琵琶瓶	高44cm	336,000	河南鸿远	2011.08.28
橄榄瓶	高43cm	100,800	河南鸿远	2011.08.28
瓜楞梅瓶	高46cm	112,000	河南鸿远	2011.08.28
观音瓶	高52cm	280,000	河南鸿远	2011.08.28
荷口花插	高27cm	89,600	河南鸿远	2011.08.28
荷口瓶	高34cm	145,600	河南鸿远	2011.08.28
荷叶边盘	高30cm	106,400	河南鸿远	2011.08.28
虎头瓶	高36cm	72,800	河南鸿远	2011.08.28
鸡心罐	高27cm	50,400	河南鸿远	2011.08.28
吉祥尊	高26cm	53,760	河南鸿远	2011.08.28
菊花尊	高37cm	224,000	河南鸿远	2011.08.28
莲花尊	高29cm	246,400	河南鸿远	2011.08.28
梅瓶	高40cm	95,200	河南鸿远	2011.08.28
美人瓶	高35cm	280,000	河南鸿远	2011.08.28
铺耳尊	高33cm	392,000	河南鸿远	2011.08.28
铺耳尊	高32cm	84,000	河南鸿远	2011.08.28
起舞	高31cm	89,600	河南鸿远	2011.08.28
起舞	高31cm	67,200	河南鸿远	2011.08.28
四异方鼎	高28cm	78,400	河南鸿远	2011.08.28
太平尊	高39cm	134,400	河南鸿远	2011.08.28
天球瓶	高27cm	190,400	河南鸿远	2011.08.28
象头尊	高40cm	112,000	河南鸿远	2011.08.28
小太平尊	高28cm	616,000	河南鸿远	2011.08.28
益寿瓶	高49cm	918,400	河南鸿远	2011.08.28
益寿瓶	高49cm	358,400	河南鸿远	2011.08.28
益寿瓶	高48cm	100,800	河南鸿远	2011.08.28
婴戏罐	高25cm	67,200	河南鸿远	2011.08.28
玉壶春	高39cm	50,400	河南鸿远	2011.08.28
猪拱财门开	高40cm	78,400	河南鸿远	2011.08.28
葛明祥款钧釉瓶	高31.5cm	57,500	上海春秋堂	2011.12.11
仿汝釉				
汝窑盘	直径14.2cm	280,000	未来四方	2011.6.11
汝官窑鹅形水注	长12.2cm	380,000	中都国际	2011.6.12
清雍正 仿汝釉弦纹花盆(二件)	高8.2cm	862,500	北京翰海	2011.5.21
清雍正 仿汝釉椭圆形洗	宽23.2cm	1,222,020	香港佳士得	2011.6.1
清雍正 仿汝釉四方倭角双耳瓶	高17.3cm	4,830,000	中国嘉德	2011.5.22
清雍正 仿汝釉双耳尊	高23cm	2,875,000	长风拍卖	2011.6.21
清雍正 仿汝釉双耳龙纹四方尊	高31.5cm	4,830,000	北京匡时	2011.6.8
清雍正 仿汝釉模印团花纹腰圆洗	长17cm	1,840,000	北京中汉	2011.5.23
清雍正 仿汝釉六方花盆		690,000	北京永乐	2011.11.15
清雍正 仿汝窑釉弦纹贯耳方壶	高63.5cm	10,929,160	香港苏富比	2011.4.8
清雍正 仿汝窑钵式缸	宽长33.5cm	4,837,860	香港佳士得	2011.6.1
清雍正 仿汝四足方花盆	宽16.7cm	126,500	北京保利	2011.4.16
清乾隆 官仿汝釉六方三足洗	直径16cm	84,000	琴岛荣德	2011.5.15
清乾隆 仿汝釉折肩贯耳大尊	高54cm	5,520,000	北京保利	2011.12.06
清乾隆 仿汝釉水呈	高3.5cm	57,500	北京翰海	2011.11.19
清乾隆 仿汝釉双龙耳汉壶尊	高51.5cm	4,444,400	香港苏富比	2011.10.05
清乾隆 仿汝釉双鸠耳小尊	高16.8cm	1,322,500	北京保利	2011.6.7
清乾隆 仿汝釉束口八方壶	高33cm	1,098,800	香港苏富比	2011.10.05
清乾隆 仿汝釉七孔四方花插	高31.3cm	2,093,000	北京中汉	2011.3.19
清乾隆 仿汝釉葵口洗	直径20.5cm	1,495,000	北京歌德	2011.6.3
清乾隆 仿汝釉海棠式尊	高67.3cm	1,344,000	天津文物	2011.11.12
清乾隆 仿汝釉贯耳瓶	高52.5cm	345,000	中国嘉德	2011.11.14
清乾隆 仿汝釉贯耳瓶	高14.6cm	230,000	北京翰海	2011.11.19
清乾隆 仿汝釉觚	高26.6cm	3,450,000	中国嘉德	2011.11.13
清乾隆 仿汝釉八棱形洗	直径20.5cm	4,028,000	上海新华	2011.6.25

2011瓷器拍卖成交汇总

(成交价RMB：5万元以上)

拍品名称	尺寸	成交价RMB	拍卖公司	拍卖日期
清乾隆 仿汝釉八角洗	直径26cm	89,600	北京荣宝	2011.3.18
清乾隆 仿汝釉八方瓶	高33.2cm	1,552,500	北京翰海	2011.5.21
清乾隆 仿汝釉「三牺」弦纹壶	高34.3cm	5,920,400	香港苏富比	2011.10.05
清乾隆 仿汝窑釉双耳炉	高17cm	399,950	香港苏富比	2011.4.8
清乾隆 仿汝窑釉贯耳六方壶	高15cm	870,480	香港佳士得	2011.6.1
清乾隆 仿汝窑杏园贯耳方壶	高31cm	272,025	香港佳士得	2011.6.1
清乾隆 仿汝窑天蓝釉花觚	高20.5cm	2,990,000	中拍国际	2011.12.06
清乾隆 仿汝窑六角形花瓶	高47.5cm	1,265,000	福建拍卖	2011.7.3
清乾隆 仿汝桃形洗	宽20cm	86,250	北京保利	2011.7.26
清乾隆 仿汝荷叶形洗	宽24cm	92,000	北京保利	2011.4.16
清乾隆 仿汝贯耳瓶	高24cm	414,000	北京保利	2011.7.26
清乾隆 仿汝贯耳六方瓶	高46cm	690,000	北京保利	2011.4.17
清嘉庆 仿汝釉八方瓶	高32.5cm	897,000	中国嘉德	2011.09.17
清道光 仿汝釉八方瓶	高33.5cm	517,500	中国嘉德	2011.11.13
清光绪 官窑仿汝釉象耳尊	高16cm	94,500	上海拍卖	2011.4.23
清光绪 仿汝贯耳瓶	高30cm	345,000	江苏省拍	2011.12.10
清 清仿汝窑鸭形水滴 紫檀嵌玉印盒(两件)	尺寸不一	110,000	中都国际	2011.3.13
清 清仿汝窑双弦纹贯耳尊	高19.5cm	2,800,000	中都国际	2011.6.12
清 仿汝釉尊	高11cm	69,000	中国嘉德	2011.3.19
清 仿汝釉山形笔架		201,600	中贸圣佳	2011.4.29
清 仿汝釉花口双耳瓶	高24.5cm	60,996	香港淳浩	2011.11.26
清 仿汝窑叶式洗	高2.5cm	250,000	红太阳	2011.5.28
清 仿汝窑贯耳赏瓶	高17.5cm	93,500	中都国际	2011.08.28
清 仿汝洗子	直径7.3cm	67,200	中贸圣佳	2011.1.23
恒福制汝窑杯	高14.5cm	51,750	上海春秋堂	2011.12.11
仿汝釉葫芦寿带瓶	高18.5cm	235,200	山东大成	2011.5.7
仿汝釉贯耳小方壶	高13cm	457,050	中博文化	2011.7.10
仿石釉				
清乾隆 仿石纹釉小杯	直径7.9cm	82,800	北京东正	2011.6.5
清乾隆 仿石釉双耳方杯	直径11.5cm	92,000	中国嘉德	2011.3.19
清乾隆 像生瓷大理石纹釉开光高浮雕山水纹双联笔筒	高10.5cm	92,400	上海拍卖	2011.4.23
清乾隆 仿石釉开光诗文六角笔筒	高13.5cm	313,600	北京翰海	2011.09.18
清乾隆 仿石釉蟠龙摇铃尊	高12.2cm	51,750	中国嘉德	2011.09.17
清乾隆 仿石釉螭龙水呈	长7.3cm	322,000	中国嘉德	2011.11.13
仿木纹釉				
清乾隆 官窑胶胎木盆洗	直径13.5cm	943,000	浙江钱塘	2011.12.04
清乾隆仿木纹水洗	长12.3cm	112,000	江苏万达	2011.5.28
清乾隆 仿木纹釉内金彩撇口浅碗	直径13.7cm	205,000	香港苏富比	2011.10.05
清乾隆 仿木釉诗文瓶	高38cm	230,000	北京保利	2011.10.23
仿木釉开光诗文八方瓶	高48cm	952,000	北京翰海	2011.09.18
清乾隆 仿木釉琴式砚盒	长16cm	94,300	华艺国际	2011.12.11
仿竹釉				
清 仿竹纹釉笔筒	高7.7cm	207,000	雍和嘉诚	2011.11.27
仿古玉釉				
清雍正 仿古玉釉钵式缸	高13cm	575,000	北京翰海	2011.11.19
仿古铜釉				
清乾隆 仿古青铜罍式浮雕"双龙"纹双耳瓶	高25cm	5,428,400	香港苏富比	2011.10.05
清乾隆 仿古铜釉夔龙小盖碗尊	高14cm	575,000	北京保利	2011.6.7
清乾隆 仿古铜釉御制诗文轿瓶	高20.5cm	6,670,000	中国嘉德	2011.5.22
清乾隆 仿古铜釉双牺耳尊	高22.3cm	920,000	中国嘉德	2011.11.14
清道光 仿铜釉豆	高25cm	345,000	中国嘉德	2011.11.13
茄皮子釉				
明 茄皮紫执壶	高15cm	480,000	中都国际	2011.3.13
明 茄皮紫釉玉壶春瓶	高24cm	130,000	中都国际	2011.3.13
清早期 茄皮紫釉枯木草虫形笔山	长20cm	172,500	北京诚轩	2011.11.12
清康熙 茄皮紫釉碗(一对)	直径12.4cm	569,160	香港佳士得	2011.6.1
清康熙 茄皮紫釉墩式碗	直径12cm	51,750	北京保利	2011.10.22
清康熙 茄皮紫釉长颈瓶	高25.5cm	115,000	北京保利	2011.6.6
清康熙 茄皮紫釉暗刻云龙纹盘	直径25.2cm	105,800	中国嘉德	2011.6.18
清康熙 茄皮紫釉暗刻龙纹盘	直径25.4cm	92,000	中国嘉德	2011.11.14
清康熙 茄皮紫釉暗刻龙纹盘	直径25cm	897,000	北京匡时	2011.12.05
清康熙 茄皮紫釉暗刻蕉叶纹花觚	高19.5cm	66,700	中拍国际	2011.12.06
清康熙 茄皮紫暗刻龙纹盘	直径25cm	840,000	云南典藏	2011.10.31
清康熙 茄皮紫暗花龙纹盘	直径24.8cm	97,750	福建拍卖	2011.7.3
清康熙 茄皮子釉划「赶珠云龙」图碗	直径15.1cm	1,330,360	香港苏富比	2011.4.7
清雍正 茄子皮釉外划"缠枝石榴"纹盘(一对)	直径11.4cm	774,640	香港苏富比	2011.4.8
清雍正 茄皮紫釉牺首尊(一对)	高27.5cm	6,555,000	北京保利	2011.6.6
清雍正 茄皮紫釉暗刻缠枝石榴纹盘	直径14.8cm	276,000	中拍国际	2011.12.06
清雍正 茄皮子釉外划「八吉祥」纹盘	直径20.6cm	358,750	香港苏富比	2011.10.05

拍品名称	尺寸	成交价RMB	拍卖公司	拍卖日期
清乾隆 茄皮紫釉盘	直径21cm	179,200	天津文物	2011.5.13
清乾隆 茄皮紫釉爵杯	高12cm	207,000	中拍国际	2011.7.17
清乾隆 茄皮紫双辅首尊	高14.2cm	402,500	福建拍卖	2011.7.3
清乾隆 茄皮紫花插	直径8cm	87,360	雍和嘉诚	2011.6.1
清道光 茄皮紫釉暗刻龙纹碗	直径15.5cm	98,560	云南典藏	2011.5.14
清 茄皮紫釉花插	高7.3cm	80,500	中国嘉德	2011.3.19
清 茄皮紫釉蒜头瓶	高28.5cm	50,400	北京翰海	2011.4.9
民国 茄皮紫梅瓶	高22cm	92,000	北京保利	2011.10.23
茶叶末釉				
清雍正 鳝鱼黄釉四联瓶	高9.5cm	517,500	北京翰海	2011.5.21
清雍正 鳝鱼黄釉贯耳方瓶	高44cm	2,990,000	北京翰海	2011.5.21
清雍正 鳝鱼黄釉钵	高19.5cm	4,025,000	北京翰海	2011.5.19
清雍正 茶叶末釉小罐	高8cm	172,500	北京匡时	2011.12.04
清雍正 茶叶末釉花盆	直径23cm	575,000	华艺国际	2011.12.11
清雍正 茶叶末釉鼓钉双耳三足炉	高20cm	724,120	香港苏富比	2011.4.8
清雍正 茶叶末釉大画缸	高33.8cm	5,520,000	北京翰海	2011.11.17
清乾隆 厂官釉桥耳四方炉	高11cm	336,000	上海嘉泰	2011.4.1
清乾隆 茶叶沫釉小双陆尊	高11.5cm	57,500	北京华辰	2011.5.20
清乾隆 茶叶沫釉绶带耳葫芦瓶	高25.3cm	1,035,000	北京华辰	2011.5.20
清乾隆 茶叶沫釉扁瓶	高32.5cm	644,000	北京翰海	2011.5.21
清乾隆 茶叶沫釉扁瓶	高33cm	345,000	北京翰海	2011.11.19
清乾隆 茶叶末釉纸锤瓶	高19cm	1,725,000	广州嘉德	2011.6.11
清乾隆 茶叶末釉折肩贯耳大尊	高53.5cm	5,980,000	北京保利	2011.6.7
清乾隆 茶叶末釉杏园贯耳方壶	高30.7cm	1,422,900	香港佳士得	2011.6.1
清乾隆 茶叶末釉小瓶	高19cm	1,058,000	中国嘉德	2011.11.13
清乾隆 茶叶末釉五管瓶	高19cm	172,500	北京九歌	2011.6.10
清乾隆 茶叶末釉绶带耳葫芦瓶	高26cm	230,000	北京保利	2011.12.08
清乾隆 茶叶末釉赏瓶	高40cm	713,000	中国嘉德	2011.5.23
清乾隆 茶叶末釉瓶	高51.4cm	1,485,120	香港佳士得	2011.11.30
清乾隆 茶叶末釉梅瓶	高22.5cm	690,000	北京保利	2011.4.16
清乾隆 茶叶末釉海棠形双龙耳瓶	直径29cm	2,070,000	北京保利	2011.10.22
清乾隆 茶叶末釉贯耳尊	高25cm	3,335,000	北京保利	2011.12.06
清乾隆 茶叶末釉长颈瓶	高33cm	572,560	香港苏富比	2011.4.8
清乾隆 茶叶末釉长颈瓶	高33.8cm	713,000	北京东正	2011.11.17
清乾隆 茶叶末釉长颈胆瓶	高19.5cm	1,835,560	香港苏富比	2011.4.8
清乾隆 茶叶末釉荸荠瓶	高32cm	207,000	中国嘉德	2011.3.19
清乾隆 茶叶末釉荸荠瓶	高34cm	460,000	中国嘉德	2011.11.14
清乾隆 茶茉末釉直颈小瓶	高12cm	1,000,400	香港苏富比	2011.10.05
清乾隆 茶末釉双耳葫芦瓶	26.1cm	1,197,200	香港苏富比	2011.10.05
清嘉庆 鳝鱼青釉扁瓶	高32.2cm	460,000	北京翰海	2011.5.21
清嘉庆 茶叶末釉荸荠瓶	高32.5cm	1,035,000	北京匡时	2011.12.05
清嘉庆 茶叶末釉荸荠瓶	高32.5cm	287,500	中国嘉德	2011.11.14
清道光 鳝鱼黄釉如意耳葫芦瓶	高25.9cm	483,000	北京翰海	2011.5.21
清道光 鳝鱼黄釉扁瓶	高33cm	368,000	北京翰海	2011.5.21
清道光 鳝鱼黄釉扁瓶	高33cm	517,500	北京翰海	2011.11.19
清道光 茶叶末釉叶形笔洗	长11cm	56,000	北京荣宝	2011.3.18
清道光 茶叶末釉绶带葫芦瓶	高26cm	920,000	中国嘉德	2011.11.13
清道光 茶叶末釉葫芦大吉瓶	高26cm	713,000	北京保利	2011.10.22
清道光 茶叶末釉荸荠瓶	高32.5cm	598,000	中国嘉德	2011.11.13
清中期 茶叶末釉洗	直径21cm	51,750	北京保利	2011.10.23
清咸丰 茶叶末釉双耳炉	直径28cm	345,000	北京保利	2011.6.5
清咸丰 茶叶末釉荸荠瓶	高32.8cm	632,500	中国嘉德	2011.12.17
清光绪 鳝鱼黄釉荸荠瓶	高32.8cm	71,300	北京中汉	2011.5.23
清光绪 鳝鱼黄釉荸荠扁瓶	高34cm	195,500	广州嘉德	2011.6.11
清光绪 茶叶末釉杏圆贯耳瓶	高29cm	287,500	北京保利	2011.10.22
清光绪 茶叶末釉杏圆贯耳方壶	高30cm	246,000	香港苏富比	2011.10.04
清光绪 茶叶末荸荠瓶	高33cm	115,000	苏州吴门	2011.6.12
清 鳝鱼青如意耳瓶	高20cm	168,000	北京翰海	2011.4.9
清 茶叶末釉三足香炉	高5cm B8.5cm	56,000	江苏万达	2011.5.28
清 茶叶末釉撇口碗	高11cm 直径25cm	520,000	红太阳	2011.5.28
民国 茶叶末釉开光人物纹双耳尊	高21.5cm	336,000	天津文物	2011.5.13
鳝鱼黄釉荸荠瓶	高31.5cm	63,250	北京纳高	2011.7.6
茶叶末釉水丞	高8cm	747,900	中博文化	2011.7.10
其他釉				
清乾隆 铁锈花釉洗	直径18.2cm	138,000	中国嘉德	2011.11.14
清 宜钧釉三足水洗	腹径33cm	69,000	上海大众	2011.08.25
反瓷				
60年代作 收租院雕塑(三件)		770,000	远方国拍	2011.09.17
60年代作 收租院雕塑(三件)		132,000	远方国拍	2011.09.17
60年代作 毛主席和我们在一起雕塑(景德镇)	高70cm	3,080,000	远方国拍	2011.09.17
张婧婧 素胎"错位"瓶	高33cm	92,000	北京保利	2011.12.07